U0621893

Excel 统计分析与应用

（第3版）

主　编　刘志红

副主编　郭庆然　丁翠翠

马慧慧　李　华

电子工业出版社

Publishing House of Electronics Industry

北京·BEIJING

内 容 简 介

Excel 2013 是目前市场上最强大的电子表格制作软件，它不仅能将整齐、美观的表格呈现给用户，还能像数据库操作一样对表格中的数据进行各种复杂的计算，是表格与数据库的完美结合。

本书共分为 17 章，为读者详细讲解了 Excel 在统计分析中的应用，内容包括 Excel 2013 的基础知识、Excel 2013 数据管理的功能、描述性统计分析、数据分组与频数统计、抽样与随机数发生器、二项分布、泊松分布和正态分布、参数估计、假设检验、方差分析、相关分析、回归分析、时间序列分析、解不确定值、数据透视表和数据透视图、专业统计分析、VBA 与宏的使用；第 17 章在前 16 章的基础上，通过 Excel 在经济管理、自然学科、社会科学、医学和调查分析中的应用，让读者理解和掌握各种统计分析方法的综合应用。

由于本书采用由浅入深、循序渐进的讲述方法，内容丰富，结构安排合理，企业中的经营预测者与决策者，财会、市场营销、生产管理等部门的工作者，经济管理部门或政府的广大工作者都可将本书用作参考书。同时，本书还可供大专院校经济管理类各专业的高年级本科生、研究生和 MBA 学员作参考。

图书在版编目（CIP）数据

Excel 统计分析与应用 / 刘志红主编. —3 版. —北京：电子工业出版社，2016.4
ISBN 978-7-121-28420-5

Ⅰ. ①E… Ⅱ. ①刘… Ⅲ. ①表处理软件－应用－统计分析 Ⅳ. ①C819

中国版本图书馆 CIP 数据核字（2016）第 057152 号

策划编辑：　祁玉芹
责任编辑：　张瑞喜
印　　刷：　中国电影出版社印刷厂
装　　订：　中国电影出版社印刷厂
出版发行：　电子工业出版社
　　　　　　北京市海淀区万寿路 173 信箱　邮编　100036
开　　本：　787×1092　1/16　印张：19.5　字数：499 千字
版　　次：　2011 年 1 月第 1 版
　　　　　　2016 年 4 月第 3 版
印　　次：　2016 年 4 月第 1 次印刷
定　　价：　49.80 元（含光盘 1 张）

凡所购买电子工业出版社图书有缺损问题，请向购买书店调换。若书店售缺，请与本社发行部联系，联系及邮购电话：（010）88254888。

质量投诉请发邮件至 zlts@phei.com.cn，盗版侵权举报请发邮件至 dbqq@phei.com.cn。

服务热线：（010）88258888。

前言
PREFACE

　　Excel 2013 是 Microsoft 公司推出的办公自动化套装软件的表格绘制与统计软件，是 Excel 2010 版软件的升级。Excel 2013 是目前市场上最强大的电子表格制作软件，和 Word、PowerPoint、Access 等组件程序一起构成了 Office 2013 办公软件的完整体系。Excel 2013 不仅能将整齐、美观的表格呈现给用户，还能像数据库操作一样对表格中的数据进行各种复杂的计算，是表格与数据库的完美结合。与 Excel 2010 相比，Excel 2013 的功能更加强大，使用更加广泛，操作更加简便。因此，Excel 2013 是一个集计算、统计、分析、图表等多项功能于一体，同时应用极其广泛的一款软件。

　　本书共分为 17 章，编写时采用先讲解各个应用模块的操作功能，再根据具体实例讲述各种加工应用的思路。第 1 章介绍 Excel 2013 的基础知识，包括 Excel 2013 的安装、启动和退出、界面以及设置等；第 2 章介绍 Excel 数据管理的功能，包括数据的输入和编辑、函数的引入以及图像的生成等；第 3、第 4 章介绍 Excel 对已有数据的详细分析，包括描述性统计分析、分组和频数统计分析等；第 5、第 6 章介绍 Excel 如何生成要求的数据，包括抽样和随机数发生器、各种分布特征的序列等；第 7～10 章介绍 Excel 对抽样数据的分析方法，主要包括参数估计、假设检验、方差分析和相关分析；第 11 章介绍 Excel 研究不同数据之间关系的方法，即回归分析；第 12 章介绍 Excel 常用的时间序列分析，并利用这种分析对未来进行预测；第 13、第 14 章分别介绍 Excel 解不确定值的方法和数据透视表、数据透视图；第 15 章简单介绍 Excel 应用于专业统计分析；第 16 章介绍了 Excel 的宏与 VBA 的基本功能；第 17 章在前 16 章的基础上，举例详细介绍 Excel 在经济管理科学、自然科学、社会科学、医学、调查分析中的综合应用，使读者从专项和综合两个方面全面掌握 Excel 的实践和应用。

　　本书实例典型、内容丰富，有很强的针对性。在编写过程中，充分考虑到读者的需要，采用由浅入深、循序渐进的讲述方法，合理安排 Excel 2013 的知识点。书中各章不仅详细介绍了实例的具体操作步骤，而且还配有一定数量的练习题供读者学习使用。读者只需按照书中介绍的步骤实际操作，就能完全掌握本书的内容。

由于本书采用由浅入深、循序渐进的讲述方法，内容丰富、结构安排合理，企业中的经营预测者与决策者，财会、市场营销、生产管理等部门的工作者，经济管理部门或政府的广大工作者都可将本书用做参考书。同时，本书还可供大专院校经济管理类各专业的高年级本科生、研究生和 MBA 学员做学习参考。

本书由刘志红、郭庆然、丁翠翠、马慧慧、李华、赵浩宇、赵蓓、张睿、庄君、蒋敏杰、李丽丽、鲁啸、刘娟、李嫣怡、丁维岱、许小荣编写。本书的编写过程中吸收了前人的研究成果，在此一并表示感谢。

作者力图使本书的知识性和实用性相得益彰，但由于水平有限，书中错误、纰漏之处在所难免，欢迎广大读者批评指正。

编　者

2016 年 1 月

目录
CONTENTS

第 1 章　Excel 2013 基础知识

Microsoft Excel 2013 是 Microsoft 公司出品的 Office 2013 系列办公软件中的一个组件。Excel 2013 是目前市场上功能最强大的电子表格制作软件，它和 Word、PowerPoint、Access 等组件一起，构成了 Office 2013 办公软件的完整体系。Excel 2013 不仅具有强大的数据组织、计算、分析和统计功能，还可以通过图表、图形等多种形式形象地显示处理结果，更能够方便地与 Office 2013 其他组件相互调用数据，实现资源共享。

1.1　Excel 2013 的特点

Excel 2013 具有强有力的数据分析功能、丰富的宏命令和函数、强有力的数据库管理能力，它具有以下主要特点。

（1）　分析能力。

Excel 2013 除了可以做一些一般的计算工作外，还有 400 多个函数，用来做统计、财务、数学、字符串等操作以及各种工程上的分析与计算。Excel 2013 还专门提供了一组现成的数据分析工具，可以加载"数据分析"工具，这些分析工具为建立复杂的统计或计量分析工作带来极大的方便。

（2）　图表能力。

在 Excel 2013 中，系统大约有 100 多种不同格式的图表可供选用，用户只要做几个简单的按键动作，就可以制作精美的图表。通过图表指南一步步的引导，可使用不同的选项，得到所需的结果。

（3）　数据库管理能力。

对于一个公司，每天都会产生许多新的业务数据。要对这些数据进行有效的处理，就离不开数据库系统。所谓数据库系统，就是一组有组织的信息。管理数据库可用专门的数据库管理软件，如 FoxPro、Access、Clipper、Sybase 等。在 Excel 中提供了类似的数据库管理功能，保存在工作表内的数据都是按照相应的行和列存储的，这种数据结构再加上 Excel 2013 提供的有关处理数据库的命令和函数，使得 Excel 2013 具备了能组织和管理大量数据的能力。

（4）　宏语言功能。

利用 Excel 中的宏语言功能，用户可以将经常要执行操作的全过程记录下来，并将此过程用一简单的组合按键或工具按扭关联起来。这样，在下一次操作中只需按下所定义的宏功能的相应按键或工具按钮即可，而不必重复整个过程。

（5）　样式功能。

在 Excel 2013 中，用户可以利用各种文字格式化的工具和制图工具，制作出美观的报表。Excel 2013 工作表里的资料，在打印以前可将其放大或缩小进行观察，用户可以对要打印的文件进行微调。

用户可将要打印出的格式制作好，并存储成样本，以后只要读取此样本文件，就可依据样本文件的格式打印出美观的报表。Excel 2013 的专业文书处理程序具有样式工具。所谓样式，就是将一些格式化的组合用一个名称来表示，以后要使用这些格式化的组合时，只要使用此名称即可，因此可大幅度地节省报表格式化的时间。

（6）连接和合并功能。

通常，连接和合并功能在一张工作表上执行即可，早期的工作表软件都只能在一张工作表上执行。但有时需要同时用到多张工作表，例如，公司内每个分公司每月都会有会计报表，要将各分公司的资料汇总起来，就需要用到连接和合并功能。Excel 2013 很容易将工作表连接起来，并进行汇总工作。

1.2 Excel 2013 的安装

Excel 2013 是 Office 2013 办公软件中的一个重要组件。因此安装 Office 2013 的过程实际上已经包括了安装 Excel 2013 的过程。Office 2013 的安装过程非常简单，具体操作步骤如下：

（1）启动计算机，进入操作系统，将 Office 2013 光盘放入光驱中。

（2）系统自动运行安装程序，屏幕上将弹出如图 1-1 所示的"Microsoft Office 2013"窗口，系统开始准备必要的文件，帮助用户安装 Office 2013。

图 1-1 "Microsoft Office 2013"窗口

（3）Office 2013 要求用户输入产品密钥，以获取正版的 Office 2013 软件使用权，如图 1-2 所示。

（4）输入密钥后，单击"继续"按钮，进入安装界面，用户根据自己的需要选择相应的安装类型，如图 1-3 所示。Office 2013 默认的安装路径为：C:\Program Files\Microsoft Office，安装内容为全部安装，若用户无须对上述默认安装设置进行调整，可直接单击"立即安装"按钮，则系统自动按照默认设置对 Office 2013 进行安装；若机器上已经存在 Office，可以进行升级安装。若用户需要改变安装路径或者安装内容，则可单击"自定义"按钮，进入如图 1-4 所示的"自定义"安装界面。

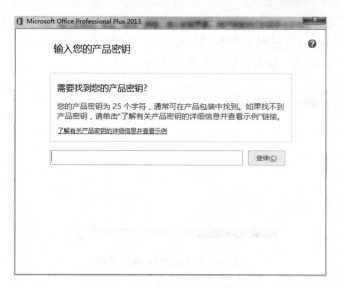

图 1-2 Office 2013 密钥输入界面

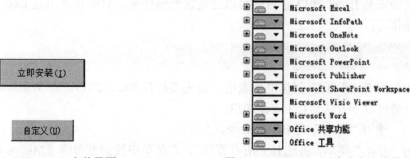

图 1-3 Office 2013 安装界面　　　　　图 1-4 Office 2013 "自定义"安装界面

（5） 若用户选择"自定义"安装，则在进入"自定义"安装界面后可在如图 1-5 所示的"安装选项"选项卡下通过下拉菜单的方式去除用户不想安装的 Office 2013 模块，并在"文件位置"选项卡下选择用户想要的安装路径。

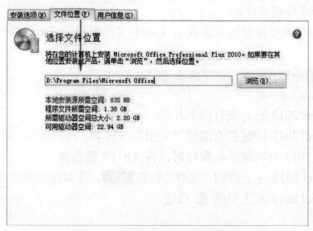

图 1-5 设置 Office 2013 安装路径

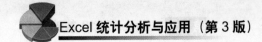

（6） 用户自定义完安装选项后，单击"立即安装"按钮，Office 2013 便按照用户的要求进行安装，用户可在安装过程中观察到安装进度，如图 1-6 所示。安装完成后，系统将提示 Office 2013 已安装完成，单击"确定"按钮即可。

 安装进度

图 1-6　Office 2013　安装进度

1.3　Excel 2013 的启动与退出

在正确安装 Excel 2013 之后就可以使用它处理任务，启动和退出是 Excel 2013 中最基本的两项操作。

1.3.1　Excel 2013 的启动

要想使用 Excel 2013 创建电子表格，首先要运行 Excel 2013。在 Windows 操作系统中，用户可以通过以下方法运行 Excel 2013。

（1） 使用"开始"菜单中的命令。

单击"开始"菜单，并选择"所有程序"，在菜单中找到并单击"Microsoft Office"，选择"Microsoft Office Excel 2013"单击即可启动 Excel 2013。

（2） 使用桌面快捷图标。

安装 Office 2013 后，Windows 桌面上有 Excel 2013 的快捷方式图标，用鼠标双击 Excel 2013 的快捷方式图标即可启动 Excel 2013。

（3） 双击 Excel 格式文件。

一般情况下，用户也可以通过双击现有 Excel 文件来启动 Excel 2013，同时也打开了该 Excel 文件。

1.3.2　Excel 2013 的退出

常用的退出 Excel 2013 的方法有以下几种：

（1） 单击 Excel 2013 标题栏右部的"关闭"按钮 ✕。

（2） 在 Excel 2013 为当前活动窗口时，按 Alt+F4 组合键。

（3） 单击 Excel 2013 左上角的"文件"按钮 文件 ，在弹出的菜单中单击"退出"按钮。

（4） 双击 Excel 2013 左上角的 按钮。

1.4　Excel 2013 的工作界面概况

Excel 2013 的工作界面与 Excel 2010 的大致相同。Excel 2013 的工作界面主要由如图 1-7 所示的文件按钮、快速访问工具栏、标题栏、功能区、编辑栏、工作表格区和状态栏等元素组成。

图 1-7　Excel 2013 工作界面

1.4.1　文件按钮

单击 Excel 工作界面左上角的"文件"按钮，可以打开"文件"菜单，它的作用类似于上一版本中的 Office 按钮。在该菜单中，用户可以利用其中的命令新建、打开、保存、另存为、打印、共享以及导出工作簿，在下拉菜单的右侧则显示出"保护工作簿"、"检查工作簿"等选项，如图 1-8 所示。在该菜单中，选择"新建"命令可以新建工作簿，选择"打开"命令可以打开现有工作簿，单击菜单底部的"选项"按钮可以打开"Excel 选项"对话框，从而设置 Excel 选项。

1.4.2　快速访问工具栏

Excel 2013 的快速访问工具栏 XB 日 ↰ ↱ ▾ 中包含最常用操作的快捷按钮，方便用户使用。单击快速访问工具栏中的按钮，可以执行相应的功能。快速访问工具栏在 Excel 工作簿界面的左上方，如果对位置不满意，可以在"Excel 选项"对话框中选择"快速访问工具栏"，在"自定义快速访问工具栏"页面中选中"在功能区下方显示快速访问工具栏"复选框，将该工具栏放置在功能区下方。若要在快速访问工具栏中添加命令，可单击"自定义快速访问工具栏"右侧的按钮 ▾，在下拉菜单中勾选想要添加的命令即可；若要在快速访问工具栏中删除命令，只需在下拉菜单中单击已添加的命令，清除已勾选的命令即可。

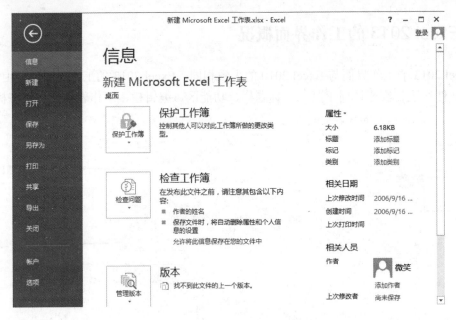

图1-8 "文件"按钮下拉菜单

1.4.3 标题栏

标题栏位于窗口的最上方，用于显示当前正在运行的程序名及文件名等信息。如果是刚打开的新工作簿文件，用户所看到的文件名是"工作簿1"，这是Excel 2013默认建立的文件名。单击标题栏右端的按钮 □ ⊡ ⊠ 可以最小化、最大化或关闭窗口。

1.4.4 功能区

操作功能区和上一版本基本没有变化。默认情况下，Excel 2013的功能区中的选项卡包括"开始"选项卡、"插入"选项卡、"页面布局"选项卡、"公式"选项卡、"数据"选项卡、"审阅"选项卡和"视图"选项卡。

1. "开始"选项卡

在如图1-9所示的"开始"选项卡中可以设置单元格的字体、对齐方式、数字格式和样式等，并可以对单元格进行简单的编辑操作。这个选项卡包含的是最基本的功能选项。

图1-9 "开始"选项卡界面

2. "插入"选项卡

在如图1-10所示的"插入"选项卡中可以使用诸如插入数据透视表和表格对象，插入插图、图表，插入超链接、文本和特殊符号等功能。

图 1-10　"插入"选项卡界面

3. "页面布局"选项卡

在如图 1-11 所示的"页面布局"选项卡中可以设置工作表的版式、页面格式等，还可以在打印前进行相应的打印选项设置。

图 1-11　"页面布局"选项卡界面

4. "公式"选项卡

在如图 1-12 所示的"公式"选项卡中集中了各种运算模块，如使用 Excel 2013 中自带的各种函数、定义名称、编辑公式和审核公式。

图 1-12　"公式"选项卡界面

5. "数据"选项卡

在如图 1-13 所示的"数据"选项卡中可以获取外部数据、连接数据、排序和筛选、分级显示和利用 Excel 2013 中自带的数据工具对数据进行分析。

图 1-13　"数据"选项卡界面

6. "审阅"选项卡

在如图 1-14 所示的"审阅"选项卡中可以校对内容、进行中文简繁转换、设置批注、设置密码以及保护工作表或工作簿。

图 1-14 "审阅"选项卡界面

7. "视图"选项卡

在如图 1-15 所示的"视图"选项卡中可以更改工作簿的视图、调整显示比例、对窗口进行操作和设置宏。

图 1-15 "视图"选项卡界面

8. 自定义选项卡

Excel 2013 支持用户自定义选项卡，自定义选项卡的步骤是单击"文件"按钮，单击展开列表中的"选项"按钮，打开如图 1-16 所示的"Excel 选项"对话框，在左侧单击"自定义功能区"，在右侧的"自定义功能区"中单击"新建选项卡"，然后在"从下列位置选择命令"的下拉列表中选择一种功能添加到自定义的选项卡中即可。

图 1-16 "Excel 选项"对话框

1.4.5 状态栏与显示模式

状态栏位于窗口底部，用来显示当前工作区的状态。绝大多数情况下，状态栏的左端显示"就绪"字样，表明工作表处于闲置状态。当用户在单元格中输入数据时，状态栏的左端将显示"输入"字样。若用户执行了某一命令，状态栏左端会显示出对该命令的简单描述。

除此之外，在状态栏的右端可以切换显示模式与显示比例。Excel 2013 支持 3 种显示模式，分别为"普通"模式、"页面布局"模式和"分页预览"模式，单击 Excel 2013 窗口右下角的 ⊞ ▣ ▥ 按钮可以切换显示模式。如果要改变显示比例可通过状态栏右端的缩放级别来调节 ━ | ━ ＋ 100%，按加号可增大显示比例，按减号可减小缩放比例，同时可以通过单击显示比例上的"100%"字样，弹出如图 1-17 所示的"显示比例"对话框来调整用户想要的显示比例。在这里可以选择"恰好容纳选定区域"或"自定义"命令来更好地显示用户关注的内容。

图 1-17 "显示比例"对话框

1.5 Excel 2013 功能区的设置

在使用 Excel 2013 前，用户可以根据个人的习惯与偏好来对功能区进行设置。用户可对 Excel 2013 进行的主要设置有：功能区的最小化及还原、自定义快速访问工具栏和在功能区下方显示快速访问工具栏 3 种。

1.5.1 功能区的最小化及还原

功能区旨在帮助用户快速找到完成某一任务所需的命令。命令组在逻辑组中，而逻辑组集中在选项卡下，各选项卡都与一种类型的活动相关。为了减少屏幕混乱，某些选项卡只在需要时才显示。

1. 最小化功能区

用户无法删除功能区或将早期版本的 Microsoft Office 中的工具栏和菜单替换为功能区，但是可以通过最小化功能区以增大屏幕中可用的空间，用户可通过以下两种方法最小化功能区。

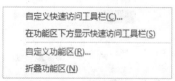

（1）始终使功能区最小化。

右击"文件"按钮或者任意一个选项卡名称，打开如图 1-18 所示的快捷菜单。选择"折叠功能区"命令，即可使得功能区最小化。

图 1-18 快捷菜单

例如，在功能区最小化的情况下，单击"开始"选项卡，然后在"字体"组中，单击所需的文本大小。单击所需的文本大小后，功能区返回到最小化状态。

（2）在一段很短的时间内使功能区保持最小化。

若要快速将功能区最小化，可双击活动选项卡的名称。再次双击此选项卡可还原功能区。

2. 还原功能区

除了执行如图1-18所示的"功能区最小化"命令外，还可以使用键盘快捷方式，按Ctrl+F1组合键即可方便地进行最小化或还原功能区的切换。

1.5.2　自定义快速访问工具栏

在功能区中，右键单击任意选项卡，比如"开始"选项卡，弹出如图1-19所示的菜单，在菜单中选择"自定义快速访问工具栏"，弹出如图1-20所示的"Excel选项"对话框。通过"Excel选项"对话框可以添加日常工作中常用的命令。用户只需在对话框左侧将想要添加的命令选中，然后单击"添加"按钮，再单击"确定"按钮即可。

| 自定义快速访问工具栏(C)... |
| 在功能区下方显示快速访问工具栏(S) |
| 自定义功能区(R)... |
| 折叠功能区(N) |

图1-19　右键单击选项卡弹出菜单

图1-20　"Excel选项"对话框

1.5.3　在功能区下方显示快速访问工具栏

在功能区下方显示快速访问工具栏的方法非常简单，用户只需要在功能区中，右键单击任意选项卡，比如"开始"选项卡，弹出如图1-19所示的菜单，在菜单中选择"在功能区下方显示快速访问工具栏"即可，效果如图1-21所示。

图1-21　在功能区下方显示快速访问工具栏效果

为什么要把"快速访问工具栏"给拖下来呢？因为"快速访问工具栏"在标题栏上和文件标题同处一栏，常用命令显示的数量有限，有时不得不单击下拉按钮来找常用命令，把"快速访问工具栏"拖下来就好了，上面的常用命令可以显示很多，就像以前版本的Excel的工具栏一样，用起来很方便。

第 2 章　Excel 2013 的数据处理

在 Excel 2013 中，最基本也是最常用最重要的操作就是数据处理。Excel 2013 提供了强大且人性化的数据处理功能，让用户可以轻松完成各项数据操作。Excel 2013 能够支持用户方便地进行各种数据的输入、编辑，以及利用丰富的函数及数组公式处理数据，并且 Excel 2013 支持将处理后的数据创建成各种统计图表，这样就能够更直观地表现出数据的各种情况。在 Excel 2013 中也可以轻松地完成各种图表的创建、编辑和修改工作。

2.1　Excel 2013 的工作簿与工作表

在 Excel 2013 中所做的工作都是在工作簿中进行的，工作簿是 Excel 用于处理和存储数据的文件。启动 Excel 2013 中所用的文件，所有对文件的操作在 Excel 2013 中都变成了对工作簿的操作。

在 Excel 2013 中，用户可以同时打开多个工作簿，但是在当前状态下，只有一个工作簿是活动的；工作簿中的工作表也只有一个是活动的。如果要激活其他工作簿，可以进入"视图"选项卡的"窗口"组，通过在"切换窗口"下拉列表中选择其他工作簿名称来实现。

每一个工作簿可以由一张或多张工作表组成。在 Excel 2013 中，工作簿中的工作表个数不再受限制，只要计算机内存足够大，就可以增加任意多个工作表。默认情况下，新建一个工作簿时将包括 3 张工作表，分别以 Sheet1、Sheet2、Sheet3 命名。工作表的名称显示在工作簿窗口底部的工作表标签上。通过窗口底部的坐标标签进行工作表的切换。活动工作表的标签处于按下的状态。一张工作表是由行和列组成的二维表格。Excel 2013 支持每张工作表中最多可以有 1 048 576 行、16 384 列。

2.1.1　工作簿的创建与保存

工作簿是 Excel 表格的载体，一般来说，对于工作簿的操作主要包括创建工作簿和保存工作簿。

1.　工作簿的创建

创建工作簿是用户使用 Excel 2013 的第一步。创建工作簿主要有以下两种方法。

（1）　自动创建。

当启动 Excel 2013 时，系统会自动创建一个 Excel 工作簿，并自动命名为"Book1.xlsx"。

（2）　手动创建。

单击"文件"按钮，选择其中的"新建"命令，在可用模板下选择"空白工作簿"，如图 2-1 所示。选择后，单击"空白工作簿"按钮即可创建出相应的工作簿。

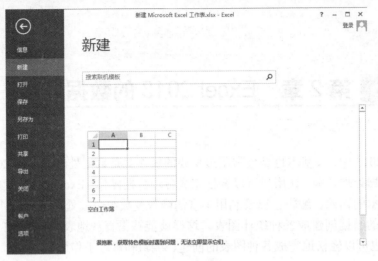

图 2-1　新建工作簿

2. 工作簿的保存

（1）手动保存。

在对工作表进行操作时，应记住经常保存 Excel 工作簿，以免由于一些突发状况而丢失数据。在 Excel 2013 中常用的保存工作簿方法有以下 3 种：单击"开始"按钮，在下拉菜单中执行"保存"命令；在快速访问工具栏中单击"保存"按钮；使用 Ctrl+S 组合键。

若第一次保存工作簿，则按上述 3 种方法之一操作后，将弹出如图 2-2 所示的"另存为"对话框，在"文件名"文本框中输入工作簿的名称，在"保存类型"列表中选择要保存的文件类型，默认为".xlsx"，单击"保存"按钮即可对工作簿进行保存。

图 2-2　"另存为"对话框

（2）自动保存。

除手动保存外，Excel 2013 还提供了"自动保存"功能，以免因死机、停电或其他意外事故造成数据丢失。设置自动保存的方法如下：单击"开始"按钮，在下拉菜单中单击"选项"

按钮，打开"Excel 选项"对话框，单击左侧列表中的"保存"项，打开"自定义工作簿的保存方法"设置属性页，如图 2-3 所示，在该对话框中的"将文件保存为此格式"文本框中可选择想要设置文件保存的格式，在"保存自动恢复信息时间间隔"中可设置保存自动恢复信息时间间隔，还可以设置"自动恢复文件位置"和"默认本地文件位置"等选项，设置完成后单击"确定"按钮即可定时自动保存。

图 2-3　　"Excel 选项"对话框

2.1.2　工作表的插入、删除和重命名

工作表由多个单元格基本元素构成，而这样的若干个工作表构成了一个工作簿。在利用 Excel 进行数据处理的过程中，经常需要对工作簿和工作表进行适当的处理，例如插入和删除工作表，重命名工作表等。

1.　插入工作表

在首次创建一个新工作簿时，默认情况下，该工作簿包括 3 个工作表。但是在实际应用中，所需的工作表的数目可能各不相同，有时需要向工作簿添加一个或多个工作表。插入工作表可执行以下操作之一：

（1）若要在现有工作表的末尾快速插入工作表，单击屏幕底部状态栏中的"⊕"按钮，即可插入新工作表。

（2）若要在现有工作表之前插入新工作表，请选择该工作表，在"开始"选项卡的"单元格"组中单击"插入"按钮，在下拉菜单中选择"插入工作表"。

（3）右键单击工作表标签，弹出如图 2-4 所示的快捷菜单，选择"插入"命令，弹出如图 2-5 所示的"插入"对话框，单击"工作表"项，单击"确定"按钮即可插入一张空白工作表。如果想继续插入多张工作表，则可以在插入一张工作表后连续按 F4 键。

图 2-4　工作表编辑的快捷菜单

图 2-5　"插入"对话框

2.　删除工作表

如果有的工作表已不再需要，则可以通过下列方法之一删除工作表：

（1）　选择要删除的工作表，在"开始"选项卡的"单元格"组中单击"删除"按钮，在下拉菜单中选择"删除工作表"。

（2）　右键单击要删除的工作表标签，弹出如图 2-4 所示的快捷菜单，选择"删除"命令即可删除当前工作表。

在删除工作表的时候，如果工作表内包含数据，则会出现提示对话框询问用户是否真的要删除该工作表；如果工作表内没有数据，Excel 2013 就直接删除。

3.　工作表的重命名

有时工作表的名称没有具体含义，需要将其重命名，可以通过下列方法之一重命名工作表：

（1）　双击要重命名的工作表标签，当工作表标签处于可修改状态时输入新名称即可完成重命名。

（2）　选择要重命名的工作表，在"开始"选项卡的"单元格"组中单击"格式"按钮，在下拉菜单中选择"组织工作表"中的"重命名工作表"便可在标签栏中修改工作表名称。

（3）　右击欲修改名字的工作表标签，弹出如图 2-4 所示的快捷菜单，选择"重命名"命令，输入新名称，用鼠标左键或右键在该工作表标签外单击即可完成重命名。

2.1.3　修饰工作表

Excel 2013 表格中不同类型的数据有不同的格式，设置单元格格式并不影响其中的数据，其主要目的是美化工作表。用 Excel 进行数据处理时，经常要设置工作表的格式。

1.　设置单元格格式

在 Excel 2013 中，对工作表中的不同单元格数据，可以根据需要设置不同的格式，如设置单元格数据类型、文本的对齐方式和字体、单元格的边框和图案等。

在 Excel 2013 中，通常在"开始"选项卡中设置单元格的格式。对于简单的格式化操作，可以直接通过"开始"选项卡中的按钮来进行，如设置字体、对齐方式、数字格式等。其操作比较简单，选定要设置格式的单元格或单元格区域，单击"开始"选项卡中的相应按钮即可。对于比较复杂的格式化操作，则需要在"设置单元格格式"对话框中来完成。

（1）设置字符格式。

如果只需要简单设置字符的字体、字号和字形，可用如图 2-6 所示的"开始"选项卡"字体"组中的按钮快捷地完成格式设置。

图 2-6　"开始"选项卡"字体"组

用"字体"组设置工作表格式的方法如下：

选定要设置格式的字符，单击"字体"组上相应的按钮或从下拉列表中选择所需的字体或字号即可。例如，要设置字符格式为蓝色加粗斜体，则选中该字符，单击加粗按钮 **B** 和斜体按钮 *I*，并在颜色按钮 **A·** 的下拉菜单中选择蓝色即可。

如果要完整地设置文本格式，可用以下方法：

选定要设置格式的字符，在功能区"开始"选项卡中单击"字体"选项卡的扩展按钮，在弹出的"设置单元格格式"对话框中选择"字体"选项卡，并根据需要选择"字体"选项卡中的各选项，如图 2-7 所示。

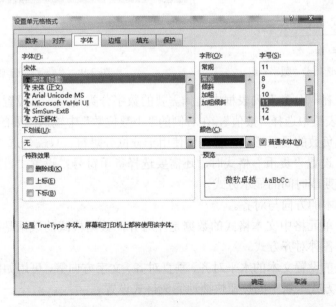

图 2-7　"设置单元格格式"对话框

其中，用户可以在"字体"选项卡中的"字体"菜单中选择用户需要的字体；在"字形"选项中可选择"常规"、"倾斜"、"加粗"、"加粗倾斜"四种字形；在"字号"选项中可调整字符的大小；在"下画线"选项中可选择各种下画线的格式。此外，用户还可通过"颜色"选项来选择需要的字符颜色，若需要"删除线"、"上标"、"下标"等特殊效果可在"特殊效果"选项中对应选项前打钩即可。

（2）设置数字格式。

在工作表的单元格中输入数字时，Excel 将以默认格式显示。如果默认格式不能满足用户要求，可以修改数据的显示格式。

如果只需要简单设置数字的格式、百分比样式、小数位数等，可用如图 2-8 所示的"开始"选项卡"数字"组中的按钮快捷地完成格式设置。

如果要完整地设置数字格式，可用以下办法：

选定要设置格式的单元格区域，在功能区"开始"选项卡中单击"数字"的扩展按钮 ，在弹出的"设置单元格格式"对话框中选择"数字"选项卡，如图 2-9 所示，在"分类"列表框中选择需要的数字格式。

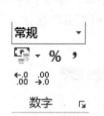

图 2-8 "开始"选项卡"数字"组

图 2-9 "数字"选项卡

其中，用户可在"分类"列表框中选择需要的数字分类格式，以设置数值格式为例，用户可在"分类"列表框中选择"数值"，在右侧的"小数位数"中输入想要的小数位数，在"负数"列表框中选择负数的显示形式，若需要使用千分位分隔符，只需勾选"使用千位分隔符"选项即可。此外，设置"货币"格式时，还需要选择货币符号；设置"日期"和"时间"格式时，可以选择日期或时间的显示方式。

（3）设置文本的方向与对齐。

默认格式下，单元格中文本格式的数据是左对齐，数据格式的数据是右对齐。用户可根据自己的需要设置各种对齐方式。

如果只需要简单设置文本的水平对齐、垂直对齐、文字方向等，可用如图 2-10 所示的"开始"选项卡"对齐方式"组中的按钮快捷地完成格式设置。

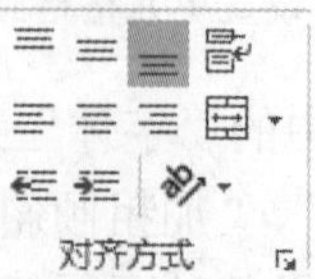

图 2-10 "开始"选项卡"对齐方式"组

如果要完整地设置对齐方式，可用以下办法：

选定要设置格式的单元格区域，在功能区"开始"选项卡中单击"对齐方式"组的扩展按钮，在弹出的"设置单元格格式"对话框中选择"对齐"选项卡，如图 2-11 所示。用户可根据需要设置文本的水平对齐方式、垂直对齐方式、文本的旋转角度以及文字方向等内容。

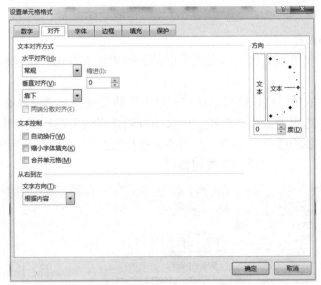

图 2-11 "对齐"选项卡

其中，用户可在"水平对齐"项与"垂直对齐"项的下拉菜单中选择需要水平对齐方式与垂直对齐方式；在"缩进"项中用户可根据需要输入缩进值；在"方向"项中可输入需要的文本旋转角度。此外，用户还可以通过"文本控制"项来选择"自动换行"、"缩小字体填充"、"合并单元格"等格式设置；在"文字方向"中还能选择文字方向为从左到右或从右到左。

2. 调整行高和列宽

在向单元格输入文字或数据时，经常会出现这样的现象：有的单元格中的文字只显示了一半；有的单元格中显示的是一串"#"符号，而在编辑栏中却能看见对应单元格的数据。出现这些现象的原因在于单元格的宽度或高度不够，不能将其中的文字正确显示。因此，需要对工作表中的单元格高度和宽度进行适当的调整。调整行高和列宽的方法有以下两种：

（1）使用鼠标操作直接调整行高和列宽。例如把鼠标指针指向列头上的 B 列 C 列的分界处，当指针变成带有左右箭头的黑色竖线时，按下鼠标左键，拖动鼠标就可以调整 B 列的列宽。与此相似，若要调整行高，可把鼠标指针移到行头上两行的分界处，当指针变成带有上下箭头的黑色竖线时，按下鼠标左键，拖动鼠标就可以调整行高。

（2）选中要调整的单元格或某一区域，在"开始"选项卡中单击"单元格"组中的"格式"--"单元格大小"下的"行高"或"列宽"命令，打开如图 2-12 所示的对话框，在对话框中输入更改后的数值，然后单击"确定"按钮即可。

图 2-12 "行高"对话框

3. 设置边框和背景颜色

默认情况下，Excel 并不为单元格设置边框，工作表中的框线在打印时并不显示出来。但在一般情况下，用户在打印工作表或突出显示某些单元格时，都需要添加一些边框以使工作表更美观和容易阅读。应用底纹和应用边框一样，都是为了对工作表进行形象设计。使用底纹为特定的单元格加上色彩和图案，不仅可以突出显示重点内容，还可以美化工作表的外观。

（1）设置表格边框。

设置表格边框不仅可以美化工作表还可以使表格更加人性化。设置表格边框的具体操作如下。

选中要添加边框的单元格或区域，用右键单击快捷菜单打开"设置单元格格式"对话框，将其切换到"边框"选项卡。在"样式"列表中可以选择线条的样式和粗细，在"颜色"下拉列表中设置边框线条的颜色，再单击右侧的边框位置按钮，就可以在预览窗口看到边框的效果，如图 2-13 所示，单击"确定"按钮即可。

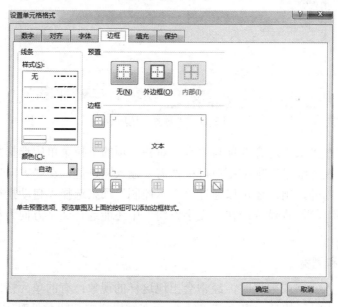

图 2-13　"设置单元格格式"对话框"边框"选项卡

（2）设置背景颜色。

有时为了突出重点内容，用户需要为一些单元格或区域设置背景。设置表格背景的具体操作如下：

在表格中选中要设置背景的单元格或单元格区域，右键单击快捷菜单打开"设置单元格格式"对话框，将其切换到"填充"选项卡，如图 2-14 所示，在"背景色"列表中选择合适的颜色，如需要其他颜色可单击"其他颜色"按钮进行选择。用户还可以通过"填充效果"按钮来选择合适的填充效果，此外若需要填充图案，用户还可以通过"图案颜色"与"图案样式"下拉列表来选择填充的图案样式与颜色，选择后单击"确定"按钮即可。

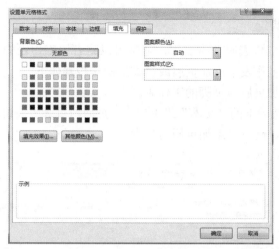

图 2-14 "设置单元格格式"对话框"填充"选项卡

4. 套用格式

表格格式就是字体、字号和缩进等格式设置特性的组合，将这一组合作为集合加以命名和存储。在 Excel 2013 中自带了多种表格格式，可以对单元格方便地套用这些样式。使用套用格式的具体操作步骤如下：

（1） 选中套用格式的单元格区域。

（2） 在"开始"选项卡中单击"样式"组的"套用表格格式"按钮，在系统自带的表格格式列表中选择一种类型即可，如图 2-15 所示。

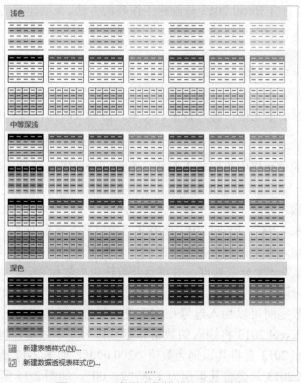

图 2-15 "套用表格格式"下拉列表

5. 添加页眉与页脚

页眉和页脚在打印工作表时非常有用，通常可以将有关工作表的标题放在页眉中，而将页码放置在页脚中。在工作表中添加页眉或页脚的操作步骤如下：

（1）选择需要添加页眉与页脚的工作表。

（2）在"插入"选项卡的"文本"组中单击"页眉与页脚"按钮，功能区出现如图 2-16 所示的"设计"选项卡，此时已添加页眉与页脚。

图 2-16　"设计"选项卡

（3）在对页眉编辑完成后，单击"设计"选项卡中"导航"组内的"转至页脚"按钮可切换到页脚，继续进行编辑。若要插入页码、页数、当前日期、文件路径、文件名、工作表名或图片均可通过"设计"选项卡中的"页眉与页脚元素"组来实现。此外还能够在"选项"组中设置首页不同与奇偶页不同等格式。

2.2 数据的输入

在 2.1 节中介绍了打开 Excel 2013 与创建工作表的方法。在创建好的工作表中就可以输入数据。在 Excel 2013 工作表中可以输入数值、日期或时间等数据。

2.2.1 数值、文本、日期或时间的输入

输入数据可以直接在单元格内进行，也可以在编辑栏里输入。单个单元格数据输入时，只需选定需要输入数据的单元格，输入数字、文本、日期或时间，按 Enter 键即可。

1. 输入数值

在 Excel 2013 中的单元格中可以输入整数、小数、分数以及科学计数法的数值。

（1）输入分数。

在单元格中可以输入分数。如果按照普通方式输入分数，Excel 2013 会将其转换为日期。例如，在单元格中输入"2/3"，Excel 2013 会将其当做日期，显示为"2 月 3 日"。因此，输入分数需要在其前面先输入整数部分，再输入空格和分数部分，如"2/3"输入为"0 2/3"，这样 Excel 2013 才将该数作为一个分数处理，并将该分数转为小数保存。

（2）使用千位分隔符。

输入数字时，在数字间可以加入逗号作为千位分隔符。但如果加入的逗号位置不符合千位分隔符的要求，则 Excel 2013 将输入的数字和逗号作为文本处理。例如，在单元格中输入"200，000"，则 Excel 2013 会将其识别为数值"200 000"，如图 2-17 所示；若在单元格中输入"2，00"，则 Excel 2013 只会将其识别为文本"2，00"，如图 2-18 所示。

　　　　　　　　　　　　　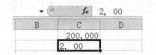

图 2-17　正确使用千位分隔符　　　　　　图 2-18　错误使用千位分隔符

（3）使用科学计数法。

当输入很大或很小的数值时，Excel 2013 会自动用科学计数法来显示。此时在编辑栏中显示的内容与输入的内容是相同的。例如，在单元格中输入"1000000000000"，则输入后，单元格将自动用科学计算法来显示数值"1E+12"。

（4）超宽度数值的处理。

当输入的数值宽度超过单元格宽度时，Excel 2013 将在单元格中显示####号；只要加大该列的列宽，数值就会正确地显示出来。

2. 输入文本

在 Excel 2013 中输入文字，只需选中单元格，输入文字，按 Enter 键即可。Excel 2013 会自动将输入的文本设置为左对齐。

在 Excel 2013 中，如果输入的数据过多，超出了单元格的长度，通常会出现如图 2-19 所示的两种情形。若右边的单元格没有存放任何数据，则文本内容会超出本单元格的范围显示在右边的单元格上；若右边的单元格存放了数据，则只能在本单元格中显示文本内容的一部分，其余文字被隐藏。例如，在 A2 与 A4 单元格中都输入文本"北京市海淀区区委会"，则 A2 单元格由于其右侧单元格没有存放任何数据，因而可以显示全部文本；而 A4 单元格由于其右侧单元已含有文本"中关村"，因而只能在 A4 单元格中显示文本内容的一部分。

图 2-19　文本长度超出列宽

3. 输入日期或时间

在 Excel 2013 中，输入的数据若符合日期或时间的格式，会自动被识别为日期或时间；如果不能识别当前输入的日期或时间格式，则按文本处理。

（1）设置日期和时间格式。

如果将单元格设置为日期或时间格式后，输入数字就可显示为日期或时间。设置单元格格式的步骤如下：

右键单击单元格，在打开的快捷菜单中选择"设置单元格格式"，转到"数字"选项卡，在"分类"列表中选择"日期"或"时间"选项，在右侧的"类型"中选择需要显示的格式即可。

（2）手工输入日期或时间。

在输入日期时，日期的连接符号为"/"或"-"。在输入时间时，时间的连接符号是"："。在同一单元格中可以同时输入日期和时间，但要求在日期和时间之间用空格隔开，否则将被认为是文本。如果要输入当前日期，可按组合键"Ctrl+;"。在输入时间时，默认的时间是 24

小时的时钟系统；如果按 12 小时制输入时间，则要求在输入的时间后面加上一个空格并输入字母 a 或 am（上午）、p 或 pm（下午）。如果要输入当前时间，可按组合键“Ctrl+Shift+;”。例如，在单元格中输入日期“2010-02-14”或时间“9:30AM”，Excel 2013 均能识别。

2.2.2 自动填充数据

在利用 Excel 2013 处理数据的过程中，用户可能会遇到需要输入大量有规律数据的情况，如相同数据，数据间呈等差数列的数据等。这时用户可以使用 Excel 2013 的自动填充功能，提高工作效率。

1. 使用自动填充柄

在 Excel 2013 中使用自动填充柄来填充数据在实际应用中非常普遍。使用自动填充柄进行数据填充的操作如下：

（1） 选择初始单元格，用鼠标左键拖动右下角的填充柄到需要填充的单元格后松开鼠标。

（2） 在选中单元格的右下角出现“自动填充选项”按钮，单击该按钮弹出“自动填充选项”下拉列表，如图 2-20 所示。

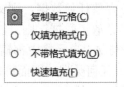

图 2-20 “自动填充选项”下拉列表

（3） 用户按照需要，选择合适的填充方式进行填充。

复制填充中，可以选择的填充方式有：“复制单元格”、“仅填充格式”、“不带格式填充”、“快速填充”四种。

若需要填充的内容和格式均与初始单元格一致，则可以使用“复制单元格”命令填充。例如，当需要输入的性别全部为男性时，则在输入初始单元格后，可以使用自动填充柄填充并选择“复制单元格”填充方式，就能达到需要的填充效果，填充结果如图 2-21 所示。

若需要填充的内容与初始单元格呈序列关系，则可以使用“填充序列”命令进行填充。例如，需要输入 2000 到 2010 年每年年份时，在输入初始单元格后，可以使用自动填充柄填充并选择“填充序列”填充方式，就能达到需要的填充效果，填充结果如图 2-22 所示。

	A	B	C
1		男	
2		男	
3		男	
4		男	
5		男	
6		男	
7		男	
8		男	
9		男	
10		男	
11		男	
12		男	
13			

图 2-21 “复制单元格”填充结果

	A	B	C
1		年份	
2		2000	
3		2001	
4		2002	
5		2003	
6		2004	
7		2005	
8		2006	
9		2007	
10		2008	
11		2009	
12		2010	

图 2-22 “序列填充”填充结果

若仅需要填充初始单元格的格式，则可以使用"仅填充格式"命令进行填充。例如，现有如图 2-23 所示的数据，各数据格式杂乱，需要统一数据格式，则以单元格 B2 为初始单元格，使用自动填充柄填充并选择"仅填充格式"填充方式，就能达到需要的填充效果，填充结果如图 2-24 所示。

▲	A	B	C
1			
2		2000	
3		2,001	
4		534	
5		33,000	
6		233,457	
7		12,345	
8		396	
9		2,010	
10		3,000	

图 2-23　"仅填充格式"填充前数据

▲	A	B	C
1			
2		2000	
3		2001	
4		534	
5		33000	
6		233457	
7		12345	
8		396	
9		2010	
10		3000	

图 2-24　"仅填充格式"填充结果

若需要在填充数据的同时取消其格式，则可以使用"不带格式填充"命令进行填充。例如，在复制初始单元格中数据的同时还希望去除初始单元格数据中的千位分隔符格式，可以使用自动填充柄填充并选择"不带格式填充"填充方式，就能达到需要的填充效果，填充结果如图 2-25 所示。

▲	A	B	C
1		2,000	
2		2000	
3		2000	
4		2000	
5		2000	
6		2000	
7		2000	
8		2000	
9		2000	
10		2000	
11		2000	

图 2-25　"不带格式填充"填充结果

2. 使用填充命令

除使用自动填充柄进行填充外，用户还可以使用填充命令进行数据填充，具体方法如下：

（1）选择初始单元格，在功能区"开始"选项卡的"编辑"组中单击"填充"按钮，在下拉菜单中选择"序列"命令，弹出"序列"对话框，如图 2-26 所示。

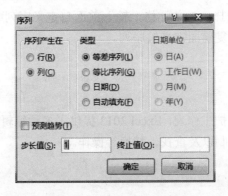

图 2-26　"序列"对话框

（2）在"序列产生在"选项组中选择想要让填充的数据填充初始单元格的同行还是同列；在"类型"选项组中选择数据填充的方式，其中可以选择的数据填充方式有等差序列、等比序列、日期、自动填充四项，填充日期时，还需要在对话框右侧选择日期单位；在"步长值"文本框中输入序列中相邻两项的差或比值（若填充类型为等差序列，则"步长值"表示序列中相邻两项的差；若填充类型为等比序列，则"步长值"表示序列中相邻两项的比值）；在"终止值"文本框中输入想要填充到的最终数值，单击"确定"按钮即可。

3. 自定义填充

除给定的序列外，Excel 还允许用户自定义数据的序列，以便于用户根据自己的需要定义经常使用的序列，加快数据的输入。如公司可能需要"销售部、客服部、研发部、财务部……"数据系列，它们在各项数据间并无规律可循。要想自动填充这样的数据序列，必须遵守"先定义后使用"的原则，具体操作步骤如下：

（1）在工作表中选择要在填充序列中使用的项目列表。

（2）单击"文件"按钮，打开下拉菜单，单击"选项"按钮，打开"Excel 选项"对话框。在左侧选择"高级"分类，在右侧单击"常规"下的"编辑自定义列表"按钮。

（3）在打开的"自定义序列"对话框中，确保所选项目列表的单元引用显示在"从单元格中导入序列"框中，单击右侧"导入"按钮，如图 2-27 所示。然后，单击"确定"按钮两次，返回到工作表中。

图 2-27 "自定义序列"对话框

（4）在工作表中，选择一个单元格，输入前面自定义序列中的一个项目，向下拖动该单元格的填充柄，将自动重复前面定义的序列。

2.3 数据的编辑

为了方便用户建立和维护工作表，Excel 2013 提供了多种编辑命令，支持对单元格进行修改、插入、删除、移动、复制以及查找、替换等操作。

2.3.1 插入单元格、行或列

如果想在某个位置上插入单元格，可以按照以下步骤进行操作：

（1）选择要插入单元格的位置。

（2）在"开始"选项卡的"单元格"组中，单击"插入"按钮，打开"插入"下拉菜单，如图 2-28 所示。

（3）选择"插入单元格"命令，在"插入"对话框中选择插入的方式，如图 2-29 所示。在"插入"对话框中可通过选择"活动单元格右移"或"活动单元格下移"来控制插入新单元格后原单元格的移动方向。

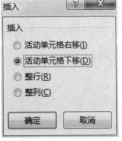

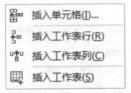

图 2-28 "插入"下拉菜单　　　　　　图 2-29 "插入"对话框

此外，若要在工作表中插入行或列，只要在如图 2-28 所示的"插入"下拉菜单中，选择"插入工作表行"或"插入工作表列"即可。

2.3.2 清除或删除单元格、行或列

对于工作表中出现的多余内容，为了清除或删除这些内容，就需要清除或删除包含这些多余内容的单元格、行或列。

1. 清除单元格、行或列

清除操作只是删除了单元格中的内容，而该单元格仍然存在。清除单元格中内容的具体步骤如下：

（1）选择要清除内容的单元格或单元格区域。

（2）在"开始"选项卡的"编辑"组中，单击"清除"按钮，打开如图 2-30 所示的"清除"下拉菜单。

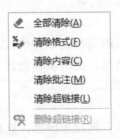

图 2-30 "清除"下拉菜单

（3）选择菜单中的相应命令即可。若选择"全部清除"命令，则清除单元格中的所有内容；若选择"清除格式"命令，则只清除单元格的格式；若选择"清除内容"命令，则只清除单元格的内容；若选择"清除批注"命令，则只清除单元格的批注（若选择"清除超链接"命令，则只清除单元格的超链接）。

2. 删除单元格、行或列

删除操作则不仅删除了单元格的内容，而且连同单元格本身也一并删除。若要在某个位置上删除单元格、整行或整列，其操作步骤如下：

（1）选择要删除的单元格。

（2）在"开始"选项卡的"单元格"组中，单击"删除"按钮，打开"删除"下拉菜单，如图 2-31 所示。

（3）选择"删除单元格"命令，在"删除"对话框中选择删除的方式，如图 2-32 所示。在"删除"对话框中可通过选择"右侧单元格左移"或"下方单元格上移"来控制删除单元格后的填补方向。

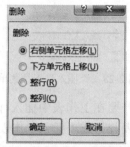

图 2-31　"删除"下拉菜单　　　　　　图 2-32　"删除"对话框

此外，若要在工作表中删除行或列，只要在如图 2-31 所示的"删除"下拉菜单中，选择"删除工作表行"或"删除工作表列"即可。

2.3.3　移动或复制单元格

在 Excel 2013 中，可通过鼠标拖动进行移动单元格操作，也可以通过剪贴板进行单元格的移动或复制。

1. 移动单元格

在处理数据时，有时用户会对表格或部分单元格的位置进行调整，这时用移动单元格是非常方便的，移动单元格的方法有以下两种。

（1）用鼠标移动单元格。

用鼠标移动单元格的方法适合短距离移动单元格，具体操作为：选择要移动或复制的单元格，将鼠标指针指向选定区域的边框，此时鼠标指针显示为四个方向的箭头形状，拖动选定单元格或区域到选定粘贴的位置即可。

（2）用剪贴板移动单元格。

如果单元格要移动的距离比较长，超过了屏幕，这样拖动起来就很不方便，这时可以使用如图 2-33 所示的剪贴板来移动单元格，具体操作如下：

图 2-33　"开始"选项卡"剪贴板"组

选中要移动的单元格或区域，单击"开始"选项卡"剪贴板"组中的"剪切"按钮，此时剪切的部分就被虚线包围了，选中要移动到的单元格，单击工具栏上的"粘贴"按钮，单元格就移动过来了。

2. 复制单元格

在 Excel 2013 中，可通过使用"复制"、"粘贴"等命令来复制单元格的数据，具体操作方法如下：

选中要复制内容的单元格，单击"开始"选项卡"剪贴板"组中的"复制"按钮，选中要复制到的目标单元格，单击"开始"选项卡"剪贴板"组中的"粘贴"按钮即可将内容复制到目标单元格。

2.3.4 查找和替换数据

Excel 2013 具有查找与替换功能，不仅可以查看与编辑指定的文字或数字，还可以自动替换查找到的内容。

1. 查找数据

实际操作中，有时用户需要查找特定的数据，此时可以使用 Excel 2013 中的查找功能，具体操作如下：

（1）在"开始"选项卡的"编辑"组中，转到"查找和选择"按钮，在下拉菜单中选择"查找"命令。

（2）在弹出的"查找和替换"对话框中，单击"查找"选项卡，输入要查找的内容。

（3）单击"查找下一个"或"查找全部"按钮，则 Excel 2013 将会自动查找符合条件的单元格。

例如，用户想要在工作表中查找"研究所"所在的单元格，则可在"查找和替换"对话框中单击"查找"选项卡，输入要查找的内容"研究所"，如图 2-34 所示。若要查找全部符合条件的单元格，则可单击"查找全部"按钮；若只需查找最近的一个符合条件的单元格，则可单击"查找下一个"按钮。

图 2-34　"查找和替换"对话框

2. 替换数据

替换数据的操作方法与查找数据的方法大致相同，具体操作如下：

（1）在"开始"选项卡的"编辑"组中，单击"查找和选择"按钮，在下拉菜单中选择"替换"命令。

（2）在弹出的"查找和替换"对话框中，转到"替换"选项卡，在"查找内容"文本框中输入要替换的内容，在"替换为"文本框中输入替换后的内容。

（3）单击"替换"或"全部替换"按钮，则 Excel 2013 将会自动替换符合条件的单元格。

例如，用户想要在工作表中将内容为"研究所"的单元格替换为"总部"，则可在"查找和替换"对话框中转到"替换"选项卡，在"查找内容"文本框中输入要替换的内容"研究所"，在"替换为"文本框中输入替换后的内容"总部"，如图 2-35 所示。若要替换全部符合条件的单元格，则可单击"全部替换"按钮；若只需替换当前已经选定的符合条件的单元格，则可单击"替换"按钮进行替换。

图 2-35　"查找和替换"对话框

2.4　Excel 2013 函数基础

函数是 Excel 进行数据处理的核心，巧妙地利用公式并合理地使用后面介绍的相关函数，可以发挥 Excel 强大的数据分析和数据处理功能。

2.4.1　公式的引入

公式是对工作表中的数值执行计算的等式。所有的 Excel 公式都具有相同的基本结构：一个等号（=）后面跟随一个或多个运算码，运算码可以是值、单元格引用、单元格区域、区域名称或者函数名，其间以一个或多个运算符连接。这些运算符包括算术运算符、逻辑运算符或者字符运算符等。

1.　公式的输入

输入公式的操作类似于输入文字型数据，不同的是在输入一个公式的时候总以等号"="作为开头，然后才是公式的表达式。在一个公式中可以包含各种算术运算符、常量、变量、函数、单元格地址等。下面是几个输入公式的实例：

```
=120/3              常量运算
=B2*250-C3          使用单元格地址
=SUM（C1：C9）       使用函数
```

在单元格中输入公式的过程如下：

（1）选中要输入公式的单元格。

（2）输入"="作为准备输入公式的开始。

（3）输入组成该公式的所有运算码和运算符。

（4）按 Enter 键对输入的公式表示确认。

例如，在单元格 B1 中输入了数值"200"，然后分别在"B2、B3、B4"中输入以下公式：

```
=B1/5
=（B1+B2）/B2
=B2+B3
```

输入公式后，分别在"B2、B3、B4"中显示数值：40、6、46，如图 2-36 所示。

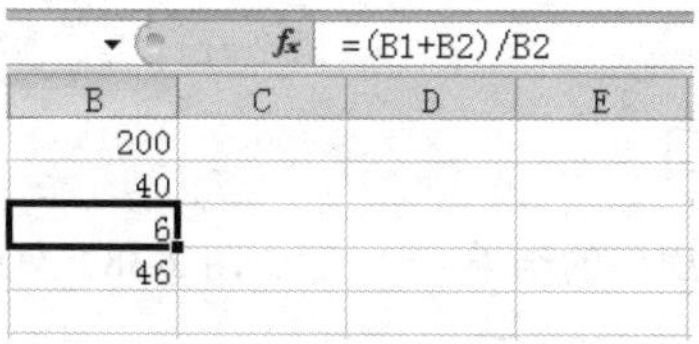

	fx	=(B1+B2)/B2	
B	C	D	E
200			
40			
6			
46			

图 2-36　单元格 B2、B3、B4 输入公式后显示结果

2.　公式的修改

输入公式后，在计算的过程中若发现工作表中某单元格中的公式有误，就需要对公式进行修改，操作步骤如下：

选择需要进行编辑的单元格，然后单击编辑栏，在编辑栏中对公式进行修改，修改完毕按 Enter 键即可。

例如，假设 B2 单元格中原已含有公式"=A1+A2+A3"，现在需要将公式修改为："=A1+A2+A3+A4"，则只需选择 B2 单元格，单击编辑栏，在编辑栏中将原公式"=A1+A2+A3"修改为"=A1+A2+A3+A4"，按 Enter 键即可。

3.　公式的移动和复制

在数据处理过程中，经常会对公式进行移动和复制操作。公式移动和复制的操作方法与单元格的移动和复制类似。与移动和复制单元格数据不同的是，移动和复制公式时，其中原有单元格地址将会发生一定的变化，从而可能会对结果产生影响。

（1）公式的移动。

如果需要移动公式到其他的单元格中，则具体操作步骤如下：

选定包含公式的单元格，这时单元格的周围会出现一个黑色边框；将鼠标指针放在单元格边框上，当鼠标指针变为四向箭头时按下鼠标左键，拖动鼠标指针到目标单元格释放鼠标左键即可完成公式的移动。进行公式的移动操作后，公式中的单元格引用不会发生变化。

（2）公式的复制。

与移动公式不同，复制公式时，单元格引用会根据所引用类型而变化。复制公式的操作方法如下：

选定包含公式的单元格，单击"开始"选项卡"剪贴板"组中的"复制"按钮，选择要复制公式的目标单元格，单击"开始"选项卡"剪贴板"组中的"粘贴"按钮即可将公式复制到目标单元格。在编辑栏的公式栏中可看出公式的变化。

例如，B2 单元格中的公式为"=B1/5"，将公式按上述方法复制到 D2 单元格后，即变为"=D1/5"，如图 2-37 所示。

如果希望准确地复制公式文本而不调整公式的单元格引用，可采用以下办法：

选中单元格，激活编辑模式，选中公式文本，单击"复制"按钮，按 Enter 键结束编辑模式，在目标单元格中粘贴公式文本，按 Enter 键即可。

例如，若要将图 2-37 中 B2 单元格的公式复制到 D2 单元格中而不调整公式的单元格引用，则可选择 B2 单元格，在编辑栏中选中公式"=B1/5"，单击"复制"按钮，并按 Enter 键结束编辑模式，再选择目标单元格 D2，单击"粘贴"按钮，按 Enter 键即可完成，复制公式为"=B1/5"，结果如图 2-38 所示。

▼	f_x	=D1/5
B	C	D
200	100	50
40		10

▼	f_x	=B1/5
B	C	D
200	100	50
40		40

图 2-37　复制公式且调整单元格引用的结果　　　图 2-38　复制公式且不调整单元格引用的结果

2.4.2　运算符及优先级

运算符是公式的基本元素，一个运算符就是一种符号，代表着一种运算。不同的运算符在同一公式中出现时，Excel 2013 将会按照运算符的优先级来确定运算顺序，并以此完成运算。

1. 公式中的运算符

Excel 中的运算符包括算术运算符、比较运算符、文本运算符和引用运算符，它们的含义及作用如表 2-1 所示。

表 2-1　Excel 中的运算符

名　称	种　类	含　义	示　例
算术运算符	+	加	1+2
	−	减	5-4
	*	乘	8*4
	/	除	9/3
	^	幂	4^
	%	百分比	53%
比较运算符	=	等于	=B2/C3
	>	大于	B2>C3
	<	小于	B2<C3
	>=	大于等于	B2>=C3
	<=	小于等于	B2<=C3
	<>	不等于	B2<>C3
文本运算符	&	将多个文本连接起来产生连续的文本	"圣诞"&"快乐"产生"圣诞快乐"
引用运算符	:	区域运算符，对两个引用之间包括这两个引用在内的所有单元格进行引用	B2:C3（引用 B 到 C 列，2 到 3 行所包含的区域）
	,	联合运算符，将多个引用合并为一个引用	SUM（B2:C3,D4:E5）（引用 B2:C3 和 D4:E5 两个区域）
	（空格）	交叉运算符，产生同时属于两个引用的单元格区域引用	SUM（B2: D4, C3:E5）（引用 B2:D4 和 C3:E5 两个区域交叉的区域）

2. 各种运算符的优先级

一个公式中包含多种运算符时，不同的运算符可能是同级运算符也可能是不同级运算符。对于同级运算符，则按照从左到右的顺序运算；对于不同级运算符，按照优先级从高到低的顺序运算。各种运算符的优先级如表 2-2 所示。

表 2-2　Excel 公式中的运算符优先级顺序

运 算 符	名　　称	优先级顺序
:	区域	1
（空格）	交叉	2
,	联合	3
–	求反	4
%	百分数	5
^	幂	6
*和/	乘和除	7
+和–	加和减	8
&	连接	9
= > < >= <= <>	比较	10

要改变公式中上面符号的优先级，可给这些符号所连接的部分加上括号。例如，公式"=20+16*2"的结果是 52，因为此公式中"*"优先级高于"+"，先进行乘法运算。如果使用括号改变语法，输入公式为"=（20+16）*2"，则在此公式中先计算"（）"中的部分，结果为 72。

2.4.3　函数的输入

Excel 2013 将具有特定功能的公式组合在一起形成函数，与直接使用公式计算相比较，使用函数进行计算的速度更快。一般而言，函数可分为三个部分：等号、函数名和参数。例如"=SUM（B1：E9）"，表示对 B1：E9 区域内所有数据求和。

函数的输入有两种常有的方法，一种是通过手动输入，另一种是使用函数向导来输入。

1.　手动输入

手动输入函数的方法与在单元格中输入公式的方法类似。函数的手动输入方法如下：

选定要输入函数的单元格后输入"="号，函数名称，以及括号和参数，若有多个参数，则用逗号隔开。当输入了正确的函数名和左括号后就会出现一个显示该函数所有参数的提示框，显示该函数应正确输入的参数及其格式。

例如，要在如图 2-39 所示的话费单中计算总话费，可在单元格 B14 中输入求和函数"=SUM（B2：B13）"，按 Enter 键就能得到一年的话费之和。

图 2-39　手动输入函数

2. 使用函数库输入

对于一些比较复杂的函数来说，一般使用函数库来输入。使用函数库输入函数的操作如下：

（1） 选定要输入函数的单元格，在"公式"选项卡的"函数库"组中单击"插入函数"按钮 f_x，打开如图 2-40 所示的"插入函数"对话框。

（2） 在"或选择类别"下拉列表中选择要使用函数所在的类，然后在下面的"选择函数"列表框中选择需要的函数，单击"确定"按钮，弹出如图 2-41 所示的"函数参数"对话框。

图 2-40　"插入函数"对话框

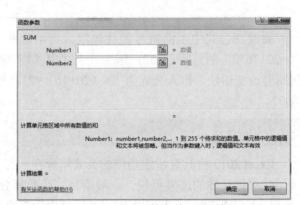

图 2-41　"函数参数"对话框

（3） 在"函数参数"对话框中输入必要的参数，设置完成后单击"确定"按钮即可。

2.5　图像基础知识

Excel 的图标功能并不逊色于某些专业图标软件，它具有丰富的图表类型，能够建立柱形图、折线图、散点图、饼图等多种类型的图表，不但能够建立平面图形，还能够建立较复杂的三维立体图表。此外，Excel 还提供了许多图表处理工具，能够对图标进行修饰和美化，如设置图标标题、修改图标背景色和设置字体等。

2.5.1　Excel 2013 图表的分类

Excel 2013 数据图表的类型很多，在现代数据处理实践中，使用较多的有柱形图、条形图、折线图、饼图、面积图和散点图等。用于表现不同的数据关系，需要制作专门的对应图表。

1. 柱形图

柱形图就是人们常说的直方图，用于显示某一段时间内数据的变化，或者比较各数据项之间的差异。分类在水平方向组织，而数值在垂直方向组织，以强调对于时间的变化。在实际应用中，柱形图还有一些变形，例如，堆积柱形图显示单个数据项与整体的关系，三维透视的柱形图可比较两个坐标轴上的数据点等。柱形图的常见样式有 7 种，如图 2-42 所示。

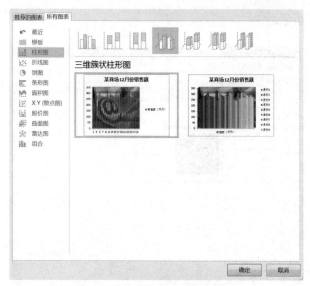

图 2-42　柱形图的常见样式

2. 条形图

条形图显示了各个项目之间的比较情况，纵轴表示分类，横轴表示值。条形图强调各个值之间的比较，并不太关心时间的变化情况。条形图中的堆积图显示了单个项目与整体的关系，可以把不同项目之间的关系描述得很清楚。条形图的常见样式有 6 种，如图 2-43 所示。

图 2-43　条形图的常见样式

3. 折线图

折线图是用直线段将各个数据点连接起来而组成的图形，折线图以折线的方式显示数据的变化趋势。折线图常常用来分析数据随时间的变化趋势。一般情况下，折线图的 X 轴表示时间的推移，而 Y 轴表示不同时刻数值的大小。折线图的常见样式有：折线图、堆积折线图、百分比堆积折线图、数据点折线图、堆积数据点折线图、百分比堆积数据点折线图和三维折线图 7 种，如图 2-44 所示。

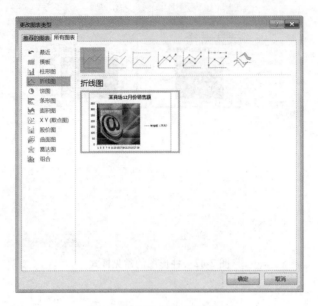

图 2-44　折线图的常见样式

4. 饼图

　　饼图强调整体与部分的关系，常用于表示各组成部分在总体中所占的百分比。当只有一个数据系列并且用于强调整体中的某一重要元素时，使用饼状图十分有效。在饼图中，如果要使小扇区更容易查看，可将小扇区组织为饼图的一个数据项，然后将该数据项在主图表旁边的小饼状图或小条形图中拆分显示，从而形成复合饼图。饼图的常见样式有：饼图、三维饼图、复合饼图、复合条形饼和圆环图 5 种，如图 2-45 所示。

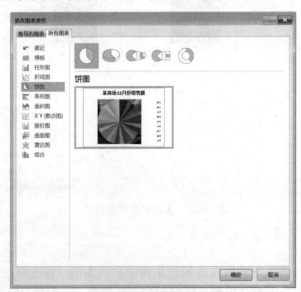

图 2-45　饼图的常见样式

5. 面积图

面积图实际上是实折线图的另一种表现形式，它使用折线和 X 轴组成的面积以及两条折线之间的面积来显示数据系列的值。面积图一般用于显示不同数据系列之间的对比关系，同时也显示各数据系列与整体的比例关系，强调随时间变化的幅度。面积图的常见样式有：面积图、堆积面积图、百分比堆积面积图、三维面积图、三维堆积面积图和三维百分比堆积面积图 6 种，如图 2-46 所示。

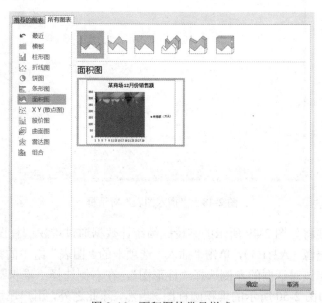

图 2-46　面积图的常见样式

6. 其他标准图表

除了上述几种常用图表之外，Excel 2013 提供的标准图表类型还有圆环图、气泡图、雷达图、股价图、曲面图和 XY 散点图等。

2.5.2　创建图表

在 Excel 2013 中可以使用图表向导来创建图表，使用图表向导创建图表的操作过程如下：

（1）选择图表的数据源，单击如图 2-47 所示的"插入"选项卡"图表"组中的拓展按钮，打开如图 2-48 所示的"插入图表"对话框。

图 2-47　"插入"选项卡"图表"组

（2）在"插入图表"对话框左侧的"模板"栏中选择用户需要创建的图表类型，并在"插入图表"对话框的右侧选择已选图表类型下的具体图表形式，单击"确定"按钮即可完成图表的创建。

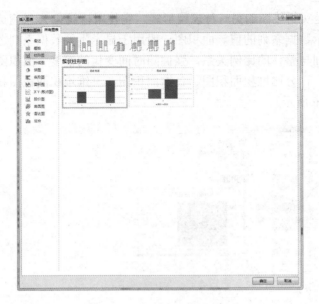

图 2-48   "插入图表"对话框

例如，用户需要将如图 2-49 所示的某校成绩统计数据通过堆积圆柱图的形式表现出来，则可选定图表的数据源（A2:E5），单击"插入"选项卡的"图表"组中的拓展按钮，打开"插入图表"对话框，在该对话框的左侧选择"柱形图"，在右侧选择"堆积圆柱图"，单击"确定"按钮即可创建如图 2-50 所示的堆积圆柱图。当然，除此之外，用户还可以根据需要在"插入图表"对话框中选择不同的图表形式，从而得到不同的图表，比如如图 2-51 所示的百分比堆积圆柱图，以及如图 2-52 所示的三维圆柱图。

	A	B	C	D	E
1	**某校成绩统计表**				
2	年级	优秀	良好	合格	不合格
3	高一	130	343	110	32
4	高二	123	365	97	30
5	高三	112	370	98	35

图 2-49   某校成绩统计数据

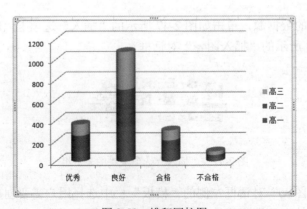

图 2-50   堆积圆柱图

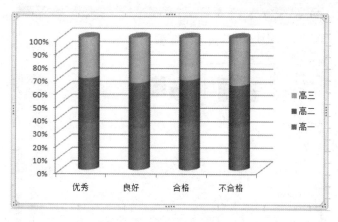

图 2-51　百分比堆积圆柱图

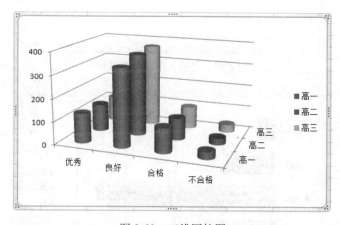

图 2-52　三维圆柱图

在 Excel 2013 中创建其他类型图表的步骤与上述步骤基本相同。只需在选择数据源后，在"插入"选项卡的"图表"组中选择不同类型的图表即可。

2.5.3　图表类型的转换

对于一个已经建立好的图表，如果图表的类型不能直观表达工作表中的数据，则需要修改原图标的图表类型。修改图表类型的操作方法如下：

（1）双击需要修改的图表，然后单击"设计"选项卡"类型"组中的"更改图表类型"按钮，弹出如图 2-53 所示的"插入图表"对话框。

（2）在如图 2-53 所示的对话框中选择想要更改成为的图表类型，选择方法与创建图表的第（2）步相同，选择完成后单击"确定"按钮即可完成图表类型的转换。

例如，用户现已使用图 2-49 中的某校成绩统计数据创建了如图 2-54 所示的簇状水平圆柱图，创建图表后发现簇状水平圆柱图不能很好地表示该校的成绩分布状况，想要将图表类型转换为堆积圆柱图，则用户可以双击已经创建好的簇状水平圆柱图，然后单击"设计"选项卡"类型"组中的"更改图表类型"按钮，在弹出的对话框中，选择柱形图下的堆积圆柱图类型，单击"确定"按钮即可将簇状水平圆柱图更改为如图 2-50 所示的堆积圆柱图。

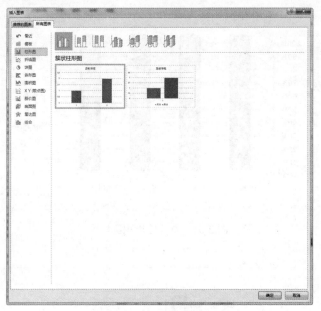

图 2-53　"插入图表"对话框

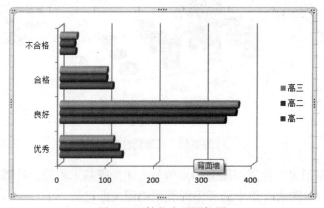

图 2-54　簇状水平圆柱图

2.5.4　设置图表布局及样式

Excel 2013 在图标的布局方面，提供了 8 种布局模板和多种图表样式。在图标构建完成后，可以选择布局模板和图表样式，优化图表的显示效果。

1.　设置图表布局

在 Excel 2013 中，设置图表布局可通过两种方法完成，一种是应用图表布局模板，另一种是使用"布局"选项卡设置布局。

（1）应用图表布局模板。

在 Excel 2013 中，用户可以通过应用图表布局模板来简便、快速地优化图表布局，美化图表的显示效果。应用图表布局模板的具体操作如下：

选中图表显示"图表工具"，在"设计"选项卡中单击"图表布局|快速布局"组下拉菜单，看到的模板如图 2-55 所示，选择相应的图表布局方案即可。

（2） 使用"添加图表元素"选项卡。

若上述应用图表布局模板的方法不能满足用户的需要，用户还可以通过使用"添加图表元素"选项卡中的命令来优化图表的布局。选中图表显示"图表工具"，在"设计"选项卡中单击"添加图表元素"组下拉菜单，在该选项卡中可以完成设置图标的标签、坐标轴、背景、图表名称等操作，还可以为图标添加趋势线。

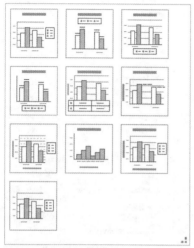

图 2-55　图表布局方案

图 2-56　"添加图表元素"选项卡

2. 设置图表样式

针对不同类型的图表，Excel 2013 系统提供大量的可选择的图表样式，用户可以通过选中图表显示"图表工具"，在"设计"选项卡中单击"图表样式"组，弹出下拉列表，可以看到许多不同的可选择的标准样式，如图 2-57 所示。用户如果要改变现有图表的样式，只需在下拉列表中选择想要变成的样式即可。

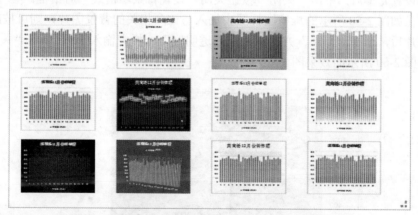

图 2-57　"设计"选项卡的"图表样式"组下拉列表

2.5.5　格式化背景墙

在 Excel 2013 中，用户可以用已经制作好的图形、图像等作为图形对象的填充背景，使图表更加美观。其操作方法如下：

（1） 双击要设置背景图的图形对象区域，在右侧弹出的"设置图表区格式|图表选项"选项卡中单击"背景墙"按钮，如图 2-58 所示。即切换至"设置背景墙格式"对话框。

（2） 在"设置背景墙格式"对话框中选择"填充"，在弹出的如图 2-59 所示的"设置背景墙格式"对话框中选择"图片或纹理填充"。

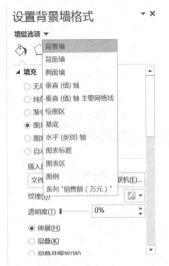
图 2-58 "图表背景墙"下拉菜单

图 2-59 "设置背景墙格式"对话框

（3） 单击此对话框中的"文件"按钮，弹出"插入图片"对话框，从中选择要作为图片背景的图片文件。

（4） 在"插入自"选项下方选择图片显示方式，用户可以选择"伸展"、"层叠"或"层叠并缩放"中的一种。若选择"伸展"方式，则还可在"伸展选项"中选择上下左右的偏移量。

（5） 在"透明度"一栏中输入插入图片的透明度。

（6） 设置完毕后，单击"关闭"按钮关闭"设置背景墙格式"对话框。

若想要在如图 2-50 所示的堆积圆柱图中插入与该项相关的背景图片，则可按照上述步骤插入背景图片后，选择"伸展"方式，并在"透明度"一栏中输入 70 后单击"关闭"按钮，即可得到如图 2-60 所示的效果图。

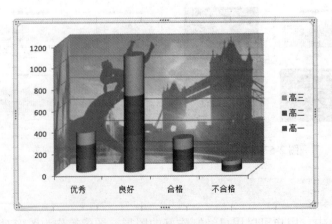
图 2-60 格式化背景墙效果图

2.6　上机题

	光盘：\录像\第 2 章\上机题\……
	光盘：\上机题\第 2 章\习题\……

1. 创建一个新的工作簿，将 Sheet1 重命名为"1970－2005 三省市 GDP"，并在工作表中输入如下数据：

年　　份	北　　京	天　　津	河　　北
1970	63	51	104
1971	61	55	108
1972	67	56	103
1973	73	60	113
1974	80	67	121
1975	91	70	133
1976	94	65	134
1977	99	68	158
1978	109	83	183
1979	120	93	203
1980	139	104	219
1981	139	108	223
1982	155	114	251
1983	183	123	283
1984	217	147	332
1985	257	176	397
1986	285	195	437
1987	327	220	522
1988	410	260	701
1989	456	283	823
1990	501	311	896
1991	599	343	1072
1992	709	411	1279
1993	864	536	1691
1994	1084	725	2187
1995	1395	918	2850
1996	1616	1099	3453
1997	1810	1235	3954
1998	2011	1336	4256
1999	2174	1450	4569
2000	2479	1639	5089
2001	3711	1919	5517
2002	4330	2151	6018
2003	5024	2578	6921
2004	6060	3111	8478
2005	6886	3698	10096

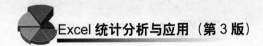

年份通过自动填充方式输入，完成后保存为文件"第 2 章习题 1"。

2. 利用习题 1 的数据，进行以下操作：

（1） 查找数据"411"并将其替换为"451"。

（2） 计算出每一年度北京、天津、河北的 GDP 总和。

3. 利用习题 2 处理后所得的数据画图：

（1） 画出 1970—2005 年北京、天津、河北三省市的 GDP 累积折线图。

（2） 画出 1970—2005 年该三省市 GDP 总和的圆柱图。

（3） 将（2）中的图表转换为带数据标记的折线图。

4. 某商场 12 月份的销售额具体数据如下表所示。

销售额（万元）

257	276	238	310	240	265
278	271	292	281	301	284
273	263	280	291	259	272
284	268	271	301	308	286
303	322	287	249	268	271

（1） 新建 Excel 表格，在表格中输入数据。

（2） 计算该商场 12 月份的销售总额和日平均销售额。

（3） 画出销售额的柱形图。

（4） 设置柱形图布局，并为图标添加标题"某商场 12 月份销售额"。

（5） 为（3）中画出的直方图添加一张背景图片。

第3章 描述性统计分析

要全面把握数据分布的特征，需要找到反映数据分布特征的统计指标。数据分布的特征可以从以下 3 个方面进行测度：

（1） 分布的集中趋势，反映各数据向中心值靠拢或聚集的程度。

（2） 分布的离散程度，反映各数据远离中心值的趋势。

（3） 分布的形状，反映数据分布的偏度和峰度。

这 3 个方面分别反映了数据分布特征的不同侧面。在描述统计中我们常用的统计指标主要包括均值、方差、标准差、中位数、众数、峰度、偏度等。使用 Excel 2013 可以非常方便地得到这些结果。

3.1 描述集中与离中趋势的统计量

集中趋势指一组数据向其中心值靠拢的倾向和程度。测度集中趋势就是寻找数据水平的代表值或中心值，不同类型的数据应当使用不同的集中趋势测度值。值得注意的是，低层次数据的测度值适用于高层次的测量数据，但高层次数据的测度值并不适用于低层次的测量数据。因此，选用什么样的测度值来反映数据的集中趋势要根据数据的类型和特点来决定。描述集中趋势的统计指标有：算术平均值、几何平均值、调和平均值、众数、中位数等。

离中趋势是数据分布的另一个重要特征，它反映各变量值远离其中心值的程度。离中趋势也从另一个侧面说明了集中趋势测度值的代表程度，数据的离中趋势越大，集中趋势的测度值对该组数据的代表性就越差；数据的离中趋势越小，集中趋势的测度值的代表性就越好。和集中趋势一样，不同类型的数据有不同的离散程度测度值。描述离中趋势的统计指标主要有：方差和标准差。

3.1.1 算术平均值

算术平均值也称均值，是一组数据相加后除以数据的个数得到的结果。算术平均值是集中趋势的最常用测度值，主要适用于数值型数据，而不适用于分类数据和顺序数据。但是算术平均值易受极端值的影响。根据所掌握数据的不同，算术平均值有不同的计算形式和计算公式，可分为未经分组数据的算术平均值和分组数据的算术平均值两大类。

1. 未经分组数据算术平均值的计算

根据未经分组数据计算的平均值称为简单算术平均值。设一组样本数据为 $x_1, x_2, \cdots, x_n$，样本量为 n，则简单算术平均值的计算公式为

$$\bar{x} = \frac{x_1 + x_2 + \cdots + x_n}{n} = \frac{\sum_{i=1}^{n} x_i}{n} \tag{3-1}$$

在 Excel 2013 中用 AVERAGE 函数来计算简单算术平均值，即将总体的各个单位标志值简单相加，然后除以单位项数。

表达形式：= AVERAGE (number1，number2，…)

其中 number1，number2，…是需要求其算术平均值的参数，参数个数限制在 30 个以内，Number 参数可以是数字、名称、数组或包含数字的引用。值得注意的是，AVERAGE 函数忽略空白、逻辑值和文本单元格。

下面我们通过实验 3-1 来介绍使用 AVERAGE 函数来计算样本简单算术平均值的相关操作。

实验 3-1：以某班级语文、数学、英语三门考试成绩数据为例创建一个数据文件，以该数据为基础计算出每位学生的平均成绩和每门功课的班级平均成绩，实验的原始数据如图 3-1 所示。

使用 AVERAGE 函数来计算简单算术平均值的相关操作如下：

（1） 单击单元格 E2，输入函数 "= AVERAGE（B2:D2）" 后按 Enter 键即可在单元格 E2 中算出学号为 1 的学生的平均成绩，如图 3-2 所示，其中函数中 B2:D2 表示引用区域 B2 单元格到 D2 单元格中的数据。

	A	B	C	D	E
1	学号	语文	数学	英语	平均成绩
2	1	81	78	89	
3	2	90	89	86	
4	3	78	76	69	
5	4	76	88	76	
6	5	80	97	75	
7	6	68	84	98	
8	7	78	100	84	
9	8	88	93	71	
10	9	93	82	84	
11	10	84	72	85	
12	11	85	75	87	
13	12	88	63	73	
14	13	82	87	92	
15	14	75	96	94	
16	15	91	80	89	
17	16	87	92	78	
18	17	80	84	87	
19	18	70	76	90	
20	19	75	89	88	
21	20	88	77	84	
22	平均成绩				

图 3-1　实验 3-1 原始数据

	A	B	C	D	E
1	学号	语文	数学	英语	平均成绩
2	1	81	78	89	82.66667
3	2	90	89	86	
4	3	78	76	69	
5	4	76	88	76	
6	5	80	97	75	
7	6	68	84	98	
8	7	78	100	84	
9	8	88	93	71	
10	9	93	82	84	
11	10	84	72	85	
12	11	85	75	87	
13	12	88	63	73	
14	13	82	87	92	
15	14	75	96	94	
16	15	91	80	89	
17	16	87	92	78	
18	17	80	84	87	
19	18	70	76	90	
20	19	75	89	88	
21	20	88	77	84	
22	平均成绩				

图 3-2　计算学号为 1 学生的平均成绩

（2） 选择单元格 E2，使用自动填充柄将函数复制到 E3 至 E21 的区域，从而计算出其他学生的平均成绩。

（3） 单击单元格 B22，输入函数 "= AVERAGE（B2:B21）" 后按 Enter 键即可在如图 3-3 所示的单元格 B22 中算出语文课的班级平均成绩。

（4） 选择单元格 B22，使用自动填充柄将函数复制到 C22 至 D22 的区域，从而计算出其他课程的班级平均成绩，最终结果如图 3-4 所示。

	A	B	C	D	E
1	学号	语文	数学	英语	平均成绩
2	1	81	78	89	82.67
3	2	90	89	86	88.33
4	3	78	76	69	74.33
5	4	76	88	76	80.00
6	5	80	97	75	84.00
7	6	68	84	98	83.33
8	7	78	100	84	87.33
9	8	88	93	71	84.00
10	9	93	82	84	86.33
11	10	84	72	85	80.33
12	11	85	75	87	82.33
13	12	88	63	73	74.67
14	13	82	87	92	87.00
15	14	75	96	94	88.33
16	15	91	80	89	86.67
17	16	87	92	78	85.67
18	17	80	84	87	83.67
19	18	70	76	90	78.67
20	19	75	89	88	84.00
21	20	88	77	84	83.00
22	平均成绩	81.85			

图 3-3 计算语文课的班级平均成绩

	A	B	C	D	E
1	学号	语文	数学	英语	平均成绩
2	1	81	78	89	82.67
3	2	90	89	86	88.33
4	3	78	76	69	74.33
5	4	76	88	76	80.00
6	5	80	97	75	84.00
7	6	68	84	98	83.33
8	7	78	100	84	87.33
9	8	88	93	71	84.00
10	9	93	82	84	86.33
11	10	84	72	85	80.33
12	11	85	75	87	82.33
13	12	88	63	73	74.67
14	13	82	87	92	87.00
15	14	75	96	94	88.33
16	15	91	80	89	86.67
17	16	87	92	78	85.67
18	17	80	84	87	83.67
19	18	70	76	90	78.67
20	19	75	89	88	84.00
21	20	88	77	84	83.00
22	平均成绩	81.85	83.9	83.95	

图 3-4 实验 3-1 计算结果

2. 分组数据算术平均值的计算

根据分组数据计算的平均值称为加权算术平均值。设原始数据被分为 k 组，各组的组中值分别用 M_1，M_2，M_3，…，M_k 来表示，各组变量值出现的频数分别用 f_1，f_2，f_3，…，f_k 来表示，n 为样本量，则样本加权平均值的计算公式为

$$\bar{x} = \frac{M_1 f_1 + M_2 f_2 + \cdots + M_k f_k}{f_1 + f_2 + \cdots + f_k} = \frac{\sum_{i=1}^{k} M_i f_i}{n} \tag{3-2}$$

在 Excel 2013 中，通过样本数据计算加权算术平均值要通过使用数学公式以及 SUM 函数来实现。下面我们通过实验 3-2 介绍使用 SUM 函数来计算样本加权算术平均值的相关操作。

实验 3-2：以某厂 123 个生产车间的产量统计数据为例创建一个数据文件，以该数据为基础计算出该厂平均每个生产车间产量的加权算术平均值，实验的原始数据如图 3-5 所示。

	A	B	C
1	产量（台）	组中值 M_i	频数 f_i
2	90-100	95	4
3	100-110	105	9
4	110-120	115	16
5	120-130	125	27
6	130-140	135	20
7	140-150	145	17
8	150-160	155	10
9	160-170	165	8
10	170-180	175	4
11	180-190	185	5
12	190-200	195	3

图 3-5 实验 3-2 原始数据

使用数学公式以及 SUM 函数来计算加权算术平均值的相关操作如下：

（1）计算出每组数据中组中值 M_i 与频数 f_i 的乘积 $M_i f_i$，单击单元格 D2 输入公式 "=B2*C2"，按下 Enter 键后，使用自动填充柄将公式复制到 D3 至 D12 的区域，计算结果如

图 3-6 所示。

（2） 单击单元格 C13，输入函数 "= SUM（C2：C12）" 后按 Enter 键即可在单元格 C13 中算出样本容量，使用自动填充柄将公式复制到单元格 D13。

（3） 单击单元格 E2，输入公式 "=D13/C13"，按 Enter 键即可求得该厂每一车间的加权平均产量，计算结果如图 3-7 所示。

	A	B	C	D
1	产量（台）	组中值 M_i	频数 f_i	$M_i f_i$
2	90-100	95	4	380
3	100-110	105	9	945
4	110-120	115	16	1840
5	120-130	125	27	3375
6	130-140	135	20	2700
7	140-150	145	17	2465
8	150-160	155	10	1550
9	160-170	165	8	1320
10	170-180	175	4	700
11	180-190	185	5	925
12	190-200	195	3	585

图 3-6　计算各组组中值与频数的乘积

	A	B	C	D	E
1	产量（台）	组中值 M_i	频数 f_i	$M_i f_i$	加权平均值
2	90-100	95	4	380	136.4634
3	100-110	105	9	945	
4	110-120	115	16	1840	
5	120-130	125	27	3375	
6	130-140	135	20	2700	
7	140-150	145	17	2465	
8	150-160	155	10	1550	
9	160-170	165	8	1320	
10	170-180	175	4	700	
11	180-190	185	5	925	
12	190-200	195	3	585	
13			123	16785	

图 3-7　实验 3-2 计算结果

3.1.2　几何平均值

几何平均值是另一种计算平均变量值的平均值。它不是对各单位变量值的算术平均，而是根据各单位变量值连乘积再开几次方来计算的，是 n 个变量值乘积的 n 次方根。几何平均值适用于对比率数据的平均，主要用于计算平均增长率。当所掌握的变量本身是比率的形式时，采用几何平均值计算平均比率更为合理。几何平均值一般用 G 表示，它的计算公式如下：

$$G_m = \sqrt[n]{x_1 \times x_2 \times \cdots \times x_n} = \sqrt[n]{\prod_{i=1}^{n} x_i} \tag{3-3}$$

几何平均值的特点：

（1） 几何平均值受极端值的影响较算术平均值小。

（2） 如果变量值有负值，计算出的几何平均值就会成为负数或虚数。

（3） 它仅适用于具有等比或近似等比关系的数据。

（4） 几何平均值的对数是各变量值对数的算术平均值。

在 Excel 2013 中用 GEOMEAN 函数来计算几何平均值。

表达形式：= GEOMEAN (number1，number2，…)

其中 number1，number2，…是多达 30 个要求其几何平均值的参数，也可使用单个数组或区域等。

下面我们通过实验 3-3 介绍使用 GEOMEAN 函数来计算几何平均值的相关操作。

实验 3-3：以某公司 2000－2009 年投资收益率为例创建一个数据文件，以该数据为基础计算该公司 2000－2009 年每年的平均收益率，实验的原始数据如图 3-8 所示。

使用 GEOMEAN 函数来计算几何平均值的相关操作如下：

单击单元格 B12，输入函数 "=GEOMEAN（B2:B11）"，按 Enter 键即可求得该公司 2000－2009 年每年的平均收益率，计算结果如图 3-9 所示。

	A	B
1	年份	收益率
2	2000	10.2%
3	2001	11.3%
4	2002	9.9%
5	2003	9.7%
6	2004	10.3%
7	2005	10.6%
8	2006	10.9%
9	2007	11.3%
10	2008	11.8%
11	2009	12.6%
12	平均收益率	

图 3-8　实验 3-3 原始数据

	A	B
1	年份	收益率
2	2000	10.2%
3	2001	11.3%
4	2002	9.9%
5	2003	9.7%
6	2004	10.3%
7	2005	10.6%
8	2006	10.9%
9	2007	11.3%
10	2008	11.8%
11	2009	12.6%
12	平均收益率	0.108235

图 3-9　实验 3-3 计算结果

3.1.3　调和平均值

调和平均值又称倒数平均值，是计算同质总体中各单位平均变量值的一种方式，它是各变量值倒数的算术平均值的倒数。调和平均值一般用 H 表示，它的计算公式如下：

$$H = \cfrac{1}{\cfrac{\cfrac{1}{x_1} + \cfrac{1}{x_2} + \cdots + \cfrac{1}{x_n}}{n}} = \frac{n}{\sum\limits_{j=1}^{k} x_j} \tag{3-4}$$

调和平均值的特点：

（1）调和平均值易受极端值的影响，且受极小值的影响比受极大值的影响更大。

（2）只要有一个变量值为零，就不能计算调和平均值。

（3）当组距数列有开口组时，其组中值即使按相邻组距计算了，假定性也很大，这时，调和平均值的代表性就很不可靠。

（4）调和平均值应用的范围较小。

应用调和平均值应注意以下问题：

（1）变量 x 的值不能为 0。

（2）调和平均值易受极端值的影响。

（3）要注意其运用的条件。调和平均值多用于已知分子资料，缺分母资料时。

在 Excel 2013 中用 HARMEAN 函数来计算调和平均值。

表达形式：= HARMEAN(number1，number2，…)

其中 number1，number2，…是多达 30 个要求其调和平均值的参数，也可使用单个数组或区域等。

下面我们通过实验 3-4 介绍使用 HARMEAN 函数来计算调和平均值的相关操作。

实验 3-4：仍以实验 3-1 中某班级语文、数学、英语三门考试成绩数据为例创建一个数据文件，以该数据为基础计算该班级语文、数学、英语三门考试成绩的班级调和平均值。

使用 HARMEAN 函数来计算调和平均值的相关操作如下：

单击单元格 B12，输入函数"=HARMEAN（B2:B11）"，按 Enter 键即可求得该班级语文成绩的调和平均值，使用自动填充柄将函数复制到 C22 至 D22 的区域，从而计算出其他课程成绩的调和平均值，最终结果如图3-10所示。

	A	B	C	D
1	学号	语文	数学	英语
2	1	81	78	89
3	2	90	89	86
4	3	78	76	69
5	4	76	88	76
6	5	80	97	75
7	6	68	84	98
8	7	78	100	84
9	8	88	93	71
10	9	93	82	84
11	10	84	72	85
12	11	85	75	87
13	12	88	63	73
14	13	82	87	92
15	14	75	96	94
16	15	91	80	89
17	16	87	92	78
18	17	80	84	87
19	18	70	76	90
20	19	75	89	88
21	20	88	77	84
22	平均成绩	80.98302	85.01324	80.83378

图 3-10 实验 3-4 计算结果

3.1.4 众数

众数是一组数据中出现次数最多的变量值，适合于数据量较多时使用，一组数据可以有多个众数，也可以没有众数。众数是由英国统计学家皮尔生首先提出来的。所谓众数是指社会经济现象中最普遍出现的标志值，从分布角度看，众数是具有明显集中趋势的数值。众数主要用于分类数据，也可用于顺序数据和数值型数据，它不受极端值的影响，但一组数据也可能没有众数或只有几个众数。从分布角度来看，众数是具有明显集中趋势点的数值，一组数据分布的最高峰点所对应的数值即为众数。

众数具有如下特点：

（1）众数是以它在所有标志值中所处的位置确定的全体单位标志值的代表值，它不受分布数列的极大值或极小值影响，从而增强了众数对分布数列的代表性。

（2）当分组数列没有任何一组的次数占多数，也即分布数列中没有明显的集中趋势，而是近似于均匀分布时，则该次数分配数列无众数。若将无众数的分布数列重新分组或各组频数依序合并，又会使分配数列再现出明显的集中趋势。

（3）如果与众数组相比邻的上下两组的次数相等，则众数组的组中值就是众数值；如果与众数组比邻的上一组的次数较多，而下一组的次数较少，则众数在众数组内会偏向该组下限；如果与众数组比邻的上一组的次数较少，而下一组的次数较多，则众数在众数组内会偏向该组上限。

（4）缺乏敏感性。这是由于众数的计算只利用了众数组的数据信息，不像数值平均值那样利用了全部数据信息。

1. 非分组数据众数的计算

众数的确定方法因所掌握的数据条件不同而有所不同。根据非分组数据计算众数比较容易，只要找出出现频数最多或出现频率最高的变量值即可。

在 Excel 2013 中用 MODE 函数来计算非分组数据的众数。

表达形式：= MODE (number1，number2，…)

其中 number1，number2，…是多达 30 个要求其众数的参数。也可使用单个数组或区域等。

下面我们通过实验 3-5 介绍使用 MODE 函数来计算非分组数据的众数的相关操作。

实验 3-5：以某班级以学号选举班长的选票数据为例创建一个数据文件，以该数据为基础计算该班级选举班长选票的众数，实验的原始数据如图 3-11 所示。

使用 MODE 函数来计算非分组数据的众数的相关操作如下：

单击单元格 B2，输入函数 "=MODE（A1:A20）"，按 Enter 键即可求得该班级班长选票数据的众数，计算结果如图 3-12 所示，可见班级中大多数人赞同选 12 号学生当班长。

	A	B
1	12	众数
2	17	
3	6	
4	12	
5	17	
6	3	
7	12	
8	6	
9	17	
10	12	
11	3	
12	17	
13	3	
14	12	
15	17	
16	12	
17	3	
18	12	
19	17	
20	12	

图 3-11　实验 3-5 原始数据

	A	B
1	12	众数
2	17	12
3	6	
4	12	
5	17	
6	3	
7	12	
8	6	
9	17	
10	12	
11	3	
12	17	
13	3	
14	12	
15	17	
16	12	
17	3	
18	12	
19	17	
20	12	

图 3-12　实验 3-5 计算结果

2. 分组数据众数的计算

如果根据分组数据来计算众数，则先要找出频数最多的一组作为众数组，然后运用公式来确定众数。对于组距分组数据，众数的数值与其相邻两组的频数分布有一定的关系，这种关系可做如下的理解。

设众数组的频数为 f_m，众数前一组的频数为 f_{-1}，众数后一组的频数为 f_{+1}。当众数相邻两组的频数相等时，即 $f_{-1}=f_{+1}$，众数组的组中值即为众数；当众数组的前一组的频数多于众数组后一组的频数时，即 $f_{-1}>f_{+1}$，则众数会向其前一组靠，众数小于其组中值；当众数组后一组的频数多于众数组前一组的频数时，即 $f_{-1}<f_{+1}$，则众数会向其后一组靠，众数大于其组中值。基于这种思路，分组数据众数的计算公式如下：

下限公式：

$$M_o = L + \frac{f_m - f_{-1}}{(f_m - f_{-1}) + (f_m - f_{+1})} \times d = L + \frac{\Delta_1}{\Delta_1 + \Delta_2} \times d \qquad (3\text{-}5)$$

上限公式：

$$M_o = U - \frac{f_m - f_{+1}}{(f_m - f_{-1}) + (f_m - f_{+1})} \times d = U - \frac{\Delta_2}{\Delta_1 + \Delta_2} \times d \tag{3-6}$$

式中，L 表示众数所在组的下限；U 表示众数所在组的上限；d 表示众数所在组的组距。

利用上述公式计算众数时是假定数据分布具有明显的集中趋势，且众数组的频数在该组内是均匀分布的，若这些假定不成立，则众数的代表性就会很差。从众数的计算公式可以看出，众数是根据众数组及相邻组的频率分布信息来确定数据中心点位置的，因此，众数是一个位置代表值，它不受数据中极端值的影响。

下面我们通过实验 3-6 介绍根据分组数据来计算众数的相关操作。

实验 3-6： 仍以实验 3-2 所用数据，某厂 123 个车间的产量统计数据为例创建一个数据文件，以该数据为基础计算出该厂车间产量的众数。实验的原始数据如图 3-5 所示。

根据分组数据来计算众数的相关操作如下：

（1）确定众数组，由实验原始数据易知众数组为频数最高的组"120～130"，频数为 27。

（2）选择上限公式或下限公式计算众数。单击单元格 B13，若选择下限公式，则在单元格中输入公式"=120+(C5-C4)/((C5-C4)+(C5-C6))*10"，按 Enter 键即可；若选择上限公式，则在单元格中输入公式"=130-(C5-C6)/((C5-C4)+(C5-C6))*10"，按 Enter 键即可。其中，120 为众数组的下限，130 为众数组的上限，10 为众数组的组距，C5 为众数组的频数为 f_m，C4 为众数前一组的频数为 f_{-1}，C6 为众数后一组的频数为 f_{+1}，计算结果如图 3-13 所示。我们会发现用上限公式和用下限公式计算出来的众数相等，均为 126.111111。

	A	B	C
1	产量（台）	组中值 M_i	频数 f_i
2	90-100	95	4
3	100-110	105	9
4	110-120	115	16
5	120-130	125	27
6	130-140	135	20
7	140-150	145	17
8	150-160	155	10
9	160-170	165	8
10	170-180	175	7
11	180-190	185	5
12	190-200	195	3
13	众数	126.11111	

图 3-13 实验 3-6 计算结果

3.1.5 中位数

中位数是指将数据按大小顺序排列起来，形成一个数列，居于数列中间位置的那个数据。中位数将全部数据分成两部分，每部分包含 50% 的数据，一部分比中位数大，另一部分比中位数小。中位数的作用与算术平均值相近，也是作为所研究数据的代表值。在一个等差数列或一个正态分布数列中，中位数就等于算术平均值。

在数列中出现了极端变量值的情况下，用中位数作为代表值要比用算术平均值更好，因为中位数不受极端变量值的影响。如果研究目的就是为了反映中间水平，当然也应该用中位数。在统计数据的处理和分析时，可结合使用中位数。中位数主要用于顺序数据，也可用数值型数据，但不能用于分类数据。

中位数具有如下特点：

（1）中位数是以它在所有标志值中所处的位置确定的全体单位标志值的代表值，不受分布数列的极大值或极小值影响，从而在一定程度上提高了中位数对分布数列的代表性。

（2）有些离散型变量的单项式数列，当次数分布偏态时，中位数的代表性会受到影响。

（3）缺乏敏感性。

1．未分组数据中位数的计算

根据未分组数据计算中位数分以下两步进行。

（1）将标志值按大小排序。设排序的结果为

$$x_1 \leqslant x_2 \leqslant x_3 \leqslant \cdots \leqslant x_n \tag{3-7}$$

（2）确定中位数。一般中位数用 M_e 表示，它的计算方法为

$$M_e = \begin{cases} x_{\frac{n+1}{2}} & (n \text{为奇数}) \\ \dfrac{x_{\frac{n}{2}} + x_{\frac{n}{2}+1}}{2} & (n \text{为偶数}) \end{cases} \tag{3-8}$$

在 Excel 2013 中，可以用 MEDIAN 函数来计算非分组数据的中位数。

表达形式：= MEDIAN (number1，number2，…)

其中 number1，number2，…是多达 30 个要求其中位数的参数，也可使用单个数组或区域等。

下面我们通过实验 3-7 介绍根据未分组数据来计算中位数的相关操作。

实验 3-7：以某产品为 20 家不同零售店的价格为例创建一个数据文件，以该数据为基础计算出该产品价格的中位数。实验的原始数据如图 3-14 所示。

根据未分组数据来计算中位数的操作如下：

单击单元格 B2，输入函数"= MEDIAN（A2：A21）"，按 Enter 键即可求得该产品零售价的中位数，计算结果如图 3-15 所示，该产品零售价的中位数为 25.2。

	A	B
1	零售价	中位数
2	25.3	
3	24.3	
4	24.8	
5	28.3	
6	27.5	
7	22.7	
8	26.8	
9	27.1	
10	25.9	
11	26.0	
12	22.5	
13	27.0	
14	23.5	
15	25.0	
16	24.5	
17	25.5	
18	24.0	
19	27.2	
20	23.1	
21	23.0	

图 3-14 实验 3-7 原始数据

	A	B
1	零售价	中位数
2	25.3	25.2
3	24.3	
4	24.8	
5	28.3	
6	27.5	
7	22.7	
8	26.8	
9	27.1	
10	25.9	
11	26.0	
12	22.5	
13	27.0	
14	23.5	
15	25.0	
16	24.5	
17	25.5	
18	24.0	
19	27.2	
20	23.1	
21	23.0	

图 3-15 实验 3-7 计算结果

2. 分组数据中位数的计算

根据分组数据计算中位数也需要分两步进行：

（1）从变量数列的累计频数栏中找出第 $\frac{n}{2}$ 个单位所在的组，即"中位数组"，该组的上、下限就规定了中位数的可能取值范围。

（2）假定在中位数组内的各单位是均匀分布的，则中位数的计算公式如下：

$$M_e = L_i + \frac{\frac{n}{2} - F_{i-1}}{F_i - F_{i-1}} \times d \tag{3-9}$$

其中，L_i 表示中位数所在组的下限，d 表示中位数所在组的组距，F_i 表示中位数所在组的累计频数，F_{i-1} 表示中位数所在组的前一组的累计频数，n 表示数据个数。

下面我们通过实验 3-8 介绍根据分组数据来计算中位数的相关操作。

实验 3-8：仍以实验 3-2 所用数据，某厂 123 个车间的产量统计数据为例创建一个数据文件，以该数据为基础计算出该厂车间产量的中位数。实验的原始数据如图 3-5 所示。

根据分组数据来计算中位数的相关操作如下：

（1）单击单元格 C13，输入求和公式"=SUM(C2:C12)"，按 Enter 键求出样本容量为 123，单击单元格 D13，输入公式"=（C13+1）/2"，按 Enter 键计算出中位数所在频数为 62。

（2）将单元格 C2 的数据复制到单元格 D2 中，单击单元格 D3，输入公式"=D2+C3"，按 Enter 键，并用自动填充柄将公式复制到 D4 至 D12 单元格，求出累计频数，如图 3-16 所示。

（3）根据（1）中计算出的中位数所在频数以及（2）中求出的累计频数，找到中位数所在组为"130-140"组。

（4）根据公式来计算中位数，单击单元格 E2，输入公式"=130+(C13/2−D5)/(D6−D5)*10"，按 Enter 键即可得到中位数，计算结果如图 3-17 所示。其中，130 为中位数所在组的下限，C13 为样本个数 n，D5 为中位数所在组的前一组的累计频数，D6 为中位数所在组的累计频数，10 为组距。

产量（台）	组中值 M_i	频数 f_i	累计频数
90-100	95	4	4
100-110	105	9	13
110-120	115	16	29
120-130	125	27	56
130-140	135	20	76
140-150	145	17	93
150-160	155	10	103
160-170	165	8	111
170-180	175	4	115
180-190	185	5	120
190-200	195	3	123
		123	62

图 3-16　计算累计频数

产量（台）	组中值 M_i	频数 f_i	累计频数	中位数
90-100	95	4	4	132.75
100-110	105	9	13	
110-120	115	16	29	
120-130	125	27	56	
130-140	135	20	76	
140-150	145	17	93	
150-160	155	10	103	
160-170	165	8	111	
170-180	175	4	115	
180-190	185	5	120	
190-200	195	3	123	
		123	62	

图 3-17　实验 3-8 计算结果

3.1.6　方差与标准差

方差与标准差是对数据离中趋势的最常用测度值，反映了各变量值与均值的平均差异。方差是各变量值与其平均值离差平方的平均值。方差的平方根称为标准差。方差能较好地反映出数据的离中趋势。平均差用绝对值来进行度量，虽然避免了正负离差求和时相互抵消，但不便于运算。因此，通常用方差来度量一组数据的离散性。

1. 未分组数据方差与标准差的计算

方差通常用字母 s^2 来表示，标准差通常用字母 s 来表示，应用于未分组数据时，它们的计算公式分别为

$$s^2 = \frac{\sum_{i=1}^{n}(x_i - \overline{x})^2}{n-1} \tag{3-10}$$

$$s = \sqrt{\frac{\sum_{i=1}^{n}(x_i - \overline{x})^2}{n-1}} \tag{3-11}$$

在 Excel 2013 中，可以用 VAR 函数来计算未分组数据的方差，用 STDEV 函数来计算未分组数据的标准差。

表达形式分别为：= VAR (number1，number2，…)；=STDEV (number1，number2，…)。

其中 number1，number2，…是多达 30 个要求其中位数的参数，也可使用单个数组或区域等。

下面我们通过实验 3-9 介绍根据未分组数据来计算方差与标准差的相关操作。

实验 3-9：仍以实验 3-7 使用的数据为例，以该数据为基础计算出该产品价格的方差与标准差。实验的原始数据如图 3-14 所示。

根据未分组数据来计算方差与标准差的操作如下：

单击单元格 B2，输入函数 "= VAR（A2:A21）"，按 Enter 键即可求得该产品零售价的方差，单击单元格 C2，输入函数 "= STDEV（A2:A21）"，按 Enter 键即可求得该产品零售价的标准差，计算结果如图 3-18 所示，该产品零售价的方差为 3.1，标准差为 1.7。

	A	B	C
1	零售价	方差	标准差
2	25.3	3.1	1.7
3	24.3		
4	24.8		
5	28.3		
6	27.5		
7	22.7		
8	26.8		
9	27.1		
10	25.9		
11	26.0		
12	22.5		
13	27.0		
14	23.5		
15	25.0		
16	24.5		
17	25.5		
18	24.0		
19	27.2		
20	23.1		
21	23.0		

图 3-18 实验 3-9 计算结果

2. 分组数据方差与标准差的计算

应用于分组数据时，方差与标准差的计算公式分别为

$$s^2 = \frac{\sum\limits_{i=1}^{k}(M_i - \overline{x})^2 f_i}{n-1} \tag{3-12}$$

$$s = \sqrt{\frac{\sum\limits_{i=1}^{k}(M_i - \overline{x})^2 f_i}{n-1}} \tag{3-13}$$

下面我们通过实验 3-10 介绍根据分组数据来计算方差与标准差的相关操作。

实验 3-10： 仍以实验 3-2 使用的数据为例，以该数据为基础计算出车间产量的方差与标准差。实验的原始数据如图 3-5 所示。

根据分组数据来计算方差与标准差的操作如下：

（1） 按实验 3-2 中的操作计算出加权平均值，如图 3-7 所示。

（2） 单击单元格 E2，输入公式"=(B2-$B$14)^2*4"，按 Enter 键后用自动填充柄将公式填充到 E3 至 E12 区域。

（3） 单击单元格 B15，输入公式"=SUM(E2:E12)/(C13-1)"，按 Enter 键即可求得方差为 386.937908。

（4） 单击单元格 B16，输入公式"=SQRT（B15）"，按 Enter 键即可求得标准差为 19.6707373，计算结果如图 3-19 所示。

产量（台）	组中值 M_i	频数 f_i	$M_i f_i$	
90-100	95	4	380	6876.85901
100-110	105	9	945	3959.78584
110-120	115	16	1840	1842.71267
120-130	125	27	3375	525.6395
130-140	135	20	2700	8.56632957
140-150	145	17	2465	291.493159
150-160	155	10	1550	1374.41999
160-170	165	8	1320	3257.34682
170-180	175	4	700	5940.27365
180-190	185	5	925	9423.20048
190-200	195	3	585	13706.1273
合计		123	16785	
加权平均值	136.463415			
方差	386.937908			
标准差	19.6707373			

图 3-19　实验 3-10 计算结果

3.2　描述总体分布形态的统计量

集中趋势和离中趋势是数据分布的两大重要特征，但要想全面了解数据分布的特点，还需要知道数据分布的形状对称、偏斜的程度，以及分布的扁平程度等。对数据分布形状的测度主要有偏度和峰度两个统计指标。

3.2.1　偏度

偏态是对数据分布对称性的测度，测度偏态的统计量是偏度。如果一组数据的分布是对称的，则偏度等于 0；如果偏度明显不等于 0，表明分布是非对称的。如果偏度大于 1 或小于 -1，则分布为高度偏态分布；若偏度在 0.5～1 或 -1～-0.5 之间，被认为是中等偏态分布；偏度越接近于 0，说明分布的偏斜程度越低。

一般用 SK 来表示偏度，它的计算公式如下：

$$SK = \frac{n\sum(x_i - \bar{x})^3}{(n-1)(n-2)s^3}$$
(3-14)

若 SK 为正值时，可以判断分布为右偏分布；反之，当 SK 为负值时，可以判断分布为左偏分布。SK 的数值越大，表示偏斜的程度越大。

在 Excel 2013 中，可以用 SKEW 函数来计算数据的偏度。

表达形式：= SKEW（number1，number2，…）

其中 number1，number2，…是多达 30 个要求其中位数的参数，也可使用单个数组或区域等。

下面我们通过实验 3-11 介绍根据数据来计算偏度的相关操作。

实验 3-11：以实验 3-7 使用的数据为例，以该数据为基础计算出产品零售价分布的偏度。根据数据来计算偏度的操作如下：

单击单元格 B2，输入公式"=SKEW(A2:A21)"，按 Enter 键即可计算出该产品零售价分布的偏度，计算结果如图 3-20 所示，该产品零售价分布的偏度为 0.1，说明这组数据的偏斜程度比较低，总体上符合对称分布。

零售价	偏度		
25.3	0.1		
24.3			
24.8			
28.3			
27.5			
22.7			
26.8			
27.1			
25.9			
26.0			
22.5			
27.0			
23.5			
25.0			
24.5			
25.5			
24.0			
27.2			
23.1			
23.0			

图 3-20　实验 3-11 计算结果

3.2.2　峰度

峰态是对数据分布平峰或尖峰程度的测度。测度峰态的统计量是峰度。峰态通常是与标准正态分布相比而言的。若一组数据服从标准正态分布，则峰度的值等于 0；若峰度的值明显不等于 0，则表明分布比正态分布更平或更尖。

一般用 K 来表示峰度，它的计算公式如下：

$$K = \frac{n(n+1)\sum(x_i - \overline{x})^4 - 3\left[\sum(x_i - \overline{x})^2\right]^2(n-1)}{(n-1)(n-2)(n-3)s^4} \tag{3-15}$$

用峰度说明分布的扁平或尖峰程度，是通过与标准正态分布的峰度进行比较而言的。正态分布的峰度为 0，当 $K>0$ 时分布为尖峰分布，说明数据的分布更集中；当 $K<0$ 时分布为扁平分布，说明数据的分布更分散。

在 Excel 2013 中，可以用 KURT 函数来计算数据的峰度。

表达形式：= KURT (number1，number2，…)

其中 number1，number2，…是多达 30 个要求其中位数的参数，也可使用单个数组或区域等。

下面我们通过实验 3-12 介绍根据数据来计算峰度的相关操作。

实验 3-12：仍以实验 3-7 使用的数据为例，以该数据为基础计算出产品零售价分布的峰度。根据数据来计算峰度的操作如下：

单击单元格 B2，输入公式 "= KURT (A2:A21)"，按 Enter 键即可计算出该产品零售价分布的峰度，计算结果如图 3-21 所示，该产品零售价分布的峰度为-1.122199，说明这组数据为扁平分布，数据的分布比较分散。

零售价	峰度
25.3	-1.122199
24.3	
24.8	
28.3	
27.5	
22.7	
26.8	
27.1	
25.9	
26.0	
22.5	
27.0	
23.5	
25.0	
24.5	
25.5	
24.0	
27.2	
23.1	
23.0	

图 3-21　实验 3-12 计算结果

3.3　使用数据分析工具进行描述统计分析

3.3.1　数据分析工具加载

在 Excel 2013 中，数据分析工具并不作为命令显示在选项卡中，如果要使用数据分析工具必须另行加载。加载数据分析工具的具体操作如下：

（1）单击"文件"按钮，再单击"选项"按钮，弹出"Excel 选项"对话框。

（2）在弹出的"Excel 选项"对话框中，左侧选择"加载项"选项，在"加载项"列表中选择"分析工具库"，然后单击"转到"按钮，如图 3-22 所示。

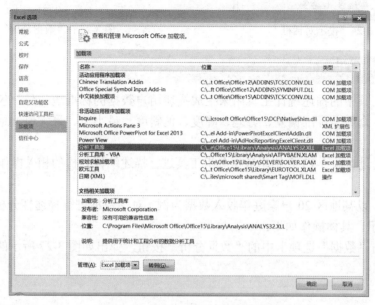

图 3-22 "Excel 选项"对话框

（3）在弹出的如图 3-23 所示的"加载宏"对话框中勾选"分析工具库"复选框，然后单击"确定"按钮进行加载。

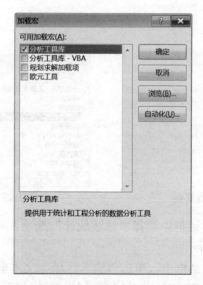

图 3-23 "加载宏"对话框

（4）若用户是第一次使用此功能，系统会弹出如图 3-24 所示的提示对话框提示用户此功能需要安装，单击"是"按钮即可。

（5）安装完毕后重启计算机，转到"数据"选项卡，在"数据"选项卡的右侧已含有"数据分析"项，如图 3-25 所示，说明"数据分析"已加载成功。

图 3-24　提示对话框

图 3-25　"数据分析"项

3.3.2　用数据分析工具进行描述统计分析

数据分析工具中的描述统计工具用来生成描述用户数据的标准统计量，包括平均值、标准误差、中值、众数、标准偏差、方差、峰度、偏斜度、最小值、最大值、总和、观测数和置信度等。

下面我们通过实验 3-13 介绍用数据分析工具进行描述统计分析的相关操作。

实验 3-13：以某地区 20 户家庭年收入数据为例，对该数据进行描述性分析，实验原始数据如图 3-26 所示。具体操作如下：

（1）　单击"数据"选项卡中的"数据分析"按钮，弹出如图 3-27 所示的"数据分析"对话框。

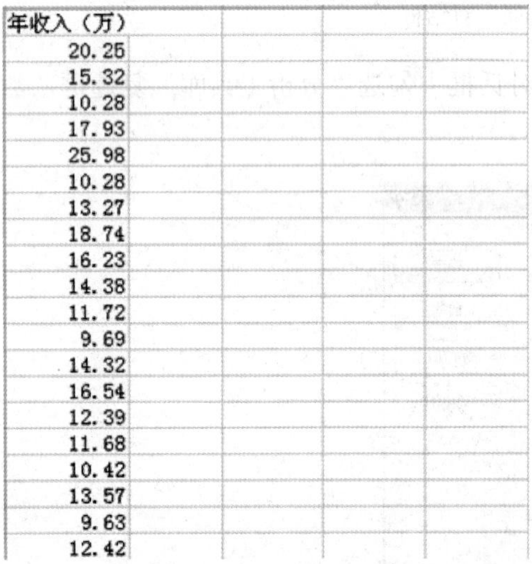

年收入（万）
20.25
15.32
10.28
17.93
25.98
10.28
13.27
18.74
16.23
14.38
11.72
9.69
14.32
16.54
12.39
11.68
10.42
13.57
9.63
12.42

图 3-26　实验 3-13 原始数据

图 3-27　"数据分析"对话框

（2）　在"数据分析"对话框中选择"描述统计"选项，单击"确定"按钮，弹出"描述统计"对话框，如图 3-28 所示。

（3）　在"描述统计"对话框中，单击"输入区域"文本框，输入单元格区域 A2:A21，选中"标志位于第一行"复选框，选中"输出区域"单选按钮，在右侧文本框中输入单元格 C2，选中"汇总统计"、"平均数置信度"、"第 K 大值"、"第 K 小值"复选框，并在"平均数置信度"右侧输入用户需要的置信度，在"第 K 大值"、"第 K 小值"右侧输入用户需要的 K 值，如图 3-28 所示。

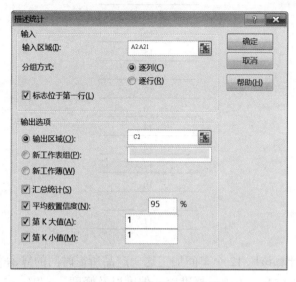

图 3-28　"描述统计"对话框

（4）　单击"确定"按钮，得到描述统计计算结果，如图 3-29 所示。

年收入（万）		年收入（万）	
20.25			
15.32			
10.28		平均	14.252
17.93		标准误差	0.927918
25.98		中位数	13.42
10.28		众数	10.28
13.27		标准差	4.149777
18.74		方差	17.22065
16.23		峰度	1.955918
14.38		偏度	1.282829
11.72		区域	16.35
9.69		最小值	9.63
14.32		最大值	25.98
16.54		求和	285.04
12.39		观测数	20
11.68		最大(1)	25.98
10.42		最小(1)	9.63
13.57		置信度(95.0%	1.942155
9.63			
12.42			

图 3-29　实验 3-13 分析结果

3.4　上机题

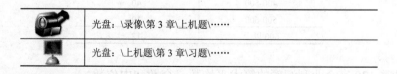

	光盘：\录像\第 3 章\上机题\……
	光盘：\上机题\第 3 章\习题\……

1. 数据表中给出了某厂 12 个车间加工同一产品所需时间的全部数据。（数据路径：光盘：\上机题\第 3 章\习题\第 3 章第 1 题）

时间（小时）
12
15
18
19
20
14
15
17
16
13
11

（1）　使用函数计算该厂 12 个车间加工这一产品所需时间的算术平均值、几何平均值、调和平均值、众数、中位数、方差、标准差、偏度以及峰度。

（2）　使用数据分析工具对该数据进行描述性统计分析，并将分析结果与（1）中计算的结果比较，判断两者是否相同。

2. 某快递公司抽样调查包裹的结果如下表所示。（数据路径：光盘：\上机题\第 3 章\习题\第 3 章第 2 题）

单只包裹重量（千克）	邮包数量
0-10	38
10-20	35
20-30	28
30-40	16
40-50	8
50-60	3

（1）　计算单只包裹重量的算术平均数、众数和中位数。

（2）　计算单只包裹重量的方差和标准差。

3. 某地区抽样的 120 家企业按利润进行分组统计的结果如下表所示。（数据路径：光盘：\上机题\第 3 章\习题\第 3 章第 3 题）

利润（万元）	企业数（个）
200-300	20
300-400	29
400-500	40
500-600	19
600 以上	12

（1）　计算 120 家企业利润额的算术平均数、众数和中位数。

（2）　计算 120 家企业利润额的方差和标准差。

（3）　计算 120 家企业利润额的偏度和峰度。

第4章　数据分组与频数统计

未来社会是信息的社会，人们将生活在信息的海洋之中。而统计有多种功能，但基础功能是信息功能。统计信息是社会经济信息的主体。统计信息与其他信息相比，具有数量性的特征。统计信息的数量性特征，表明统计是从数量方面来认识和反映事物现象的。而一切事物都有质量和数量两个方面，通过数量方面的认识反映社会经济现象的质量，才能使人们的认识深刻化。统计信息是统计研究的产物，而统计研究的关键问题就是统计分组和频数统计。

统计分组是指根据事物内在的特点和统计研究的需要，将统计总体按照一定的标志区分为若干组成部分的一种统计方法。其目的是把同质总体中的具有不同性质的单位分开，把性质相同的单位合在一起，保持各组内统计资料的一致性和组间资料的差异性，以便进一步运用各种统计方法研究现象的数量表现和数量关系，从而正确地认识事物的本质及其规律。统计分组一般以数据分组的形式体现出来。

在统计分组的基础上，总体中的所有单位按其所属的组别归类整理，并且按照一定的顺序排列，形成总体单位数在各组分布的一系列数字，称为分配数列，分配数列中，分布在各个组的总体单位数叫次数，又称频数。将各组频数统计起来就是频数统计。

当数据分组完成之后，频数统计就可以在数据分组的基础之上开展了。数据分组的目的是统计频数，而统计频数的前提是数据分组。下面我们将逐一介绍两部分内容。

4.1　数据分组

数据分组是统计研究中非常重要的一环，分组的效果高度影响着总体特征的统计。如果数据分组不够科学，那么频数统计及其他研究也就失去了意义。然而，数据分组却是一个比较复杂的过程。

4.1.1　数据分组的概况

数据分组就是根据统计研究的任务，按照一定的标志，把我们所研究的社会现象总体区分为若干性质相同的组。简言之，数据分组就是把总体中性质相同的单位归并在一起，把性质不同的单位区分开来。其作用是区分现象的不同类型，研究总体的内部结构，分析现象间的依存关系。

例如，要了解我国人口状况，只知道总人口数量是不够的，而应将人口总体按照年龄、性别、民族、城乡、文化程度等分组，才能进一步深入地了解我国人口总体的年龄结构、性别比例、民族构成等。

数据分组是整个统计工作中常用的一种重要方法，在数据整理中，在统计数据研究中都要广泛应用分组。分组方法得当，对大量统计数字资料进行科学的整理和深入的分析，才能对一系列经济理论问题做出科学的判断。而分组方法不当，同一材料甚至可能得出完全相反的结论，可见，数据分组十分重要。分组的好坏直接关系到统计能否整理出正确的、中肯的统计信息，关系统计能否得出正确的结论。

1. 数据分组的含义

从分组的性质来看，分组兼有分和合的双重性含义：

（1）对于现象总体而言，是"分"，即把总体分为性质相异的若干部分；对于单位而言，又是"合"，即把性质相同的许多单位结合为一组。

（2）对于分组标志而言，是"分"，即按分组标志将不同的标志表现分为若干组；而对于其他标志而言，是"合"，即在一个组内的各单位即使其他标志表现不相同也只能结合在一组。

由此可见，选择一种分组方法，突出了一种差异，显示了一种矛盾，必然同时掩盖了其他差异，忽略了其他矛盾。统计研究的任何一个社会现象总体都是由许多个体单位组成的，从总体现象的任一特征观察，这些个体单位之间既有共性，又有个性即个体单位之间的差别。如大学生总体，从爱好看就有文学、艺术、音乐、体育之分；从学习成绩看就有优秀、良好、及格、不及格之分；从性格看就有活泼、内向之分，等等。这就是说，为了研究现象总体的状况，就必须对总体进行各种分组，并从数量方面深入了解和研究总体的特征。

数据分组实际上是在总体内部进行的一种定性分类，分类的结果在各组之间自然就出现了显著的差异，无论是量的差异或质的差异，都能在一定程度上反映出不同的情况。如果没有显著的差异存在，分类就没有意义，因而也就没有必要。

2. 数据分组的原则

科学的数据分组应遵循以下三项原则：

（1）同异原则。

必须坚持组内数据的同质性和组间数据的异质性，这是数据分组的一个基本原则。

（2）穷尽原则。

必须符合完备性原则，即所谓"穷举"性，所有数据都必须分到某一个组当中。

（3）互斥原则。

必须遵守"互斥性"原则，即任一单位都只能归属于一组，而不能同时属于两个或两个以上的组。

只有满足以上三项原则的分组才可能是科学的数据分组，即使只有一项原则不满足，也一定不是科学的数据分组。

3. 数据分组的种类

分类标准不同，数据分组的种类也不同，主要有以下几种。

（1）按分组标志的多少，可分为简单分组和复合分组。将社会经济总体只选择一个标志分组称为简单分组。复合分组是用两个或两个以上分组标志重叠起来对总体进行的分组。例如，将人口先按"性别"分成男、女两组，然后在男性和女性两组中再分别按照"文化程度"划分为大学生及大学以上、高中、初中、文盲及半文盲五组。

（2）按分组标志的性质不同，分为品质分组（或称属性分组）和数量分组（或称变量分组）。品质分组就是按品质标志进行分组。一般来说，对于以定类尺度或定序尺度计量的，采用品质分组。数量分组就是按数量标志进行分组。

（3）　按分组的作用和任务不同，可分为类型分组、结构分组和分析分组。把复杂的现象总体划分为若干个不同性质的部分，就是类型分组。在对总体分组的基础上计算出各组对总体的比重以研究总体各部分的结构，就是结构分组。为研究对象之间的依存关系而进行的数据分组即分析分组。

4.　数据分组的方法

数据分组的基本方法有以下两种。

（1）　按品质标志分组。

按照品质标志分组又称分类，这种方法比较简单，就是用反映事物的性质的标志作为分组标志，可以将总体单位划分为若干性质不同的组成部分。例如，人口按性别、文化程度、民族、籍贯等标志分组；企业按经济类型、轻重工业、隶属关系、企业规模等标志分组等。

（2）　按数量标志分组。

按数量标志分组就是按变量的取值分组，要根据变量的性质是离散型或连续型来确定，这种方法比较复杂，但它却是统计研究中的重要内容。例如，地区经济按国内生产总值分组、企业按销售收入分组等。

5.　数据分组的关键

数据分组的关键问题是：正确选择分组标志和合理确定分组界限。前者主要是指品质标志分组，后者主要是指数量标志分组。前者可根据统计研究问题的具体目的要求来选取，后者则情况较复杂。

对变量数列来讲，我们见到最多的是连续型变量，即两个变量值之间的取值是无限的，如工资、产值、学生的考试成绩、人口年龄、商品价格等。而变量值的分布又具有规则的、不规则的特征，面对复杂多样的统计数据，如何正确选择分组标志和合理确定分组界限是数据分组的关键。

4.1.2　分组标志的选择

分组标志是将具有同一性质的数据划归为一类，将不同性质的数据列入不同组的依据。因此，选择分组标志时，一定要突出各个个体在该标志下的性质差异，而其他方面的差异可以相对忽略。选择不同的分组标志，就会产生不同的分组结果，而不同的分组结果可能会产生不同的结论。所以，选择适当的分组标志也是数据分组的核心问题。

一般来说，数据分组标志的选择应当参考以下几个原则。

1.　目的性

通过数据分组来表示数据的特点，其关键性问题就是要选择合适的分组标志，只有合适的分组标志才能科学地体现总体的分类特点。在总体的各个性质中，要选择最贴近统计研究目的的性质作为分类标志，才能实现科学的分组，进而得到准确的信息，否则会造成分组的科学意义缺失、研究价值降低以及科学性缺乏等弊端。

例如，已知各行业的从业人数、总产值、行业利润率、行业企业数量这四项数据，为了研究各行业的盈利能力，要对各行业的数据进行分组，最核心的问题就是选择合适的分组标志。在这里，可选的标志有"从业人数"、"总产值"、"行业利润率"、"行业企业数量"四个。考虑到我们的研究目的是分析各行业的盈利能力，而"行业利润率"是行业利润与行业资本的比值，是行业盈利水平的衡量指标；而"从业人数"、"总产值"、"行业企业数量"则是衡量行业规模的主要指标，与行业盈利能力并无直接明显的关联，选择它们中任何一个都不能分析各行业的盈利水平。综上所述，最贴近研究目的的标志是"行业利润率"，其他标志与行业盈利能力的关联不大，因此应选择"行业利润率"作为数据分组标志。

2. 本质性

分组标志的选择应当能够反映事物或现象的本质特征。明确了统计研究的目的之后，可能还会遇到有多个标志可供选择的情况，此时判断和筛选这些可选标志中的本质含义就成了主要任务。在有效标志的筛选过程中，寻找到最能反映事物本质特征的标志，就可以实现科学的统计研究。

例如，已知各国的"GDP"和"人均 GDP"数据，为了研究各国的富裕程度，欲将各国的数据进行分组。"GDP"和"人均 GDP"都是一国经济发展水平和国民收入的相关指标，如果按照目的性原则都可以成为分组标志，但是两者的本质含义有所不同。"GDP"是对一国经济总量的衡量，而"人均 GDP"是一国国民的平均产值，代表了一国国民的实际收入水平，即富裕程度。因此，"人均 GDP"的本质才是各国富裕程度的代表。综上所述，应当选择"人均 GDP"作为分组的标志。

3. 时效性

值得注意的是，任何事物或现象都随着时间、地点的变化而变化，要准确把握事物的性质，进行科学的统计分析，就要对其分组标志进行及时更新，保证其时效性。时效性原则上保证了各数据之间可比的关系，进而规范了数据分组的逻辑和过程，是最基本的原则之一。

例如，研究分析我国各省的外商直接投资情况，就要求分组标志能够及时更新，保证其时效性。但是统计四川省的外商直接投资数据时会遇到这样的问题：1996 年及 1996 年以前重庆市的数据是计算在四川省内的，而 1997 年及 1997 年以后重庆市的数据是单独统计的，很明显，这样的指标就不能选为分组的标志。

4.1.3 分组界限的确定

根据分组标志的不同性质，统计总体可以按品质标志进行分组，也可以按数量标志进行分组。按品质分组是按品质标志进行的分组，而按变量分组是按数量标志进行的分组，例如工厂规模分组可以按职工人数、生产能力等数量标志分组。而按照数量变量分组关键的问题就是分组界限的确定。

数量标志分组，其变量有离散型变量和连续型变量两种，前者指所描述对象的数量特征可以按一定次序一一列举它的数值；后者指所描述的数量特征在一个区间里可以有无限个数值，无法一一列举。两种不同的变量类型对应不同的分组界限。在介绍分组界限的确定之前，必须理解以下两个概念。

概念一：单项式分组

单项式分组是用一个变量值或分组标志值作为一个组的代表性质，每个变量或标志值对应一个分组，当总体数据是离散型变量且变量变动范围不大时，可以选择单项式分组的分组方法，同时，单项式分组的分组方法也是按品质标志分组的主要方法。

概念二：组距式分组

组距式分组是将变量按照一定的数量或质量关系划分为几个区间段，一个区间段就是某两个变量分类界限的距离，并把一个区间段的所有变量值归为一类到一组中，形成组距式变量数列，这段区间的距离就是组距。对于连续型变量或者变动范围较大的离散型变量，适宜采用组距式分组的方法。该方法也是数量标志分组的对应分组方法。

不同的数据将面临不同的分组界限，但归纳起来，主要有以下两种形式。

1. 离散型分组界限

对于离散型数据的分组，如果数据变动幅度较小，分组可以是单项式的，即将每个性质的数据分别分为一组；如果数据变动幅度较大，分组应该用组距式分组，即合并某些性质相似的数据。

例如，欲研究某高校某专业本科学生毕业年龄，就要对年龄数据进行分组。显然，某专业的本科毕业生年龄为离散型数据，而且一般来讲多为 20～24 岁，变化幅度较小。此时，分组应当是单项式的，应当将每个性质的数据分别分为一组，即分为 20 岁、21 岁、22 岁、23 岁、24 岁这五组数据，而每个年龄值就成为此例中离散型数据分组的界限。

再如，欲研究该高校某专业教师现在的年龄，同样要对年龄数据进行分组。显然，该专业的教师年龄为离散型数据，而且从 30～60 岁均有，变化幅度很大。此时，分组就应当是组距式的，将某些相似性质的数据合并起来。具体来讲，30～60 岁基本分为 30～40、40～50、50～60 这 3 个年龄挡，分别为青年、中年、老年三个阶段的教师，因此，30、40、50 这 3 个数字就成了离散型数据的分组界限。

下面我们通过一个实验来介绍利用 Excel 2013 确定离散型分组界限的方法和步骤。

实验 4-1：根据西部 10 省区 2003 年的旅行社数量（单位是个），对数据进行分组。图 4-1 所示是原始数据。

	旅行社数量
重庆市	203
四川省	498
贵州省	142
云南省	422
西藏自治区	45
陕西省	307
甘肃省	218
青海省	101
宁夏回族自治区	63
新疆维吾尔自治区	266

图 4-1　实验 4-1 的原始数据

思考和操作过程如下：

（1）显然，此例中的旅行社数量是离散型的，最小的有 45，最大的有 498，相差十倍有余，足见变化幅度之大，所以应当将性质相似的数据分为同组，性质悬殊的分为不同的数组。我们还可以粗略地观察到，0～100，100～200，200～300，300～400 这四个区间内，数据出现的次数相差不大，所以可以用这四个区间来对西部 10 省区进行分组。

（2）在单元格 B14 中输入 "=COUNTIF(B2:B11,"<=100")"，按下 Enter 键，得到旅行社数量在 100 以内的省区数。

（3）计算旅行社数量在 100～200 区间内的省区个数，在单元格 B15 中输入公式 "=COUNTIF(B2:B11,"<=200")-COUNTIF(B2:B11,"<=100")"，按下 Enter 键，得到 100～200

区间内的数据个数。

（4）同理，在单元格 B16 和 B17 中依次输入公式 "=COUNTIF(B2:B11,"<=300")- COUNTIF(B2:B11,"<=200")" 和 "=COUNTIF(B2:B11,"<=400")- COUNTIF(B2:B11,"<=300")"，按下 Enter 键，分别得到旅行社数量在 200～300 区间和 300～400 区间内的省区个数，结果如图 4-2 所示。

范围	频数
<=100	2
100-200	2
200-300	3
300-400	1

图 4-2　实验 4-1 的分组结果

综上所述，分组结果比较均匀，离散型分组界限便最终确定。

2. 连续型分组界限

由于连续型数据无法全部列举其数值，其分组只能是组距式分组。值得注意的是，按数量标志分组时，各个分组的数量界限的选择必须能反映各个样本的本质差异，还应根据被研究的事物或现象总体的数量特征采用适当的分组数，确定合适的组距。

例如，欲研究各个城市的海拔分布，就要对各个城市的海拔数据进行分组。很明显，各个城市的海拔是连续型的数据，对于这种数据分组必须采用组距式分组。而各个城市海拔有 -40 m、10 m、2 000 m 等不同数据，面对变化幅度如此之大的数据，如何选择分组界限成为最重要的问题。然而，研究城市海拔就要具备一定的地理常识，在地理学上，海拔 0 m 为海平面，海平面以下即海拔为负值的地区称做盆地，海拔高于 0 m 低于 1 000 m 的地区则称做平原，海拔高于 1 000 m 的地区称做高原，按照这种地理学常识来对各个城市的海拔数据进行分组，是最能反映数据本质特征的指标，而 0 m、1 000 m 则是该连续型数据分组的科学界限。

下面我们通过一个实验来介绍利用 Excel 2013 确定连续型分组界限的方法和步骤。

实验 4-2：根据 2007 年全国主要城市的年降水量（单位是 mm），对数据进行分组。图 4-3 所示是原始数据。

思考和操作过程如下：

（1）显然，此例中的降水量是连续型的，最小的有 214.7，最大的有 1 439.2，足见变化幅度之大，如何确定分组界限成为分组效果好坏的关键。这里研究降水量就要具备一定的地理常识，一般而言，年降水量在 800 mm 以上为湿润地区，年降水量在 400～800 mm 之间为半湿润地区，年降水量在 200～400 mm 之间为半干旱地区，200 mm 以下为干旱地区。所以依据这个常识，我们就可以对这些降雨量数据进行分类。由于本例中的城市降水量最低值也在 200 mm 以上，因此这里可以分为 200～400，400～800，800 以上这三组，即半干旱地区、半湿润地区和湿润地区。

（2）在单元格 C35 中输入 "=COUNTIF(B2:B32,">800")"，按下 Enter 键，得到降水量在 800 毫米以上的城市数。

（3）计算降水量在 400～800 区间内的城市个数，在单元格 C36 中输入公式 "=COUNTIF (B2:B32,"<=800")-COUNTIF(B2:B32,"<=400")"，按下 Enter 键，得到 400～800 区间内的数据

个数。

（4） 同理，在单元格 C37 中输入公式" =COUNTIF(B2:B32,"<=400")-COUNTIF (B2:B11,"<=200")"，按下 Enter 键，得到降水量在 200～400 区间内的城市数量，结果如图 4-4 所示。

城市	全年
北京	483.9
天津	389.7
石家庄	430.4
太原	535.4
呼和浩特	261.2
沈阳	672.3
长春	534.2
哈尔滨	444.1
上海	1290.4
南京	1070.9
杭州	1378.5
合肥	929.7
福州	1109.6
南昌	1118.5
济南	797.1
郑州	596.4
武汉	1023.2
长沙	936.4
广州	1370.3
南宁	1008.1
海口	1419.3
重庆	1439.2
成都	624.5
贵阳	884.9
昆明	932.7
拉萨	477.3
西安	698.5
兰州	407.9
西宁	523.1
银川	214.7
乌鲁木齐	419.5

图 4-3 实验 4-2 的原始数据

组别	条件	频数
湿润	>800	14
半湿润	400-800	14
半干旱	200-400	3

图 4-4 实验 4-2 的分组结果

综上所述，分组结果有科学依据，连续型分组界限便最终确定。

4.2 频数统计

在统计分组中，落在不同小组中的数据个数为该组的频数，各组的频数之和等于这组数据的总数，通过对每组频数的统计，可以看出数据的大体分布情况，根据分组标志的特点，还可以通过频数统计进行比较分析等方式认识数据。

4.2.1 单项式分组的频数统计

在 Excel 2013 中，单项式分组的频数统计是借助函数 COUNTIF 来实现的，其格式公式为

COUNTIF(range,criteria)

其中，"range"指目标区域，是一个或多个要计数的单元格，其中包括数字或名称、数组或包含数字的引用，空值和文本值将被忽略；"criteria"为一条件值，即确定哪些单元格将被计算在内的条件，其形式可以为数字、表达式、单元格引用或文本。例如，条件可以表示为"32"、">32"、"pples"。

下面通过实验来介绍 Excel 2013 运用单项式分组的方法进行频数统计的操作步骤。

实验 4-3：根据某高校某专业 90 名本科毕业生的年龄数据，计算其频数，图 4-5 是原始数据。

20	21	21	24	24	22
20	22	24	23	21	23
23	20	22	21	23	20
23	21	21	20	21	22
24	24	20	23	24	23
21	21	20	22	21	22
21	20	23	20	22	24
24	24	22	20	20	21
20	20	20	24	23	20
23	23	20	22	23	23
20	21	21	24	23	24
20	20	22	21	24	21
22	21	20	20	22	21
22	20	24	21	21	24
23	20	21	23	21	24

图 4-5　实验 4-3 的原始数据

详细思考和操作过程如下：

（1）考虑到此例中的年龄数据是离散型的，而且变化幅度不大，所以应当采用单项式分组法分组和计算其频数。也就是说分五组，分别为"20 岁"、"21 岁"、"22 岁"、"23 岁"、"24 岁"。

（2）在工作簿 Sheet2 中的单元格 A2、A3、A4、A5、A6 中依次输入"20"、"21"、"22"、"23"、"24"，在单元格 B2 中输入"=COUNTIF(Sheet1!A1:F15,Sheet1!A2)"，其中，"range"为目标区域，指数据来源，即工作簿 Sheet1 里的 A1:F15 区域，因此公式第一项参数填写"Sheet1!A1:F15"，"criteria"为计数条件，即分组标志值，因此公式第二项参数填写"Sheet1!A2"或者"20"，按下 Enter 键。

（3）相类似地，在单元格 B3、B4、B5、B6 中依次输入"=COUNTIF (Sheet1!A1:F15, Sheet1!A3)"、"=COUNTIF(Sheet1!A1:F15,Sheet1!A4)"、"=COUNTIF (Sheet1!A1:F15,Sheet1!A5)"、"=COUNTIF(Sheet1!A1:F15,Sheet1!A6)"，按下 Enter 键。

（4）频率等于频数/总数，所以在单元格 C2、C3、C4、C5、C6 中依次输入"=B2/90"、"=B3/90"、"=B4/90"、"=B5/90"、"=B6/90"，按下 Enter 键，得到如图 4-6 所示的结果。

毕业生年龄	频数	频率
20	23	0.255556
21	23	0.255556
22	15	0.166667
23	15	0.166667
24	16	0.177778

图 4-6　实验 4-3 的结果数据

图 4-6 中，A 列为数据分组情况，B 列为各组频数统计，C 列为各组频率计算。

4.2.2　组距式分组的频数统计

单项式变量分组的频数统计比较明确、容易，但是做连续变量分组的频数统计时，单项数列不能适用，所以应当考虑采用组距分组法来进行频数统计。

在 Excel 2013 中，组距式分组的频数统计也是借助函数 FREQUENCY 来实现的，步骤更加复杂一些，其格式公式为

FREQUENCY(data_array,bins_array)

其中,"data_array"是一个数组或对一组数值的引用,你要为它计算频率,如果"data_array"中不包含任何数值,函数 FREQUENCY 将返回一个零数组;"bins_array"是一个区间数组或对区间的引用,该区间用于对"data_array"中的数值进行分组。如果"bins_array"中不包含任何数值,函数 FREQUENCY 返回的值与"data_array"中的元素个数相等。

下面通过实验 4-4 来介绍 Excel 2013 运用组距式分组的方法进行频数统计的操作步骤。

实验 4-4:根据某公司员工实际完成任务的比例数据(单位是%),计算其频数,图 4-7 是原始数据。

98	81	95	84	93
105	100	104	108	107
109	117	125	115	120
86	91	102	100	103
108	106	109	112	114
119	118	116	129	113

图 4-7　实验 4-4 的原始数据

详细思考和操作步骤如下:

(1) 计算全距。将各变量值由小到大排序,确定其最大值,最小值,并计算全距。变量的最大值是 129%,最小值是 81%,全距=最大值-最小值=129%-81%=48%。

(2) 确定组数和组距。在等距分组时,组距与组数的关系是组距=全距/组数。本例中根据一般将成绩分成优、良、中、及格和不及格五档评分的习惯,可以先确定组数为 5。在等距分组时,计算组距,组距=48%/5=9.6%,为了符合习惯和计算方便,组距近似地取 10%。

(3) 确定组限。关于组限的确定,应注意如下几点:①最小组的下限(起点值)应低于最小变量值,例如可选 80,最大组的上限(终点值)应高于最大变量值,例如可选 130;②组限的确定应有利于表现出总体分布的特点,应反映出事物质的变化;③为了方便计算组限应尽可能取整数,最好是 5 或 10 的整倍数。在工作簿 Sheet2 中的单元格 A2、A3、A4、A5、A6、A7 内依次输入"80"、"90"、"100"、"110"、"120"、"130",为分组界限,分别代表"<=80"、"80-90"、"90-100"、"100-110"、"110-120"、"120-130"、">=130"的区间。

(4) 在工作簿 Sheet2 中选中单元格 C2:C8,并在编辑栏中输入"=FREQUENCY(Sheet1!A1:E6, Sheet2!A2:A7)",其中,"data_array"是数据源,所以输入"Sheet1!A1:E6","bins_array"是分组数据,所以输入"Sheet2!A2:A7",按下 Enter 键。

(5) 频率等于频数/总数,所以在单元格 D2、D3、D4、D5、D6 中依次输入"=C2/30"、"=C3/30"、"=C4/30"、"=C5/30"、"=C6/30",按下 Enter 键,得到如图 4-8 所示的结果。

bins_array	分区区间	频数	频率
80	<=80	0	0
90	80-90	3	0.1
100	90-100	6	0.2
110	100-110	10	0.333333
120	110-120	9	0.3
130	120-130	2	0.066667
	>=130	0	0

图 4-8　实验 4-4 的结果数据

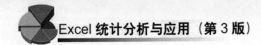

图 4-8 中，A 列为数据分组界限，B 列为数据分组情况，C 列为各组频数统计，D 列为各组频率计算值。

4.2.3 频数统计直方图

以分组标志为横轴，以频数为纵轴的柱形图就是频数统计直方图。直方图又称质量分布图，是一种几何形图表，它是根据从生产过程中收集来的质量数据分布情况，画成的直方型矩形图。它使得频数统计以更加直观简易的形式表现出来，方便对数据特征的研究和提炼。

例如，若以实验 4-3 的结果数据中的分组标志"毕业生年龄"为横轴，以"频数"为纵轴，可以得到柱形图，如图 4-9 所示，该图即为实验 4-3 的频数统计直方图。

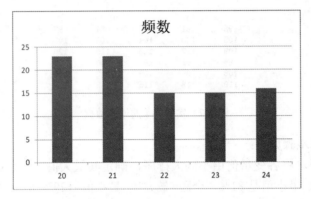

图 4-9 实验 4-3 的频数统计直方图

从图中可以观察到，年龄为 20 岁和 21 岁的毕业生是最多的，而且是同样多的，22 岁、23 岁、24 岁的毕业生数量相对少一些，但它们之间差异不大。

再如，若以实验 4-4 的结果数据中的分组标志"分区区间"为横轴，以"频数"为纵轴，可以得到柱形图，如图 4-10 所示，该图即为实验 4-4 的频数统计直方图。

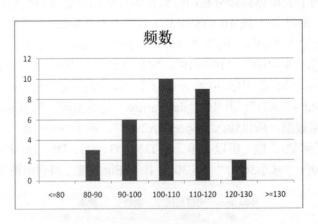

图 4-10 实验 4-4 的频数统计直方图

从图中可以观察到，工作完成 100%～110%的员工数量最多，稍逊一些的是工作完成 110%～120%的员工，工作完成 120%～130%的员工最少。

4.3 上机题

	光盘：\录像\第四章\上机题\……
	光盘：\上机题\第四章\习题\……

1. 下表是某数据表中给出的某次驾校交规考试中 80 名学员的考试成绩。请对这些数据进行分组，并计算频数和绘出频数直方图。（数据路径：光盘：\上机题\第 4 章\习题\第 4 章第 1 题）

95	99	99	98
97	100	96	96
100	95	95	96
99	97	100	98
99	97	97	96
96	99	99	98
97	98	95	98
99	96	97	96
99	100	98	98
96	99	97	96
97	96	95	97
98	96	98	99
97	97	95	100
100	99	99	98
99	100	96	99
95	97	97	100
96	97	95	96
99	95	96	96
97	97	97	100
96	97	96	97

2. 下表是某 100 个城市某年的 GDP 增长率，请对这些数据进行分组，并计算频数和绘出频数直方图。（数据路径：光盘：\上机题\第 4 章\习题\第 4 章第 2 题）

13.3	8.3	9.3	7
-1.2	9.3	3.4	10.8
16.6	6.9	6.3	10.7
9	17.9	10.2	9.3
6.8	16.4	9.9	9.7
11.8	12.2	8.8	13.4
6.3	4.5	11	5.1
9.4	2.1	8.3	14.8
6.7	3.2	11.6	9.2

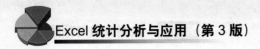

（续表）

6.8	8.3	11.4	8.3
−2.4	9.7	11.2	20.6
2.2	−1.5	15.9	21.9
5	12.7	13.3	5.7
13.3	9	2.3	15.1
8.2	6.5	14.3	11.7
20.4	11.4	4.5	12.4
12.8	9.2	11.5	11.8
8.6	3.3	20.6	18
2.6	4.4	12.7	10.4
3.9	8.1	8.1	19.2
10.7	14	12.9	18.1
15.2	13.8	11.1	9.7
10	12.8	2.4	19.7
9.2	12.5	8.8	5
10.8	0.6	8.7	5.3

第 5 章　抽样与随机数发生器

在实际工作中，需要对某一总体样本的质量和性质进行分析时，从成本和可行性的角度出发，一般并不是对总体的所有样本逐一进行测试，而是通过一定的方法抽取其中的一部分，通过抽出的部分来推断总体样本的特征。抽样即是根据一定的原则从总体中抽取部分单位作为样本，并以样本数量特征对整体进行推断。通常由抽样观察得到的所有单位全体被称为样本，描述样本数量特征的指标被称为样本统计量，描述总体数量特征的指标被称为参数。

随机数是服从一定分布规律的，但数与数之间又是完全独立的数列。随机数最重要的特性是：它所产生的后面的那个数与前面的那个数毫无关系。产生随机数有多种不同的方法，这些方法被称为随机数发生器。真正的随机数是使用物理现象产生的：比如掷钱币、骰子、转轮、使用电子元件的噪声、核裂变等。这样的随机数发生器叫做物理性随机数发生器，它们的缺点是技术要求比较高。在实际应用中往往使用伪随机数就足够了。这些数列"似乎"是随机的数，实际上它们是通过一个固定的、可以重复的计算方法产生的。它们并不真正的随机，因为它们实际上是可以计算出来的，但是它们具有类似于随机数的统计特征。这样的发生器叫做伪随机数发生器。本章的随机数发生器是指伪随机数发生器。

在现实生活和研究工作中，有原始数据可供抽样则采用抽样的方法进行研究，而很多情况下没有原始数据或者无法获得原始数据，此时就要利用随机数发生器来生成特定的数据，而后再进行抽样研究。下面我们逐一介绍抽样和随机数发生器及其 Excel 2013 应用的相关内容。

5.1　抽样

统计工作从搜集统计数据开始，抽样调查是搜集统计数据的一种重要方法。进行抽样调查的 3 个步骤是，首先要从研究对象的总体中按照一定的抽取方法抽取部分单位作为样本，这种抽取方法也称抽样方法，然后对抽取的样本单位进行调查，再根据调查取得的样本数据推断总体的数量特征。

5.1.1　抽样方法的实现

由于调查的只是一个样本，而不是整个总体，因此抽样误差必然存在。在实际调查中，由于总体均值是未知的，因此不可能知道抽样误差的大小，但可以对其进行概率说明。尽管抽样误差不可避免，但却是可以控制的。选择合适的抽样方法是控制这类误差的一个重要方法。也就是说，能否找出准确显现总体样本特征的抽样结果，很大程度上取决于抽样方法选择的合理性。

抽样方法主要有随机抽样法和非随机抽样法两种，而非随机抽样法又包括按周期抽样法、主观抽样法等。本章将介绍随机抽样法和按周期抽样法这两种方法。

对于给定样本，Excel 2013 的加载项"分析工具库"提供了抽样的基本功能，如果读者还没有安装 Excel 2013 的"数据分析"加载项，请先安装，安装方法见 3.3.1 节。安装完成后，我们就可以利用 Excel 2013 进行样本抽样了。

选择"数据"选项卡，执行"数据分析"命令，弹出如图 5-1 所示的"数据分析"对话框，选择"抽样"选项，单击"确定"按钮，弹出如图 5-2 所示的"抽样"对话框。

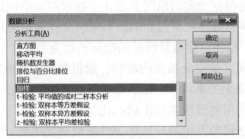

图 5-1 "数据分析"对话框

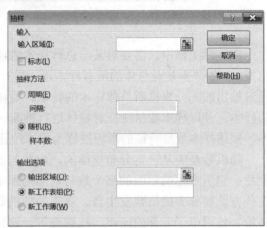

图 5-2 "抽样"对话框

下面详细介绍图 5-2"抽样"对话框中各项参数的含义。

1. "输入"选项组

该选项组的功能是设定样本来源的相关信息。

（1）"输入区域"的空格中要求填写样本来源即总体在 Excel 中的区域位置，可以直接输入，也可以单击 ██ 按钮，再选定总体的区域。

（2）"标志"的勾选框表示总体是否存在标志，用以区分不同的抽样结果。在某些情况下，需要用到多个抽样数据组，此时需要用样本中的某些数据对每个抽样数据组进行标志，或者说命名，以方便进一步应用。一般而言，数据标志存在于数据区域的首行或首列，换言之，如果输入区域的第一行或第一列中包含标志，就勾选此框，否则不选。

2. "抽样方法"选项组

该选项组的功能是选择抽样方法，有"周期"和"随机"两个选项，分别代表按周期抽样法和随机抽样法两种方法，详细介绍分别见 5.1.2 节和 5.1.3 节。

3. "输出选项"选项组

该选项组的功能是设定抽样结果的生成位置，有 3 个选项。

（1）若选择"输出区域"选项，并且在其后的空格中直接输入，或者单击 ██ 按钮再选定区域，则抽样结果会与总体数据出现在同一个工作表中。

（2）若选择"新工作表组"选项，并且在其后的空格中输入新建的工作表名称，则抽样结果会出现在新建的工作表中。

（3）若选择"新工作簿"选项，则抽样结果会出现在新的工作簿中。

然后，单击"确定"按钮，即可得到抽样结果。

下面详细介绍抽样的两种方法——按周期抽样法和随机抽样法。

5.1.2　按周期抽样

有时总体数据本身呈现一定的周期循环特征，如铁路的月客流量，每年的暑假和春节前后都会出现波峰，再如月降水量，我国大部分地区夏季 7～8 月出现高峰，冬季 1～2 月出现谷底。此时，随机抽样法会破坏样本的周期性，导致总体样本信息缺失，也就无法准确分析总体样本的特征。而周期抽样法是按照周期值来选择抽样单位的固定间隔，然后按照这个固定间隔来抽取样本，使得选取的抽样单位也具有了周期区间的性质，因此保留了总体样本的周期性，是一种非常适合于周期循环性总体样本的抽样方法。

下面我们通过实验 5-1 来介绍使用 Excel 2013 对已知总体样本采用按周期抽样法进行抽样的操作。

实验 5-1：图 5-3 是 1990 年 1 月至 2008 年 12 月全国的月发电量数据，单位是亿千瓦每小时。要求：采用按周期抽样法从中抽取样本。

	A	B
1		发电量产量_当月(亿千瓦每小时)
2	1990-01	479
3	1990-02	457.1
4	1990-03	507.2
5	1990-04	495.6
6	1990-05	519.2
7	1990-06	516.3
8	1990-07	524
9	1990-08	529.5
10	1990-09	504.3
11	1990-10	521
12	1990-11	526.8
13	1990-12	556.8
14	1991-01	551.6
15	1991-02	470.9
16	1991-03	549.7
17	1991-04	534.5
18	1991-05	564.8
19	1991-06	546.4
20	1991-07	578.3
21	1991-08	581.2
22	1991-09	560.9
23	1991-10	573.6
24	1991-11	579.5
25	1991-12	608.58
26	1992-01	576.7
27	1992-02	551.5

图 5-3　全国发电量原始月度数据

一般来说，由于节假日原因，每年的 1 月或 2 月，即春节前后发电量达到最低，而在 10～12 月发电量达到高峰，因此，月发电量有着明显的周期循环性质，所以我们应当采用按周期抽样法来抽取样本。

具体步骤如下：

（1）选择"数据"选项卡，执行"数据分析"命令，弹出"数据分析"对话框，选择"抽样"选项，单击"确定"按钮，弹出如图 5-2 所示的"抽样"对话框。

（2）在"输入区域"空格内填写数据区域"$B$2:$B$229"（或者直接选取），此例中输入区域的第一行和第一列并无标记，因此不选"标志"勾选框；在"抽样方法"一栏中，选择"周期"选项，"周期"代表总体数据的循环周期，由于是发电量的月度数据，以一年为周期，即周期是 12，所以“间隔”空格填“12”；“输出选项”有三种选择，可以根据实际需要进行相应选择，我们不妨选择“新工作表组”选项，并在“输出区域”的空格中填写输出的区域位置，这个位置也可以自由挑选，我们不妨设“Sheet4”，得到如图 5-4 所示的抽样结果。

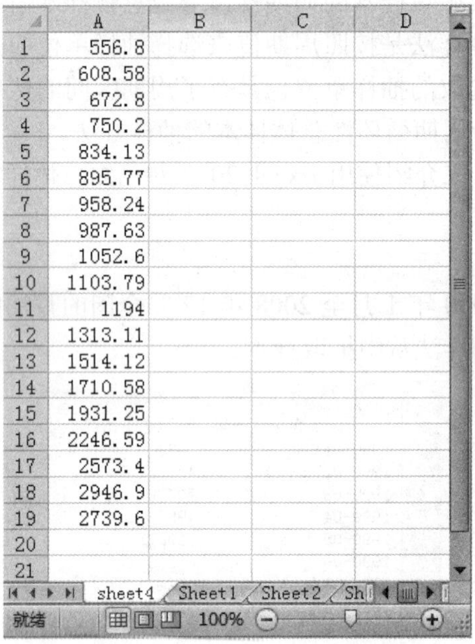

	A	B	C	D
1	556.8			
2	608.58			
3	672.8			
4	750.2			
5	834.13			
6	895.77			
7	958.24			
8	987.63			
9	1052.6			
10	1103.79			
11	1194			
12	1313.11			
13	1514.12			
14	1710.58			
15	1931.25			
16	2246.59			
17	2573.4			
18	2946.9			
19	2739.6			
20				
21				

图 5-4　实验 5-1 的抽样结果

如图 5-4 所示，工作表 Sheet4 的 A 列即为 1990 年 1 月至 2008 年 12 月全国的月发电量数据的按周期抽样结果。

5.1.3　随机抽样

随机抽样是最为常用的抽样方法。它从一个容量为 N 的有限总体中抽取得到一个容量为 n 的简单随机样本，并且每一个容量为 n 的可能样本，都有相同的概率被抽中。

用简单随机抽样进行抽样调查，首先应建立一个抽样框，即抽样总体中所有个体的名册；然后根据随机数表进行抽样。使用随机数表，可以保证抽样总体中的每个个体都有相同的概率被抽中。由于随机抽样不受主观因素影响，抽样的平均误差最小，能够更好地反映总体的特征。

下面我们通过实验 5-2 来介绍使用 Excel 2013 对已知总体样本采用随机抽样法进行抽样的操作。

实验 5-2：图 5-5 是 2007 年我国内地 266 个地级市（部分地区没有数据，故没有列出）的国内生产总值增长率，单位是%，要求：采用随机抽样法从中抽取 50 个样本。

具体步骤如下：

（1）选择“数据”选项卡，执行“数据分析”命令，弹出“数据分析”对话框，选择“抽样”选项，单击“确定”按钮，弹出如图 5-2 所示的“抽样”对话框。

	A	B	C
1		2007年地区生产总值增长率_市辖区	
2	石家庄市	13	
3	唐山市	14.2	
4	秦皇岛市	12.6	
5	邯郸市	14.5	
6	邢台市	13.2	
7	保定市	13.5	
8	张家口市	14.46	
9	承德市	17.6	
10	沧州市	10.8	
11	廊坊市	16.1	
12	衡水市	6.3	
13	太原市	16.9	
14	大同市	14.07	
15	阳泉市	11	
16	长治市	12.8	
17	晋城市	14.5	
18	朔州市	20.1	
19	晋中市	15.2	
20	运城市	8.3	
21	忻州市	13.9	
22	临汾市	11.3	
23	吕梁市	18.9	
24	呼和浩特市	18.1	
25	包头市	20.7	
26	乌海市	18.4	
27	赤峰市	20.2	
28	通辽市	22.9	
29	鄂尔多斯市	34.2	

图 5-5　地级市国内生产总值增长率的原始数据

（2） 在“输入区域”空格内填写数据区域“$B$2:$B$267”（或者直接选取），此例中输入区域的第一行和第一列并无标记，因此不选“标志”勾选框；在“抽样方法”一栏中，选择“随机”选项，“样本数”代表抽取样本的容量，此处要求抽取 50 个样本，所以“样本数”空格填“50”；“输出选项”有三种选择，可以根据实际需要进行相应选择，我们不妨选择“新工作表组”选项，并在“输出区域”的空格中填写输出的区域位置，这个位置也可以自由挑选，我们不妨设“Sheet4”，得到如图 5-6 所示的抽样结果。

如图 5-6 所示，工作表 Sheet4 的 A 列即为 2007 年 266 个地级市国内生产总值增长率的一个容量为 50 的随机抽样。

	A	B	C
1	16		
2	12.2		
3	14.06		
4	10		
5	14.9		
6	16.8		
7	16.7		
8	19.3		
9	14.2		
10	22.9		
11	15.2		
12	15.2		
13	14.06		
14	10		
15	16.99		
16	14.5		
17	12.9		
18	16		
19	21		
20	12.5		
21	11		
22	12.1		

图 5-6　实验 5-2 的抽样结果

5.2　随机数发生器

在实际工作中，往往要用符合各种概率分布的特定的数据进行模拟测试，这就需要运用

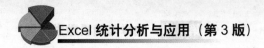

随机数发生器。使用随机数发生器，可根据选定的概率分布类型，在指定的区域给出所需要的随机数，而这可以依赖 Excel 2013 中的分析工具库中的随机数发生器。

5.2.1　随机数发生器的实现

Excel 2013 的加载项"数据分析"中的"随机数发生器"提供了随机数产生的功能。

选择"数据"选项卡，执行"数据分析"命令，弹出如图 5-1 所示的"数据分析"对话框，选择"随机数发生器"选项，单击"确定"按钮，弹出如图 5-7 所示的"随机数发生器"对话框。

图 5-7　"随机数发生器"对话框

下面详细介绍图 5-7"随机数发生器"对话框中各项参数的含义。

1. "变量个数"选项组

该选项组的功能是设定随机数列的列数，亦即随机数列的宽度，其大小由实际需要决定。

2. "随机数个数"选项组

该选项组的功能是设定每一列随机数的个数，亦即随机数列的长度，其大小一般由研究对象的要求决定。

3. "分布"选项组

该选项组的功能是选择生成随机数所服从的概率分布。有"均匀"、"正态"、"柏努利"、"二项式"、"泊松"、"模式"和"离散"7 个选项，分别代表均匀分布随机数、正态分布随机数、柏努利分布随机数、二项分布随机数、泊松分布随机数、模式分布随机数和离散分布随机数，由于模式分布随机数和离散分布随机数应用较少，所以本章主要介绍前 5 种分布随机数，详细介绍分别见 5.2.2～5.2.6 节。

4. "参数"选项组

该选项组的功能是设定在选定随机数分布类型之后的相关参数，详细介绍分别见 5.2.2 节～5.2.6 节。

5. "随机数基数"选项组

该选项组的功能是用来构造随机数的可选数值，可在以后重新使用该数值来生成相同的随机数。如果题目没有特别要求，一般不做设置。

6. "输出选项"选项组

该选项组的功能是设定随机数生成结果的生成位置，有 3 个选项。

（1）若选择"输出区域"选项，并且在其后的空格中直接输入，或者单击 按钮再选定区域，则随机数生成结果会与总体数据出现在同一个工作表中。

（2）若选择"新工作表组"选项，并且在其后的空格中输入新建的工作表名称，则随机数生成结果会出现在新建的工作表中。

（3）若选择"新工作簿"选项，则随机数生成结果会出现在新的工作簿中。

单击"确定"按钮，便可得到随机数生成结果。

下面详细介绍前 5 种分布随机数的生成。

5.2.2 均匀分布随机数 $X \sim U[a,b]$

均匀分布是一种非常简单的概率分布，它是指随机事件在一个区间内取任何值的概率都相等。

用数学语言表达为：若，即 X 服从参数为 a 和 b 的均匀分布，那么：

$$P(X=x) = \begin{cases} \dfrac{1}{b-a} & a \leqslant x \leqslant b \\ 0 & \text{其他} \end{cases}, \quad x \in R$$

Excel 2013 的"随机数发生器"命令可以帮助我们完成均匀分布随机数的生成。

具体步骤如下：

（1）在图 5-7 中"分布"选项组的下拉菜单中选择"均匀"选项，如图 5-8 所示，"参数"一栏中，第一个空是均匀分布区间的起点，第二个空是均匀分布区间的终点，即依次输入"a"和"b"。例如，生成[0,1]区间的均匀分布随机数，这两个空就分别输入"0"和"1"。

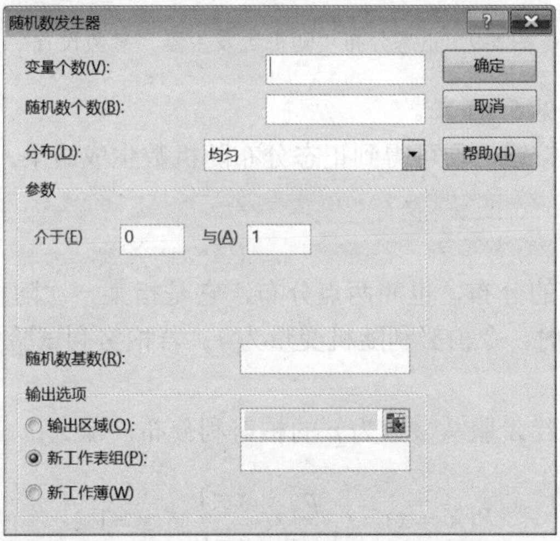

图 5-8 均匀分布"随机数发生器"参数设置

（2） 其他参数设置见 5.2.1 节。

（3） 单击"确定"按钮，便可得到均匀分布随机数生成结果。

5.2.3 正态分布随机数

正态分布是最普遍的概率分布，它是指随机事件呈两端对称收敛的特点。

用数学语言表达为：若 $X \sim N(\mu,\sigma)$，即 X 服从参数为 μ 和 σ 的正态分布，那么：

$$P（X{=}x）= \frac{1}{\sqrt{2\pi}\sigma} e^{-\frac{(x-\mu)^2}{2\sigma^2}}，\ x \in R$$

我们可以利用 Excel 2013 的"随机数发生器"命令实现正态分布随机数的生成。

具体步骤如下：

（1） 在图 5-7 中"分布"选项组的下拉菜单中选择"正态"选项，如图 5-9 所示，"参数"一栏中，第一个空是正态分布的平均值，第二个空是正态分布的标准偏差，即依次输入"μ"和"σ"。例如生成服从 $N(0,1)$ 的正态分布随机数，这两个空就分别输入"0"和"1"。

图 5-9 正态分布"随机数发生器"参数设置

（2） 其他参数设置见 5.2.1 节。

（3） 单击"确定"按钮，便可得到正态分布随机数生成结果。

5.2.4 柏努利分布随机数

柏努利分布是较简单的分布，也叫两点分布，它是指某一次随机事件只具有两种互斥的结果。当柏努利试验成功时，令柏努利随机变量为 1；若柏努利试验失败，令柏努利随机变量为 0。

用数学语言表达为：若 X 服从参数为 p 的柏努利分布，那么：

$$P(X = x) = \begin{cases} p & x = 1 \\ 1-p & x = 0 \end{cases}，\ x = 1,2$$

Excel 2013 的"随机数发生器"命令可以生成柏努利分布随机数。

具体步骤如下：

（1）在图 5-7 中"分布"选项组的下拉菜单中选择"柏努利"选项，如图 5-10 所示，"参数"一栏中，"p(A)"后的空是柏努利分布的概率值，即输入"p"。例如，生成服从概率参数为 0.3 的柏努利分布随机数，这个空就输入"0.3"。

（2）其他参数设置见 5.2.1 节。

（3）单击"确定"按钮，便可得到柏努利分布随机数生成结果。

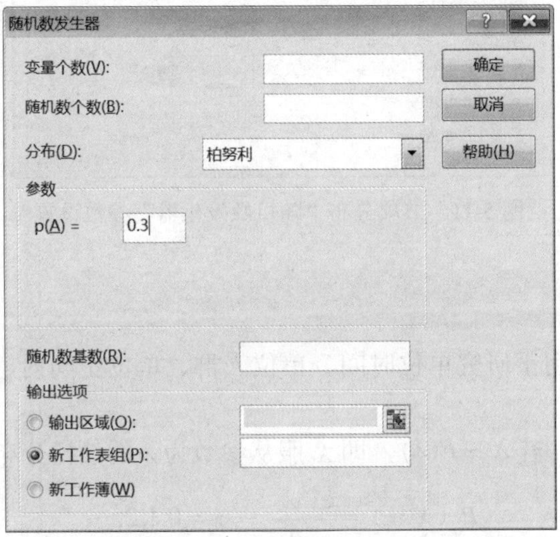

图 5-10 柏努利分布"随机数发生器"参数设置

5.2.5 二项分布随机数

二项分布是常用分布之一，它是指随机事件只具有两种互斥的结果，并且这种事件是多次的。

用数学语言表达为：若 $X \sim B(n,p)$，即 X 服从参数为 n 和 p 的二项分布，那么：

$$P(X=x) = \binom{n}{x} p^x (1-p)^{n-x}, \quad x=0,1,\cdots,n$$

其中 $\binom{n}{x} = \dfrac{n!}{x!(n-x)!}$。

二项分布随机数的生成可以通过 Excel 2013 的"随机数发生器"命令来实现。

具体步骤如下：

（1）在图 5-7 中"分布"选项组的下拉菜单中选择"二项式"选项，如图 5-11 所示，"参数"一栏中，"p(A)"后的空是二项分布的概率值，"试验次数"后的空是二项分布的试验次数，即依次输入"p"和"n"。例如，生成服从概率参数为 0.2 和试验次数为 20 的二项分布随机数，这两个空就依次输入"0.2"和"20"。

（2）其他参数设置参见 5.2.1 节。

（3）单击"确定"按钮，便可得到二项分布随机数生成结果。

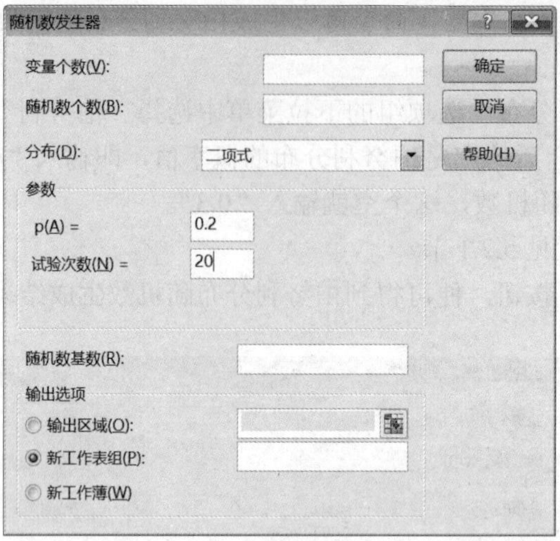

图 5-11　二项分布"随机数发生器"参数设置

5.2.6　泊松分布随机数

泊松分布更多地专用于研究单位时间、单位人群、单位空间内，某罕见事件发生次数的概率。

用数学语言表达为：若 $X \sim P(\lambda)$，即 X 服从参数为 λ 的泊松分布，那么：

$$P（X{=}x）=\frac{e^{-\lambda}\lambda^{x}}{x!}, \quad x=0,1,2,\cdots$$

Excel 2013 提供了"随机数发生器"命令，这个命令可以用来生成泊松分布随机数。

具体步骤如下：

（1）在图 5-7 中"分布"选项组的下拉菜单中选择"泊松"选项，如图 5-12 所示，"参数"一栏中，"λ(L)"后的空是泊松分布的参数值，即输入"λ"。例如，生成服从泊松分布 $P(6)$ 的随机数，这个空就输入"6"。

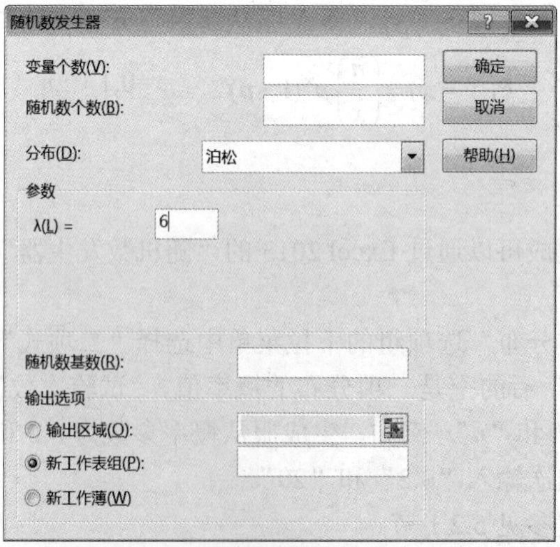

图 5-12　泊松分布"随机数发生器"参数设置

（2） 其他参数设置见 5.2.1 节。

（3） 单击"确定"按钮，便可得到泊松分布随机数生成结果。

5.3 随机数产生的函数实现

在 Excel 2013 中，随机数的产生不仅仅是"随机数发生器"一种方法，事实上还有另外一条途径，那就是随机数函数。利用 Excel 2013 的随机数函数来生成随机数有时会更加便捷。

5.3.1 生成某个区间的随机实数

在 Excel 2013 中，"RAND"命令是指"返回大于等于 0 及小于 1 的均匀分布随机实数"，指的是这个命令可以生成区间[0,1)内任意一个数，并且这种数在区间[0,1)内取各值的概率相等，即[0,1)区间的随机实数。

"RAND"的格式公式为

$$RAND()*(b-a)+a$$

生成 a 与 b 之间的随机实数。

下面我们通过实验 5-3 来介绍利用"RAND"来生成某个区间随机实数的操作步骤。

实验 5-3：生成一列（15 个）随机实数，使得这列随机整数都落在区间[0.5,10)内。

具体步骤如下：

（1） 新建一个 Excel，在单元格 A2～A15 中依次输入 a1～a15，表示随机整数列。

（2） 在单元格 B2 中输入"=RAND()*(10−0.5)+0.5"，按下 Enter 键。然后选中单元格 B2，并按住鼠标左键向下拖动至 B16，得到如图 5-13 所示的结果。由于这是随机整数命令，所以每次生成的数可能都不一样，图 5-13 仅为参考。

图 5-13 所示结果即为区间[0.5,10)内的随机实数，可以看到，所有的数都大于等于 0.5，小于 10。

随机数列	随机数值
a1	9.968401
a2	4.863001
a3	5.663575
a4	5.528013
a5	1.520995
a6	4.463582
a7	2.541575
a8	7.787685
a9	7.7813
a10	8.497585
a11	5.292394
a12	8.450385
a13	6.341641
a14	8.148057
a15	7.836868

图 5-13 实验 5-3 随机实数的生成结果

5.3.2　生成某个区间的随机整数

在 Excel 2013 中，"RANDBETWEEN"命令是指"返回位于指定的两个数之间的一个随机整数"，指的是这个命令可以生成区间[a,b]内任意一个整数，并且这种整数在区间[a,b]内取各整数值的概率相等，即[a,b]区间的随机整数。

"RANDBETWEEN"的格式公式为

$$RANDBETWEEN\ (a,b)$$

生成 a 与 b 之间的随机整数，若 a（或 b）为整数时，结果可能也会出现 a（或 b）。

下面我们通过实验 5-4 介绍利用"RANDBETWEEN"生成某个区间随机整数的操作步骤。

实验 5-4：生成一列（15 个）随机整数，使得这列随机整数都落在区间[0.5,10]内。

具体步骤如下：

（1）　新建一个 Excel，在单元格 A2～A15 中依次输入 a1～a15，表示随机数列。

（2）　在单元格 B2 中输入"=RANDBETWEEN（0.5，10）"，按下 Enter 键。然后选中单元格 B2，并按住鼠标左键向下拖动至 B16，得到如图 5-14 所示的结果。由于这是随机整数命令，所以每次生成的整数可能都不一样，图 5-14 仅为参考。

随机数列	随机数值
a1	7
a2	2
a3	10
a4	3
a5	1
a6	10
a7	4
a8	7
a9	4
a10	3
a11	3
a12	9
a13	2
a14	6
a15	9

图 5-14　实验 5-4 随机整数的生成结果

图 5-14 所示结果即为区间[0.5,10]内的随机整数，可以看到，所有的数都大于 0.5，小于等于 10。

5.4　上机题

	光盘：\录像\第 5 章\上机题\……
	光盘：\上机题\第 5 章\习题\……

1. 数据表中给出了 2003 年 1 月到 2008 年 12 月的中国消费者信心指数的全部数据。（数据路径：光盘：\上机题\第 5 章\习题\第 5 章第 1 题）

	消费者信心指数
2003-01	97.7
2003-02	97.8
2003-03	97.6
2003-04	88.7
2003-05	85.7
2003-06	88.6
2003-07	91.2
2003-08	92.7
2003-09	93.1
2003-10	94.2
2003-11	94.5
2003-12	95.3
2004-01	95.4
2004-02	95.2
2004-03	95.4
2004-04	95
2004-05	92.6
2004-06	90.1
2004-07	91.1
2004-08	90.8
2004-09	91.3
2004-10	91.8
2004-11	92.7
2004-12	93.2
2005-01	93.5
2005-02	93.9
2005-03	94.4
2005-04	94.7
2005-05	94.3
2005-06	94.6
2005-07	94.4
2005-08	94.5
2005-09	94.3
2005-10	93.7
2005-11	93.6
2005-12	94.3
2006-01	94.5
2006-02	93.6
2006-03	94.2
2006-04	93.8
2006-05	93.8
2006-06	94.1
2006-07	94

（续表）

	消费者信心指数
2006-08	94.5
2006-09	95.7
2006-10	95.6
2006-11	96
2006-12	96.9
2007-01	96.3
2007-02	95.8
2007-03	95.2
2007-04	96.2
2007-05	96.7
2007-06	97.5
2007-07	96.7
2007-08	97.3
2007-09	97
2007-10	96.5
2007-11	96
2007-12	96.9
2008-01	95.6
2008-02	94.3
2008-03	94.5
2008-04	94
2008-05	94.3
2008-06	94.1
2008-07	94.5
2008-08	93.7
2008-09	93.4
2008-10	92.4
2008-11	90.2
2008-12	87.3

（1） 采用按周期抽样法抽取样本。

（2） 采用随机抽样法抽取 6 个样本。

2. 利用随机数发生器生成一个数列容量为 30 的随机数列服从以下概率分布：

（1） 正态分布 $N(0.5,10)$。

（2） 泊松分布 $P(12)$。

3. 利用随机数函数生成一个容量为 50 的随机数列服从以下要求：

（1） 区间[0,100]上的随机实数。

（2） 区间[0,100]上的随机整数。

第6章 几种重要分布

概率分布是概率论的基本概念之一，用以表述随机变量取值的概率规律。

不同类型的随机变量有不同的概率分布形式。按照形式的不同，概率分布可以分为连续型分布与离散型分布两大类。连续型分布是指随机变量在其区间内能够取任何数值时所具有的分布，其表现是连续的、无限可分的，例如正态分布、指数分布等；离散型分布是指随机变量在其区间内只能取整数值时所具有的分布，其表现是离散的、可分的，例如二项分布、泊松分布等。这两类概率分布在科研和生活中应用非常广泛，而 Excel 2013 工具的使用使得概率分布的计算和分析变得方便与快捷。本章将结合大量实例说明如何利用 Excel 2013 计算和分析服从二项分布、泊松分布和正态分布的数据。

6.1 二项分布

有一些随机事件是只具有两种互斥结果的离散型随机事件，如对病人治疗结果的有效与无效，某种化验结果的阳性与阴性，接触某传染源的感染与未感染等。二项分布（binomial distribution）就是对这类只具有两种互斥结果的离散型随机事件的规律性进行描述的一种概率分布。一般来说，符合二项分布的数据有以下特点：

（1）每次试验观察个体的结果只有两种可能，且相互排斥（A 或非 A）。

（2）每次试验观察个体的条件保持不变。即每次观察个体发生 A 的概率保持不变，均为常数 p。

（3）每次试验观察个体间相互独立。即观察个体将出现的结果与其他个体出现的结果无关。

6.1.1 计算二项分布的概率

在分析了二项分布的特点后，我们来计算二项分布的概率大小。

不妨设在一项试验当中，试验的结果为 A 或非 A，即试验结果服从二项分布。记试验结果为 A 的概率是 p，结果为非 A 的概率则为 $1-p$，那么，从总体中随机抽取 n 次独立试验，其中有 x 次试验结果为 A 的概率是：

$$P(X=x) = \binom{n}{x} p^x (1-p)^{n-x}, \quad X=0,1,\cdots,x,\cdots,n \quad\quad (6-1)$$

其中 $\binom{n}{x} = \dfrac{n!}{x!(n-x)!}$。

式（6-1）也称二项分布的概率函数，并且称相应的随机变量 X 服从二项分布，记为 $X\sim B(n,p)$。二项分布概率函数有两个参数，一个是总体概率 p，另一个是试验次数 n。

另外，由式（6-1）可以推出，n 次试验至多有 x 次独立试验结果为 A 的概率是：

$$P\ (X{\leq}x) = \sum_{i=0}^{x}\binom{n}{x}p^{i}(1-p)^{n-i}\ ,\ \ X=0,1,\cdots,x\cdots,n \tag{6-2}$$

式（6-2）也称二项分布的累积概率函数。

6.1.2 使用二项分布函数

利用 Excel 2013 自带统计函数"BINOMDIST"，则可以准确地计算出给定参数条件下二项分布的概率值，其格式公式为

$$\text{BINOMDIST}(x，n，p，\text{cumulative})$$

其中，x 为试验成功的次数，n 为独立试验的次数，p 为每次试验中成功的概率，cumulative 为一个逻辑值，决定函数的形式。如果 cumulative 为 1，则函数 BINOMDIST 返回累积分布函数，即至多 x 次成功的概率；如果 cumulative 为 0，则返回概率密度函数，即 x 次成功的概率。

实验 6-1：现生产一批产品，已知产品的次品率是 2%，那么随机抽取 500 件产品，其中有 5 件是次品的概率是多少？至多有 10 件是次品的概率是多少？原始数据文件如图 6-1 所示。

实验的分析过程和具体步骤如下：

（1）如图 6-1 所示，第一问当中，有 5 件是次品，即试验结果为次品的次数 $x=5$，在单元格 A3 中输入 5；随机抽取 500 件产品，即独立试验次数 $n=500$，在单元格 B3 中输入 500；次品率是 2%，即试验结果为次品的概率 $p=0.02$，在单元格 C3 中输入 0.02；求试验结果为次品的次数是 5 的概率，即求概率密度值，所以 cumulative=0，在单元格 D3 中输入 0。然后，在单元格 E3 中输入"=BINOMDIST（A3，B3，C3，D3）"，其中 A3，B3，C3，D3 分别代表 x，n，p，cumulative 的值，按下 Enter 键便可得到如图 6-2 所示的计算结果，即给定参数下，有 5 件次品的概率值。

（2）同样，如图 6-1 所示，第二问当中，至多有 10 件是次品，即试验结果至多为次品的次数 $x=10$，在单元格 A4 中输入 10；随机抽取 500 件产品，即独立试验次数 $n=500$，在单元格 B4 中输入 500；次品率是 2%，即试验结果为次品的概率 $p=0.02$，在单元格 C4 中输入 0.02；求试验结果至多有 10 次为次品的概率，即求累积分布值，所以 cumulative=1，在单元格 D3 中输入 1。然后，在单元格 E4 中输入"=BINOMDIST（A4，B4，C4，D4）"，其中 A4，B4，C4，D4 分别代表 x，n，p，cumulative 的值，按下 Enter 键便可得到如图 6-2 所示的计算结果，即给定参数下，至多有 10 件是次品的概率。

	A	B	C	D
1	次品数	总数	次品率	是否是累计分布
2	x	n	p	0 or 1
3	5	500	0.02	0
4	10	500	0.02	1

图 6-1 实验 6-1 的原始数据

	A	B	C	D	E
1	次品数	总数	次品率	是否是累计分布	所求概率
2	x	n	p	0 or 1	P
3	5	500	0.02	0	0.037069281
4	10	500	0.02	1	0.583044006

图 6-2 实验 6-1 完成计算后的数据文件

图 6-2 的表格中单元格 E3 中的值 0.037069281 就是 500 件产品中有 5 件次品的概率值；单元格 E4 中的值 0.583044006 就是 500 件产品中次品数不超过 10 件的概率值。

6.1.3 二项分布的概率分布图与累积概率分布图的绘制

在分析和研究二项分布时，仅仅计算出二项分布的概率值是远远不够的，为了更直观地展现出二项分布的特点，我们经常会绘制二项分布的概率分布图和累积概率分布图。Excel

2013 中提供了非常强大的二项分布绘图功能，绘图方法也是多种多样。

实验 6-2：绘制 $B(n,p)$ 的概率分布图与累积概率分布图，其中 $n=20$，$p=0.3$。原始数据文件如图 6-3 所示。

实验的分析过程和具体步骤如下：

（1）先计算 x 取遍 0～20 时分别对应的概率值和累计概率值。如图 6-3 所示，在单元格 A2～A22 中依次输入 0～20，在 B2～B22 中都输入 20，在 C2～C22 中都输入 0.3，先求概率密度值，所以 cumulative=0，在单元格 D2 中输入 "=BINOMDIST（A2，B2，C2，0）"，其中 A2，B2，C2，0 分别代表 x，n，p，cumulative 的值，按下 Enter 键，然后选中单元格 D2，向下拖动公式至单元格 D22。同样，再求累积概率值，所以 cumulative=1，在单元格 E2 中输入 "BINOMDIST（A2，B2，C2，1）"，其中 A2，B2，C2，1 分别代表 x，n，p，cumulative 的值，按下 Enter 键，然后选中单元格 E2，向下拖动公式至单元格 E22，得到如图 6-4 所示的计算结果。

	A	B	C
1	x	n	p
2	0	20	0.3
3	1	20	0.3
4	2	20	0.3
5	3	20	0.3
6	4	20	0.3
7	5	20	0.3
8	6	20	0.3
9	7	20	0.3
10	8	20	0.3
11	9	20	0.3
12	10	20	0.3
13	11	20	0.3
14	12	20	0.3
15	13	20	0.3
16	14	20	0.3
17	15	20	0.3
18	16	20	0.3
19	17	20	0.3
20	18	20	0.3
21	19	20	0.3
22	20	20	0.3
23			
24			

图 6-3 实验 6-2 的原始数据

	A	B	C	D	E
1	x	n	p	P1	P2
2	0	20	0.3	0.000798	0.000798
3	1	20	0.3	0.006839	0.007637
4	2	20	0.3	0.027846	0.035483
5	3	20	0.3	0.071604	0.107087
6	4	20	0.3	0.130421	0.237508
7	5	20	0.3	0.178863	0.416371
8	6	20	0.3	0.191639	0.60801
9	7	20	0.3	0.164262	0.772272
10	8	20	0.3	0.114397	0.886669
11	9	20	0.3	0.06537	0.952038
12	10	20	0.3	0.030817	0.982855
13	11	20	0.3	0.012007	0.994862
14	12	20	0.3	0.003859	0.998721
15	13	20	0.3	0.001018	0.999739
16	14	20	0.3	0.000218	0.999957
17	15	20	0.3	3.74E-05	0.999994
18	16	20	0.3	5.01E-06	0.999999
19	17	20	0.3	5.05E-07	1
20	18	20	0.3	3.61E-08	1
21	19	20	0.3	1.63E-09	1
22	20	20	0.3	3.49E-11	1
23					
24					

图 6-4 实验 6-2 完成计算后的数据文件

（2）同时选中区域 A1:A22 和区域 D1:D22，然后选择 "插入" 选项卡，执行 "图表" 组内的 "散点图" 下的 "仅带数据标记的散点图" 命令，得到如图 6-5 所示的 $B(n,p)$ 的概率分布图。

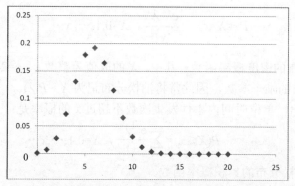

图 6-5 实验 6-2 完成的 $B(n,p)$ 的概率分布图

（3） 同样，同时选中区域 A1:A22 和区域 E1:E22，然后选择"插入"选项卡，执行"图表"组内的"散点图"下的"仅带数据标记的散点图"命令，得到如图 6-6 所示的 $B(n,p)$ 的累积概率分布图。

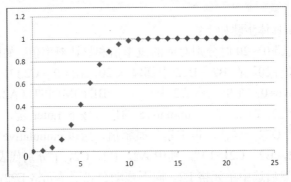

图 6-6 实验 6-2 完成的 $B(n,p)$ 的累积概率分布图

6.2 泊松分布

泊松（Poisson）分布更多地专用于研究单位时间、单位人群、单位空间内，某罕见事件发生次数的分布，该分布由法国数学家 SD POISSON（1781-1840）首先提出而得名。如某种细菌在单位容积空气中出现的情况，某段时间特定人群中某种恶性肿瘤患者的分布，放射性物质在单位时间内的放射次数，单位空间某种昆虫数的分布等。泊松分布有以下性质：

（1） 总体均数等于总体方差。

（2） 可加性。如果 X_1, X_2, $\cdots$, X_k 相互独立，且它们分别服从参数为 λ_1, λ_2, $\cdots$, λ_k 的泊松分布，则 $T=X_1+X_2+\cdots+X_k$ 也服从泊松分布，且参数 $\lambda=\lambda_1+\lambda_2+\cdots+\lambda_k$。

（3） 正态分布近似性。λ 无限大时，泊松分布趋近于正态分布 $N(\lambda，\lambda)$。

（4） 二项分布近似性。在 p 很小，样本含量 n 趋向于无穷大时，二项分布趋近于泊松分布。

在分析了泊松分布的特点后，我们来计算泊松分布的概率大小。

不妨记单位时间内某事件发生的次数为 X，若它服从泊松分布，那么单位时间内事件发生次数为 x 的概率为

$$P（X=x）= \frac{e^{-\lambda}\lambda^x}{x!}，\quad X=0,1,\cdots,x\cdots \tag{6-3}$$

这也称做泊松分布的密度概率函数。其中，X 的取值为整数 x，e=2.718 为自然对数的底。λ 为均数，是泊松分布的唯一参数，因此常将泊松分布记为 $X\sim P(\lambda)$。

由式 6-3 可以推出，单位时间内事件发生次数不超过 x 的概率是：

$$P(X\leqslant x)=\sum_{i=0}^{x}\frac{e^{-\lambda}\lambda^x}{x!}，\quad X=0,1,\cdots,x\cdots \tag{6-4}$$

式（6-4）也称泊松分布的累积概率函数。

6.2.1 使用泊松分布函数

利用 Excel 2013 自带统计函数"POISSON"则可以准确地计算出给定参数条件下泊松分布的概率值，其格式公式为

$$POISSON(x，\lambda，cumulative)$$

其中，x 为事件发生的次数，λ 为期望值，cumulative 为一个逻辑值，确定所返回的概率分布形式。如果 cumulative 为 1，则函数 POISSON 返回泊松累积分布概率，即随机事件发生的次数不超过 x；如果 cumulative 为 0，则返回泊松概率密度函数，即随机事件发生的次数恰好为 x。

实验 6-3：已知某医院单位时间内前来就诊的病人数服从参数为 30 的泊松分布，那么这段时间内就诊病人人数为 40 的概率是多少？原始数据文件如图 6-7 所示。

实验的分析过程和具体步骤如下：

如图 6-7 所示，就诊病人人数为 40，即 $x=40$，在单元格 A3 中输入 40；参数为 30，即 $\lambda=30$；求单位时间内就诊病人人数是 40 的概率，即求概率密度值，所以 cumulative=0。然后，在单元格 C2 中输入"=POISSON（A2，B2，0）"，其中 A2，B2，0 分别代表 x，λ，cumulative 的值，按下 Enter 键便可得到如图 6-8 所示的计算结果，即给定参数下，就诊病人人数为 40 的概率值。

	A	B
1	就诊人数	均值
2	x	λ
3	40	30
4		

图 6-7 实验 6-3 的原始数据

	A	B	C
1	就诊人数	均值	所求概率
2	x	λ	P
3	40	30	0.013943
4			

图 6-8 实验 6-3 完成计算后的数据文件

图 6-8 的表格中单元格 C3 中的值 0.013943 就是就诊人数为 40 的概率值。

6.2.2 泊松分布的概率分布图的绘制

在分析和研究泊松分布时，与二项分布类似，为了更直观地展现出泊松分布的特点，我们经常绘制泊松分布的概率分布图。Excel 2013 中提供了非常强大的泊松分布绘图功能，绘图方法也是多种多样。

实验 6-4：绘制 $P(\lambda)$ 的概率分布图，其中 $\lambda=5$。原始数据文件如图 6-9 所示。

实验的分析过程和具体步骤如下：

（1）先计算 x 取遍 0～20 时分别对应的概率值。如图 6-9 所示，在单元格 A2～A22 中依次输入 0～20，在单元格 B2～B22 中都输入 5，求概率密度值，所以 cumulative=0。在单元格 C2 中输入"=POISSON（A2，B2，0）"，其中 A2，B2，0 分别代表 x，λ，cumulative 的值，按下 Enter 键，然后选中单元格 C2，向下拖动公式至单元格 C22，得到如图 6-10 所示的计算结果。

⊿	A	B
1	x	λ
2	0	5
3	1	5
4	2	5
5	3	5
6	4	5
7	5	5
8	6	5
9	7	5
10	8	5
11	9	5
12	10	5
13	11	5
14	12	5
15	13	5
16	14	5
17	15	5
18	16	5
19	17	5
20	18	5
21	19	5
22	20	5
23		
24		

图 6-9　实验 6-4 的原始数据

⊿	A	B	C
1	x	λ	P
2	0	5	0.006738
3	1	5	0.03369
4	2	5	0.084224
5	3	5	0.140374
6	4	5	0.175467
7	5	5	0.175467
8	6	5	0.146223
9	7	5	0.104445
10	8	5	0.065278
11	9	5	0.036266
12	10	5	0.018133
13	11	5	0.008242
14	12	5	0.003434
15	13	5	0.001321
16	14	5	0.000472
17	15	5	0.000157
18	16	5	4.91E-05
19	17	5	1.45E-05
20	18	5	4.01E-06
21	19	5	1.06E-06
22	20	5	2.64E-07
23			
24			

图 6-10　实验 6-4 完成计算后的数据文件

（2）　同时选中区域 A1:A22 和区域 C1:C22，然后选择"插入"选项卡，执行"图表"组内的"散点图"下的"仅带数据标记的散点图"命令，得到如图 6-11 所示的 $P(\lambda)$ 的概率分布图。

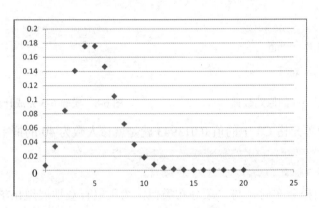

图 6-11　实验 6-4 完成的 $P(\lambda)$ 概率分布图

6.3　正态分布

如果一个量是由许多微小的独立随机因素影响的结果，那么就可以认为这个量具有正态分布。生产与科学实验中很多随机变量的概率分布都可以近似地用正态分布来描述。例如，在生产条件不变的情况下，产品的强力、抗压强度、口径、长度等指标；同一种生物体的身长、体重等指标；同一种种子的重量；测量同一物体的误差；弹着点沿某一方向的偏差；某个地区的年降水量；以及理想气体分子的速度分量，等等。

若 X 服从正态分布，则记 $X \sim N(\mu, \sigma^2)$，其中 μ、σ 是两个不确定的常数，是正态分布的参数。正态分布有以下特征：

（1）　服从正态分布的变量的频数分布由 μ、σ 完全决定。

（2） μ 是正态分布的位置参数，描述正态分布的集中趋势位置。正态分布以 $x=\mu$ 为对称轴，左右完全对称。正态分布的均数、中位数、众数相同，均等于 μ。

（3） σ 描述正态分布资料数据分布的离散程度，σ 越大，数据分布越分散；σ 越小，数据分布越集中。σ 也称为正态分布的形状参数，σ 越大，曲线越扁平；反之，σ 越小，曲线越瘦高。

正态分布的概率函数为

$$P\ (X{=}x)=\frac{1}{\sqrt{2\pi}\sigma}\mathrm{e}^{-\frac{(x-\mu)^2}{2\sigma^2}},\ \ -\infty<X<+\infty \tag{6-5}$$

正态分布的累积概率分布函数为

$$P\ (X{\leqslant}x)=\int_{-\infty}^{x}\frac{\mathrm{e}^{-\lambda}\lambda^{t}}{t!}\mathrm{d}t,\ \ x\in R \tag{6-6}$$

6.3.1 使用正态分布函数

利用 Excel 2013 自带统计函数"NORMDIST"可以准确地计算出给定参数条件下正态分布的概率值和累积概率值，其格式公式为

$$\mathrm{NORMDIST}(x,\ \mu,\ \sigma,\ \mathrm{cumulative})$$

x 为需要计算其分布的数值，μ 为分布的算术平均值，σ 为分布的标准差，cumulative 为一个逻辑值，决定函数的形式。如果 cumulative 为 1，则函数 NORMDIST 返回累积分布函数；如果 cumulative 为 0，则返回概率密度函数。

实验 6-5：假设某国家居民的寿命 $X\sim N(\mu,\sigma^2)$，其中，平均寿命 $\mu=80$，寿命方差 $\sigma=10\ 000$。现在从该国家随机抽取一位居民，其寿命为 90 的概率是多少？原始数据文件如图 6-12 所示。

实验的分析过程和具体步骤如下：

如图 6-12 所示，寿命为 90，即计算分布的数值 $x=90$，在单元格 A2 中输入 90；$\mu=80$，在单元格 B2 中输入 80；$\sigma=10\ 000$，在单元格 C2 中输入 10 000。然后，在单元格 D2 中输入"=POISSON（A2，B2，C2，0）"，其中 A2，B2，C2，0 分别代表 x，μ，σ，cumulative 的值，按下 Enter 键便可得到如图 6-13 所示的计算结果，即在给定参数下，该居民寿命为 90 的概率。

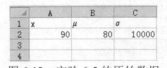

▲	A	B	C
1	x	µ	σ
2	90	80	10000
3			
4			

图 6-12　实验 6-5 的原始数据

▲	A	B	C	D
1	x	µ	σ	P
2	90	80	10000	3.98942E-05
3				
4				

图 6-13　实验 6-5 完成计算后的数据文件

图 6-13 的表格中单元格 D2 中的值 3.98942E-05 就是给定参数下，该居民寿命为 90 的概率值。

6.3.2 正态分布密度图和正态分布图的绘制

在分析和研究正态分布时，为了更直观地展现出正态分布的特点，我们依然会绘制正态分布的分布密度图和正态分布图。Excel 2013 中提供了非常强大的正态分布绘图功能，绘图方

法也是多种多样。

实验 6-6：绘制 $N(\mu, \sigma^2)$ 的正态分布密度图和正态分布图，其中 $\mu=1$，$\sigma=2$。原始数据文件如图 6-14 所示。

	A	B	C
1	x	μ	σ
2	-8	1	2
3	-7	1	2
4	-6	1	2
5	-5	1	2
6	-4	1	2
7	-3	1	2
8	-2	1	2
9	-1	1	2
10	0	1	2
11	1	1	2
12	2	1	2
13	3	1	2
14	4	1	2
15	5	1	2
16	6	1	2
17	7	1	2
18	8	1	2
19	9	1	2
20			
21			

图 6-14　实验 6-6 的原始数据

实验的分析过程和具体步骤如下：

（1）先计算 x 取遍-8～9 时分别对应的概率值和累计概率值。如图 6-14 所示，在单元格 A2～A19 中依次输入-8～9，在 B2～B19 中都输入 1，在 C2～C19 中都输入 2，先求概率密度值，所以 cumulative=0。在单元格 D2 中输入 "=NORMDIST（A2，B2，C2，0）"，其中 A2，B2，C2，0 分别代表 x，μ，σ，cumulative 的值，按下 Enter 键。然后选中单元格 D2，向下拖动公式至单元格 D19。再求累积概率值，所以 cumulative=1。同样，在单元格 E2 中输入 "=NORMDIST（A2，B2，C2，1）"，其中 A2，B2，C2，0 分别代表 x，μ，σ，cumulative 的值，按下 Enter 键，然后选中单元格 E2，向下拖动至单元格 E19，得到如图 6-15 所示的计算结果。

	A	B	C	D	E
1	x	μ	σ	P1	P2
2	-8	1	2	7.99187E-06	3.39767E-06
3	-7	1	2	6.69151E-05	3.16712E-05
4	-6	1	2	0.000436341	0.000232629
5	-5	1	2	0.002215924	0.001349898
6	-4	1	2	0.00876415	0.006209665
7	-3	1	2	0.026995483	0.022750132
8	-2	1	2	0.064758798	0.066807201
9	-1	1	2	0.120985362	0.158655254
10	0	1	2	0.176032663	0.308537539
11	1	1	2	0.19947114	0.5
12	2	1	2	0.176032663	0.691462461
13	3	1	2	0.120985362	0.841344746
14	4	1	2	0.064758798	0.933192799
15	5	1	2	0.026995483	0.977249868
16	6	1	2	0.00876415	0.993790335
17	7	1	2	0.002215924	0.998650102
18	8	1	2	0.000436341	0.999767371
19	9	1	2	6.69151E-05	0.999968329
20					

图 6-15　实验 6-6 完成计算后的数据文件

（2）同时选中区域 A1:A19 和区域 D1:D19，然后选择"插入"选项卡，执行"图表"组内的"散点图"下的"仅带数据标记的散点图"命令，得到如图 6-16 所示的 $N(\mu,\sigma^2)$ 的分布密度图。

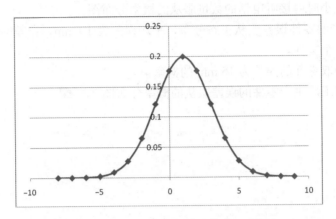

图 6-16　实验 6-6 完成的 $N(\mu,\sigma^2)$ 的分布密度图

（3）同样，同时选中区域 A1:A19 和区域 E1:E19，然后选择"插入"选项卡，执行"图表"组内的"散点图"下的"仅带数据标记的散点图"命令，得到如图 6-17 所示的 $N(\mu,\sigma^2)$ 的正态分布图。

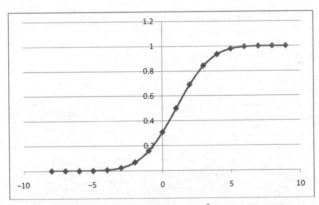

图 6-17　实验 6-6 完成的 $N(\mu,\sigma^2)$ 的正态分布图

6.4　上机题

	光盘：\录像\第 6 章\上机题\……
	光盘：\上机题\第 6 章\习题\……

1. 在某医院病人病情检验的结果有阳性和阴性两种，并且检验结果服从二项分布，其中每次检验结果为阳性的概率为 0.3，现检验了 120 个病人。

（1）计算 120 个病人中有 30 个病人检验结果是阳性的概率值。

（2）绘制该病情检验的累积概率分布图。

2. 某电话服务台一小时内接听电话的数量服从参数为 20 的泊松分布，即平均一小时内接听 20 个电话。

（1） 求 1 小时内接听了 25 个电话的概率值。

（2） 绘制 1 小时内接听电话的数量服从的概率分布图。

3. 某工厂生产的零件误差服从正态分布，平均误差为 10 mm，误差的标准差为 16 mm，现从中随机抽取一个零件。

（1） 计算抽取零件的误差为 15 mm 的概率值。

（2） 绘制该工厂生产零件的误差服从的概率分布图。

第7章 参数估计

如果能够掌握总体的全部数据，那么只需要做一些简单的统计描述，就可以得到所关心的总体特征。但现实情况比较复杂，有些现象的范围比较广不可能对总体中的每个单位都进行测定。这就需要从总体中抽取一部分个体进行调查，进而利用样本提供的信息来推断总体的特征。

7.1 参数估计概述

参数估计是推断统计的重要内容之一。它是在抽样及抽样分布的基础上，根据样本统计量来推断所关心的总体参数，它是统计推断的一种基本形式，是数理统计学的一个重要分支。

7.1.1 参数估计的分类

一般而言，参数估计可以分为点估计和区间估计两部分。

（1）点估计。

点估计是依据样本估计总体分布中所含的未知参数或未知参数的函数。通常它们是总体的某个特征值，如数学期望、方差和相关系数等。点估计问题就是要构造一个只依赖于样本的量，作为未知参数或未知参数的函数的估计值。例如，用样本均值 $\bar{x}$ 直接作为总体均值 μ 的估计值，用样本方差 s^2 直接作为总体方差 σ^2 的估计值，等等。虽然在重复抽样条件下，点估计的均值可望等于总体真值，在用点估计只代表总体参数值的同时，还必须给出点估计值的可靠性，也就是说，必须能说出点估计值与总体参数的真值接近的程度。

（2）区间估计。

区间估计是依据抽取的样本，根据一定的正确度与精确度的要求，构造出适当的区间，作为总体分布的未知参数或参数的函数的真值所在范围的估计。与点估计不同，进行区间估计时，根据样本统计量的抽样分布可以对样本统计量与总体参数的接近程度给出一个概率度量。在区间估计中，由样本统计量所构造的总体参数的估计区间成为置信区间，其中区间的最小值称为置信下限，最大值称为置信上限。一般地，如果将构造置信区间的步骤重复多次，置信区间中包含总体参数真值的次数所占的比例称为置信水平，也称置信系数。当样本量给定时，置信区间的宽度随着置信系数的增大而增大，区间比较宽时，才会使这一区间有更大的可能性包含参数的真值；当置信水平固定时，置信区间的宽度随样本量的增大而减少，换言之，较大的样本所提供的有关总体的信息要比较小的样本多。

7.2.2 评价参数估计的标准

在参数估计时，人们可以构造很多个估计量，但不是所有的估计量都一样优良。例如，要估计总体平均数，估计量有算术平均数、中位数、众数等，到底用哪一个估计量更合适，就需要有评价的标准。通常，评价估计量好坏的标准有 3 个：无偏性、有效性、一致性。

（1）无偏性。

无偏性是指估计量抽样分布的数学期望等于被估计的总体参数。设总体参数为 θ，所选估计量为 $\hat{\theta}$，如果 $E(\hat{\theta}) = \theta$，则称 $\hat{\theta}$ 为 θ 的无偏估计量。

（2）有效性。

一个无偏的估计量并不意味着它就非常接近被估计的参数，它还必须符合与总体参数的离散程度充分小这一标准。有效性是指对同一总体参数的两个无偏估计量，有更小标准差的更有效。

（3）一致性。

一致性是指随着样本量的增大，点估计量的值越来越接近被估总体的参数。换言之，一个大样本给出的估计量要比一个小样本给出的估计量更接近总体的参数。

7.2 总体均值的估计

在对总体均值进行区间估计时，需要考虑总体是否为正态分布、总体方差是否已知、用于构造估计量的样本是大样本还是小样本等几种情况。

7.2.1 总体方差已知情况下的估计

当总体服从正态分布且方差已知时，样本均值 $\bar{x}$ 的抽样分布均为正态分布，其数学期望为总体均值 μ，方差为 σ^2/n。而样本均值经过标准化以后的随机变量则服从标准正态分布，即

$$z = \frac{\bar{x} - \mu}{\sigma / \sqrt{n}} \sim N(0,1) \tag{7-1}$$

根据式（7-1）可以得出总体均值 μ 所在的 $1-\alpha$ 置信水平下的置信区间为

$$\bar{x} \pm z_{\alpha/2} \frac{\sigma}{\sqrt{n}} \tag{7-2}$$

其中，$\bar{x} - z_{\alpha/2} \dfrac{\sigma}{\sqrt{n}}$ 称为置信下限，$\bar{x} + z_{\alpha/2} \dfrac{\sigma}{\sqrt{n}}$ 称为置信上限；α 是事先所确定的总体均值不包括在置信区间的概率；$1-\alpha$ 称为置信水平。

7.2.2 总体方差未知且为小样本情况下的估计

如果总体服从正态分布，则无论样本量如何，样本均值 $\bar{x}$ 的抽样分布都服从正态分布。这时，只要总体方差 σ^2 已知，即使是在小样本的情况下，也可以按照 7.1.1 节的方法建立总体均值的置信区间。但如果总体方差 σ^2 未知，而且是在小样本情况下，则需要用样本方差 s^2 代替 σ^2，这是，样本均值经过标准化以后的随机变量则服从自由度为 $n-1$ 的 t 分布，即

$$t = \frac{\bar{x} - \mu}{s / \sqrt{n}} \sim t(n-1) \tag{7-3}$$

因此，需要采用 t 分布来建立总体均值的置信区间。

根据 t 分布建立的总体均值 μ 在 $1-\alpha$ 置信水平下的置信区间为

$$\bar{x} \pm t_{\alpha/2} \frac{s}{\sqrt{n}} \tag{7-4}$$

式中，$t_{\alpha/2}$ 是自由度为 $n-1$ 时，t 分布中右侧面积为 $\alpha/2$ 的 t 值，该值可用 Excel 中的 TINV 统计函数计算 t 分布的临界值，其语法为 TINV（α, df），其中 α 表示对应于双尾 t 分布的概率，df 表示样本的自由度。

Excel 2013 没有提供直接进行参数估计的方式，需要我们通过函数进行总体均值估计。

实验 7-1：下面以 2008 年某地区 20 户家庭年收入数据为例进行均值估计，20 户家庭年收入的原始数据如图 7-1 所示，通过样本数据来估计该地区家庭年收入的均值。

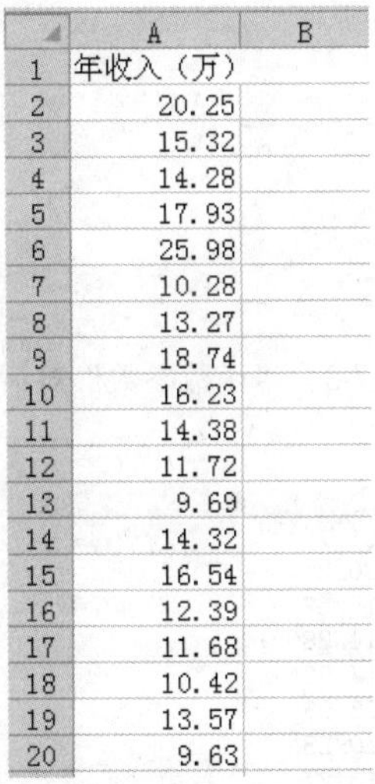

	A	B
1	年收入（万）	
2	20.25	
3	15.32	
4	14.28	
5	17.93	
6	25.98	
7	10.28	
8	13.27	
9	18.74	
10	16.23	
11	14.38	
12	11.72	
13	9.69	
14	14.32	
15	16.54	
16	12.39	
17	11.68	
18	10.42	
19	13.57	
20	9.63	

图 7-1　实验 7-1 的原始数据

可以在 Excel 2013 中的"公式"选项卡中选择"插入函数"按钮，打开如图 7-2 所示的"插入函数"对话框来进行总体均值估计。

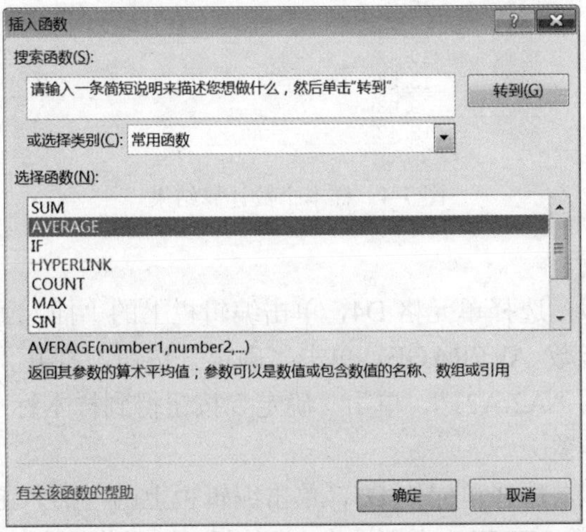

图 7-2　"插入函数"对话框

使用函数进行总体均值估计的步骤如下。

（1）计算样本个数。

选择单元格 D3，单击编辑栏上的"插入函数"按钮 f_x，打开"插入函数"对话框；选择计数函数 COUNT，单击"确定"按钮，打开"函数参数"对话框；在 Value1 中输入数据范围"A2:A21"，如图 7-3 所示，单击"确定"按钮得到如图 7-4 所示的样本个数。

图 7-3　"函数参数"对话框

	A	B	C	D
1	年收入（万）			
2	20.25			
3	15.32		样本个数	20
4	14.28			
5	17.93			
6	25.98			
7	10.28			
8	13.27			
9	18.74			
10	16.23			
11	14.38			
12	11.72			
13	9.69			
14	14.32			
15	16.54			
16	12.39			
17	11.68			
18	10.42			
19	13.57			
20	9.63			
21	12.42			

图 7-4　样本个数计算结果

（2）计算样本均值。

与计算样本个数相似，选择单元格 D4，单击编辑栏上的"插入函数"按钮 f_x，打开"插入函数"对话框；选择函数 AVERAGE，单击"确定"按钮，打开"函数参数"对话框；在 Number1 中输入数据范围"A2:A21"，单击"确定"按钮得到样本标准差。

（3）计算样本标准差。

与计算样本个数相似，选择单元格 D5，单击编辑栏上的"插入函数"按钮 f_x，打开"插入函数"对话框；选择函数 STDEV，单击"确定"按钮，打开"函数参数"对话框；在 Number1 中输入数据范围"A2:A21"，单击"确定"按钮得到样本均值。

（4） 计算样本标准误差。

选择单元格 D6，并在单元格中输入"=D5/SQRT(D3)"，其中，D5 表示样本标准差，D3 表示样本个数，相当于公式 $\dfrac{s}{\sqrt{n}}$，从而得到如图 7-5 所示的样本标准误差。

年收入（万）		
20.25		
15.32	样本个数	20
14.28	样本均值	14.45
17.93	样本标准差	4.04
25.98	样本标准误差	0.90
10.28	置信水平	
13.27	t值	
18.74	置信上限	
16.23	置信下限	
14.38		
11.72		
9.69		
14.32		
16.54		
12.39		
11.68		
10.42		
13.57		
9.63		
12.42		

图 7-5　样本标准误差计算结果

（5） 计算 t 值。

选择单元格 D7，输入置信水平 0.95，选择单元格 D8，单击编辑栏上的"插入函数"按钮 f_x，打开"插入函数"对话框，选择类别为"统计"；选择函数 TINV，单击"确定"按钮，打开如图 7-6 所示的"函数参数"对话框；在 Probability 中输入双尾概率正态分布概率"(1-D7)/2"，在 Deg_freedom 中输入自由度"D3-1"，单击"确定"按钮得到 t 值。

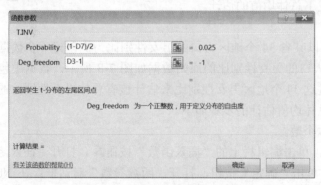

图 7-6　TINV 函数参数对话框

（6） 计算置信区间。

选择单元格 D9，输入公式"=D4+D8*D6"，相当于公式 $\bar{x} + z_{\alpha/2}\dfrac{s}{\sqrt{n}}$ 得到置信上限；选择单元格 D10，输入公式"=D4-D8*D6"，相当于公式 $\bar{x} - z_{\alpha/2}\dfrac{s}{\sqrt{n}}$ 得到置信下限。

得出的计算结果如图 7-7 所示，置信上限为 16.65，置信下限为 12.25，可知该省总体男女比例均值的置信区间为[12.25,16.65]。

年收入（万）		
20.25		
15.32	样本个数	20
14.28	样本均值	14.45
17.93	样本标准差	4.04
25.98	样本标准误差	0.90
10.28	置信水平	0.95
13.27	t值	2.43
18.74	置信上限	16.65
16.23	置信下限	12.25
14.38		
11.72		
9.69		
14.32		
16.54		
12.39		
11.68		
10.42		
13.57		
9.63		
12.42		

图 7-7　实验 7-1 计算结果

7.2.3　总体方差未知且为大样本情况下的估计

如果总体服从正态分布但方差未知，或者总体并不服从正态分布，只要是在大样本条件下，就可以用样本方差 s^2 代替式 7-1 中的总体方差 σ^2，这时总体均值在 $1-\alpha$ 置信水平下的置信区间为

$$\bar{x} \pm z_{\alpha/2} \frac{s}{\sqrt{n}} \tag{7-5}$$

Excel 2013 并没有提供可直接进行参数估计的方式，因此需要我们通过函数进行总体方差未知且为大样本情况下总体均值的估计。

实验 7-2：下面以某省 34 个地区人口的男女性别比为例创建一个数据文件，对其进行均值估计。34 个地区人口的男女性别比的原始数据如图 7-8 所示，数据中包含"男女性别比"一个变量，我们通过这 34 个地区男女性别比来估计该省总体男女性别比的均值。

使用函数进行总体均值估计的步骤如下。

（1）计算样本个数。

选择单元格 D3，单击编辑栏上的"插入函数"按钮 f_x，打开"插入函数"对话框；选择计数函数 COUNT，单击"确定"按钮，打开"函数参数"对话框；在 Number1 中输入数据范围"A2:A35"如图 7-9 所示，单击"确定"按钮得到样本个数，计算结果如图 7-10 所示。

（2）计算样本均值。

与计算样本个数相似，选择单元格 D4，单击编辑栏上的"插入函数"按钮 f_x，打开"插入函数"对话框；选择函数 AVERAGE，单击"确定"按钮，打开"函数参数"对话框；在 Number1 中输入数据范围"A2:A35"，单击"确定"按钮得到样本均值。

A	B			
1	男女性别比			
2	1.65			
3	1.43			
4	1.32			
5	1.46			
6	1.23			
7	1.02			
8	1.28			
9	1.31			
10	1.48			
11	1.14			
12	1.24			
13	1.41			
14	1.12			
15	0.98			
16	1.39			
17	1.48			
18	1.55			
19	1.23			
20	1.11			
21	0.82			
22	1.71			
23	0.87			
24	1.29			
25	0.78			
26	0.69			
27	1.32			
28	1.22			
29	1.73			
30	0.98			
31	1.65			
32	1.87			
33	0.56			
34	0.72			
35	1.74			

图 7-8　实验 7-2 的原始数据

图 7-9　"函数参数"对话框

省份甲			
1.65			
1.43	样本个数	34	
1.32	样本均值	1.258235	

图 7-10　样本个数计算结果

（3）　计算样本标准差。

与计算样本个数相似，选择单元格 D5，单击编辑栏上的"插入函数"按钮 f_x ，打开"插入函数"对话框；选择函数 STDEV，单击"确定"按钮，打开"函数参数"对话框；在 Number1

中输入数据范围"A2:A35"，单击"确定"按钮得到样本均值。

（4）计算样本标准误差。

选择单元格 D6，并在单元格中输入"=D5/SQRT(D3)"，其中，D5 表示样本标准差，D3

表示样本个数，相当于公式 $\dfrac{s}{\sqrt{n}}$，从而得到样本标准误差。

（5）计算 z 值。

选择单元格 D7，输入置信水平 0.95，选择单元格 D8，单击编辑栏上的"插入函数"按钮 f_x，打开"插入函数"对话框，选择类别为"统计"；选择函数 NORMSINV，单击"确定"按钮，打开如图 7-11 所示的"函数参数"对话框；在 Probability 中输入双尾概率正态分布概率"1-(1-D7)/2"，单击"确定"按钮得到 z 值。

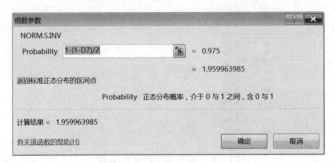

图 7-11 "函数参数"对话框

（6）计算置信区间。

选择单元格 D9，输入公式"=D4+D8*D6"，相当于公式 $\overline{x} + z_{\alpha/2}\dfrac{s}{\sqrt{n}}$ 得到置信上限；选择

单元格 D10，输入公式"=D4-D8*D6"，相当于公式 $\overline{x} - z_{\alpha/2}\dfrac{s}{\sqrt{n}}$ 得到置信下限。

得出的计算结果如图 7-12 所示，置信上限为 1.369063，置信下限为 1.147408，可知该省总体男女比例均值的置信区间为[1.147408，1.369063]。

	A	B	C	D
1	男女性别比			
2	1.65			
3	1.43		样本个数	34
4	1.32		样本均值	1.258235
5	1.46		样本标准差	0.329715
6	1.23		样本标准误差	0.056546
7	1.02		置信水平	0.95
8	1.28		z值	1.959964
9	1.31		置信上限	1.369063
10	1.48		置信下限	1.147408

图 7-12 实验 7-2 计算结果

7.2.4 总体均值之差估计

设两个总体的均值分别为 μ_1 和 μ_2，从两个总体中分别抽取样本量为 n_1 和 n_2 的两个随机样本，其样本均值分别为 $\overline{x}_1$ 和 $\overline{x}_2$。估计两个总体均值之差 $\mu_1 - \mu_2$ 的估计量显然是两个样本的均值之差 $\overline{x}_1 - \overline{x}_2$。

1. 大样本的估计

当两个总体都服从正态分布或两个总体不服从正态分布但两个样本都为大样本时，根据抽样分布的知识可知，两个样本均值之差 $\bar{x}_1 - \bar{x}_2$ 的抽样分布服从期望值为 $\mu_1 - \mu_2$，方差为 $\dfrac{\sigma_1^2}{n_1} + \dfrac{\sigma_2^2}{n_2}$ 的正态分布，而两个样本均值之差经标准化后服从标准正态分布，即

$$z = \frac{\left(\bar{x}_1 - \bar{x}_2\right) - \left(\mu_1 - \mu_2\right)}{\sqrt{\dfrac{\sigma_1^2}{n_1} + \dfrac{\sigma_2^2}{n_2}}} \sim N(0,1) \tag{7-6}$$

当两个总体的方差 σ_1^2 和 σ_2^2 都已知时，两个总体均值之差 $\mu_1 - \mu_2$ 在 $1-\alpha$ 置信水平下的置信区间为

$$\left(\bar{x}_1 - \bar{x}_2\right) \pm z_{\alpha/2}\sqrt{\frac{\sigma_1^2}{n_1} + \frac{\sigma_2^2}{n_2}} \tag{7-7}$$

当两个总体的方差 σ_1^2 和 σ_2^2 未知时，可用两个样本方差 s_1^2 和 s_2^2 来代替，这时，两个总体均值之差 $\mu_1 - \mu_2$ 在 $1-\alpha$ 置信水平下的置信区间为

$$\left(\bar{x}_1 - \bar{x}_2\right) \pm z_{\alpha/2}\sqrt{\frac{s_1^2}{n_1} + \frac{s_2^2}{n_2}} \tag{7-8}$$

2. 小样本的估计

（1）当两个总体的方差 σ_1^2 和 σ_2^2 未知但相等时，需要用两个样本的方差 s_1^2 和 s_2^2 来估计，这时需要计算总体方差的合并估计量 s_p^2，计算公式为

$$s_p^2 = \frac{(n_1 - 1)s_1^2 + (n_2 - 1)s_2^2}{n_1 + n_2 - 2} \tag{7-9}$$

两个样本均值之差经标准化后服从自由度为 $n_1 + n_2 - 2$ 的 t 分布，即

$$t = \frac{\left(\bar{x}_1 - \bar{x}_2\right) - \left(\mu_1 - \mu_2\right)}{s_p\sqrt{\dfrac{1}{n_1} + \dfrac{1}{n_2}}} \sim t(n_1 + n_2 - 2) \tag{7-10}$$

因此两个总体均值之差在 $1-\alpha$ 置信水平下的置信区间为

$$\left(\bar{x}_1 - \bar{x}_2\right) \pm t_{\alpha/2}(n_1 + n_2 - 2)s_p\sqrt{\frac{1}{n_1} + \frac{1}{n_2}} \tag{7-11}$$

（2）当两个总体的方差 σ_1^2 和 σ_2^2 未知且不相等时，只要两个总体都服从正态分布，而且

两个样本的样本量相等，则两个总体均值之差在$1-\alpha$置信水平下的置信区间为

$$\left(\bar{x}_1-\bar{x}_2\right)\pm t_{\alpha/2}(n_1+n_2-2)\sqrt{\frac{s_1^2}{n_1}+\frac{s_2^2}{n_2}} \tag{7-12}$$

当两个总体的方差σ_1^2和σ_2^2未知且不相等时，而两个样本的样本量不相等，两个样本均值之差不再服从自由度为n_1+n_2-2的t分布，而是仅服从自由度为v的t分布，其中：

$$v=\frac{\left(\dfrac{s_1^2}{n_1}+\dfrac{s_2^2}{n_2}\right)^2}{\dfrac{\left(s_1^2/n_1\right)^2}{n_1-1}+\dfrac{\left(s_2^2/n_2\right)^2}{n_2-1}} \tag{7-13}$$

因此两个总体均值之差在$1-\alpha$置信水平下的置信区间为

$$\left(\bar{x}_1-\bar{x}_2\right)\pm t_{\alpha/2}(v)\sqrt{\frac{s_1^2}{n_1}+\frac{s_2^2}{n_2}} \tag{7-14}$$

在现实生活中，除了估计单个总体的均值外，我们往往还需要比较两个不同总体之间均值的差异，这时，我们就需要来估计两个总体均值之差。下面通过实验 7-3 来展示如何使用 Excel 2013 来估计两个总体均值之差。

实验 7-3：下面以某两个省 34 个地区人口的男女性别比为例创建一个数据文件，对其进行均值之差的估计。两个省男女性别比的原始数据如图 7-13 所示，数据中包含“省份甲”和“省份乙”两个变量，我们通过对这两个样本的分析来估计该两个省份总体男女性别比的均值之差。

	A	B	C	D
1	省份甲	省份乙		
2	1.65	1.02		
3	1.43	1.23		
4	1.32	1.42		
5	1.46	1.72		
6	1.23	0.98		
7	1.02	0.79		
8	1.28	0.76		
9	1.31	1.34		
10	1.48	0.99		
11	1.14	1.72		
12	1.24	1.79		
13	1.41	0.78		
14	1.12	1.38		
15	0.98	0.87		
16	1.39	1.47		
17	1.48	0.83		
18	1.55	1.29		
19	1.23	0.97		
20	1.11	1.42		
21	0.82	1.32		
22	1.71	1.29		
23	0.87	1.18		
24	1.29	0.74		
25	0.78	1.16		
26	0.69	1.38		
27	1.32	1.02		
28	1.22	1.08		
29	1.73	0.58		
30	0.98	1.75		
31	1.65	1.48		
32	1.87	1.32		
33	0.56	1.38		
34	0.72	0.84		
35	1.74	1.28		

Sheet1 Sheet2 Sheet3

图 7-13　实验 7-3 原始数据

使用函数进行两个总体均值之差估计的步骤如下。

（1）　计算样本个数、样本均值、样本标准差和样本标准误差。

与实验 7-2 使用相同的方法分别计算出省份甲和省份乙的样本个数、样本均值、样本标准差和样本标准误差，计算结果如图 7-14 所示。

省份甲	省份乙		省份甲	省份乙
1.65	1.02			
1.43	1.23	样本个数	34	34
1.32	1.42	样本均值	1.258235294	1.193235
1.46	1.72	样本标准差	0.329714942	0.318288
1.23	0.98	样本标准误差	0.056545646	0.054586
1.02	0.79			

图 7-14　初步计算结果

（2）　计算 z 值。

选择单元格 D8，输入置信水平，选择单元格 D9，单击编辑栏上的"插入函数"按钮 f_x，打开"插入函数"对话框，选择类别为"统计"；选择函数 NORMSINV，单击"确定"按钮，打开"函数参数"对话框；在 Probability 中输入正态分布概率"1-(1-D8)/2"，单击"确定"按钮得到 z 值。

（3）　计算置信区间半径。

选择单元格 D10，输入公式"=D9*SQRT(D6^2/D3+E6^2/E4)"从而得到置信区间半径，

相当于计算公式 $z_{\alpha/2}\sqrt{\dfrac{s_1^2}{n_1}+\dfrac{s_2^2}{n_2}}$。

（4）　计算样本均值之差。

选择单元格 D11，输入公式"=D4-E4"，其中 D4、E4 分别表示两个样本的均值，从而得到样本均值之差。

（5）　计算置信区间。

选择单元格 D8，输入公式"=D10+D11"得到置信上限，其中 D10 表示样本均值之差，D11 表示样本半径；选择单元格 D8，输入公式"=D10-D11"得到置信下限。

计算结果如图 7-15 所示，置信上限为 0.164769，置信下限为-0.034769，可知该两个省总体男女比例均值之差的置信区间为[-0.034769，0.164769]。

▲	A	B	C	D	E
1	省份甲	省份乙			
2	1.65	1.02		省份甲	省份乙
3	1.43	1.23	样本个数	34	34
4	1.32	1.42	样本均值	1.25824	1.193235
5	1.46	1.72	样本标准差	0.32971	0.318288
6	1.23	0.98	样本标准误差	0.05655	0.054586
7	1.02	0.79			
8	1.28	0.76	置信水平	0.95	
9	1.31	1.34	z值	1.95996	
10	1.48	0.99	置信区间半径	0.099769	
11	1.14	1.72	样本均值之差	0.065	
12	1.24	1.79	置信上限	0.164769	
13	1.41	0.78	置信下限	-0.034769	

图 7-15　实验 7-3 计算结果

7.3 总体方差的估计

7.3.1 总体方差的估计

根据样本方差的抽样分布可知，样本方差服从自由度为 $n-1$ 的 χ^2 分布。因此，用 χ^2 分布构造总体方差的置信区间。

若给定一个显著性水平 α，由于

$$\frac{(n-1)s^2}{\sigma^2} \sim \chi^2(n-1) \tag{7-15}$$

于是有：

$$\chi^2_{1-\alpha/2} \leqslant \frac{(n-1)s^2}{\sigma^2} \leqslant \chi^2_{\alpha/2} \tag{7-16}$$

从而用 χ^2 分布构造总体方差的置信区间为

$$\frac{(n-1)s^2}{\chi^2_{\alpha/2}} \leqslant \sigma^2 \leqslant \frac{(n-1)s^2}{\chi^2_{1-\alpha/2}} \tag{7-17}$$

Excel 2013 并没有提供可直接进行总体方差估计的方式，因此需要我们通过函数进行总体方差估计。下面通过实验 7-4 来介绍使用函数估计总体方差的操作。

实验 7-4：继续使用实验 7-3 的数据，利用函数来估计总体方差。具体步骤如下。

（1）计算样本个数、样本均值和样本标准差。

与实验 7-3 使用相同的方法分别计算出省份甲和省份乙的样本个数、样本均值和样本标准差。

（2）计算卡方左右侧临界值。

选择单元格 D7，单击编辑栏上的"插入函数"按钮 f_x，打开"插入函数"对话框，选择类别为"统计"；选择函数 CHIINV，单击"确定"按钮，打开如图 7-16 所示的"函数参数"对话框；在 Probability 中输入卡方分布右侧概率"(1-D6)/2"，在 Deg_freedom 中输入自由度"D3-1"，单击"确定"按钮得到卡方分布右侧临界值；选择单元格 D8，重复上述操作并在 Probability 中输入卡方分布左侧概率"1-(1-D6)/2"，在 Deg_freedom 中输入自由度"D3-1"，单击"确定"按钮得到卡方分布左侧临界值。

（3）计算方差置信区间。

选择单元格 D9，输入公式"=(D3-1)*D5^2/D8"，（D3-1）表示自由度，D5 表示样本标准差，D8 表示卡方分布左侧临界值，相当于计算公式 $\dfrac{(n-1)s^2}{\chi^2_{\alpha/2}}$ 得到置信上限；选择单元格 D10，输入公式"=(D3-1)*D5^2/D7"得到置信下限。

得出的计算结果如图 7-17 所示，方差置信上限为 0.1883529，方差置信下限为 0.0707243，可知该省总体男女比例方差的置信区间为 [0.0707243,0.1883529]。

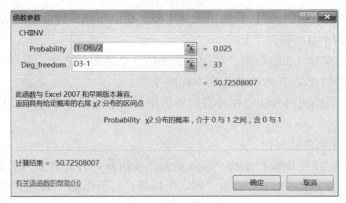

图 7-16　"函数参数"对话框

	A	B	C	D
1	男女性别比			
2	1.65			
3	1.43		样本个数	34
4	1.32		样本均值	1.258235
5	1.46		样本标准差	0.329715
6	1.23		置信水平	0.95
7	1.02		卡方右侧临界值	50.72508
8	1.28		卡方左侧临界值	19.04666
9	1.31		方差置信上限	0.1883529
10	1.48		方差置信下限	0.0707243

图 7-17　实验 7-4 计算结果

7.3.2　总体方差比的估计

在实际问题中，往往会遇到比较两个总体的方差问题。例如，希望比较不同测量工具的精度，比较不同学生成绩的稳定性，等等。

由于两个样本方差比的抽样分布服从 F 分布，因此可用 F 分布来构造两个总体方差比的置信区间。由于

$$\frac{s_1^2}{s_2^2} \cdot \frac{\sigma_2^2}{\sigma_1^2} \sim F(n_1-1, n_2-1) \tag{7-18}$$

于是有：

$$F_{1-\alpha/2} \leqslant \frac{s_1^2}{s_2^2} \cdot \frac{\sigma_2^2}{\sigma_1^2} \leqslant F_{\alpha/2} \tag{7-19}$$

从而两个总体方差比在 $1-\alpha$ 置信水平下的置信区间为

$$\frac{s_1^2/s_2^2}{F_{\alpha/2}} \leqslant \frac{\sigma_1^2}{\sigma_2^2} \leqslant \frac{s_1^2/s_2^2}{F_{1-\alpha/2}} \tag{7-20}$$

其中，$F_{\alpha/2}$ 和 $F_{1-\alpha/2}$ 是分子自由度为 n_1-1，分母自由度为 n_2-1 的 F 分布。

在现实生活中，除了估计单个总体的方差外，我们往往还需要比较两个不同总体之间方

差的差异，这时，我们就需要来估计两个总体方差之比。下面通过实验 7-5 来展示如何使用 Excel 2013 来估计两个总体方差之比。

实验 7-5：使用实验 7-3 的数据，利用函数来估计总体方差之比。具体步骤如下。

（1）计算样本个数、样本均值和样本标准差。

与实验 7-3 使用相同的方法分别计算出省份甲和省份乙的样本个数、样本均值和样本标准差。

（2）计算 F 左右侧临界值。

选择单元格 D7，单击编辑栏上的"插入函数"按钮 f_x，打开"插入函数"对话框，选择类别为"统计"；选择函数 FINV，单击"确定"按钮，打开如图 7-18 所示的"函数参数"对话框；在 Probability 中输入 F 分布右侧概率"(1-D6)/2"，在 Deg_freedom1 中输入分母自由度"D3-1"，在 Deg_freedom2 中输入分子自由度"E3-1"，单击"确定"按钮得到 F 右侧临界值；选择单元格 D8 重复上述操作并在 Probability 中输入 F 分布左侧概率"1-(1-D6)/2"，在 Deg_freedom1 中输入分母自由度"D3-1"，在 Deg_freedom2 中输入分子自由度"E3-1"，单击"确定"按钮得到 F 左侧临界值。

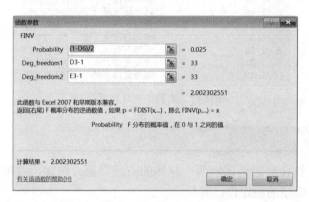

图 7-18 "函数参数"对话框

（3）计算方差置信区间。

选择单元格 D9，输入公式"=D5^2/E5^2/D8"，相当于计算公式 $\dfrac{s_1^2/s_2^2}{F_{1-\alpha/2}}$，得到置信上限；

选择单元格 D10，输入公式"=D5^2/E5^2/D7"，相当于计算公式 $\dfrac{s_1^2/s_2^2}{F_{\alpha/2}}$，得到置信下限。

得出的计算结果如图 7-19 所示，方差置信上限为 2.148651，方差置信下限为 0.535928，可知该省总体男女比例方差的置信区间为[0.535928，2.148651]。

	A	B	C	D	E
1	省份甲	省份乙			
2	1.65	1.02		省份甲	省份乙
3	1.43	1.23	样本个数	34	34
4	1.32	1.42	样本均值	1.258235294	1.193235
5	1.46	1.72	样本标准差	0.329714942	0.318288
6	1.23	0.98	置信水平	0.95	
7	1.02	0.79	F右侧临界值	2.002302551	
8	1.28	0.76	F左侧临界值	0.499425024	
9	1.31	1.34	方差比置信上限	2.148651	
10	1.48	0.99	方差比置信下限	0.535928	

图 7-19 实验 7-5 计算结果

7.4　上机题

	光盘：\录像\第 7 章\上机题\······
	光盘：\上机题\第 7 章\习题\······

1. 数据表中给出了某公司随机抽样的 13 位员工的工资水平的全部数据。（数据路径：光盘：\上机题\第 7 章\习题\第 7 章第 1 题）

工　资
3000
2300
2800
2550
3600
6430
8540
5410
5980
4350
3080
5030
7300

（1）　估计该公司所有员工的平均工资的 95%的置信区间。

（2）　估计该公司所有员工工资的方差的 95%的置信区间。

2. 某厂商希望考察甲乙两台机器的准确性和稳定性，为此该厂商观察了这两台机器生产出来的产品的重量（单位：g），全部数据如下表所示。（数据路径：光盘：\上机题\第 7 章\习题\第 7 章第 2 题）

机 器 甲	机 器 乙
3.45	3.22
3.21	3.38
3.22	3.31
3.58	3.37
2.95	3.28
3.16	3.15
3.25	3.29
3.22	3.16
1.98	3.36
3.75	3.34
3.38	3.35
3.45	3.27
3.48	3.31
3.18	3.33

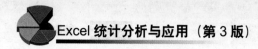

（1）　估计两台机器生产出来的产品平均重量之差的 95% 的置信区间。

（2）　估计两台机器生产出来的产品重量方差比的 95% 的置信区间。

3. 某调查公司为调查网民的上网时间，随机调查了 16 位网民，他们当天的上网时间数据如下表所示。（数据路径：光盘：\上机题\第 7 章\习题\第 7 章第 3 题）

上网时间（小时）

3.1	3.3	6.4	5.8
1.3	4.5	7.5	9.1
3.9	2.0	1.4	1.9
4.9	2.5	1.2	3.2

（1）　分别估计网民平均上网时间的 90%、95%、99% 的置信区间。

（2）　分别估计网民上网时间方差的 90%、95%、99% 的置信区间。

第8章 假设检验

所谓假设检验就是对一个关于总体参数或总体分布形式的假设，利用样本资料来检验其真或伪的可能性。具体来说，就是利用样本资料计算出有关的检验统计量，再根据该统计量的抽样分布理论来判断样本资料对原假设是否有显著的支持性或排斥性，即在一定的概率下判断原假设是否合理，从而决定应接受还是否定原假设。所以，假设检验也称为显著性检验。对总体参数所做的假设进行检验称为参数假设检验，简称参数检验；对总体分布形式的假设进行检验一般称为非参数检验。

假设检验的基本步骤可归纳为：

（1） 提出原假设 H_0 和备择假设 H_1。

（2） 确定检验的显著性水平 α。

（3） 根据样本统计量的概率分布确定出与 α 相对应的临界值，即确定接受域和拒绝域。

（4） 构造检验统计量，并根据样本观测数据计算出检验统计值。

（5） 比较检验统计值与临界值，做出接受或拒绝原假设的判断。

8.1 单个样本的假设检验

根据假设检验的不同内容和进行检验的不同条件，需要采用不同的检验统计量，在单个总体参数的检验中，用到的检验统计量主要有 3 个：z 统计量、t 统计量和 χ^2 统计量。z 统计量和 t 统计量通常用于均值的检验，χ^2 统计量则常用于方差的检验。选择用什么统计量来进行假设检验常常要考虑总体的方差或均值是否已知等因素。

8.1.1 总体方差已知，关于均值的检验

设样本 $x_1, x_2, \cdots, x_n$ 来自正态总体 $N(\mu, \sigma^2)$，且总体方差 σ^2 已知，则关于总体均值 μ 的检验为：

给出原假设 $H_0: \mu = \mu_0$，备择假设 $H_1: \mu \neq \mu_0$，构造 z 检验统计量：

$$z = \frac{\bar{x} - \mu_0}{\sigma / \sqrt{n}} \tag{8-1}$$

当 $\mu = \mu_0$ 时，z 检验统计量服从正态分布。给定显著性水平 α，检验规则为：当 $|z| \geq z_{\frac{\alpha}{2}}$ 时，拒绝 H_0；当 $|z| < z_{\frac{\alpha}{2}}$ 时，不能拒绝 H_0。也可以利用 z 值计算出 P 值，当 $P < \alpha$ 时，拒绝 H_0；当 $P > \alpha$ 时，不能拒绝 H_0。

P 值就是当原假设为真时所得到的样本观察结果出现的概率，如果 P 值很小，说明这种情况发生的概率很小，而如果出现了，我们就有理由拒绝原假设，P 值越小，拒绝原假设的

理由就越充分。

在 Excel 2013 中可以利用 NORMSDIST 统计函数计算正态分布的 P 值，其表达形式为

$$=NORMSDIST（z）$$

其中 z 表示经过计算得出的 z 检验统计量。

Excel 2013 没有提供直接在总体方差已知情况下关于均值假设检验的方式，需要我们通过函数进行均值的假设检验。

实验 8-1： 下面以 2008 年某地区 20 户家庭年收入数据为例进行均值的检验，20 户家庭年收入的原始数据如图 8-1 所示，该地区家庭年收入方差为 16，通过样本数据来检验该地区家庭年收入的均值是否等于 15 万（显著性水平 $\alpha=5\%$）。

⊿	A	B	C
1	年收入（万）		
2	20.25		
3	15.32		
4	14.28		
5	17.93		
6	25.98		
7	10.28		
8	13.27		
9	18.74		
10	16.23		
11	14.38		
12	11.72		
13	9.69		
14	14.32		
15	16.54		
16	12.39		
17	11.68		
18	10.42		
19	13.57		
20	9.63		
21	12.42		

图 8-1　实验 8-1 的原始数据

在总体方差已知情况下，使用函数进行总体均值检验的步骤如下：

（1）　提出原假设 $H_0:\mu=15$，备择假设 $H_1:\mu\neq15$。

（2）　计算样本个数。单击单元格 D2，在单元格中输入函数 "=COUNT(A2:A21)"，按 Enter 键即可得到样本个数，函数中（A2：A20）表示引用的数据所在区域。

（3）　计算样本均值。单击 D3 单元格，在单元格中输入函数 "=AVERAGE（A2:A21）"，按 Enter 键即可得到样本均值。

（4）　构造 z 检验统计量，计算 z 值。单击 D4 单元格，在单元格中输入公式 "=(D3-15)/SQRT(16)/SQRT(D2)"，相当于 z 值的计算公式 $\dfrac{\overline{x}-\mu_0}{\sigma/\sqrt{n}}$，按 Enter 键即可计算出 z 值。

（5）　计算 P 值。单击 D5 单元格，在单元格中输入公式 "=NORMSDIST(ABS(D4))"，其中 ABS(D4) 表示引用了 D4 单元格中 z 值的绝对值，按 Enter 键即可得到函数值；单击 D6 单元格，在单元格中输入公式 "=2*（1-D5）"，按 Enter 键即可得到 P 值，计算结果如图 8-2 所示。

（6）　通过 P 值来判断原假设是否成立。P 值的计算结果为 0.98，$P>\alpha$，因此不能拒绝

原假设该地区家庭年收入的均值等于 15 万。

年收入（万）		
20.25	样本个数	20
15.32	样本均值	14.452
14.28	z值	-0.030634
17.93		0.51
25.98	p值	0.98
10.28		
13.27		
18.74		
16.23		
14.38		
11.72		
9.69		
14.32		
16.54		
12.39		
11.68		
10.42		
13.57		
9.63		
12.42		

图 8-2　实验 8-1 计算结果

8.1.2　总体方差未知，关于均值的检验

设样本 $x_1, x_2, \cdots, x_n$ 来自正态总体 $N(\mu, \sigma^2)$，且总体方差未知。在这种情况下，英国统计学家 William S. Gosset 推出 t 统计量：用样本方差 s^2 代替 σ^2，也就是用 s 代替 σ，则此时关于总体均值 μ 的检验为：

给出原假设 $H_0: \mu = \mu_0$，备择假设 $H_1: \mu \neq \mu_0$，构造 t 检验统计量：

$$t = \frac{\overline{x} - \mu_0}{s/\sqrt{n}} \tag{8-2}$$

当 $\mu = \mu_0$ 时，根据抽样分布理论，统计量 t 服从 $t(n-1)$。给定显著性水平 α，检验规则为：当 $|t| \geq t_{\frac{\alpha}{2}}(n-1)$ 时，拒绝 H_0；当 $|t| < t_{\frac{\alpha}{2}}(n-1)$ 时，不能拒绝 H_0。也可以利用 t 值计算出 P 值，当 $P < \alpha$ 时，拒绝 H_0；当 $P > \alpha$ 时，不能拒绝 H_0。

t 检验一般用于小样本检验，往往是已知服从正态总体但方差未知。随着样本容量 n 的增大，t 分布趋近于标准正态分布，所以在大样本情形下，总体方差未知时对总体均值的假设检验可近似采用 z 检验。对于非正态总体，大样本的情况下，在对总体均值假设检验时，也可采用 z 检验，选择检验统计量为公式（8-1），如果 σ 未知，可以用 s 替代。

在 Excel 2013 中可以利用 TDIST 统计函数计算 t 分布的 P 值，其表达形式为

= TDIST（x，deg_freedom，tails）

其中，x 表示用来计算 t 分布的数值，deg_freedom 表示自由度，tails 表示指定返回的分布函数是单尾分布还是双尾分布。

利用 TDIST 统计函数进行总体方差未知情况下关于均值的假设检验的方法如下。

实验 8-2：下面仍以实验 8-1 的数据为例进行均值的检验，20 户家庭年收入的原始数据如图 8-1 所示，该地区家庭年收入方差未知，通过样本数据来检验该地区家庭年收入的均值是否等于 15 万（显著性水平 $\alpha = 5\%$）。

总体方差未知，关于均值的检验其步骤如下：

（1）提出原假设 $H_0:\mu=15$，备择假设 $H_1:\mu\neq15$。

（2）按照实验 8-1 的步骤，计算样本个数和样本均值。

（3）计算样本方差。单击 D4 单元格，在单元格中输入函数"=VAR（A2:A21）"，按 Enter 键即可得到样本方差。

（4）构造 t 检验统计量，计算 t 值。单击 D5 单元格，在单元格中输入公式"=(D3-15)/SQRT(D4)/SQRT(D2)"，相当于 t 值的计算公式 $\dfrac{\bar{x}-\mu_0}{s/\sqrt{n}}$，按 Enter 键即可计算出 t 值。

（5）计算 P 值。单击 D6 单元格，单击编辑栏中的"插入函数"按钮 f_x，并在函数分类中单击"统计"，然后，在函数名的菜单中选择字符"TDIST"，单击"确定"按钮，弹出如图 8-3 所示的"函数参数"对话框；在对话框的 X 栏中输入 ABS(D5)，表示引用了 D5 单元格中的 t 值的绝对值；在 Deg-freedom 栏中输入（D2-1），表示自由度；在 Tails 栏中输入 2，表明是双侧检验，按 Enter 键即可得到 P 值，计算结果如图 8-4 所示。

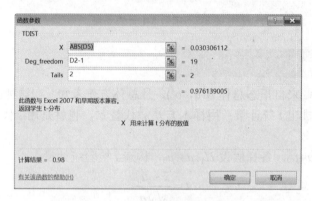

图 8-3　"函数参数"对话框

（6）通过 P 值来判断原假设是否成立。P 值的计算结果为 0.98，而显著性水平 $\alpha=5\%$，$P>\alpha$，因此不能拒绝原假设该地区家庭年收入的均值等于 15 万。

年收入（万）		
20.25	样本个数	20
15.32	样本均值	14.452
14.28	样本方差	16.348227
17.93	t值	-0.030306
25.98	p值	0.98
10.28		
13.27		
18.74		
16.23		
14.38		
11.72		
9.69		
14.32		
16.54		
12.39		
11.68		
10.42		
13.57		
9.63		
12.42		

图 8-4　实验 8-2 计算结果

8.1.3 总体均值已知，关于方差的检验

设样本 $x_1, x_2, \cdots, x_n$ 来自正态总体 $N(\mu, \sigma^2)$，且总体均值 μ 已知，则此时关于总体方差的检验为：

给出原假设 $H_0 : \sigma^2 = \sigma_0^2$，备择假设 $H_1 : \sigma^2 \neq \sigma_0^2$。根据抽样分布理论，构造 χ^2 检验统计量：

$$\chi^2 = \frac{\sum (x_i - u)^2}{\sigma_0^2} \tag{8-3}$$

当 $H_0 : \sigma^2 = \sigma_0^2$ 时，χ^2 服从 $\chi^2(n-1)$。给定显著性水平 α，检验规则为：当 $\chi^2 \geqslant \chi^2_{\frac{\alpha}{2}}(n-1)$ 或 $\chi^2 \leqslant \chi^2_{1-\frac{\alpha}{2}}(n-1)$ 时拒绝 H_0，否则不能拒绝 H_0。

在 Excel 2013 中可以利用 CHIINV 统计函数来计算 χ^2 分布的临界值，其表达形式为

$$=\text{CHIINV(probability, deg\_freedom)}$$

其中，probability 表示 χ^2 分布的概率，deg_freedom 表示自由度。

下面我们通过实验 8-3 来说明使用 CHIINV 统计函数进行假设检验的具体操作。

实验 8-3：下面仍以试验 8-1 的数据为例进行均值的检验，20 户家庭年收入的原始数据如图 8-1 所示，该地区家庭年收入均值为 15 万，通过样本数据来检验该地区家庭年收入的方差是否等于 16（显著性水平 $\alpha=5\%$）。

总体均值已知，关于方差的检验其步骤如下。

（1）提出原假设 H_0: $\sigma^2=16$，备择假设 H_1: $\sigma^2 \neq 16$。

（2）计算观测值与均值之差的平方，单击 B2 单元格，在单元格中输入公式"=（A2-15）^2"，按 Enter 键计算出观测值与均值之差的平方，再通过自动填充的方式计算出其他观测值与均值之差的平方，结果如图 8-5 所示。

年收入（万）	观测值与平均差
20.25	27.5625
15.32	0.1024
14.28	0.5184
17.93	8.5849
25.98	120.5604
10.28	22.2784
13.27	2.9929
18.74	13.9876
16.23	1.5129
14.38	0.3844
11.72	10.7584
9.69	28.1961
14.32	0.4624
16.54	2.3716
12.39	6.8121
11.68	11.0224
10.42	20.9764
13.57	2.0449
9.63	28.8369
12.42	6.6564

图 8-5 观测值与均值之差计算结果

（3）按照实验 8-1 的步骤，计算样本个数。

（4） 构造 χ^2 检验统计量，计算 χ^2 值。单击 D3 单元格，在单元格中输入公式 "=SUM(B2:B21)/16"，相当于 χ^2 值的计算公式 $\dfrac{\sum(x_i-u)^2}{\sigma_0^2}$，按 Enter 键即可计算出 χ^2 值。

（5） 计算 χ^2 分布两侧临界值，单击 D4 单元格，在单元格中输入公式 "=CHIINV(0.025,D2-1)"，其中 0.025 表示 $\dfrac{\alpha}{2}$，D2-1 表示自由度，按 Enter 键即可得到 χ^2 分布上侧临界值 $\chi^2_{\frac{\alpha}{2}}(n-1)$；单击 D5 单元格，在单元格中输入公式 "=CHIINV(0.975,D2-1)"，其中 0.025 表示 $1-\dfrac{\alpha}{2}$，按 Enter 键即可得到 χ^2 分布下侧临界值 $\chi^2_{1-\frac{\alpha}{2}}(n-1)$，计算结果如图 8-6 所示。

（6） 通过 χ^2 值和 χ^2 分布两侧临界值来判断原假设是否成立。χ^2 值的计算结果为 19.7889，而 $\chi^2_{\frac{\alpha}{2}}(n-1)$ =32.85，$\chi^2_{1-\frac{\alpha}{2}}(n-1)$ =8.91，χ^2 值介于上侧临界值与下侧临界值之间，因此无法拒绝原假设 $H_0:\sigma^2=16$。

年收入（万）	观测值与平均差		
20.25	27.5625	样本个数	20
15.32	0.1024	卡方	19.7889
14.28	0.5184	上侧临界值	32.85
17.93	8.5849	下侧临界值	8.91
25.98	120.5604		
10.28	22.2784		
13.27	2.9929		
18.74	13.9876		
16.23	1.5129		
14.38	0.3844		
11.72	10.7584		
9.69	28.1961		
14.32	0.4624		
16.54	2.3716		
12.39	6.8121		
11.68	11.0224		
10.42	20.9764		
13.57	2.0449		
9.63	28.8369		
12.42	6.6564		

图 8-6　实验 8-3 计算结果

8.1.4　总体均值未知，关于方差的检验

设样本 $x_1,x_2,\cdots,x_n$ 来自正态总体 $N(\mu,\sigma^2)$，且总体均值未知。用样本均值来代替总体均值，则此时关于总体方差的检验为：

给出原假设 $H_0:\sigma^2=\sigma_0^2$，备择假设 $H_1:\sigma^2\neq\sigma_0^2$。根据抽样分布理论，构造 χ^2 检验统计量：

$$\chi^2=\frac{\sum(x_i-\bar{x})^2}{\sigma_0^2}=\frac{(n-1)s^2}{\sigma_0^2} \tag{8-4}$$

当 $H_0:\sigma^2=\sigma_0^2$ 时，χ^2 服从 $\chi^2(n-1)$。给定显著性水平 α，检验规则为：当 $\chi^2 \geqslant \chi^2_{\frac{\alpha}{2}}(n-1)$ 或 $\chi^2 \leqslant \chi^2_{1-\frac{\alpha}{2}}(n-1)$ 时拒绝 H_0，否则不能拒绝 H_0。

实验 8-4：下面仍以试验 8-1 的数据为例进行均值的检验，20 户家庭年收入的原始数据如图 8-1 所示，该地区家庭年收入均值未知，通过样本数据来检验该地区家庭年收入的方差是否等于 16（显著性水平 α=5%）。

总体均值未知，关于方差的检验其步骤如下：

（1） 提出原假设 $H_0:\sigma^2$=16，备择假设 $H_1:\sigma^2 \neq$16。

（2） 按照实验 8-2 的步骤，计算样本个数和样本方差。

（3） 构造 χ^2 检验统计量，计算 χ^2 值。单击 D3 单元格，在单元格中输入公式"=(D2-1)*D3/16"，相当于 χ^2 值的计算公式 $\dfrac{(n-1)s^2}{\sigma_0^2}$，按 Enter 键即可计算出 χ^2 值。

（4） 按照实验 8-3 的步骤，计算 χ^2 分布两侧临界值，计算结果如图 8-7 所示。

年收入（万）		
20.25	样本个数	20
15.32	样本方差	16.348227
14.28	卡方值	19.41352
17.93	上侧临界值	32.85
25.98	下侧临界值	8.91
10.28		
13.27		
18.74		
16.23		
14.38		
11.72		
9.69		
14.32		
16.54		
12.39		
11.68		
10.42		
13.57		
9.63		
12.42		

图 8-7 实验 8-4 计算结果

（5） 通过 χ^2 值和 χ^2 分布两侧临界值来判断原假设是否成立。χ^2 值的计算结果为 19.41352，而 $\chi^2_{\frac{\alpha}{2}}(n-1)$=32.85，$\chi^2_{1-\frac{\alpha}{2}}(n-1)$=8.91，$\chi^2$ 值介于上侧临界值与下侧临界值之间，因此无法拒绝原假设 $H_0:\sigma^2$=16。

8.2 双样本假设检验

在许多情况下，我们需要比较两个总体的参数，看它们是否有显著的区别。例如，在相同年龄组中，高学历和低学历的职工收入是否有明显的差异等，对此我们可以使用双样本参数的假设检验。

8.2.1 z 检验：双样本均值差检验

设样本 $x_1, x_2, \cdots, x_n$ 来自正态总体 $N(\mu_1, \sigma_1^2)$，$y_1, y_2, \cdots, y_{n_2}$ 来自正态总体 $N(\mu_2, \sigma_2^2)$，且两个总体方差 σ_1^2 和 σ_2^2 已知，则此时关于双样本均值差检验为：

给出原假设 $H_0: \mu_1 - \mu_2 = d_0$，备择假设 $H_1: \mu_1 - \mu_2 \neq d_0$，构造 z 检验统计量：

$$z = \frac{\overline{x} - \overline{y} - d_0}{\sqrt{\dfrac{\sigma_1^2}{n_1} + \dfrac{\sigma_2^2}{n_2}}} \tag{8-5}$$

当 $\mu_1 - \mu_2 = d_0$ 时，z 服从 $N(0,1)$。给定显著性水平 α，检验规则为：当 $|z| \geq z_{\frac{\alpha}{2}}$ 时，拒绝 H_0；当 $|z| < z_{\frac{\alpha}{2}}$ 时，不能拒绝 H_0。也可以利用 z 值计算出 P 值，当 $P < \alpha$ 时，拒绝 H_0；当 $P > \alpha$ 时，不能拒绝 H_0。

在 Excel 2013 中，数据分析工具中的"z-检验：双样本平均差检验"分析工具可以对具有已知方差的平均值进行双样本 z 检验。下面我们通过实验 8-5 介绍利用"z-检验：双样本平均差检验"分析工具进行双样本 z 检验的相关操作。

实验 8-5：为比较新旧两种肥料对产量的影响，某研究者选择了面积相等、土壤等条件相同的 40 块田地，分别施用新旧两种肥料，得到的产量数据如图 8-8 所示，且两个总体方差已知，分别为 24 和 35，比较新肥料获得的平均产量是否与旧肥料获得的平均产量相等（显著性水平 $\alpha=5\%$）。

▲	A	B	C
1	旧肥料	新肥料	
2	99	112	
3	102	106	
4	97	106	
5	109	110	
6	101	109	
7	94	111	
8	88	118	
9	101	111	
10	97	110	
11	98	112	
12	108	99	
13	102	102	
14	98	118	
15	99	100	
16	102	107	
17	104	110	
18	99	109	
19	104	113	
20	106	118	
21	101	120	

图 8-8 实验 8-5 原始数据

两个总体方差已知情况下，双样本均值差检验的步骤如下：

（1）提出原假设 $H_0:\mu_1-\mu_2=0$，备择假设 $H_1:\mu_1-\mu_2\neq0$。

（2）在"数据"选项卡中单击"数据分析"按钮，在如图 8-9 所示的"数据分析"对话框中选择"z-检验：双样本平均差检验"分析工具，单击"确定"按钮，弹出如图 8-10 所示的"z-检验：双样本平均差检验"对话框。

图 8-9　"数据分析"对话框　　　　图 8-10　"z-检验：双样本平均差检验"对话框

（3）在"z-检验：双样本平均差检验"对话框中的"变量 1 的区域"文本框中输入"A2:A21"，表示引用旧肥料的产量；在"变量 2 的区域"文本框中输入"B2:B21"，表示引用新肥料的产量；在"假设平均差"中输入 0，表示原假设为 $\mu_1-\mu_2=0$；在"变量 1 的方差（已知）"中输入 24，表示旧肥料的产量方差；在"变量 2 的方差（已知）"中输入 35，表示新肥料的产量方差；在"α"文本框中输入 0.05；在"输出选项"中单击"输出区域"，并在后面的文本框中选择先要输出的单元格 D2 后，单击"确定"按钮即可完成，检验的结果如图 8-11 所示。

	A	B	C	D	E	F
1	旧肥料	新肥料				
2	99	112		z-检验：双样本均值分析		
3	102	106				
4	97	106			变量 1	变量 2
5	109	110		平均	100.45	110.05
6	101	109		已知协方差	24	35
7	94	111		观测值	20	20
8	88	118		假设平均差	0	
9	101	111		z	-5.58934	
10	97	110		P(Z<=z) 单尾	1.14E-08	
11	98	112		z 单尾临界	1.644854	
12	108	99		P(Z<=z) 双尾	2.28E-08	
13	102	102		z 双尾临界	1.959964	
14	98	118				
15	99	100				
16	102	107				
17	104	110				
18	99	109				
19	104	113				
20	106	118				
21	101	120				

图 8-11　实验 8-5 检验结果

（4）分析检验结果。从图 8-11 所示的检验结果中可看出，计算的 z 值为 -5.58934，而单尾和双尾的 P 值均远远小于 0.05，说明应该拒绝原假设，可以得出结论：新肥料获得的平均产量与旧肥料获得的平均产量不相等。

8.2.2　t-检验：双样本等方差检验

设样本 $x_1, x_2, \cdots, x_n$ 来自正态总体 $N\left(\mu_1, \sigma_1^2\right)$，$y_1, y_2, \cdots, y_{n_2}$ 来自正态总体 $N\left(\mu_2, \sigma_2^2\right)$，且两个总体方差 σ_1^2 和 σ_2^2 未知但相等，即 $\sigma_1^2 = \sigma_2^2$，则此时关于双样本均值差检验为：

给出原假设 $H_1 : \mu_1 - \mu_2 = d_0$，备择假设 $H_1 : \mu_1 - \mu_2 \neq d_0$，构造 t 检验统计量：

$$t = \frac{\bar{x} - \bar{y} - d_0}{s_p \sqrt{\dfrac{1}{n_1} + \dfrac{1}{n_2}}} \tag{8-6}$$

其中：

$$s_p = \sqrt{\frac{(n_1 - 1)s_1^2 + (n_2 - 1)s_2^2}{n_1 + n_2 - 2}} \tag{8-7}$$

当 $\mu_1 - \mu_2 = d_0$ 时，t 服从 $t(n_1 + n_2 - 2)$。给定显著性水平 α，检验规则为：当 $|t| \geq t_{\frac{\alpha}{2}}(n_1 + n_2 - 2)$ 时，拒绝 H_0；当 $|t| < t_{\frac{\alpha}{2}}(n_1 + n_2 - 2)$ 时，不能拒绝 H_0。也可以利用 z 值计算出 P 值，当 $P < \alpha$ 时，拒绝 H_0；当 $P > \alpha$ 时，不能拒绝 H_0。

在 Excel 2013 中，数据分析工具中的"t-检验：双样本等方差检验"分析工具可以对总体方差未知但相等的数据进行 t-检验：双样本等方差检验。下面我们通过实验 8-6 介绍利用"t-检验：双样本等方差检验"分析工具进行双样本 z 检验的相关操作。

实验 8-6：仍然使用实验 8-5 的数据，两个总体方差未知但相等，比较新肥料获得的平均产量是否与旧肥料获得的平均产量相等，实验的原始数据如图 8-8 所示（显著性水平 $\alpha=5\%$）。

两个总体方差未知但相等情况下，双样本均值差检验的步骤如下：

（1）　提出原假设 $H_0 : \mu_1 - \mu_2 = 0$，备择假设 $H_1 : \mu_1 - \mu_2 \neq 0$。

（2）　在"数据"选项卡中单击"数据分析"按钮，并在如图 8-9 所示的"数据分析"对话框中选择"t-检验：双样本等方差假设"分析工具，单击"确定"按钮，弹出如图 8-12 所示的"t-检验：双样本等方差假设"对话框。

图 8-12　"t-检验：双样本等方差假设"对话框

（3）在"t-检验：双样本等方差假设"对话框中的"变量 1 的区域"文本框中输入"A2:A21"，表示引用旧肥料的产量；在"变量 2 的区域"文本框中输入"B2:B21"，表示引用新肥料的产量；在"假设平均差"中输入 0，表示原假设为 $\mu_1 - \mu_2 = 0$；在"α"文本框中输入 0.05；在"输出选项"中单击"输出区域"，并在后面的文本框中选择先要输出的单元格 D2 后，单击"确定"按钮即可完成，检验的结果如图 8-13 所示。

	A	B	C	D	E	F
1	旧肥料	新肥料				
2	99	112		t-检验：双样本等方差假设		
3	102	106				
4	97	106			变量 1	变量 2
5	109	110		平均	100.45	110.05
6	101	109		方差	22.78684	33.62895
7	94	111		观测值	20	20
8	88	118		合并方差	28.20789	
9	101	111		假设平均差	0	
10	97	110		df	38	
11	98	112		t Stat	-5.71592	
12	108	99		P(T<=t) 单尾	6.98E-07	
13	102	102		t 单尾临界	1.685954	
14	98	118		P(T<=t) 双尾	1.4E-06	
15	99	100		t 双尾临界	2.024394	
16	102	107				
17	104	110				
18	99	109				
19	104	113				
20	106	118				
21	101	120				

图 8-13　实验 8-6 检验结果

（4）分析检验结果。从图 8-13 所示的检验结果中可看出，计算的 t 值为-5.71592，而单尾和双尾的 P 值均远远小于 0.05，说明应该拒绝原假设，可以得出结论：新肥料获得的平均产量与旧肥料获得的平均产量不相等。

8.2.3　t-检验：双样本异方差检验

设样本 $x_1, x_2, \cdots, x_{n_1}$ 来自正态总体 $N(\mu_1, \sigma_1^2)$，$y_1, y_2, \cdots, y_{n_2}$ 来自正态总体 $N(\mu_2, \sigma_2^2)$，且两个总体方差 σ_1^2 和 σ_2^2 未知且不相等，则此时关于双样本均值差检验为：

给出原假设 $H_0: \mu_1 - \mu_2 = d_0$，备择假设 $H_1: \mu_1 - \mu_2 \neq d_0$，构造 t 检验统计量：

$$t = \frac{\bar{x} - \bar{y} - d_0}{\sqrt{\dfrac{s_1^2}{n_1} + \dfrac{s_2^2}{n_2}}} \tag{8-8}$$

当 $\mu_1 - \mu_2 = d_0$ 时，t 服从自由度为 f 的 t 分布。f 的计算公式如下：

$$f = \frac{\left(\dfrac{s_1^2}{n_1} + \dfrac{s_2^2}{n_2}\right)^2}{\dfrac{\left(\dfrac{s_1^2}{n_1}\right)^2}{n_1 - 1} + \dfrac{\left(\dfrac{s_2^2}{n_2}\right)^2}{n_2 - 1}} \tag{8-9}$$

给定显著性水平 α，检验规则为：当 $|t| \geq t_{\frac{\alpha}{2}}(n_1 + n_2 - 2)$ 时，拒绝 H_0；当 $|t| < t_{\frac{\alpha}{2}}(n_1 + n_2 - 2)$

时，不能拒绝 H_0。也可以利用 z 值计算出 P 值，当 $P < \alpha$ 时，拒绝 H_0；当 $P > \alpha$ 时，不能拒绝 H_0。

在 Excel 2013 中，数据分析工具中的"t-检验：双样本异方差检验"分析工具可以对总体方差未知且不相等的数据进行 t-检验：双样本异方差检验。下面我们通过实验 8-7 介绍利用"t-检验：双样本异方差检验"分析工具进行双样本 t 检验的相关操作。

实验 8-7： 仍然使用实验 8-5 的数据，两个总体方差未知但相等，比较新肥料获得的平均产量是否与旧肥料获得的平均产量相等，实验的原始数据如图 8-8 所示（显著性水平 $\alpha = 5\%$）。

两个总体方差未知但相等情况下，双样本均值差检验的步骤如下：

（1）提出原假设 $H_0: \mu_1 - \mu_2 = 0$，备择假设 $H_1: \mu_1 - \mu_2 \neq 0$。

（2）在"数据"选项卡中单击"数据分析"按钮，并在如图 8-9 所示的"数据分析"对话框中选择"t-检验：双样本异方差假设"分析工具，单击"确定"按钮，弹出如图 8-14 所示的"t-检验：双样本异方差假设"对话框。

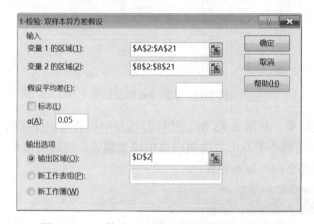

图 8-14   "t-检验：双样本异方差假设"对话框

（3）在"t-检验：双样本异方差假设"对话框中的"变量 1 的区域"文本框中输入"A2:A21"，表示引用旧肥料的产量；在"变量 2 的区域"文本框中输入"B2:B21"，表示引用新肥料的产量；在"假设平均差"中输入 0，表示原假设为 $\mu_1 - \mu_2 = 0$；在"α"文本框中输入 0.05；在"输出选项"中单击"输出区域"，并在后面的文本框中选择先要输出的单元格 D2 后，单击"确定"按钮即可完成，检验的结果如图 8-15 所示。

（4）分析检验结果。从图 8-15 所示的检验结果中可看出，计算的 t 值为 -5.71592，而单尾和双尾的 P 值均远远小于 0.05，说明应该拒绝原假设，可以得出结论：新肥料获得的平均产量与旧肥料获得的平均产量不相等。

8.2.4 t 检验：平均值的成对二样本分析

成对观测值的 t 检验常用于两组数据均值是否相等的均值检验。成对观测的样本以 $d_1, d_2, d_3, \cdots, d_n$ 表示 n 对观测值之差，则此时关于双样本均值差检验为：

给出原假设 $H_0: \mu_1 - \mu_2 = d_0$，备择假设 $H_1: \mu_1 - \mu_2 \neq d_0$，构造 t 检验统计量：

$$t = \frac{\overline{d} - d_0}{s_d / \sqrt{n}} \qquad (8\text{-}10)$$

当 $\mu_1 - \mu_2 = d_0$ 时，t 服从 $t(n-1)$。给定显著性水平 α，检验规则为：当 $|t| \geq t_{\frac{\alpha}{2}}(n_1 + n_2 - 2)$ 时，拒绝 H_0；当 $|t| < t_{\frac{\alpha}{2}}(n_1 + n_2 - 2)$ 时，不能拒绝 H_0。也可以利用 z 值计算出 P 值，当 $P < \alpha$ 时，拒绝 H_0；当 $P > \alpha$ 时，不能拒绝 H_0。

	A	B	C	D	E	F
1	旧肥料	新肥料				
2	99	112		t-检验: 双样本异方差假设		
3	102	106				
4	97	106			变量 1	变量 2
5	109	110		平均	100.45	110.05
6	101	109		方差	22.78684	33.62895
7	94	111		观测值	20	20
8	88	118		假设平均差	0	
9	101	111		df	37	
10	97	110		t Stat	-5.71592	
11	98	112		P(T<=t) 单尾	7.61E-07	
12	108	99		t 单尾临界	1.687094	
13	102	102		P(T<=t) 双尾	1.52E-06	
14	98	118		t 双尾临界	2.026192	
15	99	100				
16	102	107				
17	104	110				
18	99	109				
19	104	113				
20	106	118				
21	101	120				

图 8-15　实验 8-7 检验结果

在 Excel 2013 中，数据分析工具中的 "t-检验：平均值的成对二样本分析" 分析工具可以对成对数据进行平均值之差的检验。下面我们通过实验 8-8 介绍利用 "t-检验：平均值的成对二样本分析" 分析工具进行成对数据平均值之差的检验的相关操作。

实验 8-8：为了验证某考试辅导中心数学课程学员在培训前后的数学成绩是否有显著变化，调查人员随机抽取 10 名学员，得到他们培训前后的考试成绩如图 8-16 所示，判断培训对学员成绩是否有显著影响（显著性水平 $\alpha = 5\%$）。

	A	B	C
1	培训前	培训后	
2	80	84	
3	83	88	
4	84	85	
5	70	75	
6	64	70	
7	68	73	
8	65	73	
9	75	78	
10	79	82	
11	84	90	
12			

图 8-16　实验 8-8 原始数据

在成对数据的情况下，双样本均值差检验的步骤如下：

（1） 提出原假设 $H_0: \mu_1 - \mu_2 = 0$，备择假设 $H_1: \mu_1 - \mu_2 \neq 0$。

（2） 在"数据"选项卡中单击"数据分析"按钮，并在如图 8-9 所示的"数据分析"对话框中选择"t-检验：平均值的成对二样本分析"分析工具，单击"确定"按钮，弹出如图 8-17 所示的"t-检验：平均值的成对二样本分析"对话框。

（3） 在"t-检验：平均值的成对二样本分析"对话框中的"变量 1 的区域"文本框中输入"A2:A11"，表示引用培训前的成绩；在"变量 2 的区域"文本框中输入"B2:B11"，表示引用培训后的成绩；在"假设平均差"中输入 0，表示原假设为 $\mu_1 - \mu_2 = 0$；在"α"文本框中输入 0.05；在"输出选项"中单击"输出区域"，并在后面的文本框中选择先要输出的单元格 D2 后，单击"确定"按钮即可完成，检验的结果如图 8-18 所示。

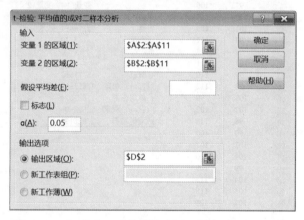

图 8-17 "t-检验：平均值的成对二样本分析"对话框

（4） 分析检验结果。从图 8-18 所示的检验结果中可看出，计算的 t 值为 -7.44046，而单尾和双尾的 P 值均远远小于 0.05，说明应该拒绝原假设，可以得出结论：培训对学员成绩有显著影响。

	A	B	C	D	E	F	G
1	培训前	培训后					
2	80	84		t-检验：成对双样本均值分析			
3	83	88					
4	84	85			变量 1	变量 2	
5	70	75		平均	75.2	79.8	
6	64	70		方差	62.4	48.4	
7	68	73		观测值	10	10	
8	65	73		泊松相关系数	0.973304		
9	75	78		假设平均差	0		
10	79	82		df	9		
11	84	90		t Stat	-7.44046		
12				P(T<=t) 单尾	1.97E-05		
13				t 单尾临界	1.833113		
14				P(T<=t) 双尾	3.93E-05		
15				t 双尾临界	2.262157		
16							

图 8-18 实验 8-8 检验结果

8.2.5 *F*-检验：双样本方差

设样本 $x_1, x_2, \cdots, x_{n_1}$ 来自正态总体 $N(\mu_1, \sigma_1^2)$，$y_1, y_2, \cdots, y_{n_2}$ 来自正态总体 $N(\mu_2, \sigma_2^2)$，则此时

关于双样本方差检验为：

给出原假设 $H_0: \sigma_1^2 = \sigma_2^2$，备择假设 $H_1: \sigma_1^2 \neq \sigma_2^2$，构造 F 检验统计量：

$$F = \frac{s_1^2}{s_2^2} \qquad\qquad (8\text{-}11)$$

当 $\sigma_1^2 = \sigma_2^2$ 时，服从 $F(n_1-1, n_2-1)$。给定显著性水平 α，检验规则为：当 $F \geqslant F_{\frac{\alpha}{2}}(n_1-1, n_2-1)$ 或 $F \leqslant F_{1-\frac{\alpha}{2}}(n_1-1, n_2-1) = 1/F_{\frac{\alpha}{2}}(n_2-1, n_1-1)$ 时拒绝 H_0，否则不能拒绝 H_0。也可以利用 F 值计算出 P 值，当 $P < \alpha$ 时，拒绝 H_0；当 $P > \alpha$ 时，不能拒绝 H_0。

在 Excel 2013 中，数据分析工具中的"F 检验：双样本方差"分析工具可以对双样本数据进行方差的检验。下面我们通过实验 8-9 介绍利用"F 检验：双样本方差"分析工具进行方差检验的相关操作。

实验 8-9：仍然使用实验 8-8 的数据，比较培训对学员成绩的方差是否有显著影响，实验的原始数据如图 8-16 所示（显著性水平 $\alpha=5\%$）。

双样本方差检验的步骤如下：

（1）提出原假设 $H_0: \sigma_1^2 = \sigma_2^2$，备择假设 $H_1: \sigma_1^2 \neq \sigma_2^2$。

（2）在"数据"选项卡中单击"数据分析"按钮，并在如图 8-9 所示的"数据分析"对话框中选择"F-检验 双样本方差"分析工具，单击"确定"按钮，弹出如图 8-19 所示的"F-检验 双样本方差"对话框。

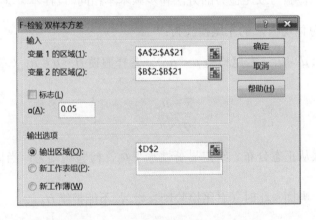

图 8-19 "F-检验 双样本方差"对话框

（3）在"F-检验 双样本方差"对话框中的"变量 1 的区域"文本框中输入"A2:A21"，表示引用培训前的成绩；在"变量 2 的区域"文本框中输入"B2:B21"，表示引用培训后的成绩；在"α"文本框中输入 0.05；在"输出选项"中单击"输出区域"，并在后面的文本框中选择先要输出的单元格 D2 后，单击"确定"按钮即可完成，检验的结果如图 8-20 所示。

	A	B	C	D	E	F	G
1	培训前	培训后					
2	80	84		F-检验 双样本方差分析			
3	83	88					
4	84	85			变量 1	变量 2	
5	70	75		平均	75.2	79.8	
6	64	70		方差	62.4	48.4	
7	68	73		观测值	10	10	
8	65	73		df	9	9	
9	75	78		F	1.289256		
10	79	82		P(F<=f) 单尾	0.355618		
11	84	90		F 单尾临界	3.178893		
12							

图 8-20　实验 8-9 检验结果

（4）　分析检验结果。从图 8-20 所示的检验结果中可看出，计算的 F 值为 1.289256，而单尾和双尾的 P 值为 0.355618 大于置信水平 0.05，说明不能拒绝原假设，可以得出结论：培训对学员成绩的方差没有显著影响。

8.3　单尾检验

在某些情况下，我们关心的假设检验问题带有方向性，这时便需要应用单尾检验。一般有两种情况：一种是我们所考察的数值越大越好，如轮胎行驶的里程数，学生的考试成绩等；另一种是数值越小越好，如生产成本，不合格率等。根据人们关注点的不同，单尾检验一般分为样本均值的单尾检验和样本方差的单尾检验两类。

8.3.1　样本均值的单尾检验

样本均值的单尾检验与双尾检验的方法和步骤基本相同。设样本 $x_1, x_2, \cdots, x_n$ 来自正态总体 $N(\mu, \sigma^2)$，则关于总体均值 μ 的左尾检验为：

给出原假设 $H_0 : \mu > \mu_0$（右尾检验 $\mu < \mu_0$），备择假设 $H_1 : \mu \leqslant \mu_0$（右尾检验 $\mu \geqslant \mu_0$），构造 z 检验统计量：

$$z = \frac{\overline{x} - \mu_0}{\sigma / \sqrt{n}} \tag{8-12}$$

z 检验统计量服从正态分布。给定显著性水平 α，检验规则为：当 $|z| \leqslant z_\alpha$ 时（右尾检验 $|z| \geqslant z_\alpha$），拒绝 H_0；当 $|z| < z_\alpha$ 时（右尾检验 $|z| > z_\alpha$），不能拒绝 H_0。

在 Excel 2013 中仍然利用 TDIST 统计函数计算 t 分布的 P 值，利用 TDIST 统计函数进行均值的假设检验的方法如下.

实验 8-10：下面仍以试验 8-1 的数据为例进行均值的检验，20 户家庭年收入的原始数据如图 8-1 所示，通过样本数据来检验该地区家庭年收入的均值是否大于 15 万（显著性水平 α=5%）。

关于均值的检验其步骤如下：

（1）　提出原假设 $H_0 : \mu > 15$，备择假设 $H_1 : \mu \leqslant 15$。

（2） 按照实验 8-2 的步骤，计算样本个数、样本均值、样本方差和 t 值。

（3） 计算 P 值。单击 D6 单元格，单击编辑栏中"插入函数"按钮，并在函数分类中单击"统计"，然后，在函数名的菜单中选择字符"TDIST"，单击"确定"按钮，弹出如图 8-21 所示的"函数参数"对话框；在对话框的 X 栏中输入 ABS(D5)，表示引用了 D5 单元格中的 t 值的绝对值；在 Deg-freedom 栏中输入（D2-1），表示自由度；在 Tails 栏中输入 1，表明是单尾检验，按 Enter 键即可得到 P 值，计算结果如图 8-22 所示。

图 8-21　"函数参数"对话框

年收入（万）		
20.25	样本个数	20
15.32	样本均值	14.452
14.28	样本方差	16.348227
17.93	t值	-0.030306
25.98	p值	0.49
10.28		
13.27		
18.74		
16.23		
14.38		
11.72		
9.69		
14.32		
16.54		
12.39		
11.68		
10.42		
13.57		
9.63		
12.42		

图 8-22　实验 8-10 计算结果

（4） 通过 P 值来判断原假设是否成立。P 值的计算结果为 0.49，显著性水平 α 为 5%，$P > \alpha$，因此不能拒绝原假设该地区家庭年收入的均值大于 15 万元。

8.3.2　样本方差的单尾检验

样本方差的单尾检验与双尾检验的方法和步骤基本相同。设样本 $x_1, x_2, \cdots, x_n$ 来自正态总体 $N(\mu, \sigma^2)$，则此时关于总体方差的左尾检验为：

给出原假设 $H_0 : \sigma^2 > \sigma_0^2$（右尾检验 $\sigma^2 < \sigma_0^2$），备择假设 $H_1 : \sigma^2 \leqslant \sigma_0^2$（右尾检验 $\sigma^2 \geqslant \sigma_0^2$）。根据抽样分布理论，构造 χ^2 检验统计量：

$$\chi^2 = \frac{\sum (x_i - \bar{x})^2}{\sigma_0^2} = \frac{(n-1)s^2}{\sigma_0^2}$$ （8-13）

χ^2 服从 $\chi^2(n-1)$。给定显著性水平 α，检验规则为：当 $\chi^2 < \chi_{1-\alpha}^2(n-1)$（右尾检验 $\chi^2 > \chi_\alpha^2(n-1)$）时拒绝 H_0，否则不能拒绝 H_0。

实验 8-11：下面仍以试验 8-1 的数据为例进行均值的检验，20 户家庭年收入的原始数据如图 8-1 所示，该地区家庭年收入均值未知，通过样本数据来检验该地区家庭年收入的方差是否大于 36（显著性水平 α=5%）。

关于方差的检验其步骤如下。

（1） 提出原假设 $H_0 : \sigma^2 > 36$，备择假设 $H_1 : \sigma^2 \leqslant 36$。

（2） 按照实验 8-4 的步骤，计算样本个数与样本方差和 χ^2 值。

（3） 计算 χ^2 分布下侧临界值，单击 D6 单元格，在单元格中输入公式"=CHIINV(0.95,D2-1)"，其中 0.95 表示 $1-\alpha$，D2-1 表示自由度，按 Enter 键即可得到 χ^2 分布下侧临界值 $\chi_{1-\alpha}^2(n-1)$，计算结果如图 8-23 所示。

（4） 通过 χ^2 值和 χ^2 分布下侧临界值来判断原假设是否成立。χ^2 值的计算结果为 8.63，而 $\chi_{1-\alpha}^2(n-1)$=10.12，$\chi^2 < \chi_{1-\alpha}^2(n-1)$，因此拒绝原假设 $H_0 : \sigma^2 > 36$。

年收入（万）		
20.25	样本个数	20
15.32	样本均值	14.452
14.28	样本方差	17.16175
17.93	卡方值	8.63
25.98	下侧临界值	10.12
10.28		
13.27		
18.74		
16.23		
14.38		
11.72		
9.69		
14.32		
16.54		
12.39		
11.68		
10.42		
13.57		
9.63		
12.42		

图 8-23　实验 8-11 检验结果

8.4　非参数检验

前面所介绍的假设检验都是在已知总体分布的条件下，对总体的一些参数，如均值和方差等进行的假设检验，而且这类检验一般都要假设总体服从于正态分布，方差相等等条件。但现实生活中所遇到的统计问题往往并不知道总体的分布，我们想要根据一组样本的信息来推断总体是否属于某种理论分布，或者判断某种现象的出现是否是随机的，或者两种及两种以上的现象之间是否有联系，及联系的紧密程度如何等。此外，统计上还有其他一些不是参数的假设检验问题以及无法确定总体服从何种分布的统计问题。这类问题统称为非参数检验问题。

一般非参数检验中的单样本检验主要包括单样本符号检验和单样本 Wilcoxon 符号检验两类。符号检验是一种利用正、负号的数目对某种假设做出判定的非参数检验方法，而 Wilcoxon 检验则是一种经过改进的符号检验。

1. 单样本符号检验

符号检验是一种利用正、负号的数目对某种假设做出判定的非参数检验方法。它不要求知道被检验量的分布规律，仅依据某种特定的正负号之数目多少来对某种假定做出检验，非常直观简便，易于理解，常被用于检验总体的均值、中位数等参数是否为某一数值，或判断总体分布有无变化。在实际中，我们常常会碰到无法用数字去描述的问题，这时符号检验法就是一种简单而有效的检验方法。

为了判断一个样本是否来自某已知中位数的总体，即样本所在总体的中位数是否等于某一已知总体的中位数，就需要进行样本中位数与总体中位数的差异显著性检验。其符号检验的基本步骤为：

提出原假设 H_0:总体中位数=d；备择假设 H_1:总体中位数$\neq d$。

将样本各观测值中大于已知总体中位数者记为"+"，小于者记为"-"，等于者记为"0"。统计"+"、"-"、"0"的个数，分别记为 n_+、n_-、n_0，令 $n = n_+ + n_-$。构造 K 统计量为 n_+、n_- 中的较小者：

$$K = \min\{n_+, n_-\} \tag{8-14}$$

检验规则为：当 $K < k_{\frac{\alpha}{2}}$，$P < \frac{\alpha}{2}$ 时拒绝 H_0，否则不能拒绝 H_0。

在 Excel 2013 中可以利用 BOINOMDIST 函数计算一元二项分布式的概率，并以此进行单样本符号检验，其表达形式为：= TDIST (number_s, trials, probability_s, cumulative)；其中，number_s 表示实验成功次数，trials 表示独立试验次数，probability_s 表示一次实验中成功的概率，cumulative 表示逻辑值，它决定函数的形式，累积分布函数使用"TRUE"，概率密度函数使用"FALSE"。

下面我们通过实验 8-12 来介绍单样本符号检验的步骤。

实验 8-12：下面仍以试验 8-1 的数据为例进行符号检验，20 户家庭年收入的原始数据如图 8-1 所示，通过样本数据来检验该地区家庭年收入的中位数是否为 20（显著性水平 $\alpha=5\%$）。

单样本符号检验的步骤如下：

（1）提出原假设 H_0:总体中位数=20，备择假设 H_1:总体中位数$\neq$20。

（2）将样本各观测值中大于已知总体中位数者记为"+"，小于者记为"-"，等于者记为"0"，单击 B2 单元格，输入公式"=IF(A2-20>0,1,0)"，表示 A2-20>0 则值为 1，否则为 0，再通过自动填充的方式将公式填充到 B3:B21 区域。

（3）计算 K 值，单击 C2 单元格，输入公式"=SUM（B2:B21）"，统计值为"1"的个数为 2，由于 2 显著小于样本容量的一半 10，因此可判断 K=2。

（4）通过 K 值计算 P 值。选中单元格 D2，单击编辑栏中的"插入函数"按钮，并在函数分类中单击"统计"，然后，在函数名的菜单中选择字符"BOINOMDIST"，单击"确定"按钮，弹出如图 8-24 所示的"函数参数"对话框，在 Number_s 文本框中输入 K 统计量的计算值 2，在 Trials 文本框中输入$(N-K)$即 18，在 Probability_s 文本框中输入事件发生的概率 0.5，在 Cumulative 文本框中输入逻辑值 TRUE，单击"确定"按钮即可得到与 K 值相对应的 P 值，计算结果如图 8-25 所示。

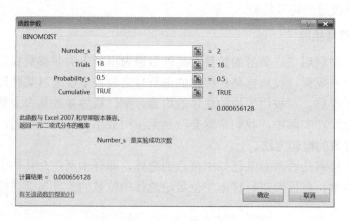

图 8-24 "函数参数"对话框

年收入（万）	K值		P值
20.25	1	2	0.0006561
15.32	0		
14.28	0		
17.93	0		
25.98	1		
10.28	0		
13.27	0		
18.74	0		
16.23	0		
14.38	0		
11.72	0		
9.69	0		
14.32	0		
16.54	0		
12.39	0		
11.68	0		
10.42	0		
13.57	0		
9.63	0		
12.42	0		

图 8-25 实验 8-12 计算结果

（5）通过 P 值判断原假设是否成立。由于 P 值为 0.000656128<0.05，因此应该拒绝原假设，即该总体的中位数不等于 20。

2. 单样本 Wilcoxon 符号检验

Wilcoxon 检验是一种经过改进的符号检验，其统计效率远比符号检验高。因为它除了比较各对数据差值的符号外，还要比较各对数据差值大小的秩次高低。

单样本的 Wilcoxon 检验，就是把样本的值减去理论均值，对于差值，不管正负，进行排序打分，然后计算差值是正的或者负的那一部分排序的和。相当于说，假设数据的分布是围绕中位数对称的,从 1 到 n 里挑一半的数出来,每一个数选中的概率是 1/2。通常取正的那一半差值的排序之和作为统计量,且这个统计量是符合正态分布的。

正秩和 R^+ 与负秩和 R^- 的数学期望和方差为

$$E(R^+) = E(R^-) = \frac{n(n+1)}{4} \tag{8-15}$$

$$\sigma_{R^+}^2 = \sigma_{R^-}^2 = \frac{n(n+1)(2n-1)}{24} \tag{8-16}$$

构造 z 统计量:

$$z = \frac{R^+ - n(n+1)/4}{\sqrt{n(n+1)(2n-1)/24}} \tag{8-17}$$

z 服从 $N(0,1)$。给定显著性水平 α,检验规则为:当 $|z| \geqslant z_{\frac{\alpha}{2}}$ 时,拒绝 H_0;当 $|z| < z_{\frac{\alpha}{2}}$ 时,不能拒绝 H_0。也可以利用 z 值计算出 P 值,当 $P < \alpha$ 时,拒绝 H_0;当 $P > \alpha$ 时,不能拒绝 H_0。

下面我们通过实验 8-13 来介绍单样本符号检验的步骤。

实验 8-13:下面仍以试验 8-1 的数据为例进行 Wilcoxon 符号检验,20 户家庭年收入的原始数据如图 8-1 所示,通过样本数据来检验该地区家庭年收入的中位数是否为 20(显著性水平 α =5%)。

单样本符号检验的步骤如下:

(1) 提出原假设 H_0:总体中位数=20,备择假设 H_1:总体中位数≠20。

(2) 计算 $X_i - d$,单击单元格 B2,输入公式 "=A2-20",并将公式复制到 B3:B21 区域。

(3) 计算 $|X_i - d|$,单击单元格 C2,输入公式 "=ABS(B2)",并将公式复制到 C3:C21 区域。

(4) 通过排序计算出 $|X_i - d|$ 各项的先后次序,并记录在 D2:D21 区域,再单击 E2 单元格,输入公式 "=IF(B2>0,D2,-D2)",并将公式复制到 E3:E21 区域,从而计算出秩次。

(5) 计算正秩和、负秩和以及 z 值,单击 A24 单元格,输入公式 "=SUMIF(E2:E21,">=0",E2:E21)",按 Enter 键得到正秩和,单击 B24 单元格,输入公式 "=SUMIF(E2:E21,"<0",E2:E21)",按 Enter 键得到负秩和,单击 C24 单元格,输入公式 "=(A24-20*21/4)/SQRT(20*21*41/24)",按 Enter 键得到 z 值。

(6) 计算 P 值,单击 D24 单元格,在单元格中输入公式 "=NORMSDIST(ABS(C24))",其中 ABS(C24)表示引用了 C24 单元格中的 z 值的绝对值,按 Enter 键即可得到的函数值;单击 E24 单元格,在单元格中输入公式 "=2*(1-D24)",按 Enter 键即可得到 P 值,计算结果如图 8-26 所示。

(7) 通过 P 值来判断原假设是否成立。P 值的计算结果为 0.0004493,显著性水平 α 为 5%,$P < \alpha$,因此应该拒绝原假设,说明该地区家庭年收入的中位数不是 20。

年收入（万）X_i 图d		$\lvert X_i$ 图$d \rvert$	排序	秩次
20.25	0.25	0.25	1	1
15.32	-4.68	4.68	6	-6
14.28	-5.72	5.72	9	-9
17.93	-2.07	2.07	3	-3
25.98	5.98	5.98	10	10
10.28	-9.72	9.72	18	-18
13.27	-6.73	6.73	12	-12
18.74	-1.26	1.26	2	-2
16.23	-3.77	3.77	5	-5
14.38	-5.62	5.62	7	-7
11.72	-8.28	8.28	15	-15
9.69	-10.31	10.31	19	-19
14.32	-5.68	5.68	8	-8
16.54	-3.46	3.46	4	-4
12.39	-7.61	7.61	14	-14
11.68	-8.32	8.32	16	-16
10.42	-9.58	9.58	17	-17
13.57	-6.43	6.43	11	-11
9.63	-10.37	10.37	20	-20
12.42	-7.58	7.58	13	-13

正秩和	负秩和	z值		P值
11	-199	-3.50927095	0.9997753	0.0004493

图 8-26   实验 8-13 检验结果

8.4.2   两样本检验

一般非参数检验中的两样本检验主要包括 Wilcoxon 秩和检验与中位数检验两类。Wilcoxon 秩和检验适用于两独立样本的差异显著性检验，用以确定两种总体的分布是否相同。中位数检验也适用于两独立样本的差异显著性检验，用以检验两总体是否具有相同的中位数。

1.   Wilcoxon 秩和检验

Wilcoxon 秩和检验适用于两独立样本的差异显著性检验，用以确定两种总体的分布是否相同，对应于参数检验中两独立样本均数之差的 T 检验。"秩" 又称等级，即按数据大小排定的顺序号，顺序号的和称 "秩和"，秩和检验就是用秩和作为统计量进行假设检验的方法。Wilcoxon 秩和检验的基本步骤为：

提出原假设 H_0：两总体分布相同；备择假设 H_1：两总体分布不同。

将两样本混合，由小到大排序（相同数据占平均等级），取容量小的样本中各数据的等级相加，记为 T。秩和 T 趋近于正态分布，即

$$T \sim N\left(\frac{n_1(n_1 + n_2 + 1)}{2} \cdot \frac{n_1 n_2(n_1 + n_2 + 1)}{12}\right) \tag{8-18}$$

构造 z 检验统计量：

$$Z = \frac{T - \dfrac{n_1(n_1 + n_2 + 1)}{2}}{\sqrt{\dfrac{n_1 n_2(n_1 + n_2 + 1)}{12}}} \sim N(0,1) \tag{8-19}$$

检验规则为：当 $\lvert z \rvert \geq z_{\frac{\alpha}{2}}$ 时，拒绝 H_0；当 $\lvert z \rvert < z_{\frac{\alpha}{2}}$ 时，不能拒绝 H_0。也可以利用 z 值计算出 P 值，当 $P < \alpha$ 时，拒绝 H_0；当 $P > \alpha$ 时，不能拒绝 H_0。

下面我们通过实验 8-14 来介绍单样本符号检验的步骤。

实验 8-14：下面仍以试验 8-5 的数据为例进行 Wilcoxon 秩和检验，新旧两种肥料得到的产量数据如图 8-8 所示，通过样本数据来检验新旧两种肥料得到的产量数据是否相同（显著性水平 $\alpha=5\%$）。

Wilcoxon 秩和检验的步骤如下：

（1）　提出原假设 H_0：两总体分布相同，备择假设 H_1：两总体分布不同。

（2）　将两样本混合，由小到大排序（相同数据占平均等级），取容量小的样本中各数据的等级相加，记为 T，通过与实验 8-13 类似的方法计算出 T 值。

（3）　计算 z 值，单击单元格 F3，在单元格中输入公式 "=(F2-20*(20+20+1)/2)/SQRT(20*20*(20+20+1)/12)"，按 Enter 键即可得到 z 值。

（4）　计算 P 值。单击 F4 单元格，在单元格中输入公式 "=NORMSDIST(ABS(F3))"，按 Enter 键即可得到的函数值；单击 F5 单元格，在单元格中输入公式 "=2*（1-F4）"，按 Enter 键即可得到 P 值，计算结果如图 8-27 所示。

（5）　通过 P 值来判断原假设是否成立。P 值的计算结果为 1.175E-05，显著性水平 α 为 5%，$P<\alpha$，因此应该拒绝原假设，说明两总体分布不同。

2.　中位数检验

中位数检验也适用于两独立样本的差异显著性检验，用以检验两总体是否具有相同的中位数。中位数检验法是用中位数作为统计量进行假设检验的方法，它将各组样本数据合在一起找出共同的中位数，然后分别计算每个样本在共同中位数上、下的频数，再进行 $R \times C$ 表卡方检验。所以实际上中位数检验法是利用卡方独立性检验进行统计决策。中位数检验的基本步骤为：

提出原假设 H_0：两总体分布具有相同中位数；备择假设 H_1：两总体分布中位数不相同。

旧肥料		新肥料			
99	8.5	112	34.5	T值	248
102	16.5	106	22	z值	-4.382114
97	3.5	106	22		0.9999941
109	27	110	30	P值	1.175E-05
101	13	109	27		
94	2	111	32.5		
88	1	118	38		
101	13	111	32.5		
97	3.5	110	30		
98	5.5	112	34.5		
108	25	99	8.5		
102	16.5	102	16.5		
98	5.5	118	38		
99	8.5	100	11		
102	16.5	107	24		
104	19.5	110	30		
99	8.5	109	27		
104	19.5	113	36		
106	22	118	38		
101	13	120	40		

图 8-27　实验 8-14 检验结果

两样本由小到大混合排序，求混合排序数列的中位数，分别找出每一样本中大于及小于总体中位的数据个数（中数本身并不计算在内），并列出如表 8-1 所示的四格表；对四格表进行 χ^2 检验。构造 χ^2 统计量：

$$\chi^2 = \frac{N\left(|AD-BC|-\dfrac{N}{2}\right)^2}{(A+B)(C+D)(A+C)(B+D)} \tag{8-20}$$

表 8-1 中位数检验四格表

	组 1	组 2	总计
合并中位数以上的评分数	A	B	$A+B$
合并中位数以下的评分数	C	D	$C+D$
总计	$A+C$	$B+D$	$N=n_1+n_2$

χ^2 服从 $\chi^2(n-1)$。给定显著性水平 α，检验规则为：当 $\chi^2 \geqslant \chi^2_{\frac{\alpha}{2}}(n-1)$ 或 $\chi^2 \leqslant \chi^2_{1-\frac{\alpha}{2}}(n-1)$ 时拒绝 H_0，否则不能拒绝 H_0。

相对秩和检验法，由于中数检验只考虑每个样本里中数上下的数据个数，实际上将顺序数据降级为性质数据进行处理，所以利用数据的信息要少一些，因此可靠性也就差一些。

$$=\text{MEDIAN}（number1,[number2],\cdots）$$

其中 number1，number2 表示用于中值计算的数值、名称、数组或数值引用，中括号表示此选项为可选。

下面我们通过实验 8-15 来介绍单样本符号检验的步骤。

实验 8-15： 下面仍以试验 8-5 的数据为例进行中位数检验，新旧两种肥料得到的产量数据如图 8-8 所示，通过样本数据来检验新旧两种肥料得到的产量数据是否有相同的中位数（显著性水平 $\alpha=5\%$）。

中位数检验的步骤如下：

（1） 提出原假设 H_0：两总体中位数相同，备择假设 H_1：两总体中位数不同。

（2） 计算合并中位数，单击 D2 单元格，输入公式 "=MEDIAN(A2:A21,B2:B21)"，A2:A21,B2:B21 即为两个样本数据所在区域，按 Enter 键得到两个样本合并后的中位数。

（3） 根据合并中位数分类数据，按照表 8-1 将分类数据填入表中。

（4） 计算 χ^2 值，单击单元格 D9，在单元格中输入公式 "=40*(ABS(D5*E6-E5*D6)-F7/2)^2/(F5*F6*E7*D7)"，相当于运算公式 $\chi^2 = \dfrac{N\left(|AD-BC|-\dfrac{N}{2}\right)^2}{(A+B)(C+D)(A+C)(B+D)}$，按 Enter 键即可得到 χ^2 值，并通过与实验 8-3（5）相同的方法计算 χ^2 上下侧临界值，计算结果如图 8-28 所示。

（5） 通过 χ^2 值和 χ^2 分布两侧临界值来判断原假设是否成立。χ^2 值的计算结果为 16.9，而 $\chi^2_{\frac{\alpha}{2}}(n-1)$=27.48839，$\chi^2_{1-\frac{\alpha}{2}}(n-1)$=6.26214，$\chi^2$ 值介于上侧临界值与下侧临界值之间，因此无法拒绝原假设两总体中位数相同。

▲	A	B	C	D	E	F
1	旧肥料	新肥料				
2	99	112	合并中位数	105		
3	102	106				
4	97	106		旧肥料	新肥料	总计
5	109	110	在合并中位数之上	3	17	20
6	101	109	在合并中位数之下	17	3	20
7	94	111	总计	20	20	40
8	88	118				
9	101	111	卡方值	16.9		
10	97	110	卡方上侧临界值	27.48839		
11	98	112	卡方下侧临界值	6.26214		
12	108	99				
13	102	102				
14	98	118				
15	99	100				
16	102	107				
17	104	110				
18	99	109				
19	104	113				
20	106	118				
21	101	120				

图 8-28　实验 8-15 检验结果

8.5　上机题

	光盘：\录像\第 8 章\上机题\……
	光盘：\上机题\第 8 章\习题\……

1. 数据表中给出了随机抽样的 16 个某元件的寿命（单位：小时）的全部数据，该元件的寿命服从正态分布。（显著性水平 $\alpha=5\%$）（数据路径：光盘：\上机题\第 8 章\习题\第 8 章第 1 题）

寿　命
280
156
101
212
222
362
268
251
150
224
397
180
165
278
170
485

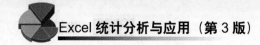

（1）　检验该元件寿命是否等于 220 小时。

（2）　检验该元件寿命是否大于 220 小时。

（3）　检验该元件寿命的方差是否等于 400。

（4）　检验该元件寿命的方差是否小于 400。

2. 某厂商希望考察甲乙两台机器的准确性和稳定性，为此该厂商观察了这两台机器生产出来的产品的重量（单位：g），全部数据如下表所示。（显著性水平 α=5%）（数据路径：光盘：\上机题\第 8 章\习题\第 8 章第 2 题）

机 器 甲	机 器 乙
3.45	3.22
3.21	3.38
3.22	3.31
3.58	3.37
2.95	3.28
3.16	3.15
3.25	3.29
3.22	3.16
1.98	3.36
3.75	3.34
3.38	3.35
3.45	3.27
3.48	3.31
3.18	3.33

（1）　比较这两台机器生产出来的产品重量的均值是否相等。

（2）　比较这两台机器生产出来的产品重量的方差是否相等。

3. 某企业为比较两种方法对员工进行培训的效果，采用方法 1 对 15 名员工进行培训，采用方法 2 对 12 名员工进行培训。培训后的测试分数如下表所示，问检验两种方法的培训效果是否有差异？（显著性水平 α=5%）（数据路径：光盘：\上机题\第 8 章\习题\第 8 章第 3 题）

方 法 1	方 法 2
56	59
47	52
42	53
50	54
47	57
51	56
52	55
53	64
42	53
44	65
45	53
43	57
52	
48	
44	

4. 某公司随机抽取了 15 名员工,并统计他们最近一周的加班时间,全部数据如下表。检验该公司员工最近一周加班时间的中位数是否为 17。(显著性水平 $\alpha=5\%$)(数据路径:光盘:\上机题\第 8 章\习题\第 8 章第 4 题)

加班时间
3
6
21
10
17
12
20
11
8
7
0
21
4
24
16

第9章 方差分析

方差分析又称变异数分析或 F 检验，其目的是推断两组或多组资料的总体均数是否相同，检验两个或多个样本均数的差异是否有统计学意义。由于各种因素的影响，研究所得的数据呈现波动状。造成波动的原因可分成两类，一类是不可控的随机因素，另一类是研究中施加的对结果形成影响的可控因素。一个复杂的事物，其中往往有许多因素互相制约又互相依存。方差分析的目的是通过数据分析找出对该事物有显著影响的因素，各因素之间的交互作用，以及显著影响因素的最佳水平等。

9.1 单因素方差分析介绍

根据所分析分类自变量的多少，方差分析可分为单因素方差分析和双因素方差分析。当方差分析中只涉及一个分类型自变量时称为单因素方差分析。

9.1.1 单因素方差分析

单因素方差分析是用来研究一个控制变量的不同水平是否对观测变量产生了显著影响的。这里由于仅研究单个因素对观测变量的影响，因此称为单因素方差分析。

与单因素方差分析对应的是单因素试验。在单因素试验中，可以获得 n 组独立的样本观察值，每组观察数目为 k 个，其中 k 表示单因素的分类数目。单因素试验的结果以 n 行 k 列表示，如表 9-1 所示，从而构成单因素分析的数据结构。

表 9-1　单因素方差分析数据结构

观 测 值	因　素			
	A	B	$\cdots$	k
1	$A1$	$B1$	$\cdots$	$k1$
2	$A2$	$B2$	$\cdots$	$k2$
3	$A3$	$B3$	$\cdots$	$k3$
$\cdots$	$\cdots$	$\cdots$	$\cdots$	$\cdots$
n	An	Bn	$\cdots$	kn

单因素方差分析的步骤如下。

（1）提出假设。

在方差分析中，原假设所描述的是在按照自变量的取值分类中，因变量的均值相等。若用 m 来表示均值，则 $m_1, m_2, \cdots, m_k$ 分别表示自变量的取值分类组的均值，因此需要提出假设：

原假设 H_0: $m_1 = m_2 = \cdots = m_k$ 　　　　　　（自变量对因变量无显著影响）

备择假设 H_1: $m_1, m_2, \cdots, m_k$ 不全相等 　　　　（自变量对因变量有显著影响）

若拒绝原假设，表示自变量对因变量有显著影响，若不拒绝原假设，则表示自变量对因变量没有显著影响。

（2）构造检验所需的统计量。

第 i 个总体的样本均值 $\bar{x}_i$ 的计算公式为

$$\bar{x}_i = \frac{\sum\limits_{j=1}^{n_i} x_{ij}}{n_i} \qquad (i = 1, 2, \cdots, k) \tag{9-1}$$

其中，n_i 为第 i 个总体的样本观察值个数，x_{ij} 为第 i 个总体的第 j 个观察值。

所有数据的总均值的计算公式为

$$\bar{\bar{x}} = \frac{\sum\limits_{i=1}^{k}\sum\limits_{j=1}^{n_i} x_{ij}}{\sum\limits^{k} n} = \frac{\sum\limits_{i=1}^{k} n_i \bar{x}_i}{\sum\limits^{k} n} \tag{9-2}$$

总平方和反映全部观察值的离散状况，其计算公式为

$$SST = \sum_{i=1}^{k}\sum_{j=1}^{n_i} \left(x_{ij} - \bar{\bar{x}} \right)^2 \tag{9-3}$$

组间平方和反映各总体的样本均值之间的差异程度，其计算公式为

$$SSA = \sum_{i=1}^{k}\sum_{j=1}^{n_i} \left(\bar{x}_i - \bar{\bar{x}} \right)^2 = \sum_{i=1}^{k} n_i \left(\bar{x}_i - \bar{\bar{x}} \right)^2 \tag{9-4}$$

组内平方和反映每个样本各观察值的离散状况，其计算公式为

$$SSE = \sum_{i=1}^{k}\sum_{j=1}^{n_i} \left(x_{ij} - \bar{x}_i \right)^2 \tag{9-5}$$

由于各误差平方和的大小与观察值的多少有关，为消除观察值多少对误差平方和大小的影响，需要将其平均，由此计算出组间均方和组内均方。

组间均方的计算公式为

$$MSA = \frac{SSA}{k-1} \tag{9-6}$$

组内均方的计算公式为

$$MSE = \frac{SSE}{n-k} \tag{9-7}$$

F 统计量，其计算公式为

$$F = \frac{MSA}{MSE} \sim F(k-1, n-k) \tag{9-8}$$

当原假设为真时，F 统计量从分子自由度为 $k-1$、分母自由度为 $n-k$ 的 F 分布。

（3） 判断各统计量的意义。

将统计量的值 F 与给定的显著性水平 α 的临界值 F_α 进行比较，做出对原假设 H_0 的决策，也可以利用 F 值计算出 P 值，当 $P < \alpha$ 时，拒绝 H_0；当 $P > \alpha$ 时，不能拒绝 H_0。拒绝原假设表明自变量与观测值之间有显著关系，组间平方和 SSA 度量了自变量对因变量的影响效应。只要组间平方和 SSA 不等于 0，就表明两个变量之间有关系，当组间平方和比组内平方和 SSE 大，而且大到一定程度时，就意味着两个变量之间的关系显著，大得越多，表明它们之间的关系就越强。反之，就意味着两个变量之间的关系不显著，小得越多，表明它们之间的关系就越弱。

9.1.2 方差分析表

方差分析表是表示方差分析结果的一种表格。表格中通常列出方差来源、变差平方和、自由度、方差估计值、方差比、统计量 F 临界值、显著性检验标记符等，有时还列出方差组成，以表格形式表示方差分析结果，简单明了。Excel 单因素方差分析的最终输出结果便是以方差分析表的结果给出的。方差分析表的一般形式如图 9-1 所示。

	A	B	C	D	E	F	G
1	差异源	平方和	自由度	均方	F 值	P 值	F 临界值
2	组间	SSA	k-1	MSA	MSA/MSE		
3	组内	SSE	n-k	MSE			
4	总和	SST	n-1				

图 9-1　方差分析表的一般形式

在 Excel 2013 中用户可以通过"数据"选项卡"数据分析"工具中的"方差分析：单因素方差分析"分析工具对单因素试验数据进行单因素方差分析。下面我们通过实验 9-1 说明如何具体使用 Excel 2013 来进行单因素方差分析。

实验 9-1：下面以某公司将 20 名新员工经 A、B、C 三种不同培训方式后组装一件产品所花的时间数据为例，20 名员工组装一件产品所花的时间的原始数据如图 9-2 所示，通过样本数据比较 A、B、C 三种不同的培训方式对产品组装时间的多少是否有显著影响。

	A	B	C
1	培训方式		
2	A	B	C
3	8	8.2	8.6
4	9.3	6.7	9.4
5	8.2	7.4	9.1
6	9	8.7	8.3
7	8.6	8.2	8.3
8	8.5	7.8	8.8
9	9.5	8.3	9.9
10	8.8	8.4	9.4
11	7.9	9.2	

图 9-2　实验 9-1 原始数据

通过 Excel 2013 进行单因素方差分析的具体步骤如下：

（1） 提出原假设：A、B、C 三种不同的培训方式对产品组装时间的多少无显著影响，备择假设：A、B、C 三种不同的培训方式对产品组装时间的多少有显著影响。

（2）选择"数据"选项卡，执行"分析"组内的"数据分析"命令，在如图 9-3 所示的"数据分析"对话框中选择"方差分析：单因素方差分析"分析工具，单击"确定"按钮，弹出如图 9-4 所示的"方差分析：单因素方差分析"对话框。

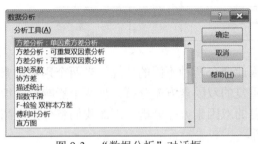

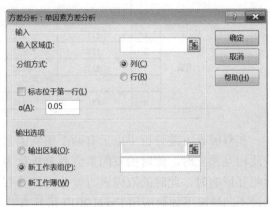

图 9-3　"数据分析"对话框　　　　图 9-4　"方差分析：单因素方差分析"对话框

（3）在"方差分析：单因素方差分析"对话框中的"输入区域"文本框中输入数据所在区域"A3:C11"；按照实验的数据结构在"分组方式"一栏中选择"列"；在"α"文本框中输入显著性水平 0.05；单击"确定"按钮即可完成，分析的结果将会生成在如图 9-5 所示的新工作表中。

	A	B	C	D	E	F	G
1	方差分析: 单因素方差分析						
2							
3	SUMMARY						
4	组	观测数	求和	平均	方差		
5	列 1	9	77.8	8.644444	0.312778		
6	列 2	9	72.9	8.1	0.5325		
7	列 3	8	71.8	8.975	0.330714		
8							
9							
10	方差分析						
11	差异源	SS	df	MS	F	P-value	F crit
12	组间	3.346239	2	1.67312	4.239375	0.027081	3.422132
13	组内	9.077222	23	0.394662			
14							
15	总计	12.42346	25				

图 9-5　实验 9-1 分析结果

（4）分析方差分析的结果。从图 9-5 所示的分析结果中可看出，计算的 F 值为 4.239375，大于 F 临界值，同时 P 值为 0.027081，小于显著性水平 0.05，说明应该拒绝原假设，可以得出结论：A、B、C 三种不同的培训方式对产品组装时间有显著影响。

9.2　双因素方差分析

单因素方差分析只是考虑一个分类型自变量对数值型因变量的影响。在对实际问题的研究中，有时需要考虑几个因素对结果的影响。当方差分析中涉及两个分类型自变量时，称为双因素方差分析。

与双因素方差分析对应的是双因素试验。在双因素试验中，试验的结果同时受两个因素的影响，这两个因素分别称为行因素和列因素。若用 n 表示行因素的分类数目，k 表示列因素的分类数目，则双因素试验的结果以 n 行 k 列表示，如表 9-2 所示，从而构成双因素分析的数据结构。

表 9-2　双因素方差分析数据结构

		列 因 素				
		1	2	3	⋯	k
行因素	1	$A11$	$A12$	$A12$	⋯	$A1k$
	2	$A21$	$A22$	$A23$	⋯	$A2k$
	3	$A31$	$A32$	$A33$	⋯	$A3k$
	⋯	⋯	⋯	⋯	⋯	⋯
	n	$An1$	$An2$	$An3$	⋯	Ank

在双因素方差分析中由于有两个影响因素，因此要分两种不同的情况。当两个影响因素彼此相互独立时，此时的双因素方差分析称为无重复的双因素方差分析；当两个影响因素彼此相互影响时，此时的双因素方差分析称为有重复的双因素方差分析。下面我们将分别介绍两种不同情况下如何应用 Excel 2013 进行方差分析。

9.2.1　无重复的双因素方差分析

无重复的双因素方差分析是最基本的双因素方差分析，它不考虑两个影响因素之间的相互影响。无重复的双因素方差分析的步骤如下。

（1）　提出假设。

在方差分析中，原假设所描述的是在按照两个自变量的取值分成的类中，因变量的均值相等。若用 m 来表示均值，则 $m_1, m_2, \cdots, m_n$ 分别表示行因素分类组的均值；$m_1, m_2, \cdots, m_k$ 分别表示列因素分类组的均值，因此需要提出两个假设：

对行因素的假设：

原假设 H_0：$m_1 = m_2 = \cdots = m_n$　　　　（行因素对因变量无显著影响）

备择假设 H_1：$m_1, m_2, \cdots, m_n$ 不全相等　　　（行因素对因变量有显著影响）

若拒绝原假设，表示行因素对因变量有显著影响；若不拒绝原假设，则表示行因素对因变量没有显著影响。

对列因素的假设：

原假设 H_0：$m_1 = m_2 = \cdots = m_k$　　　　（列因素对因变量无显著影响）

备择假设 H_1：$m_1, m_2, \cdots, m_k$ 不全相等　　　（列因素对因变量有显著影响）

若拒绝原假设，表示列因素对因变量有显著影响；若不拒绝原假设，则表示列因素对因变量没有显著影响。

（2）　构造检验所需的统计量。

$\bar{x}_{i.}$ 是行因素的第 i 个水平下各观察值的平均值：

$$\bar{x}_{i.} = \frac{\sum_{j=1}^{r} x_{ij}}{r} \qquad (i = 1, 2, \cdots, k) \tag{9-9}$$

$\bar{x}_{.j}$ 是列因素的第 j 个水平下各观察值的平均值：

$$\bar{x}_{.j} = \frac{\sum_{i=1}^{k} x_{ij}}{k} \qquad (j = 1, 2, \cdots, r) \tag{9-10}$$

$\overline{\overline{x}}$ 是全部 kr 个样本数据的总平均值:

$$\overline{\overline{x}} = \frac{\sum_{i=1}^{k}\sum_{j=1}^{r} x_{ij}}{kr} \qquad (9\text{-}11)$$

总平方和反映全部观察值的离散状况, 其计算公式为

$$SST = \sum_{i=1}^{k}\sum_{j=1}^{r}\left(x_{ij} - \overline{\overline{x}}\right)^2 \qquad (9\text{-}12)$$

行因素误差平方和计算公式为

$$SSR = \sum_{i=1}^{k}\sum_{j=1}^{r}\left(\overline{x}_{i.} - \overline{\overline{x}}\right)^2 \qquad (9\text{-}13)$$

列因素误差平方和计算公式为

$$SSC = \sum_{i=1}^{k}\sum_{j=1}^{r}\left(\overline{x}_{.j} - \overline{\overline{x}}\right)^2 \qquad (9\text{-}14)$$

随机误差项平方和计算公式为

$$SSE = \sum_{i=1}^{k}\sum_{j=1}^{r}\left(x_{ij} - \overline{x}_{i.} - \overline{x}_{.j} + \overline{\overline{x}}\right)^2 \qquad (9\text{-}15)$$

由于各误差平方和的大小与观察值的多少有关, 为消除观察值多少对误差平方和大小的影响, 需要将其平均, 由此计算出行因素均方、列因素均方和随机误差均方。

行因素的均方, 记为 MSR, 计算公式为

$$MSR = \frac{SSR}{k-1} \qquad (9\text{-}16)$$

列因素的均方, 记为 MSC, 计算公式为

$$MSC = \frac{SSC}{r-1} \qquad (9\text{-}17)$$

误差项的均方, 记为 MSE, 计算公式为

$$MSE = \frac{SSE}{(k-1)(r-1)} \qquad (9\text{-}18)$$

检验行因素的统计量计算公式为

$$F_R = \frac{MSR}{MSE} \sim F\left(k-1, (k-1)(r-1)\right) \qquad (9\text{-}19)$$

检验列因素的统计量计算公式为

$$F_C = \frac{MSC}{MSE} \sim F\left(r-1, (k-1)(r-1)\right) \qquad (9\text{-}20)$$

(3)　判断各统计量的意义。

将统计量的值 F 与给定的显著性水平 α 的临界值 F_α 进行比较, 做出对原假设 H_0 的决策, 也可以利用 F 值计算出 P 值, 当 $P < \alpha$ 时, 拒绝 H_0; 当 $P > \alpha$ 时, 不能拒绝 H_0。拒绝行因素

原假设表明均值之间的差异是显著的，即所检验的行因素对观察值有显著影响；拒绝列因素原假设表明均值之间的差异是显著的，即所检验的列因素对观察值有显著影响。

在 Excel 2013 中用户可以通过"数据"选项卡"数据分析"工具中的"方差分析：无重复双因素分析"分析工具对重复的双因素试验数据进行无重复双因素方差分析。Excel 无重复的双因素方差分析的最终输出结果无重复的双因素方差分析表如图 9-6 所示。

	A	B	C	D	E	F	G
1	误差来源	平方和	自由度	均方	F值	P值	F临界值
2	行因素	SSR	k-1	MSR	MSR/MSE		
3	列因素	SSC	r-1	MSC	MSC/MSE		
4	误差	SSE	(k-1)(r-1)	MSE			
5	总和	SST	kr-1				

图 9-6　无重复的双因素方差分析表

下面我们通过实验 9-2 说明如何使用 Excel 2013 来进行无重复的双因素方差分析。

实验 9-2：下面以某公司 4 种产品 1～6 月的销售数据为例，该公司 4 种产品 1～6 月的销售原始数据如图 9-7 所示，分析该公司不同产品间的销售是否存在差异，不同月份之间的销售是否存在差异。

	A	B	C	D	E	F	G
1	产品	1月	2月	3月	4月	5月	6月
2	1	18	23	26	27	30	31
3	2	19	22	24	26	28	30
4	3	17	20	22	24	26	28
5	4	18	19	20	22	24	26

图 9-7　实验 9-2 原始数据

通过 Excel 2013 进行无重复的双因素方差分析的具体步骤如下：

（1）提出行因素原假设：该公司产品不同月份间的销售不存在差异，备择假设：该公司产品不同月份间的销售存在差异。

提出列因素原假设：该公司不同产品间的销售不存在差异，备择假设：该公司不同产品间的销售存在差异。

（2）选择"数据"选项卡，执行"分析"组内的"数据分析"命令，在如图 9-3 所示的"数据分析"对话框中选择"方差分析：无重复双因素分析"分析工具，单击"确定"按钮，弹出如图 9-8 所示的"方差分析：无重复双因素分析"对话框。

图 9-8　"方差分析：无重复双因素分析"对话框

（3） 在"方差分析：无重复双因素分析"对话框中的"输入区域"文本框中输入数据所在区域"B2:G5"，"α"文本框中输入显著性水平"0.05"，单击"确定"按钮完成分析，分析的结果将会生成在如图 9-9 所示的新工作表中。

	A	B	C	D	E	F	G
1	方差分析：无重复双因素分析						
2							
3	SUMMARY	观测数	求和	平均	方差		
4	行 1	6	155	25.83333	22.96667		
5	行 2	6	149	24.83333	16.16667		
6	行 3	6	137	22.83333	16.16667		
7	行 4	6	129	21.5	9.5		
8							
9	列 1	4	72	18	0.666667		
10	列 2	4	84	21	3.333333		
11	列 3	4	92	23	6.666667		
12	列 4	4	99	24.75	4.916667		
13	列 5	4	108	27	6.666667		
14	列 6	4	115	28.75	4.916667		
15							
16							
17	方差分析						
18	差异源	SS	df	MS	F	P-value	F crit
19	行	68.5	3	22.83333	26.34615	3.15E-06	3.287382
20	列	311	5	62.2	71.76923	6.18E-10	2.901295
21	误差	13	15	0.866667			
22							
23	总计	392.5	23				

图 9-9　实验 9-2 分析结果

（4） 分析方差分析的结果。从图 9-9 所示的分析结果中可看出，对于行因素的检验，计算的 F 值为 26.34615，明显大于 F 临界值，同时 P 值为 3.15E-06，小于显著性水平 0.05，说明应该拒绝行因素原假设，可以得出结论：该公司产品不同月份间的销售存在差异。对于列因素的检验，计算的 F 值为 71.76923，明显大于 F 临界值，同时 P 值为 6.18E-10，小于显著性水平 0.05，说明应该拒绝列因素原假设，可以得出结论：该公司不同产品间的销售存在差异。从而可以得出总结论为：该公司不同产品和不同月份间的销售都存在差异。

9.2.2　可重复的双因素方差分析

如果两个因素对因变量的影响是独立的，但两个因素搭配在一起会对因变量产生一种新的效应，就需要考虑交互作用对因变量的影响，此时的方差分析被称为可重复的双因素方差分析。

可重复的双因素方差分析的步骤与无重复的双因素方差分析的步骤类似，提出的假设和构造的基本统计量都相同，由于相互作用的存在，因此要比无重复的双因素方差分析的多一个交互作用相平方和，这里直接给出重要统计量计算方法。

总平方和计算公式为

$$SST = \sum_{i=1}^{k}\sum_{j=1}^{r}\sum_{l=1}^{m}(x_{ijl} - \overline{\overline{x}})^2 \tag{9-21}$$

行因素误差平方和计算公式为

$$SSR = rm\sum_{i=1}^{k}(\overline{x}_{i.} - \overline{\overline{x}})^2 \tag{9-22}$$

列因素误差平方和计算公式为

$$SSC = km\sum_{j=1}^{r}(\overline{x}_{.j} - \overline{\overline{x}})^2 \tag{9-23}$$

交互作用相平方和计算公式为

$$SSRC = m\sum_{i=1}^{k}\sum_{j=1}^{r}(\overline{x}_{ij} - \overline{x}_{i.} - \overline{x}_{.j} + \overline{\overline{x}})^2 \tag{9-24}$$

随机误差项平方和计算公式为

$$SSE = SST - SSR - SSC - SSRC \tag{9-25}$$

由于各误差平方和的大小与观察值的多少有关，为消除观察值多少对误差平方和大小的影响，需要将其平均，由此计算出行因素均方、列因素均方和随机误差均方。

行因素的均方和列因素的均方的计算公式与有重复的双因素方差分析的相同，交互作用的均方计算公式为

$$MSRC = \frac{SSRC}{(k-1)(r-1)} \tag{9-26}$$

误差项均方计算公式为

$$MEC = \frac{SSE}{kr(m-1)} \tag{9-27}$$

检验行因素的统计量与检验列因素的统计量的计算公式与有重复的双因素方差分析的相同，检验交互作用的统计量公式为

$$F_{RC} = \frac{MSRC}{MSE} \tag{9-28}$$

对各统计量的意义的判断方法也与有重复的双因素方差分析的相同，这里不再赘述。

在 Excel 2013 中用户可以通过"数据分析"工具中的"方差分析：可重复双因素分析"分析工具对可重复的双因素试验数据进行可重复双因素方差分析。Excel 可重复的双因素方差分析的最终输出结果可重复的双因素方差分析表如图 9-10 所示。

	A	B	C	D	E	F	G
1	误差来源	平方和	自由度	均方	F值	P值	F临界值
2	行因素	SSR	k-1	MSR	MSR/MSE		
3	列因素	SSC	r-1	MSC	MSC/MSE		
4	交互作用	SSRC	(k-1)(r-1)	MSRC	MSRC/MSE		
5	误差	SSE	kr(m-1)	MSE			
6	总和	SST	n-1				

图 9-10　可重复的双因素方差分析表

下面我们通过实验 9-3 说明如何使用 Excel 2013 来进行可重复的双因素方差分析。

实验 9-3：下面以某公司的产品某月在 3 个不同地区中用 3 种不同包装方法进行销售所获得的销售数据为例，实验原始数据如图 9-11 所示。分析不同的地区和不同的包装方法对该食品的销售量是否有显著影响。

◢	A	B	C	D
1	销售地区	包装方法		
2		B₁	B₂	B₃
3	A₁	45	75	30
4		50	50	40
5	A₂	35	65	50
6		38	52	46
7	A₃	47	47	54
8		55	38	53

图 9-11 试验 9-3 原始数据

通过 Excel 2013 进行可重复的双因素方差分析的具体步骤如下：

（1）提出行因素原假设：该公司产品不同地区的销售不存在差异，备择假设：该公司产品不同地区的销售存在差异。

提出列因素原假设：该公司不同包装方法的销售不存在差异，备择假设：该公司不同包装的销售存在差异。

提出交互作用假设：该公司不同地区和不同包装之间不存在交互关系，备择假设：该公司不同地区和不同包装之间存在交互关系。

（2）在"数据"选项卡中单击"数据分析"按钮，在如图 9-3 所示的"数据分析"对话框中选择"方差分析：可重复双因素分析"分析工具，单击"确定"按钮，弹出如图 9-12 所示的"方差分析：可重复双因素分析"对话框。

（3）在"方差分析：可重复双因素分析"对话框中的"输入区域"文本框中输入数据所在区域"B3:D8"；在"每一样本的行数"文本框中输入包含在每一个样本中的行数"2"，在"α"文本框中输入显著性水平"0.05"，单击"确定"按钮即可完成，分析的结果将会生成在如图 9-13 所示的新工作表中。

图 9-12 "方差分析：可重复双因素分析"对话框

	A	B	C	D	E	F	G
1	方差分析:可重复双因素分析						
2							
3	SUMMARY	B1	B2	B3	总计		
4	A1						
5	观测数	2	2	2	6		
6	求和	95	125	70	290		
7	平均	47.5	62.5	35	48.3333		
8	方差	12.5	312.5	50	226.667		
9							
10	A2						
11	观测数	2	2	2	6		
12	求和	73	117	96	286		
13	平均	36.5	58.5	48	47.6667		
14	方差	4.5	84.5	8	116.267		
15							
16	A3						
17	观测数	2	2	2	6		
18	求和	102	85	107	294		
19	平均	51	42.5	53.5	49		
20	方差	32	40.5	0.5	41.2		
21							
22	总计						
23	观测数	6	6	6			
24	求和	270	327	273			
25	平均	45	54.5	45.5			
26	方差	55.6	177.1	83.9			
27							
28							
29	方差分析						
30	差异源	SS	df	MS	F	P-value	F crit
31	样本	5.33333	2	2.66667	0.04404	0.95712	4.25649
32	列	343	2	171.5	2.83211	0.11115	4.25649
33	交互	1032.67	4	258.167	4.2633	0.03302	3.63309
34	内部	545	9	60.5556			
35							
36	总计	1926	17				

图 9-13 实验 9-3 分析结果

（4） 给出方差分析的结果。第一部分为"SUMMARY"，分别给出了不同行和列的观测值、和、均值和方差；第二部分为"总计"和"方差分析"，给出了双因素分析的方差分析表。

（5） 分析方差分析结果。从图 9-13 所示的分析结果中可看出，对于行因素的检验，计算的 F 值为 0.04404，明显小于 F 临界值，同时 P 值为 0.95712，大于显著性水平 0.05，说明无法拒绝行因素原假设，可以得出结论：该公司产品不同地区的销售不存在差异。对于列因素的检验，计算的 F 值为 2.83211，明显小于 F 临界值，同时 P 值为 0.11115，大于显著性水平 0.05，说明无法拒绝列因素原假设，可以得出结论：该公司不同包装方法的销售不存在差异。对于交互作用因素的检验，计算的 F 值为 4.2633，明显大于 F 临界值，同时 P 值为 0.03302，小于显著性水平 0.05，说明应该拒绝列因素原假设，可以得出结论：该公司不同地区和不同包装之间存在交互关系。从而可以得出总结论为：该公司不同包装方法和不同地区对销售不存在显著影响，但不同地区和不同包装之间存在交互作用，且相互作用对销售的影响显著。

9.3　上机题

光盘：\录像\第 9 章\上机题\……

光盘：\上机题\第 9 章\习题\……

1. 让四位学生先后做三套不同类型的数学测试（代数、几何、概率统计）的测验，测验的成绩如下所示，分析三套测验的平均分是否有显著差异。（数据路径：光盘：\上机题\第 9 章\习题\第 9 章第 1 题）

学生成绩数据

学生序号	代　　数	几　　何	概率统计
1	72.1	72.3	71.5
2	71.6	72.6	70.6
3	70.8	73.4	70.1
4	72.3	72.2	71.7

2. 某实验室做实验，按照体重的轻重将 30 只同性别老鼠分为 6 组，相近 5 只老鼠设为一组，分别用 5 种方法染尘，测得的各鼠全肺湿重数据见下表。（数据路径：光盘：\上机题\第 9 章\习题\第 9 章第 2 题）

老鼠经染尘后全肺湿重

组	对　　照	A　　组	B　　组	C　　组	D　　组
第 1 组	1.4	4.1	1.9	1.5	2.0
第 2 组	1.5	3.6	1.9	2.4	2.3
第 3 组	1.5	4.3	2.1	2.3	2.6
第 4 组	1.8	3.3	2.3	2.5	2.6
第 5 组	1.8	4.2	1.8	1.8	2.4
第 6 组	1.5	3.3	1.7	2.4	2.1

（1） 分析不同的处理方法对全肺湿重有无显著影响。

（2） 分析不同的老鼠体重对全肺湿重有无显著影响。

3. 某营销公司按照 4 种不同的影响方案对 ABCD 四个不同的顾客群体进行了营销，营销后的销售数据如下所示。（数据路径：光盘：\上机题\第 9 章\习题\第 9 章第 3 题）

营销方案	顾客群体			
	A	B	C	D
1	8	7	10	9
	11	13	13	12
2	13	14	17	9
	15	17	13	12
3	16	17	18	19
	17	16	22	20
4	19	21	19	18
	21	23	22	19

（1） 分析不同的顾客群体对销售额是否有显著影响。

（2） 分析不同的营销手段对销售额是否有显著影响。

（3） 分析不同的顾客群体和营销手段之间的交互作用对销售额是否有显著影响。

第10章 相 关 分 析

相关分析是研究现象之间是否存在某种依存关系，并探讨具有依存关系的现象之间的相关方向以及相关程度，进而研究随机变量之间的相关关系的一种统计方法。本章将结合大量实例说明如何利用 Excel 2013 对数据文件进行相关分析。

10.1 相关分析概述

现象与现象之间的依存关系，从数量联系上来看，可以分为两种不同的类型，即函数关系和相关关系。

函数关系是从数量上反映现象间严格的依存关系，是一一对应的确定关系。即当一个或几个变量取一定的值时，另一个变量有确定值与之相对应。相关关系则是现象间不严格的依存关系，即各变量之间存在的不确定的数量关系。在相关关系中，当一个或几个相互联系的变量取一定数值时，与之对应的另一变量值也相应发生变化，但其关系值不是固定的，往往按照某种规律在一定的范围内变化。

回归方程的确定系数在一定程度上反映了两个变量之间关系的密切程度，并且确定系数的平方根就是相关系数。但确定系数一般是在拟合回归方程之后计算的，如果两个变量间的相关程度不高，拟合回归方程便没有意义，因此相关分析往往在回归分析前进行。

现象之间的相关关系按照不同的标准有不同的分类：

（1）按相关的程度划分，现象之间的相关关系可以划分为完全相关、不相关和不完全相关三种。

当一个现象的数量变化完全由另一个现象的数量变化所决定时，称这两种现象间的关系为完全相关；当两个现象彼此互相不影响，其数量变化各自独立时，就称为不相关；当两个现象之间的关系介于完全相关和不相关之间时，就是不完全相关。

完全相关可以以方程的形式呈现，因此，完全相关可以转化为一般意义上的函数关系。通常现象都是不完全相关的，这是相关分析的主要研究对象。

（2）按相关的方向划分，现象之间的相关关系可划分为正相关和负相关。

当一个现象的数量由小变大，另一个现象的数量也相应由小变大时，这种相关就称为正相关；反之，则称为负相关。需要注意的是，许多现象的正、负相关的关系仅在一定的条件下存在。

（3）按相关的形式划分，现象之间的相关关系可划分为线性相关和非线性相关。

相关关系是一种数量关系上不严格的相互依存关系。当两种相关现象的数量之间大致呈现出线性关系时，称为线性相关；当两种相关现象之间近似地表现为一条曲线时，称为非线性相关。

（4）按照影响因素的多少划分，现象之间的相关关系可划分为单相关、复相关和偏相关。

单相关是两个变量间的关系，即一个因变量对一个自变量的相关关系，也叫简单相关；

复相关是指三个或三个以上变量之间的关系，即一个因变量对两个或两个以上自变量的相关关系，又称多元相关；偏相关是指某一变量与多个变量相关时，假定其他变量不变，其中两个变量的相关关系。

10.2　简单相关分析方法

简单相关分析是指对两个变量间的相关关系进行分析，即通过计算两个变量之间的相关系数，对两个变量之间是否显著相关做出判断。简单相关分析过程为用户提供了解决这一问题的方法。

10.2.1　描述简单相关分析的方法

简单相关是用来描述两个随机变量（X 和 Y）之间线性相关程度的，两个变量之间无主次之分。进行简单相关分析的方法主要有以下 3 种。

1.　散点图

散点图将变量序列显示为一组点，变量值用点在图表中的位置表示，X 轴和 Y 轴分别表示不同的变量，通过散点图的形状可以直观地判断两个变量之间存在何种相关关系，图 10-1 给出了常见的 4 种相关形式。

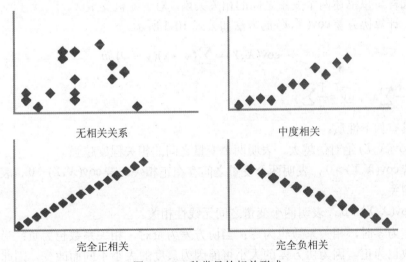

图 10-1　4 种常见的相关形式

2.　Pearson 简单相关系数

Pearson 简单相关系数是在描述两个变量间线性相关关系的方向和密切程度时使用最多的一种方法，一般用 ρ 和 r 分别表示总体 Pearson 相关系数和样本 Pearson 相关系数。

若随机变量 X、Y 的联合分布是二维正态分布，x_i 和 y_i 分别为 n 次独立观测值，则用公式 10-1 和公式 10-2 分别计算 ρ 和 r 的值。

$$\rho = \frac{E\left[X - E(X)\right]\left[Y - E(Y)\right]}{\sqrt{D(X)}\sqrt{D(Y)}} \tag{10-1}$$

$$r = \frac{\sum\limits_{i=1}^{n}(x_i - \bar{x})(y_i - \bar{y})}{\sqrt{\sum\limits_{i=1}^{n}(x_i - \bar{x})^2}\sqrt{\sum\limits_{i=1}^{n}(y_i - \bar{y})^2}} \qquad (10\text{-}2)$$

其中 $\bar{x} = \dfrac{1}{n}\sum\limits_{i=1}^{n} x_i$，$\bar{y} = \dfrac{1}{n}\sum\limits_{i=1}^{n} y_i$。

可以证明，样本相关系数 r 为总体相关系数 ρ 的最大似然估计量。

简单相关系数 r 具有如下性质：

（1） 若 $-1 \leqslant r \leqslant 1$，$r$ 绝对值越大，表明两个变量之间的相关程度越强。

（2） 若 $0 < r \leqslant 1$，表明两个变量之间存在正相关。其中 $r = 1$，表明变量间存在完全正相关的关系。

（3） 若 $-1 \leqslant r < 0$，表明两个变量之间存在负相关。其中 $r = -1$，表明变量间存在完全负相关的关系。

（4） 若 $r = 0$，表明两个变量之间无线性相关。

应该注意的是，简单相关系数所反映的并不是任何一种关系，而仅仅是线性关系。另外，相关系数所反映的线性关系并不一定是因果关系。

3. 协方差

协方差同样可以描述两个变量之间的相关关系，对于随机变量 X、Y，x_i 和 y_i 分别为 n 次独立观测值，计算协方差 $\mathrm{cov}(X,Y)$ 的方法如公式 10-3 所示。

$$\mathrm{cov}(X,Y) = \sum_{i=1}^{n}(x_i - \bar{x})(y_i - \bar{y})/n \qquad (10\text{-}3)$$

其中 $\bar{x} = \dfrac{1}{n}\sum\limits_{i=1}^{n} x_i$，$\bar{y} = \dfrac{1}{n}\sum\limits_{i=1}^{n} y_i$。

协方差具有如下性质：

（1） $\mathrm{cov}(X,Y)$ 绝对值越大，表明两个变量之间的相关程度越强。

（2） 若 $\mathrm{cov}(X,Y) > 0$，表明两个变量之间存在正相关；若 $\mathrm{cov}(X,Y) < 0$，表明两个变量之间存在负相关。

（3） $\mathrm{cov}(X,Y) = 0$，表明两个变量之间无线性相关。

当协方差为零时，相关系数也为零；当协方差为负时，相关系数也为负；当协方差为正时，相关系数也为正。因为协方差的大小可能因为尺度的大小不同而改变，因此协方差只能判断变量间的相关方向，而难以判断相关程度。

10.2.2 使用散点图进行简单相关分析

散点图是对所选变量之间相关关系的一种直观描述，我们可以在 Excel 2013 中选择"插入"选项卡，选择"图表|所有图表"组内的"散点图"命令，打开如图 10-2 所示的"散点图"对话框。

Excel 2013 共提供了 5 种散点图类型，分别是"仅带数据标记的散点图"、"带平滑线和数据标记的散点图"、"带平滑线的散点图"、"带直线和数据标记的散点图"和"带直线的散点图"。分别对应着按钮、、、和，用户只需要单击相应的按钮，便可以根据需要绘制不同类型的散点图。值得说明的是，该对话框中的除 5 种散点图之外的后两种类型为气泡图和三维气泡图，Excel 2013 也将其整合到了散点图对话框中。下面我们通过实验 10-1 介绍使用散点图进行简单相关分析的操作。

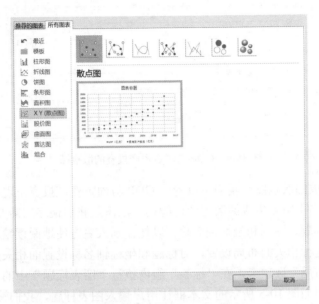

图 10-2　"散点图"对话框

实验 10-1：下面以某市 1995 年至 2008 年各年 GDP 与固定资产投资的数据为例创建一个数据文件，并使用散点图对其进行简单相关分析。GDP 与固定资产投资的原始数据如图 10-3 所示，数据中包含"年份"、"GDP"和"固定资产投资"3 个变量，我们对 GDP 与固定资产投资的相关关系方向进行分析。

	A	B	C
1	年份	GDP（亿元）	固定资产投资（亿元）
2	1995	207.84	150.29
3	1996	270.76	173.26
4	1997	371.88	198.22
5	1998	473.52	205.75
6	1999	580.84	270.42
7	2000	709.95	305.95
8	2001	802.16	344.15
9	2002	881.32	404.69
10	2003	952.18	504.88
11	2004	1057.92	651.3
12	2005	1190.12	857.36
13	2006	1352.15	1016.77
14	2007	1600.27	1247.45
15	2008	1876.61	1386.98

图 10-3　实验 10-1 的原始数据

使用散点图进行简单相关分析的步骤如下：

（1）选中要进行相关分析的数据区域 B2:C15，然后选择"插入"选项卡，执行"图表"组内的"散点图"命令，打开"散点图"对话框。

（2）在 Excel 2013 提供的 5 种散点图类型中选择"仅带数据标记的散点图"，当前工作表中将会显示生成的如图 10-4 所示的 GDP 与固定资产投资的散点图。

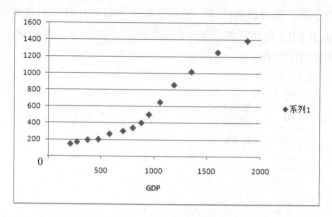

图 10-4　GDP 与固定资产投资的散点图

通过图 10-4 生成的散点图，我们可以看出 GDP 与固定资产投资呈现显著的正相关关系。

在实际工作中，图 10-4 生成的散点图可能还无法满足我们最终的需要，我们可能希望为散点图添加相应的标题、图例和坐标轴名称，以便让别人更方便地阅读绘制的散点图。这时，我们可以对散点图进行相关的布局设置，对标题和坐标轴名称设置的相关操作如下：

（1）选择"布局"选项卡，在"标签"组内执行"图表标题"中的"图表上方"命令。此时，图表内会出现如图 10-5 所示的文本框让用户输入图表标题，我们输入图表标题"某市 GDP 与固定资产投资的关系图"。

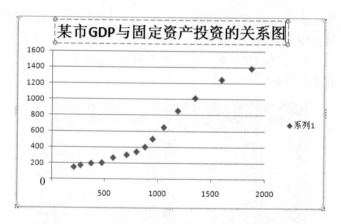

图 10-5　标题输入文本框

（2）执行"标签"组中"坐标轴标题"内的"主要横坐标轴标题"中的"坐标轴下方标题"命令，图表中会出现相应的文本框让用户输入横坐标轴名称，在此我们输入"GDP（亿元）"；然后再依据类似方法，执行"坐标轴标题"内的"主要纵坐标轴标题"中的"竖排标题"命令，图表中会出现相应的文本框让用户输入纵坐标轴名称，在此我们输入"固定资产投资（亿元）"，最终效果如图 10-6 所示。

通过对散点图进行相关的布局设置，我们可以方便地了解图表的主题和分析的变量名称。通过散点图分析我们可以发现，固定资产投资随着 GDP 的增长而增长，两者之间存在明显的正向相关关系。

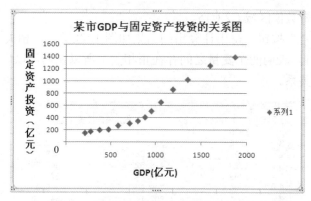

图 10-6　散点图最终样式

10.2.3　使用 Excel 函数进行简单相关分析

使用散点图仅从直观上给出了两变量大致的相关关系，却不能准确度量其相关程度的大小。利用 Excel 2013 自带统计函数"CORREL"则可以准确地度量变量间的相关关系。CORREL 函数是指两个变量之间的相关系数，使用相关系数可以同时确定两变量相关程度的方向和大小，CORREL 函数的格式公式如公式 10-4 所示。

$$CORREL\ [Array1][\ Array2] \tag{10-4}$$

其中，Array1，Array2 两个参数代表进行相关分析的两组数列，下面我们通过实验 10-2 介绍使用 CORREL 函数进行相关分析的操作步骤。

实验 10-2：该实验的数据与分析目的与实验 10-1 相同，在此使用 CORREL 函数进行简单相关分析。

实验的具体步骤如下：

（1）　选中 C17 单元格，单击　f_x　按钮，弹出"插入函数"对话框，在"选择类别"下拉菜单中选择"统计"函数，然后在"选择函数"列表框中选择"CORREL"，单击"确定"按钮，打开如图 10-7 所示的"函数参数"对话框。

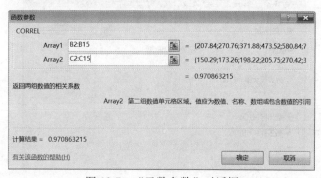

图 10-7　"函数参数"对话框

（2）　选择变量区域。CORREL 选项组中共有两个输入框，其中，"Array1"输入框用于输入第一组数值单元格区域，Array2 输入框用于输入第二组数值单元格区域。单击"Array1"输入框后面的折叠按钮，选择相应的数据区域 B2:B15 即可完成 GDP 数列的输入，重复上述操作输入固定资产投资数值区域 C2:C15。

（3）　单击"确定"按钮，得出计算出的结果如图 10-8 所示，相关系数为 0.970863，由于若相关系数 $0 < r \leqslant 1$，表明两个变量之间存在正相关，所以我们可以看出 GDP 与固定资产投资之间存在正相关关系。

⊿	A	B	C
1	年份	GDP（亿元）	固定资产投资（亿元）
2	1995	207.84	150.29
3	1996	270.76	173.26
4	1997	371.88	198.22
5	1998	473.52	205.75
6	1999	580.84	270.42
7	2000	709.95	305.95
8	2001	802.16	344.15
9	2002	881.32	404.69
10	2003	952.18	504.88
11	2004	1057.92	651.3
12	2005	1190.12	857.36
13	2006	1352.15	1016.77
14	2007	1600.27	1247.45
15	2008	1876.61	1386.98
16			
17		相关系数	0.970863

图 10-8　相关系数分析结果

10.2.4　使用相关系数数据分析工具进行简单相关分析

Excel 2013 数据分析工具中也提供了专门进行相关分析的工具，即相关系数数据分析工具。下面我们通过实验 10-3 来介绍相关系数数据分析工具的操作。

实验 10-3：仍采用 GDP 与固定资产投资的数据为例，运用数据分析工具确定简单线性相关的相关系数，具体步骤如下：

（1）　打开相应的数据文件，单击"数据"选项卡，在"分析"组中单击"数据分析"命令，弹出"数据分析"对话框，从"数据分析"对话框中选中"相关系数"，单击"确定"按钮，弹出"相关系数"对话框，如图 10-9 所示。

图 10-9　"相关系数"对话框

（2）　输入并设置需要分析数据区域的单元格引用。单击"输入区域"复选框后面的折叠按钮，选择相应的数据区域即可。需要注意的是，该引用只适用于相邻的数据区域，如果所要分析的两个变量数据区域不相邻，需先对变量位置进行调整。在本例中需输入 GDP 与固定资产投资的数据单元格区域 B1：C15。

此外，我们还需要对数据的格式等进行设置，我们可以通过选择"逐列"或"逐行"单选按钮来确定"输入区域"中的数据是按行还是按列排列。本例中需选中"逐列"选项。需要注意的是，如果"输入区域"中的数据的第一行或者第一列包含标志项，则选中"标志位于第一行"单选框，否则不用选中。本例中需选中此选项。

（3）设置结果的输出区域，包含"输出区域"、"新工作表组"和"新工作簿"三个单选框。选中"输出区域"单选框会在当前工作表中显示计算结果，在此输入结果显示区域的单元格的引用，如果选中区域已有数据，Excel 将自动调整输出区域的范围；选中"新工作表组"单选框会在当前工作簿中插入新的工作表，工作表的标题可以在"新工作表组"后面的空白区域进行设定，计算结果会从新工作表的 A1 单元格开始显示；选中"新工作簿"单选框会创建一个新工作簿，并在新工作簿中的第一个工作表中显示计算结果。本例中可以在"输出区域"中输入 A18:C22，则结果将显示在此区域内。

（4）设置完成后，单击"确定"按钮，将得到如图 10-10 所示的相关系数结果。可以看出 GDP 与固定资产投资的相关系数值为 0.970863215，表明两者之间存在显著的正相关关系。

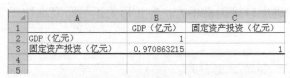

图 10-10 相关系数数据分析工具分析结果

10.2.5 利用协方差进行简单相关分析

简单相关分析除了可以用相关系数来度量外，也可以用协方差来进行描述。使用"数据分析"工具中的"协方差"工具便可以确定变量之间的协方差。下面将通过实验 10-4 来介绍利用协方差进行简单相关分析的方法。

实验 10-4：继续使用 GDP 与固定资产投资的数据，通过协方差进行简单相关分析。具体步骤如下：

（1）打开相应的数据文件，单击"数据"选项卡，执行"分析"组中的"数据分析"命令，弹出"数据分析"对话框，从"数据分析"对话框中选中"协方差"选项，单击"确定"按钮，弹出如图 10-11 所示的"协方差"对话框。

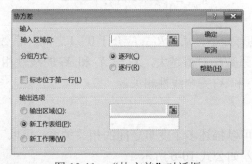

图 10-11 "协方差"对话框

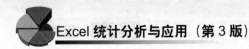

（2）进行相应设置。"协方差"对话框的设置与"相关系数"对话框的设置相同，在此不再赘述。

（3）设置完成后，单击"确定"按钮，得到如图 10-12 所示的计算结果。可以看出，GDP 与固定资产投资之间的协方差为 187485.6281，根据统计理论，协方差 $\text{cov}(X,Y) > 0$，表明两个变量之间存在正相关。因此，我们可以看出，GDP 与固定资产投资之间存在正向的相关关系。

	A	B	C
1		GDP（亿元）	固定资产投资（亿元）
2	GDP（亿元）	231345.7661	
3	固定资产投资（亿元）	187485.6281	161197.505
4			

图 10-12　协方差计算结果

10.3　多元变量相关分析方法

在现实生活中，一种现象可能与多种现象之间存在着相互的关系，如经济增长不仅与投资相关，而且与消费、进出口等因素相关。多元相关正是研究这种三个或三个以上变量之间的相关关系的。

10.3.1　描述多元变量相关分析的方法

多元变量相关分析方法一般有两种，一种是使用多元相关系数来度量多个变量间的相关关系，另一种是使用多元协方差来进行描述。需要说明的是，我们在本书中分析的多元相关均指线性多元相关。

1. 多元相关系数

多元相关系数是用来测定因变量与一组自变量之间相关程度的指标。我们在此以三个变量的相关性为例，三个变量分别设为 X_1、X_2、X_3，对应变量 X_1 的取值分别为 X_{11}、X_{12}、…，变量 X_2 的取值分别为 X_{21}、X_{22}、…，变量 X_3 的取值分别为 X_{31}、X_{32}、…。

变量 X_1 与 X_2 之间的简单相关关系记为 r_{12}，X_1 与 X_3 之间的简单相关关系记为 r_{13}，X_2 与 X_3 之间的简单相关关系记为 r_{23}。多元相关系数度量因变量 X_1 与自变量 X_2、X_3 之间总的相关性，记为 $R_{1,23}$。$R_{1,23}$ 的计算过程如公式 10-4 所示。

$$R_{1,23} = \sqrt{\frac{r_{12}^{2} + r_{13}^{2} - 2r_{12}r_{13}r_{23}}{1 - r_{23}^{2}}} \tag{10-5}$$

多元相关系数 $R_{1,23}$ 具有如下性质：$R_{1,23}$ 应介于 $0 \sim 1$ 之间，系数绝对值越小，X_1 与 X_2 和 X_3 的线性相关程度越小，系数绝对值越大，X_1 与 X_2 和 X_3 的线性相关程度越大。当多元相关系数为 1 时，则称 X_1 与 X_2 和 X_3 完全线性相关。

2. 多元协方差

多元协方差矩阵同样可以描述多个变量之间的相关关系。仍以三个变量 X_1、X_2、X_3 为例，任意两个变量之间的协方差如公式 10-6 所示。

$$cov(X_i, X_j) = \sum_{k=1}^{n}(x_{ik} - \bar{x_i})(x_{jk} - \bar{x_j})/n \qquad (10\text{-}6)$$

其中，$\bar{x_i} = \frac{1}{n}\sum_{k=1}^{n}x_{ik}$，$\bar{x_j} = \frac{1}{n}\sum_{k=1}^{n}x_{jk}$。

三个变量之间的协方差矩阵如公式 10-7 所示。

$$COV = \begin{pmatrix} \sigma^2(X_1) & cov(X_1, X_2) & cov(X_1, X_3) \\ cov(X_2, X_1) & \sigma^2(X_2) & cov(X_2, X_3) \\ cov(X_3, X_1) & cov(X_3, X_2) & \sigma^2(X_3) \end{pmatrix} \qquad (10\text{-}7)$$

多元协方差矩阵具有对称性，对角线上的数据代表的是各个变量的方差，非对角线上的数据代表的则是变量之间的协方差，可以用来描述变量之间的相关关系。非对角线上的数据均为正，表明变量之间存在正向的相关关系；非对角线上的数据均为负，表明变量之间存在反向的相关关系。

10.3.2　利用多元相关系数进行多元变量相关分析

Excel 2013 无法直接输出变量之间的多元相关系数，因此在利用多元相关系数进行多元变量相关分析时，需要分以下两步进行：

（1）　使用 Excel 2013 相关系数数据分析工具求变量两两之间的简单相关系数。

（2）　根据公式 10-5 给出的多元相关系数公式求得多元相关系数。

下面我们通过实验 10-5 来介绍使用数据分析工具进行多元变量相关分析的操作。

实验 10-5：以我国 1995 年至 2007 年的 GDP、固定资产投资、居民消费支出数据为例创建一个数据文件，分析这三个变量之间的相关关系。数据来源于相应年份的《中国统计年鉴》，实验的原始数据如图 10-13 所示，数据中包含"年份"、"GDP"、"固定资产投资"、"居民消费支出"四个变量。

	A	B	C	D
1	年份	GDP（亿元）	固定资产投资	居民消费支出
2	1995	60793.7	20885	28369.7
3	1996	71176.6	24048.1	33955.9
4	1997	78973	25965	36921.5
5	1998	84402.3	28569	39299.3
6	1999	89677.1	30527.3	41920.4
7	2000	99214.6	33844.4	45854.6
8	2001	109655.2	37754.5	49213.2
9	2002	120332.7	43632.1	52571.3
10	2003	135822.8	53490.7	56384.4
11	2004	159878.3	65117.7	63833.5
12	2005	184937.4	77304.8	71217.5
13	2006	216314.4	90150.9	80476.9
14	2007	265810.3	105221.3	93317.2

图 10-13　实验 10-5 的原始数据

使用数据分析工具进行多元相关分析的具体步骤如下：

（1）　打开相应的数据文件，单击"数据"选项卡，在"分析"组中单击"数据分析"按钮，弹出"数据分析"对话框，从"数据分析"对话框中选中"相关系数"，单击"确定"按钮，弹出"相关系数"对话框，如图 10-9 所示。

（2） 输入并设置需要分析数据区域的单元格引用。该步骤的操作要领在实验 10-3 中已经进行过详细讲解，在此不再赘述。图 10-14 给出了完成设置后的"相关系数"对话框。

图 10-14 "相关系数"对话框设置结果

（3） 设置完成后，单击"确定"按钮，将得到如图 10-15 所示的多元相关系数矩阵，相关系数矩阵的下三角形区域给出了各变量两两之间的简单相关系数。

	A	B	C	D
1		GDP（亿元）	固定资产投资	居民消费支出
2	GDP（亿元）	1		
3	固定资产投资	0.996318153	1	
4	居民消费支出	0.995895924	0.991614883	1

图 10-15 多元相关系数矩阵

（4） 利用公式 10-5 求 GDP 与固定资产投资和居民消费支出的多元相关系数，具体操作步骤如下：单击单元格 A24，在编辑栏中输入表达式"=SQRT((B20^2+B21^2-2*B20*B21*C21)/(1-C21^2))"，按下 Enter 键即可输出图 10-16 所示的多元相关系数的结果。与简单相关分析相同，若相关系数 $0 < r \leqslant 1$，表明两个变量之间存在正相关，GDP、固定资产投资和居民消费三个变量之间存在着明显的正相关关系。

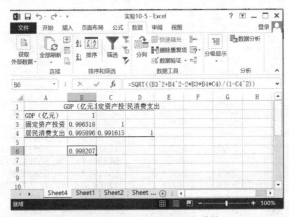

图 10-16 求得多元相关系数

10.3.3 利用多元协方差进行多元变量相关分析

多元相关分析除了可以用多元相关系数来度量外，也可以使用多元协方差矩阵来进行描述。我们可以通过使用"数据分析"工具中的"协方差"工具来得到变量之间的多元协方差矩阵。下面我们通过实验 10-6 来介绍使用多元协方差进行多元变量相关分析的操作。

　　实验 10-6：继续使用 GDP、固定资产投资和居民消费支出的数据，利用多元协方差进行多元变量相关分析。具体步骤如下：

　　（1）打开相应的数据文件，单击"数据"选项卡，执行"分析"组内的"数据分析"命令，弹出"数据分析"对话框，在"数据分析"对话框中选中"协方差"选项，单击"确定"按钮，弹出如图 10-17 所示的"协方差"对话框。

图 10-17　"协方差"对话框

　　（2）输入并设置需要分析数据区域的单元格引用。该步骤的操作要领在实验 10-3 中已经进行过详细讲解，在此不再赘述。图 10-18 给出了完成设置后的"协方差"对话框。

图 10-18　"协方差"对话框设置结果

　　（3）设置完成后，单击"确定"按钮，得到如图 10-19 所示的协方差矩阵。根据统计原理，协方差矩阵中非对角线上的数据表明多个变量之间均存在正向的相关关系。我们可以看出，GDP 与固定资产投资和居民消费支出之间存在正向的相关关系。

	A	B	C	D
1		GDP（亿元）	固定资产投资	居民消费支出
2	GDP（亿元）	3526152290		
3	固定资产投资	1558630472	694047467.7	
4	居民消费支出	1093352930	482984851.4	341815515.4

图 10-19　协方差矩阵计算结果

10.4 等级数据的相关分析

在实际应用中，许多现象是难以用数字确切计量的，例如事态严重、才智高低等。当这些现象的原始数据无法获得时，只能用等级来描述，而要分析这类现象之间的相关关系，就只能用等级数据相关分析方法。

等级相关又称秩相关（rank correlation），是一种非参数统计方法，适用于资料不是正态双变量或总体分布未知，数据一端或两端有不确定值的资料或等级资料。常用的等级相关分析方法有 Spearman 等级相关和 Kendall 等级相关等。在此着重介绍 Spearman 等级相关，它是用等级相关系数 r_s 来说明两个变量间相关关系的密切程度与相关方向的。等级相关系数 r_s 的计算方法如公式 10-8 所示。

$$r_s = 1 - \frac{6 \sum_{i=1}^{n} D_i^2}{n(n^2 - 1)} \tag{10-8}$$

其中 $D_i = R_i - S_i$，$i = 1, 2, \cdots, n$。R_i、S_i 分别是两个变量（或现象）X_1、X_2 按大小（或优劣）排位的等级，n 为样本容量。

等级相关系数 r_s 的值介于 -1 与 1 之间。当 $r_s > 0$ 时，两变量呈正相关；$r_s < 0$，两变量呈负相关；$r_s = 0$，两变量不相关。

当 X_1 或 X_2 中相同秩次较多时，宜用 r_s 的校正值 r_s'，计算方法如公式 10-9 所示。

$$r_s' = \frac{(n^3 - n)/6 - (T_{X_1} + T_{X_2}) - \sum D_i^2}{\sqrt{(n^3 - n)/6 - 2T_{X_1}} \sqrt{(n^3 - n)/6 - 2T_{X_2}}} \tag{10-9}$$

其中 T_{X_1}（或 T_{X_2}）$= \sum (t^3 - t)/12$，t 为 T_{X_1}（或 T_{X_2}）中相同秩次的个数。当 $T_{X_1} = T_{X_2} = 0$ 时，式 10-8 与式 10-9 相同。

Excel 2013 无法直接输出变量之间的等级相关系数，因此在利用等级相关系数进行等级相关分析时，需要利用 Excel 的计算功能构造如公式 10-8 所示的等级相关系数公式计算得出等级相关系数。

下面我们通过实验 10-7 来介绍等级相关分析方法的具体实验操作。

实验 10-7：以 7 个调查地点的地方性甲状腺肿患病率与其食品、水中含碘量的数据为例建立数据文件，分析两者之间的相关关系。原始数据文件如图 10-20 所示，数据文件中包含"调查地点"、"患病率"和"含碘量"3 个变量，利用等级数据相关分析，分析地方性甲状腺肿患病率与其食品、水中含碘量的相关关系。

	A	B	C	D	E	F
1	调查地点	患病率	含碘量			
2						
3	1	201	0.2			
4	2	178	0.6			
5	3	165	1			
6	4	154	0.8			
7	5	126	2.5			
8	6	81	4			
9	7	71	12			
10						

图 10-20 地方性甲状腺肿患病率与含碘量的原始数据

实验的具体步骤如下：

（1） 对患病率和含碘量两个变量进行排序，确定等级（秩次），建立新变量“等级（秩次）”存放变量“患病率”和“含碘量”的等级信息。排序的方法本书前面已经进行过详细介绍，在此不再赘述。排序和确定等级后的数据文件如图 10-21 所示。

	A	B	C	D	E
1	调查地点	患病率	含碘量	等级（秩次）	
2				患病率	含碘量
3	1	201	0.2	1	7
4	2	178	0.6	2	6
5	3	165	1	3	5
6	4	154	0.8	4	4
7	5	126	2.5	5	3
8	6	81	4	6	2
9	7	71	12	7	1

图 10-21 排序和确定等级后的数据文件

（2） 计算等级差及其平方。将两个等级秩次（D 列数据与 F 列数据）相减计算等级差，建立变量“等级差 d”存放等级差的相关数据；然后将等级差平方后存入变量“d^2”，最后对变量“d^2”求和，该和即为公式 10-8 中的 $\sum_{i=1}^{n} D_i^2$ 部分，图 10-22 给出了完成计算后的数据文件。

	A	B	C	D	E	F	G	H
1	调查地点	患病率	含碘量	等级（秩次）		等级差d	d^2	
2				患病率	含碘量			
3	1	201	0.2	1	7	-6	36	
4	2	178	0.6	2	6	-4	16	
5	3	165	1	3	5	-2	4	
6	4	154	0.8	4	4	0	0	
7	5	126	2.5	5	3	2	4	
8	6	81	4	6	2	4	16	
9	7	71	12	7	1	6	36	
10	合计						112	

Sheet1 Sheet2 Sheet3

图 10-22 完成计算后的数据文件

（3） 计算等级相关系数。在此试验中样本容量 n=7，根据公式 10-7 所示的等级相关系数的计算公式，我们在单元格 A12 的编辑栏中输入“=1-(6*G10)/(7*(7^2-1))”，按下 Enter 键便可得到如图 10-23 所示的计算结果。

根据图 10-23 显示的计算结果可以看出，甲状腺肿患病率与食品、水中含碘量之间的等级相关系数为-1。由于当等级相关系数 r_s<0 时，两变量呈负相关，因此我们可以得出结论，地方性甲状腺肿患病率与其食品、水中含碘量呈负相关关系。

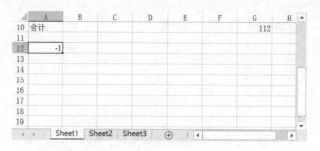

图 10-23　等级相关系数计算结果

10.5　上机题

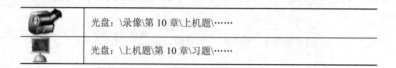

| 光盘：\录像\第 10 章\上机题\…… |
| 光盘：\上机题\第 10 章\习题\…… |

1. 数据表中给出了某省 1978－2003 年的 GDP 与城镇居民消费额的全部数据。（数据路径：光盘：\上机题\第 10 章\习题\第 10 章第 1 题）

年　份	消费额	GDP
1978	529	316
1979	544	350
1980	632	402
1981	662	472
1982	642	531
1983	633	611
1984	642	765
1985	737	887
1986	795	956
1987	933	1131
1988	1160	1395
1989	1277	1595
1990	1310	1815
1991	1501	2122
1992	1893	2556
1993	2150	3222
1994	3079	4473
1995	3788	5758
1996	4376	6834
1997	5124	7590
1998	5450	8128
1999	6060	8673
2000	6572	9555
2001	6923	10465
2002	7145	11645
2003	7740	13361

（1） 绘制表示 GDP 与城镇居民消费额之间关系的散点图。

（2） 计算 GDP 与城镇居民消费额之间的简单相关系数，进行相关分析。

（3） 计算 GDP 与城镇居民消费额之间的协方差，进行相关分析。

2. 某调查者希望考察碳酸饮料、咖啡和果汁的销售量之间的关系，为此调查者获得某地 1994—2008 年三种饮料的销售数据，全部数据如下表所示。（数据路径：\光盘：\上机题\第 10 章\习题\第 10 章第 2 题）

年　份	果汁销售量	碳酸饮料销售量	咖啡销售量
1994	23.69	25.68	23.6
1995	24.1	25.77	23.42
1996	22.74	25.88	22.09
1997	17.84	27.43	21.43
1998	18.27	29.95	24.96
1999	20.29	33.53	28.37
2000	22.61	37.31	42.57
2001	26.71	41.16	45.16
2002	31.19	45.73	52.46
2003	30.5	50.59	45.3
2004	29.63	58.82	46.8
2005	29.69	65.28	51.11
2006	29.25	71.25	53.29
2007	31.05	73.37	55.36
2008	32.28	76.68	54

（1） 计算碳酸饮料、咖啡和果汁的销售量三个变量的多元相关系数，进行相关分析。

（2） 计算碳酸饮料、咖啡和果汁的销售量三个变量的协方差矩阵，进行相关分析。

3. 某培训机构进行 TOEIC 考试的培训，为了分析培训中使用的模拟题的仿真度，观测了 9 个小组的模拟考试的成绩和正式考试的平均成绩，如下表所示。

小　组	模拟考试	正式考试
1	529	450
2	544	423
3	632	402
4	652	533
5	642	531
6	721	611
7	642	575
8	737	602
9	695	621

（1） 对模拟考试和正式考试的平均成绩进行相关分析。

第11章 回归分析

回归分析是指通过最小二乘法拟合进行分析，在正交设计、均匀设计、配方设计、复合设计等实验设计中都需要通过回归分析来寻找因素与相应变量间的关系。回归分析侧重于考查变量之间的数量伴随关系，并通过一定的数学表达式将这种关系表述出来，进而确定一个或几个变量的变化对另一个变量的影响程度。在应用 Excel 2013 进行回归分析时，可以选择使用趋势线进行回归分析、使用回归函数进行回归分析和使用回归分析工具进行回归分析等不同的方法。

11.1 使用趋势线进行回归分析

在相关分析中，我们可以通过散点图来判定两变量的相关关系，在回归分析中，只要在绘制散点图的基础上，添加趋势线便可得到一元线性回归分析的结果。

11.1.1 绘制散点图

散点图是对所选变量之间相关关系的一种直观描述，我们可以在 Excel 2013 中选择"插入"组，执行"图表"组内的"散点图"命令，打开如图 11-1 所示的"散点图"对话框。Excel 2013 共提供了 5 种散点图类型，分别是"仅带数据标记的散点图"、"带平滑线和数据标记的散点图"、"带平滑线的散点图"、"带直线和数据标记的散点图"和"带直线的散点图"。分别对应着按钮、、、和，用户只需要单击相应的按钮，便可以根据需要绘制不同类型的散点图。值得说明的是，该对话框中的除 5 种散点图之外的后两种类型为气泡图和三维气泡图，Excel 2013 也将其整合到了散点图对话框中。

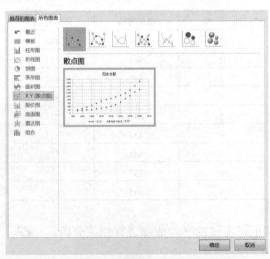

图 11-1 "散点图"对话框

11.1.2 添加趋势线

绘制完散点图之后，用户如需要进行一元线性回归分析，就需要对原散点图添加趋势线。选中散点图，单击"设计|图表布局"选项卡下"添加图标元素"组中的"趋势线"按钮，弹出如图 11-2 所示的"趋势线"下拉菜单。用户可在该下拉菜单中选择需要添加的趋势线类型，若要添加线性趋势线，则只需选择"线性趋势线"命令即可。如果下拉菜单中的命令不能满足用户的需要，则选择"其他趋势线选项"命令，弹出如图 11-3 所示的"设置趋势线格式"对话框。在该对话框中，用户切换到 选项卡可根据需要选择指数、线性、对数、多项式、幂、移动平均等多种趋势线类型；并且在"自定义"文本框中自己定义已经选择的趋势线；还可以通过"趋势预测"文本框进行相关的预测；对于截距已知的趋势线，用户可在"设置截距"文本框中设置已知的截距；通过"显示公式"和"显示 R 平方值"两个命令，用户可以得到趋势线的公式和拟合程度。如果我们需要进行一元线性回归分析，则可在此对话框中选择"线性"，并勾选"显示公式"和"显示 R 平方值"两个命令，单击"关闭"按钮即可得到趋势线及其参数。

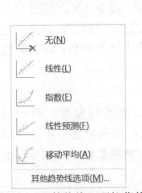

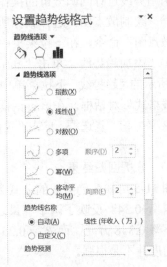

图 11-2　"趋势线"下拉菜单　　　　图 11-3　"设置趋势线格式"对话框

11.1.3 分析趋势线的参数

按照 11.1.2 节的操作添加趋势线后，将会得到三个参数。一个是趋势线的斜率，另一个是趋势线的截距，第三个是 R 平方值。趋势线的斜率反映了两个变量之间关系的强弱，反映了自变量每增加一个单位时，因变量将会变化多少；截距表示当自变量 x 为 0 时因变量 y 的取值；而判定系数 R 平方值则反映了该回归公式能够解释原数据的能力，R 平方值越大，回归公式能够解释原数据的能力越强。

下面我们通过实验 11-1 来说明使用趋势线进行回归分析的操作步骤。

实验 11-1： 以 1990—2009 年某地区农民工年收入数据为例，试估计农民工年收入与年份之间的关系，以年份为自变量，年收入为因变量做回归分析，实验原始数据如图 11-4 所示。

	A	B	C
1	年份	年收入（万）	
2	1990	20.25	
3	1991	15.32	
4	1992	14.28	
5	1993	17.93	
6	1994	25.98	
7	1995	10.28	
8	1996	13.27	
9	1997	18.74	
10	1998	16.23	
11	1999	14.38	
12	2000	11.72	
13	2001	9.69	
14	2002	14.32	
15	2003	16.54	
16	2004	12.39	
17	2005	11.68	
18	2006	10.42	
19	2007	13.57	
20	2008	9.63	
21	2009	12.42	

图 11-4 实验 11-1 原始数据

使用趋势线进行回归分析的操作步骤如下：

（1） 绘制散点图。选择数据所在区域 A1:B21，单击"插入"选项卡，执行"图表"组中的"散点图"命令，在下拉菜单中选择"仅带数据标记的散点图"即可画出散点图。

（2） 添加趋势线。单击"布局"选项卡，执行"分析"组中的"趋势线"命令，在如图 11-2 所示的"趋势线"下拉菜单中选择"其他趋势线选项"命令，弹出如图 11-3 所示的"设置趋势线格式"对话框，在该对话框中的回归分析类型中选择"线性"，勾选"显示公式"和"显示 R 平方值"复选框，单击"关闭"按钮即可得到趋势线及其参数，回归的结果如图 11-5 所示。

（3） 分析回归结果。

由图 11-5 可知，趋势线的公式为：$y = -0.348x + 711.3$，拟合优度为：$R^2 = 0.251$。回归公式中的斜率-0.348 反映了两个变量之间关系的强弱，说明时间每增加一年，该地区农民工的年收入下降 0.348 万元，而 $R^2 = 0.251$ 说明了这个公式能够解释数据的 25.1%，说明这个公式的解释力度并不是很强。

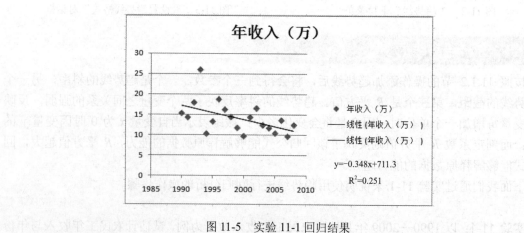

图 11-5 实验 11-1 回归结果

11.2 使用回归函数进行回归分析

使用回归函数进行回归分析是 Excel 2013 中进行回归分析的第二种方法。相比第一种方法而言，使用回归函数进行回归分析更具有灵活性和多用性，可以计算更多的参数。

线性回归分析系数的计算主要涉及两个方面，一方面是关于截距的计算，另一方面是关于斜率的计算。Excel 2013 提供了 INTERCEPT 和 SLOPE 两种函数用于计算线性回归分析系数。其中，INTERCEPT 函数用于计算线性回归的截距，SLOPE 函数用于计算线性回归的斜率。

1. 截距的计算

计算截距的公式为

$$a = \overline{Y} - b\overline{X} \tag{11-1}$$

INTERCEPT 函数常用于计算线性回归的截距。其表达形式为

=INTERCEPT（known_y's, known_x's）

其中，known_y's 表示自变量的观察值或数据集合；known_x's 表示因变量的观察值或数据集合。参数可以是数字、数组或者引用，数组或引用参数包含文本、逻辑值或空白单元格时，这些值将被忽略；而 known_x's, known_y's 包含的数据个数不相等或不包含任何数据点时，函数将显示错误值。

2. 斜率的计算

计算斜率的公式为

$$b = \frac{n\sum xy - \left(\sum x\right)\left(\sum y\right)}{n\sum x^2 + \left(\sum x\right)^2} \tag{11-2}$$

SLOPE 函数常用于计算线性回归的斜率。其表达形式为

=SLOPE（known_y's, known_x's）

其中，known_y's 表示自变量的观察值或数据集合；known_x's 表示因变量的观察值或数据集合。参数可以是数字、数组或者引用，当数组或引用参数包含文本、逻辑值或空白单元格时，这些值将被忽略；而当 known_x's, known_y's 包含的数据个数不相等或不包含任何数据点时，函数将显示错误值。

下面我们通过实验 11-2 说明使用 INTERCEPT 和 SLOPE 两种函数分别计算截距和斜率的具体操作。

实验 11-2：以某商场 11 种不同产品的批发价与零售价为例，分析该商场批发价与零售价之间的关系，实验原始数据如图 11-6 所示。

	A	B
1	批发价	零售价
2	23	30
3	14	18
4	16	20
5	15	18
6	11	17
7	13	19
8	16	26
9	12	20
10	18	26
11	16	25
12	13	22

图 11-6　实验 11-2 原始数据

使用 INTERCEPT 和 SLOPE 两种函数分别计算截距和斜率的具体操作如下：

（1）单击 A14 单元格，在单元格中输入公式"=INTERCEPT(B2:B12,A2:A12)"，按 Enter 键即可得到批发价对零售价回归的截距。

（2）单击 B14 单元格，在单元格中输入公式"=SLOPE (B2:B12,A2:A12)"，按 Enter 键即可得到批发价对零售价回归的斜率，计算结果如图 11-7 所示。

（3）分析计算结果，从图 11-7 可知斜率约为 1.069，截距约为 5.682，则零售价=批发价*1.069+5.682。我们可以发现该商场商品的零售价等于批发价的 1.069 倍加上 5.682 元，说明批发价每增加 1 元，零售价将会增加 1.069 元。

	A	B	C	D	E	F
1	批发价	零售价				
2	23	30				
3	14	18				
4	16	20				
5	15	18				
6	11	17				
7	13	19				
8	16	26				
9	12	20				
10	18	26				
11	16	25				
12	13	22				
13	斜率	截距				
14	5.6824212	1.0688226				

图 11-7　实验 11-2 计算结果

11.2.2　使用回归分析函数的数组形式

除了上述方法之外，用户还可以使用回归分析函数的数组形式进行回归分析系数的计算。使用回归分析函数的数组形式来计算回归分析系数主要通过 LINEST 函数来实现。

LINEST 函数可通过使用最小二乘法计算与现有数据最佳拟合的直线，来计算直线的统计值，并返回描述此直线的截距和斜率数组。由于此函数返回的是数值数组，所以必须以数组公式的形式输入。其表达形式为

=LINEST(known_y's, [known_x's], [const], [stats])

其中，[ ]内为可选项，返回回归直线的截距和斜率。known_y's 是必须的，表示自变量的观察值或数据集合。known_x's 是可选的，表示因变量的观察值或数据集合。known_x's 对应的单元格区域可以包含一组或多组变量。若仅有一个变量，只要 known_y's 和 known_x's 具有相同的维数，则它们可以是任何形状的区域；若有多个变量，则 known_y's 必须为一行

或一列的区域。若省略 known_x's，则得到数组的大小与 known_y's 的相同。参数 const 表示一个逻辑值，取值为 TRUE 或 FALSE，用于指定是否将截距 b 设置为 0。 const 为 TRUE 或被省略时，截距 b 将不被指定为 0，此时回归将按一般方式计算；const 为 FALSE 时，截距 b 将被设置为 0,此时回归将按照截距为 0 的模型进行计算。参数 stats 也表示一个逻辑值，取值为 TRUE 或 FALSE，用于指定是否返回附加回归统计值。stats 为 TRUE 时，则返回附加回归统计值，除了斜率和截距之外，用户还可以得到标准误差、判定系数、F 值等回归统计值；若 stats 为 FALSE 或被省略，则不返回附加回归统计值，系统只进行斜率和截距的计算。

下面我们通过实验 11-3 来说明使用 LINEST 函数计算回归分析系数的具体操作。

实验 11-3：仍以实验 11-2 的数据为例，完成实验 11-2 一样的目标，实验原始数据如图 11-6 所示。

使用 LINEST 函数计算回归分析系数的具体操作如下：

（1）　单击 A14 单元格，在单元格中以数组公式的形式输入公式 "=LINEST(B2:B12,A2:A12)"，即在编辑栏中输入公式"=LINEST(B2:B12,A2:A12)"后，按 Ctrl+Shift+Enter 组合键即可。

（2）　将公式复制到 B14 单元格，按 F2 键，然后再按下 Ctrl+Shift+Enter 组合键，即可得到回归分析系数，计算结果如图 11-8 所示。我们可以发现利用 LINEST 函数得到的截距和斜率与利用 INTERCEPT 和 SLOPE 这两个函数计算得到的截距和斜率一致。

	A	B	C	D	E	F
1	批发价	零售价				
2	23	30				
3	14	18				
4	16	20				
5	15	18				
6	11	17				
7	13	19				
8	16	26				
9	12	20				
10	18	26				
11	16	25				
12	13	22				
13	斜率	截距				
14	1.0688226	5.6824212				

图 11-8　使用 LINEST 函数计算回归系数

11.2.3　计算回归参数

在回归分析中，除了计算回归方程的截距和斜率之外，我们还需要计算方程的回归参数。通过 RSQ 函数我们可以实现对回归方程判定系数的计算。

RSQ 函数用于返回线性回归模型给的判定系数，即返回根据 known_y's 和 known_x's 中数据点计算得出的 Pearson 乘积矩相关系数的平方。其表达方式为

$$=RSQ(known\_y's,known\_x's)$$

其中，known_y's 表示自变量的观察值或数据集合；known_x's 表示因变量的观察值或数据集合。参数可以是数字、数组或者引用，当数组或引用参数包含文本、逻辑值或空白单元格时，这些值将被忽略；而当 known_x's, known_y's 包含的数据个数不相等或不包含任何数据点时，函数将显示错误值。

下面我们通过实验 11-4 来说明使用 RSQ 函数计算回归分析系数的具体操作。

实验 11-4：仍以实验 11-2 的数据为例，在实验 11-2 的基础上计算批发价对零售价的判定系数，实验原始数据如图 11-6 所示。

使用 RSQ 函数计算回归分析系数的具体操作如下：

单击 C14 单元格，在单元格中以数组公式的形式输入公式"=RSQ(B2:B12,A2:A12)"，按 Enter 键即可得到判定系数，计算结果如图 11-9 所示。判定系数为 0.700057，说明实验 11-2 所得的回归公式能够解释 70%左右的数据，说明整体的拟合效果良好。

	A	B	C	D	E	F
1	批发价	零售价				
2	23	30				
3	14	18				
4	16	20				
5	15	18				
6	11	17				
7	13	19				
8	16	26				
9	12	20				
10	18	26				
11	16	25				
12	13	22				
13	斜率	截距	判定系数			
14	5.6824212	1.0688226	0.700057			

图 11-9　实验 11-4 计算结果

11.3　使用回归分析工具进行回归分析

使用回归分析工具进行回归分析是 Excel 2013 中进行回归分析的第三种方法。相比前两种方法而言，使用回归分析工具进行回归分析更加快捷与全面。

11.3.1　加载回归分析工具

由于回归分析工具并不是 Excel 2013 的自有工具，因此用户在使用回归分析工具进行回归分析之前需要先加载回归分析工具。一般而言，回归分析工具属于"数据分析"工具中的一种，因此用户只需加载"数据分析"工具即可。加载方法与 3.3.1 节中描述的步骤完全一致，这里不再赘述。

11.3.2　使用回归分析工具进行回归分析及回归结果分析

使用回归分析工具的分析结果包括 SUMMARY OUTPUT（回归汇总输出）、RESIDUAL OUTPUT（残差输出）和 PROBABILITY OUTPUT（正态概率输出）三部分。其中，残差输出和正态概率输出可选。此外还可以选择给出残差图、线性拟合图和正态概率图三种输出图形。

SUMMARY OUTPUT 是回归结果中最重要的部分，包括方差分析表、截距、斜率、判定系数、调整后判定系数、P 值等一系列统计信息。RESIDUAL OUTPUT 能够给出预测值、残差项、标准残差项以及对应的残差图、线性拟合图等分析结果。PROBABILITY OUTPUT 则能够给出正态分布概率以及与此对应的正态分布概率图等。

下面我们通过实验 11-5 来说明使用回归分析工具进行回归分析的具体操作。

实验 11-5：以实验 11-2 的数据为例，分析该商场批发价与零售价之间的关系，实验原始数据如图 11-6 所示。

使用回归分析工具进行回归分析的具体操作如下：

（1）　建立回归方程：零售价=批发价*a+b。

（2）　在"数据"选项卡中单击"数据分析"按钮，在如图 11-10 所示的"数据分析"对话框中选择"回归"分析工具，单击"确定"按钮，弹出如图 11-11 所示的"回归"对话框。

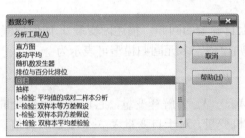

图 11-10　"数据分析"对话框　　　　　图 11-11　"回归"对话框

（3）　在"回归"对话框中的"Y 值输入区域"中输入因变量零售价所在区域 B2:B12，在"X 值输入区域"中输入自变量批发价所在区域 A2:A12，单击"确定"按钮，即可得到如图 11-12 所示的回归分析结果。若用户在分析之前已知回归方程的截距为 0，则可在此对话框中勾选"常数为零"选项；若用户还要得到残差、标准残差、线性拟合图及正态概率图等信息，则在该对话框中勾选相应选项即可。

	A	B	C	D	E	F	G	H	I
1	SUMMARY OUTPUT								
2									
3	回归统计								
4	Multiple	0.836694							
5	R Square	0.700057							
6	Adjusted	0.66673							
7	标准误差	2.441824							
8	观测值	11							
9									
10	方差分析								
11		df	SS	MS	F	nificance F			
12	回归分析	1	125.2466	125.2466	21.00571	0.001322			
13	残差	9	53.66252	5.962502					
14	总计	10	178.9091						
15									
16		Coefficien	标准误差	t Stat	P-value	Lower 95%	Upper 95%	下限 95.0%	上限 95.0%
17	Intercept	5.682421	3.616209	1.571375	0.150544	-2.49801	13.86285	-2.49801	13.86285
18	批发价	1.068823	0.233205	4.583198	0.001322	0.541277	1.596368	0.541277	1.596368

图 11-12　实验 11-5 回归结果

（4）　分析回归结果。从"回归统计"一栏中可知判定系数"R Square"约为 0.7，调整后判定系数约为 0.67，说明回归结果的拟合程度良好。在该栏中还可知标准误差与观测值等信息。

从"方差分析"一栏中可知回归的方差分析表，该方差分析的原假设为自变量对因变量没有显著影响，该回归的 P 值为 0.001322 小于显著性水平 0.05，应该拒绝原假设，说明自变量批发价对因变量零售价有显著影响。

在最后一栏中可知回归的系数以及置信区间。可知截距约为 5.682，斜率约为 1.069，回归公式可写为：零售价=批发价*1.069+5.682。我们可以发现该商场商品的零售价等于批发价的 1.069 倍加上 5.682 元，说明批发价每增加 1 元，零售价将会增加 1.069 元。

11.4 多元线性回归分析

本章上述分析的均为一元线性回归分析，现在我们将分析方法推广到多元线性回归分析。多元线性回归分析与一元线性回归分析类似，是一元线性回归分析的一种推广，但其应用范围比一元线性回归更为广泛。

11.4.1 多元线性回归系数的求解

多元线性回归是一个因变量与两个及两个以上自变量的回归。描述因变量 Y 如何依赖于自变量 $X_{1i}, \cdots, X_{mi}$ 和误差项 u_i 的方程，称为多元回归模型。多元回归模型可表示为

$$y = \beta_0 + \beta_1 x_1 + \beta_2 x_2 + \cdots + \beta_k x_k + \varepsilon \tag{11-3}$$

其中，β_0 为截距，$\beta_1, \beta_2, \cdots, \beta_k$ 为回归系数，$X_{1i}, \cdots, X_{mi}$ 为解释变量，它们是非随机变量，ε 为随机扰动项。误差项 ε 是一个期望值为 0 的随机变量，对于自变量 $X_{1i}, \cdots, X_{mi}$ 的所有值，ε 的方差都相同，并且 ε 是一个服从正态分布的随机变量，且相互独立。

用样本统计量 $\hat{\beta}_0, \hat{\beta}_1, \hat{\beta}_2, \cdots, \hat{\beta}_k$ 估计回归方程中的 $\beta_0, \beta_1, \beta_2, \cdots, \beta_k$ 参数时得到的方程称为估计的多元回归方程。一般表示为

$$\hat{y} = \hat{\beta}_0 + \hat{\beta}_1 x_1 + \hat{\beta}_2 x_2 + \cdots + \hat{\beta}_k x_k \tag{11-4}$$

其中，$\hat{y}$ 是 y 的估计值，$\hat{\beta}_0, \hat{\beta}_1, \hat{\beta}_2, \cdots, \hat{\beta}_k$ 是 $\beta_0, \beta_1, \beta_2, \cdots, \beta_k$ 的估计值。

1. 多元线性回归系数的求解

多元线性回归系数的求解一般使用最小二乘法。最小二乘法使得因变量的观察值与估计值之间的离差平方和达到最小来求得 $\hat{\beta}_0, \hat{\beta}_1, \hat{\beta}_2, \cdots, \hat{\beta}_k$。即

$$Q(\hat{\beta}_0, \hat{\beta}_1, \hat{\beta}_2, \cdots, \hat{\beta}_k) = \sum_{i=1}^{n}(y_i - \hat{y}_i)^2 = \sum_{i=1}^{n} e_i^2 = 最小 \tag{11-5}$$

而求解各系数的方程则为

$$\begin{cases} \left. \dfrac{\partial Q}{\partial \beta_0} \right|_{\beta_0 = \hat{\beta}_0} = 0 \\[2mm] \left. \dfrac{\partial Q}{\partial \beta_i} \right|_{\beta_i = \hat{\beta}_i} = 0 \quad (i = 1, 2, \cdots, k) \end{cases} \tag{11-6}$$

2. 多重判定系数的求解

多重判定系数是多元回归中回归平方和占总体平方和的比例，是度量多元回归方程拟合

程度的一个统计量，反映了在因变量 y 的变差中被估计的回归方程所占的比例。多重判定系数的计算公式为

$$R^2 = \frac{\sum_{i=1}^{n}\left(\hat{y}_i - \overline{y}\right)^2}{\sum_{i=1}^{n}\left(y_i - \overline{y}\right)^2} = \frac{SSR}{SST} = 1 - \frac{SSE}{SST} \tag{11-7}$$

然而，由于自变量个数的增加，将影响到因变量中被估计回归方程所解释的变量数量，增加自变量会使得多重判定系数被高估。为了避免高估多重判定系数，我们需要计算一个调整的多重判定系数，其计算公式为

$$R_a^2 = 1 - \left(1 - R^2\right) \times \frac{n-1}{n-k-1} \tag{11-8}$$

其中，n 为观测值个数，k 为自变量个数。调整的多重判定系数与多重判定系数的意义相似，也反映在因变量 y 的变差中被估计的回归方程所占的比例。

11.4.2　多元线性回归的统计检验

多元线性回归的统计检验可分为两类，一类称为线性关系检验，另一类称为回归系数检验。

1.　线性关系检验

线性关系检验也称为总体显著性检验，用来检验因变量与自变量之间的关系是否显著。检验方法是将回归均方（MSR）同残差均方（MSE）加以比较，应用 F 检验来分析两者之间的差别是否显著。如果是显著的，因变量与自变量之间存在线性关系；如果是不显著的，因变量与自变量之间不存在线性关系。检验步骤如下。

（1）提出假设。

原假设 H_0：$\beta_1 = \beta_2 = \cdots = \beta_k = 0$。（线性关系不显著）

备择假设 H_1：$\beta_1, \beta_2, \ldots, \beta_k$ 至少有一个不等于 0。（线性关系显著）

（2）计算 F 统计量。

$$F = \frac{SSR/k}{SSE/(n-k-1)} = \frac{\sum_{i=1}^{n}\left(\hat{y}_i - \overline{y}\right)^2 \Big/ k}{\sum_{i=1}^{n}\left(y_i - \hat{y}\right)^2 \Big/ (n-k-1)} \sim F(k, n-k-1) \tag{11-9}$$

（3）确定显著性水平 α 和分子自由度 k、分母自由度 $n{-}k{-}1$ 找出 F 临界值。

（4）做出决策：若 $F > F_\alpha$，则拒绝 H_0。

2.　回归系数检验

在线性关系检验通过后，仍需要对各个回归系数有选择地进行一次或多次检验，称为回归系数检验。回归系数检验主要确定单个自变量与因变量之间是否存在线性关系。回归系数检验的具体步骤如下。

（1）提出假设。

原假设 H_0：$\beta_1 = 0$。（自变量与因变量没有线性关系）

备择假设 H_1：$\beta_1 \neq 0$。（自变量与因变量有线性关系）

（2）计算检验的统计量 t。

$$t = \frac{\hat{\beta}_i}{S_{\hat{\beta}_i}} \sim t(n-k-1) \tag{11-10}$$

其中，
$$S_{\hat{\beta}_i} = \frac{S_e}{\sqrt{\sum x_i^2 - \frac{1}{n}\left(\sum x_i\right)^2}} \tag{11-11}$$

（3）确定显著性水平，并进行统计决策。当 $|t| > t_{\alpha/2}$ 时，拒绝 H_0；当 $|t| < t_{\alpha/2}$ 时，不拒绝 H_0。

11.4.3　使用回归函数进行多元回归

除了可进行一元线性回归之外，LINEST 函数还可应用于多元回归分析，采用数组运算的方式可以返回参数数组和附加回归统计量。

LINEST 函数可通过使用最小二乘法计算与现有数据最佳拟合的直线，来计算直线的统计值，并返回描述此直线的截距和斜率数组。由于此函数返回的是数值数组，所以必须以数组公式的形式输入。利用 LINEST 函数附加回归统计值的输出结果来进行回归时，Excel 2013 仅输出回归结果，并不标明各回归统计值的意义，需要用户自己熟悉 LINEST 函数附加回归统计值的输出结果的意义。LINEST 函数附加回归统计值的输出结果的对应名称如图 11-13 所示。

	A	B	C
1	x1系数	x2系数	截距b
2	x1系数标准误	x1系数标准误	截距b标准误
3	判定系数	y标准误	
4	F值	自由度	
5	回归平方和	残差平方和	

图 11-13　LINEST 函数附加回归统计值的输出结果

下面我们通过实验 11-6 来说明使用 LINEST 函数计算回归分析系数的具体操作。

实验 11-6： 以某商场 14 种不同商品的销售价格、购进价格及销售费用数据为例，分析该商场中，销售价格与购进价格和销售费用之间的关系，实验原始数据如图 11-14 所示。

	A	B	C
1	销售价格y	购进价格x1	销售费用x2
2	1286	771	304
3	1193	664	310
4	1156	851	235
5	1303	852	283
6	1313	804	302
7	1144	905	214
8	1106	791	339
9	1084	511	326
10	1120	505	339
11	1266	894	257
12	1200	440	387
13	1263	490	390
14	1246	696	316
15	1238	966	223

图 11-14　实验 11-6 原始数据

使用 LINEST 函数计算回归分析系数的具体操作如下：

（1）建立多元回归方程 $y = \hat{\beta}_0 + \hat{\beta}_1 x_1 + \hat{\beta}_2 x_2$，其中 $\hat{y}$ 表示销售价格，x_1 表示购进价格，x_2 表示销售费用。

（2）单击 A17 单元格，在单元格中以数组公式的形式输入公式"=LINEST(A2:A15, B2:C15,TRUE,TRUE)"，其中，A2:A15 表示因变量销售价格数据所在区域，B2:C15 表示自变量购进价格和销售费用数据所在区域，第一个逻辑值 TRUE 表示不设置回归方程截距为 0，第二个逻辑值 TRUE 表示需要返回附加回归统计值。公式输入完毕后，选中区域 B17:D21，按下 F2 键，再按 Ctrl+Shift+Enter 组合键即可得到回归分析系数及附加回归统计值。

（3）计算 F 临界值。单击 B22 单元格，输入公式"=FINV(0.05,14-1,14-2)"，其中，0.05 表示显著性水平，"14-1"表示自由度，"14-2"表示样本个数–自变量个数，按 Enter 键即可得到 F 临界值，实验的计算结果如图 11-15 所示。

（4）分析回归结果。由图 11-15 所示的结果可以看出，x_1 系数的估计值约为 1.22，x_2 系数的估计值约为 0.46，截距 b 的估计值约为 503.07。因而可得到回归方程为

$$销售价格 = 1.22*购进价格 + 0.46*销售费用 + 503.07$$

	A	B	C	D
1	销售价格y	购进价格x1	销售费用x2	
2	1286	771	304	
3	1193	664	310	
4	1156	851	235	
5	1303	852	283	
6	1313	804	302	
7	1144	905	214	
8	1106	791	339	
9	1084	511	326	
10	1120	505	339	
11	1266	894	257	
12	1200	440	387	
13	1263	490	390	
14	1246	696	316	
15	1238	966	223	
16				
17	系数	1.221548073	0.464884217	503.0738
18	系数标准误	0.741223125	0.232952277	380.8078
19	判定系数	0.267952001	70.87319057	#N/A
20	F值	2.013168545	11	#N/A
21	平方和	20224.32801	55253.10056	#N/A
22	F临界值	2.660177458		

图 11-15　实验 11-6 回归结果

该回归方程说明销售价格随着购进价格与销售费用的增加而增加，且购进价格每增加一元，销售价格将增加 1.22 元；销售费用每增加 1 元，销售价格将增加 0.46 元。我们还可以得到方程的判定系数约为 0.27，说明该回归方程的拟合程度为 27%，对数据的解释能力并不够强。F 值约为 2.01，小于 F 临界值，无法拒绝原假设，说明销售价格、购进价格和销售费用之间不存在显著的线性关系。

11.4.4　使用回归分析工具进行多元线性回归分析

除了使用回归函数进行多元回归分析之外，也可以使用 Excel 2013 数据分析工具中的回归分析工具进行多元线性回归分析。而且使用 Excel 2013 数据分析工具中的回归分析工具进

行多元线性回归分析的输出结果更加全面、明了。

下面我们通过实验 11-7 来说明使用回归分析工具进行回归分析的具体操作。

实验 11-7：以实验 11-6 的数据为例，分析该商场中，销售价格与购进价格和销售费用之间的关系，实验原始数据如图 11-14 所示。

使用回归分析工具进行回归分析的具体操作如下：

（1）建立多元回归方程 $y = \hat{\beta}_0 + \hat{\beta}_1 x_1 + \hat{\beta}_2 x_2$，其中 $\hat{y}$ 表示销售价格，x_1 表示购进价格，x_2 表示销售费用。

（2）单击"数据"选项卡，执行"数据分析"命令，在如图 11-10 所示的"数据分析"对话框中选择"回归"分析工具，单击"确定"按钮，弹出如图 11-11 所示的"回归"对话框。

（3）在"回归"对话框中的"Y 值输入区域"中输入因变量销售价格所在区域 A2:A15，在"X 值输入区域"中输入自变量购进价格和销售费用所在区域 B2:C15，单击"确定"按钮即可得到如图 11-16 所示的回归分析结果。若用户在分析之前已知回归方程的截距为 0，则可在此对话框中勾选"常数为零"选项；若用户还要得到残差、标准残差、线性拟合图及正态概率图等信息，则在该对话框中勾选相应选项即可。

	A	B	C	D	E	F	G	H	I
1	SUMMARY OUTPUT								
2									
3	回归统计								
4	Multiple	0.517641							
5	R Square	0.267952							
6	Adjusted	0.134852							
7	标准误差	70.87319							
8	观测值	14							
9									
10	方差分析								
11		df	SS	MS	F	nificance F			
12	回归分析	2	20224.33	10112.16	2.013169	0.179874			
13	残差	11	55253.1	5023.009					
14	总计	13	75477.43						
15									
16		Coefficien	标准误差	t Stat	P-value	Lower 95%	Upper 95%	下限 95.0%	上限 95.0%
17	Intercept	503.0738	380.8078	1.32107	0.213299	-335.078	1341.226	-335.078	1341.226
18	X Variabl	0.464884	0.232952	1.99562	0.071337	-0.04784	0.977609	-0.04784	0.977609
19	X Variabl	1.221548	0.741223	1.648017	0.127588	-0.40987	2.852969	-0.40987	2.852969

图 11-16　实验 11-7 回归结果

（4）分析回归结果。

从"回归统计"一栏中可知判定系数"R Square"约为 0.27，调整后判定系数约为 0.13，说明回归结果的拟合程度很差，回归方程对原始数据的解释能力很弱。同时，在该栏中还可知标准误差与观测值等信息。

从"方差分析"一栏中可知回归的方差分析表，该方差分析的原假设为自变量对因变量没有显著影响，该回归的 F 值约为 2.01，P 值约为 0.18 大于显著性水平 0.05，因此无法拒绝原假设，说明自变量购进价格和销售费用对因变量销售价格没有显著影响。

在最后一栏中可知回归的系数以及置信区间。购进价格的系数估计值约为 1.22，销售费用的系数估计值约为 0.46，截距 b 的估计值约为 503.07。因而可得到回归方程为

$$销售价格 = 1.22 * 购进价格 + 0.46 * 销售费用 + 503.07$$

该回归方程说明销售价格随着购进价格与销售费用的增加而增加，且购进价格每增加一元，销售价格将增加 1.22 元；销售费用每增加 1 元，销售价格将增加 0.46 元。

11.5 上机题

光盘：\录像\第 11 章\上机题\……
光盘：\上机题\第 11 章\习题\……

1. 我国 1982—2007 年的进出口总值与固定资产投资总额数据如下，分析固定资产投资对进出口总值是否有显著影响，以及有什么样的影响。（数据路径：光盘：\上机题\第 11 章\习题\第 11 章第 1 题）

年　份	进出口总值	固定资产投资总额
1982	416.1	1230.4
1983	436.2	1430.1
1984	535.5	1832.9
1985	696	2543.2
1986	738.5	3120.6
1987	826.5	2448.8
1988	1027.9	3020
1989	1116.8	2808.2
1990	1154.4	2986.3
1991	1356.3	3713.8
1992	1655.3	5498.7
1993	1857	13072.3
1994	2366.2	17042.1
1995	2808.6	20019.3
1996	2898.8	22913.5
1997	3251.6	24941.1
1998	3240.5	28406.2
1999	3607	29854.71
2000	4550	32917.73
2001	5098	37213.49
2002	6208	43499.91
2003	8509.9	55566.6059
2004	11854	70477.4
2005	14221	88773.6
2006	17607	109870
2007	21735	117414

（1）使用趋势线进行回归分析，并分析回归结果。

（2）使用回归函数进行回归分析，并分析回归结果。

（3）使用回归分析工具进行回归分析，并分析回归结果。

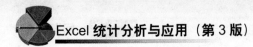

2. 我国 1982—2007 年的进出口总值、固定资产投资总额和社会消费零售总额的数据如下，分析固定资产投资及社会消费零售总额对进出口总值是否有显著影响，以及有什么样的影响。（数据路径：光盘：\上机题\第 11 章\习题\第 11 章第 2 题）

年　份	进出口总值	固定资产投资总额	社会消费零售总额
1982	416.1	1230.4	2570
1983	436.2	1430.1	2849.4
1984	535.5	1832.9	3376.4
1985	696	2543.2	4305
1986	738.5	3120.6	4950
1987	826.5	2448.8	5820
1988	1027.9	3020	7440
1989	1116.8	2808.2	8101.4
1990	1154.4	2986.3	8300.1
1991	1356.3	3713.8	9415.6
1992	1655.3	5498.7	10993.7
1993	1857	13072.3	12462.1
1994	2366.2	17042.1	16264.7
1995	2808.6	20019.3	20620
1996	2898.8	22913.5	24774.1
1997	3251.6	24941.1	27298.9
1998	3240.5	28406.2	29152.5
1999	3607	29854.71	31134.7
2000	4550	32917.73	34152.6
2001	5098	37213.49	37595.2
2002	6208	43499.91	42027.1
2003	8509.9	55566.6059	45842
2004	11854	70477.4	53950.1
2005	14221	88773.6	63686.6
2006	17607	109870	76410
2007	21735	117414	81721.7

（1）　使用回归函数进行回归分析。

（2）　使用回归分析工具进行回归分析。

（3）　比较两种方法回归的结果并分析回归结果。

3. 一家房地产公司想对某城市的房地产销售价格与地产的评估价值、房产的评估价值和使用面积建立一个模型，分析地产的评估价值、房产的评估价值和使用面积是否对房地产销售价格有显著的影响。为此收集了 20 栋住宅的房地产评估数据如下所示。（数据路径：光盘：\上机题\第 11 章\习题\第 11 章第 3 题）

销售价格 y	地产估价 x_1	房产估价 x_2	使用面积 x_3
6890	596	4497	18730
4850	900	2780	9280
5550	950	3144	11260
6200	1000	3959	12650

（续表）

销售价格 y	地产估价 x_1	房产估价 x_2	使用面积 x_3
11650	1800	7283	22140
4500	850	2732	9120
3800	800	2986	8990
8300	2300	4775	18030
5900	810	3912	12040
4750	900	2935	17250
4050	730	4012	10800
4000	800	3168	15290
9700	2000	5851	24550
4550	800	2345	11510
4090	800	2089	11730
8000	1050	5625	19600
5600	400	2086	13440
3700	450	2261	9880
5000	340	3595	10760
2240	150	578	9620

（1） 使用回归函数进行回归分析。

（2） 使用回归分析工具进行回归分析。

（3） 比较两种方法回归的结果并分析回归结果。

第 12 章　时间序列分析

时间序列是按时间顺序排列的一组数字序列。时间序列分析就是利用这组数列，应用数理统计方法加以处理，以预测未来事物的发展。通常我们所面临的决策中，时间往往是一个重要的变量。管理者做预测时，常常以过去的历史资料为依据，预测将来的销售量、国民生产总值、股价的变动，以及人口成长等变量。过去的历史数据，我们称之为时间序列。更明确的定义，时间序列是一群统计数据，按照其发生时间的先后顺序排成的序列。例如，某地每日的平均温度、某地的每月降水量、股票市场中每天的收盘价格、某型号电视机每年的产量，以及历年来国民收入与出口总额等，是每年或一段较长时间一直重复出现的数据，其都是时间序列。

研究时间序列分析的核心是时间序列的预测，而 Excel 2013 提供了时间序列的多种预测方法，因此，学习 Excel 2013 的时间序列分析工具对实际生活和研究工作有着重要的意义。

12.1　时间序列分析概述

时间序列分析是一种动态数据处理的统计方法。该方法基于随机过程理论和数理统计学方法，研究随机数据序列所遵从的统计规律，以用于解决实际问题。它包括一般统计分析（如自相关分析，谱分析等），统计模型的建立与推断，以及关于时间序列的最优预测、控制与滤波等内容。一般来讲，时间序列分析的核心内容是建模，主要研究对象是组成成分。下面将一一介绍。

12.1.1　时间序列的建模

经典的统计分析都假定数据序列具有独立性，而时间序列分析则侧重研究数据序列的互相依赖关系。因此，时间序列的数据往往不能以回归分析的方法来建立模型加以分析，因为回归分析建立的是因果模型。而时间序列中的各观测值间通常都存在相关性，时间相隔越短，两观测值相关性越大，时间序列并不满足所谓"各观测值为独立"的必要假设。因此，时间序列分析和其他传统分析不同的是，它不需要借助预测变量，仅依照变量本身过去的数据所存在的变异形态来建立模型。

时间序列分析是定量预测方法之一，它的基本原理：一是承认事物发展的延续性。应用过去数据，就能推测事物的发展趋势。二是考虑到事物发展的随机性。任何事物发展都可能受偶然因素影响，为此要利用统计分析中加权平均法对历史数据进行处理。该方法简单易行，便于掌握，但准确性差，一般只适用于短期预测。时间序列预测一般反映 3 种实际变化规律：趋势变化、周期性变化和随机性变化。

时间序列分析主要用于：① 系统描述。根据对系统进行观测得到的时间序列数据，用曲线拟合方法对系统进行客观的描述。② 系统分析。当观测值取自两个以上变量时，可用一个时间序列中的变化去说明另一个时间序列中的变化，从而深入了解给定时间序列产生的机理。

③ 预测未来。一般用 ARMA 模型拟合时间序列，预测该时间序列未来值。④ 决策和控制。根据时间序列模型可调整输入变量使系统发展过程保持在目标值上，即预测到过程要偏离目标时便可进行必要的控制。

时间序列建模的基本步骤是：① 用观测、调查、统计、抽样等方法取得被观测系统时间序列动态数据。② 根据动态数据作相关图，进行相关分析，求自相关函数。相关图能显示出变化的趋势和周期，并能发现跳点和拐点。跳点是指与其他数据不一致的观测值。如果跳点是正确的观测值，在建模时应考虑进去，如果是反常现象，则应把跳点调整到期望值。拐点则是指时间序列从上升趋势突然变为下降趋势的点。如果存在拐点，则在建模时必须用不同的模型去分段拟合该时间序列。③ 辨别合适的随机模型，进行曲线拟合，即用通用随机模型去拟合时间序列的观测数据。对于短的或简单的时间序列，可用趋势模型和季节模型加上误差来进行拟合。对于平稳时间序列，可用通用 ARMA 模型（自回归滑动平均模型）及其特殊情况的自回归模型、滑动平均模型或组合-ARMA 模型等来进行拟合。当观测值多于 50 个时一般都采用 ARMA 模型。对于非平稳时间序列则要先将观测到的时间序列进行差分运算，化为平稳时间序列，再用适当模型去拟合这个差分序列。

时间序列分析常用在国民经济宏观控制、区域综合发展规划、企业经营管理、市场潜量预测、气象预报、水文预报、地震前兆预报、农作物病虫灾害预报、环境污染控制、生态平衡、天文学和海洋学等方面。现代的商业和经济活动，本质上是动态的，而且是多变化的。如何对未来做一可靠的预测，是各组织最重视的课题之一。

通常将时间序列写成 $\{Y_t\}$，其中 $t = 0, 1, 2, \cdots$，为下标代表时间；并以时间为横轴，将各时点的观测值描绘出来，这样可大略了解该变量随着时间而变动的趋势。

12.1.2　时间序列的组成成分

时间序列数据的建模和预测，首先必须了解时间序列特征的组成成分，这些成分主要包括四种：长期趋势、季节变动、循环变动和不规则变动，并且这四种成分可能同时存在于一个时间序列中。

（1）长期趋势：时间序列依时间而呈现出逐渐增加或减少的长期变化趋势。时间序列在一个较长的时间内，往往会呈现出不变、递增或递减的趋向。此趋势可能是由长期人口的逐渐改变，GNP、科技的进步或消费者的结构提升等结果所致。如图 12-1 所示，1978—2008 年中国第一产业总值随着时间呈长期上涨趋势，这种特征就是该时间序列的长期趋势组成成分。

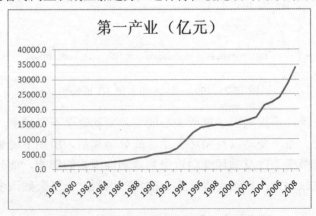

图 12-1　1978—2008 年中国第一产业总值

（2）季节变动：在一年中或固定时间内，呈现固定的规则变动。季节变动发生的原因，主要由于受到季节的影响与习俗的形成。例如，电风扇与冷气机在夏季的销售量多而冬季少；一天的交通流量在上下班时间出现高峰，而其余时间流量较为稳定；圣诞节前玩具的销售量增加；暑假旅游活动增加等。如图 12-2 所示，2005—2008 年中国发电量不仅有着明显的增长趋势，而且还有着明显的季节性变动因素。每年的第三季度是全年发电量的高峰期，第一季度是全年发电量的低谷期，这种特征就是该时间序列的季节变动组成成分。

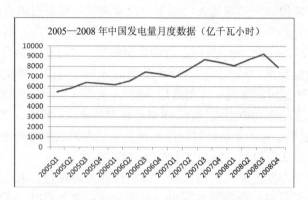

图 12-2　2005—2008 年中国发电量月度数据

（3）循环变动：沿着趋势线如钟摆般地循环变动，并且循环变动的周期超过一年。其变动的原因甚多，而且周期的长短与幅度亦不一致。通常一个时间序列的循环是由其他多个小的时间序列循环组合而成的，如总体经济指标的循环往往是由各个产业的循环组合而成的。有时总体经济会受到重大政治事件很大的影响，如总统大选或战争。同样地，各产业的循环往往受到整体经济环境的影响。如图 12-3 所示，1994—2008 年 $M1$ 增长率不断上下循环波动，循环周期大概 3～4 年，这种特征就是该时间序列的循环变动组成成分。

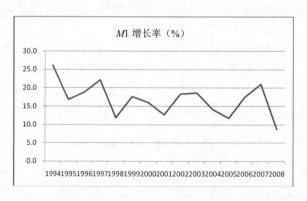

图 12-3　1994—2008 年中国 $M1$ 增长率

（4）不规则变动：不规则因子使所关心的变量变动完全不可预测。不规则变动是在时间序列中将长期趋势、季节变动以及循环变动等成分隔离后，所剩下随机状况的部份。一般而言，长期趋势、季节变动以及循环变动皆受到规则性因素的影响，而只有不规则因素是属于随机性的，其发生原因为：自然灾害、人为的意外因素、天气突然改变及政治情势巨大变化等。

针对时间序列的各种不同组成成分，时间序列的预测也有不同的方法。一般来讲，时间序列的预测的简单方法主要有简单平均法、移动平均法和指数平滑法，简单平均法过于简单，适用性不强，下面主要讨论后两种方法。

12.2　时间序列的移动平均

移动平均是通过对时间序列逐期递移求得的平均数作为预测值的一种预测方法，分为简单移动平均法和趋势移动平均法两种。

12.2.1　简单移动平均法

简单移动平均法是指将最近的 k 期数据加以平均，作为下一期的预测值。设移动间隔为 k（$1<k<t$），则 t 期的移动平均值为

$$\overline{Y}_t = \frac{Y_t + Y_{t-1} + \cdots + Y_{t-k+1}}{k}, \quad 1<k<t$$

对于某些简单的时间序列，可用上式进行预测，即对于 $t+1$ 期的简单移动平均预测值为

$$F_{t+1} = \overline{Y}_t = \frac{Y_t + Y_{t-1} + \cdots + Y_{t-k+1}}{k}$$

同样，$t+2$ 期的预测值为

$$F_{t+2} = \overline{Y}_{t+1} = \frac{Y_{t+1} + Y_t + \cdots + Y_{t-k+2}}{k}$$

$$\cdots\cdots$$

依次类推，$t+s$ 期的预测值为

$$F_{t+s} = \overline{Y}_{t+s-1} = \frac{Y_{t+s-1} + Y_{t+s-2} + \cdots + Y_{t+s-k}}{k}$$

移动平均法只使用最近 k 期的数据，在每次计算移动平均值时，移动的间隔都为 k。该方法也主要适合对较为平稳的时间序列进行预测。应用时，关键是确定合理的移动间隔长度 k。对于同一个时间序列，采用不同的移动步长预测的准确性是不同的。

对于给定时间序列，Excel 2013 的加载项"数据分析"提供了移动平均的功能。下面通过实验 12-1 来介绍 Excel 2013 运用简单移动平均法进行预测的操作过程。

实验 12-1：图 12-4 是中国 1978 年到 2008 年的 GDP 增长率，要求依据简单移动平均法来预测 2009 年的 GDP 增长率，其中步长为 3，并计算其预测误差。

具体步骤如下：

（1）打开如图 12-5 所示的"数据分析"对话框，选择"移动平均"选项，单击"确定"按钮，弹出如图 12-6 所示的"移动平均"对话框。

（2）在图 12-6 所示的"输入区域"的空格中填写已知时间序列数据的位置，可以直接输入，也可以单击折叠按钮，再选定总体的区域，此处我们输入"B2:B32"；"标志位于第一行"复选框表示总体是否存在标志，用以区分不同的时间序列，如果输入区域的第一行中包含标志，就勾选此框；否则不选，此处并没有特别说明，因此不选"标志位于第一行"复选框；"间隔"是指简单移动平均法中的平均步长 k，此处已知为"3"，因此输入"3"；"输出

区域"的空格中填写输出的区域位置，这个位置可以自由挑选，若选择"输出区域"选项，并且在其后的空格中直接输入，或者单击折叠按钮再选定区域，则预测结果会与总体数据出现在同一个工作表中；若选择"新工作表组"选项，并且在其后的空格中输入新建的工作表名称，则预测结果会出现在新建的工作表中；若选择"新工作簿"选项，则预测结果会出现在新的工作簿中。此处，我们不妨选择"C3:C33"；"图表输出"复选框表示是否输出预测图表，是否勾选均可；"标准误差"复选框表示是否输出标准误差，此处要求勾选。得到如图 12-7 所示的预测结果。

	A	B
1		GDP增长率（%）
2	1978	10.2
3	1979	6.1
4	1980	6.5
5	1981	3.9
6	1982	7.5
7	1983	9.3
8	1984	13.7
9	1985	11.9
10	1986	7.2
11	1987	9.8
12	1988	9.5
13	1989	2.5
14	1990	2.3
15	1991	7.7
16	1992	12.8
17	1993	12.7
18	1994	11.8
19	1995	9.7
20	1996	8.9
21	1997	8.2
22	1998	6.8
23	1999	6.7
24	2000	7.6
25	2001	7.5
26	2002	8.4
27	2003	9.3
28	2004	9.4
29	2005	9.8
30	2006	11
31	2007	11.4
32	2008	9

图 12-4　1978—2008 年中国 GDP 增长率

图 12-5　"数据分析"对话框

图 12-6　"移动平均"对话框

图 12-7 中的 C 列即为时间序列的简单移动平均法预测，D 列是每个预测值的标准误差。

可以看到 2009 年 GDP 增长率的预测值约为 10.5%，标准误差是 1.074968。图 12-8 是预测值与原值的比较，可以看出 1994 年以后的预测较好。

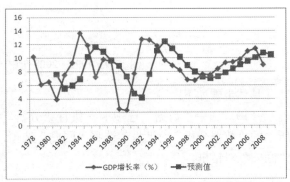

	A	B	C	D
1		GDP增长率（%）	预测值	预测误差
2	1978	10.2		
3	1979	6.1	#N/A	#N/A
4	1980	6.5	#N/A	#N/A
5	1981	3.9	7.6	#N/A
6	1982	7.5	5.5	#N/A
7	1983	9.3	5.966667	1.428415
8	1984	13.7	6.9	1.886011
9	1985	11.9	10.16667	2.62015
10	1986	7.2	11.63333	2.470867
11	1987	9.8	10.93333	2.971719
12	1988	9.5	9.633333	2.163074
13	1989	2.5	8.833333	2.191651
14	1990	2.3	7.266667	2.780488
15	1991	7.7	4.766667	3.122499
16	1992	12.8	4.166667	3.709897
17	1993	12.7	7.6	3.899098
18	1994	11.8	11.06667	3.75021
19	1995	9.7	12.43333	3.168011
20	1996	8.9	11.4	1.40936
21	1997	8.2	10.13333	1.26652
22	1998	6.8	8.933333	1.284379
23	1999	6.7	7.966667	1.067708
24	2000	7.6	7.233333	0.853099
25	2001	7.5	7.033333	0.809664
26	2002	8.4	7.266667	0.469042
27	2003	9.3	7.833333	0.481894
28	2004	9.4	8.4	0.628638
29	2005	9.8	9.033333	0.649501
30	2006	11	9.5	0.587209
31	2007	11.4	10.06667	0.604306
32	2008	9	10.73333	0.684402
33	2009		10.46667	1.074968

图 12-7 实验 12-1 的预测结果 图 12-8 实验 12-1 的预测值与原值比较

12.2.2 趋势移动平均法

趋势移动平均法是延续已有序列趋势计算所得的值作为预测值的一种方法。一般分为线性趋势移动平均法和非线性趋势移动法，这里只介绍线性趋势移动平均法。

当现象的发展按照线性趋势变化时，可以用下列线性趋势方程来描述。

$$\hat{Y}_t = b_0 + b_1 t$$

其中，$\hat{Y}_t$ 表示时间序列 Y_t 的预测值。b_0 和 b_1 是两个待定的系数。利用最小二乘法可以由回归得到：

$$b_1 = \frac{n \sum tY - \sum t \sum Y}{n \sum t^2 - (\sum t)^2}$$

$$b_0 = \overline{Y} - b_1 t$$

可以利用趋势方程进行外推预测。趋势移动平均法很好地利用了时间序列的趋势性质。对于只含有趋势成分的时间序列，趋势移动平均法是最适合的方法。

对于给定时间序列，Excel 2013 的加载项"数据分析"提供了趋势移动平均的功能。下面通过实验 12-2 来介绍 Excel 2013 运用趋势移动平均法进行预测的操作过程。

实验 12-2：图 12-9 是 1990 年到 2008 年中国社会消费品零售总额数据，要求以此预测 2009 年的中国社会消费品零售总额。

	A	B
1		社会消费品零售总额（亿元）
2	1990	8300.1
3	1991	9415.6
4	1992	10993.7
5	1993	14270.4
6	1994	18622.9
7	1995	23613.8
8	1996	28360.2
9	1997	31252.9
10	1998	33378.1
11	1999	35647.9
12	2000	39105.7
13	2001	43055.4
14	2002	48135.9
15	2003	52516.3
16	2004	59501
17	2005	67176.6
18	2006	76410
19	2007	89210
20	2008	108488

图 12-9　1990—2008 年中国社会消费品零售总额

具体步骤如下：

（1）选中"数据"选项卡，执行"分析"组内的"数据分析"命令，弹出如图 12-10 所示的"数据分析"对话框。选择"回归"选项，单击"确定"按钮，弹出如图 12-11 所示的"回归"对话框。

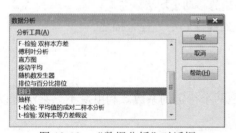

图 12-10　"数据分析"对话框

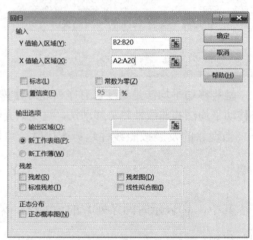

图 12-11　"回归"对话框

（2）在"Y 值输入区域"的空格中填写"B2:B20"（或者直接选取），"X 值输入区域"的空格中填写"A2:A20"（或者直接选取），"输出选项"有 3 种选择，可以根据实际需要进行相应选择，我们不妨选择"新工作表组"单选按钮，各参数的详细介绍参见 11.3.2 节。得到如图 12-12 所示的回归结果。

（3）图 12-12 中单元格 B17 即为 b_0 的值，单元格 B18 即为 b_1 的值，各系数的详细介绍参见 11.3.2 节。所以 2009 年中国社会零售品总额的预测值为

$$\hat{Y}_{2009} = b_0 + b_1 * 2009 = -9511347.2 + 4779.0 * 2009 = 89761.8（亿元）$$

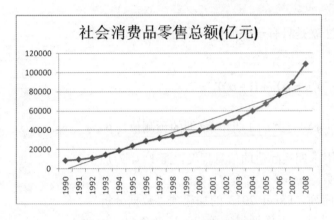

	A	B	C	D	E	F	G	H	I	J
2										
3		回归统计								
4	Multiple	0.958847								
5	R Square	0.919387								
6	Adjusted	0.914645								
7	标准误差	8194.202								
8	观测值	19								
9										
10	方差分析									
11		df	SS	MS	F	nificance F)				
12	回归分析	1	1.3E+10	1.3E+10	193.8851	1E-10				
13	残差	17	1.14E+09	67144941						
14	总计	18	1.42E+10							
15										
16		Coefficien	标准误差	t Stat	P-value	Lower 95%	Upper 95%	下限 95.0%	上限 95.0%	
17	Intercept	-9511347	686094	-13.863	1.07E-10	-1.1E+07	-8063815	-1.1E+07	-8063815	
18	X Variabl	4779.049	343.2173	13.92426	1E-10	4054.923	5503.174	4054.923	5503.174	
19										

Sheet4 / Sheet1 / Sheet2 / Sheet3 /

图 12-12　实验 12-2 的回归结果

图 12-13 显示了实验 12-2 序列的线性趋势非常强，回归结果比较良好，因此预测的精确性也非常高。

图 12-13　实验 12-2 序列的趋势线

12.3　时间序列的指数平滑

对于不含趋势和季节成分的时间序列，即平稳时间序列，由于这类序列只含随机成分，只要通过平滑就可以消除随机波动，因此，这类预测方法也称为平滑预测方法。和移动平均不同的是，指数平滑使用以前全部的数据来决定一个特别时间序列的平滑值。将本期的实际值与前期对本期预测值的加权平均作为本期的预测值，相当于用本期的实际值对预测值进行不断的修正，以使用数据的变化。

在平滑预测的过程中，最核心的是确定合适加权系数。加权系数一般介于 0.7 到 0.8 之间，即平滑系数介于 0.2 到 0.3 之间，表明应将当前预测调整 20% 到 30%，以修正以前的预测。平滑系数越大反应越快，但是预测变得不稳定；平滑系数较小将导致预测值的滞后，但是根据给定时间序列的真实值，存在一个最佳的加权系数，使得已有数据的真实值和预测值的误差最小，因此在指数平滑时，应首先根据时间序列数据确定最佳加权系数，然后再进行指数平滑的预测。

12.3.1 加权系数的确定

加权系数确定的原则是时间序列的实际值和预测值误差最小，因此可以将误差平方和最小的加权系数值作为最佳加权系数。

通常满足预测误差的平方和 S^2 最小：

$$S^2 = \frac{1}{N-1}\sum_{i=1}^{N}(Y_i - \overline{Y})^2$$

$$= \frac{1}{N-1}\sum_{i=1}^{N}(Y_i - \hat{Y_i})^2 + \frac{1}{N-1}\sum_{i=1}^{N}(\hat{Y_i} - \overline{Y})^2$$

其中，N 为时间序列项数，Y_i 为第 i 期的真实值，$\hat{Y_i}$ 为根据指数平滑的第 i 期的预测值，$\overline{Y}$ 为真实值的平均。

指数平滑法有一次指数平滑和二次指数平滑等，下面逐一介绍。

12.3.2 一次指数平滑法

一次指数平滑法就是只有一个加权系数的方法，用公式可以表示为

$$Y_{t+1}^{*} = \alpha Y_t + (1-\alpha)Y_t^{*}$$

其中，Y_{t+1}^{*} 和 Y_t^{*} 分别为第 $t+1$ 期和第 t 期的预测值，α 为平滑系数，反映利用本期实际值的信息程度，而 $1-\alpha$ 为加权系数，也称阻尼系数。

对于给定时间序列，Excel 2013 的加载项"数据分析"提供了指数平滑的功能。下面通过实验 12-3 来介绍 Excel 2013 运用一次指数平滑法进行预测的操作过程。

实验 12-3：图 12-14 是 1978—2008 年中国 CPI 的数据，要求用一次指数平滑法预测 2009 年的中国 CPI，阻尼系数为 0.3、0.5 或 0.7。

具体步骤如下：

（1）选中"数据"选项卡，执行"分析"内的"数据分析"命令，弹出如图 12-15 所示的"数据分析"对话框。选择"指数平滑"命令，单击"确定"按钮，弹出如图 12-16 所示的"指数平滑"对话框。

	A	B
1		CPI
2	1978	0.7
3	1979	1.9
4	1980	7.5
5	1981	2.5
6	1982	2
7	1983	2
8	1984	2.7
9	1985	9.3
10	1986	6.5
11	1987	7.3
12	1988	18.8
13	1989	18
14	1990	3.1
15	1991	3.4
16	1992	6.4
17	1993	14.7
18	1994	24.1
19	1995	17.1
20	1996	8.3
21	1997	2.8
22	1998	-0.8
23	1999	-1.4
24	2000	0.4
25	2001	0.7
26	2002	-0.8
27	2003	1.2
28	2004	3.9
29	2005	1.8
30	2006	1.5
31	2007	4.8
32	2008	5.9
33	2009	

图 12-14　1978—2008 年中国 CPI

（2）在如图 12-16 所示的"输入区域"的空格中填写已知时间序列数据的位置，可以直接输入，也可以单击折叠按钮，再选定总体的区域，此处我们输入"B2: B32"；"阻尼系数"的空格中填写一次指数平滑法中的阻尼系数 $1-\alpha$，此处已知为 0.3；"标志"复选框表示总体是否存在标志，用以区分不同的时间序列，如果输入区域的第一行或第一列中包含标志，就勾选此框，否则不选，此处并没有特别说明，因此不选"标志"复选框；"输出区域"的空格

中填写输出的区域位置，这个位置可以自由挑选，若选择"输出区域"选项，并且在其后的空格中直接输入，或者单击折叠按钮再选定区域，则预测结果会与总体数据出现在同一个工作表中。若选择"新工作表组"选项，并且在其后的空格中输入新建的工作表名称，则预测结果会出现在新建的工作表中。若选择"新工作簿"选项，则预测结果会出现在新的工作簿中。此处，我们不妨选择"C3:C33"；"图表输出"复选框表示是否输出预测图表，是否勾选均可；"标准误差"复选框表示是否输出标准误差，此处要求勾选。得到如图 12-17 所示的预测结果。

图 12-15 "数据分析"对话框

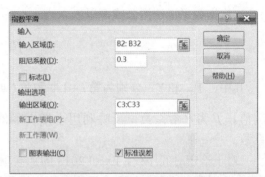

图 12-16 "指数平滑"对话框

（3） 重复第（2）步，只是将阻尼系数分别改为"0.5"和"0.7"，将"输出区域"分别设为"E3:E33"和"G3:G33"，得到如图 12-17 所示的预测结果。

	A	B CPI	C 预测值（0.3）	D 预测标准差（0.3）	E 预测值（0.5）	F 预测标准差（0.5）	G 预测值（0.7）	H 预测标准差（0.7）
2	1978	0.7						
3	1979	1.9	#N/A	#N/A	#N/A	#N/A	#N/A	#N/A
4	1980	7.5	0.7	#N/A	0.7	#N/A	0.7	#N/A
5	1981	2.5	1.54	#N/A	1.3	#N/A	1.06	#N/A
6	1982	2	5.712	#N/A	4.4	#N/A	2.992	#N/A
7	1983	2	3.4636	3.969825521	3.45	3.80744884	2.8444	3.792785432
8	1984	2.7	2.43908	3.999194459	2.725	3.836339401	2.59108	3.760703629
9	1985	9.3	2.131724	2.053603354	2.3625	1.442003814	2.413756	0.659406533
10	1986	6.5	2.5295172	0.941249846	2.53125	0.95603892	2.4996292	0.617608979
11	1987	7.3	7.26885516	3.930867852	5.915625	3.935119982	4.53974044	3.944462541
12	1988	18.8	6.730656548	3.947721419	6.2078125	3.927313626	5.127818308	4.089400779
13	1989	18	7.129196964	3.947772687	6.75390625	3.972838794	5.779472816	4.274187403
14	1990	3.1	15.29875909	6.760742901	12.77695313	6.99148869	9.685630971	7.704871165
15	1991	3.4	17.18962773	6.076630302	15.38847656	7.606608242	12.17994168	9.007057119
16	1992	6.4	7.326888318	10.67742097	9.244238281	10.38260163	9.455959176	10.34582366
17	1993	14.7	4.578066495	8.587486318	6.322119141	8.415105386	7.639171423	7.921462718
18	1994	24.1	5.853419949	8.509945222	6.36105957	7.856374116	7.267419996	6.341806479
19	1995	17.1	12.04602598	5.686295577	10.53052979	5.879317251	9.497193997	5.581321017
20	1996	8.3	20.4838078	8.696353831	17.31526489	9.195551729	13.8780358	9.487197241
21	1997	2.8	18.11514234	8.850808313	17.20763245	9.196281647	14.84462506	9.641338807
22	1998	-0.8	11.2445427	9.18486915	12.75381622	9.372348988	12.88123754	9.424349909
23	1999	-1.4	5.33336281	7.726523059	7.776908112	7.712991468	8.856866279	7.184346893
24	2000	0.4	1.040008843	8.271748302	3.488454056	8.164928186	6.659806395	9.274198373
25	2001	0.7	-0.667997347	6.188216866	1.044227028	8.094005873	4.241864477	9.663688536
26	2002	-0.8	0.079600796	3.860587212	0.722113514	5.711840459	3.089305134	8.026813412
27	2003	1.2	0.513880239	1.578940021	0.711056757	2.84678184	2.372513594	5.336327726
28	2004	3.9	-0.405835928	1.041120356	-0.044471622	0.948474212	1.420759515	3.190273979
29	2005	1.8	0.718249221	1.250318024	0.577764189	1.13026415	1.354531661	2.296544962
30	2006	1.5	2.945474766	2.19305938	2.238882095	2.226301336	2.118172163	2.351806847
31	2007	4.8	2.14364243	2.161354474	2.019441047	2.063861905	2.022720514	1.486537067
32	2008	5.9	1.693092729	1.987454489	1.759720521	1.9578634	1.86590436	1.511498079
33	2009		3.867927819	1.947584898	3.279860262	1.798678755	2.746133052	1.730451529

图 12-17 实验 12-3 的预测结果

如图 12-17 所示，依据 0.3，0.5，0.7 三个不同的阻尼系数得到 2009 年 CPI 的三个不同的预测结果，单元格 C33，E33，G33 中的数据 3.867927819，3.279860262，2.746133052 即为三个不同的预测值，单元格 D33，F33，H33 中的数据 1.947584898，1.798678755，1.730451529 即为三个不同预测值的标准差，根据方差最小的原则，即标准差最小原则，阻尼系数为 0.7 时的预测值为最佳预测值，因此，2009 年 CPI 的预测值为 2.746133052。

12.3.3　二次指数平滑法

二次指数平滑法是有两个加权系数的指数平滑法，它也可以看成是在一次指数平滑之后将预测结果再进行一次指数平滑，这种预测方法就是二次指数平滑法。与一次指数平滑法相比，二次指数平滑法只利用三个数据和一个阻尼系数值就可进行计算，比一次指数平滑的条件要求更为宽松。因此在大多数情况下，一般大众更喜欢用线性二次指数平滑法作为预测方法。

二次指数平滑法用公式可以表示为

$$Y_{t+1}^{(2)} = \beta Y_t^{(1)} + (1-\beta)Y_t^{(2)}$$

其中，$Y_{t+1}^{(2)}$ 和 $Y_t^{(2)}$ 分别为第 $t+1$ 期和第 t 期的二次指数预测值，$Y_t^{(1)}$ 为第 t 期的一次指数预测值，β 为平滑系数，反映利用本期实际值的信息程度，而 $1-\beta$ 为加权系数，也称阻尼系数。

对于给定时间序列，Excel 2013 的加载项"数据分析"提供了指数平滑的功能。下面通过实验 12-4 来介绍 Excel 2013 运用二次指数平滑法进行预测的操作过程。

实验 12-4：图 12-18 是 1980—2008 年美国调查失业率数据，要求用二次指数平滑法预测 2009 年的美国调查失业率，阻尼系数为 0.7。

	A	B
1		调查失业率（%）
2	1980	7.1
3	1981	7.6
4	1982	9.7
5	1983	9.6
6	1984	7.5
7	1985	7.2
8	1986	7
9	1987	6.2
10	1988	5.5
11	1989	5.3
12	1990	5.6
13	1991	6.8
14	1992	7.5
15	1993	6.9
16	1994	6.1
17	1995	5.6
18	1996	5.4
19	1997	4.9
20	1998	4.5
21	1999	4.2
22	2000	4
23	2001	4.7
24	2002	5.8
25	2003	6
26	2004	5.5
27	2005	5.1
28	2006	4.6
29	2007	4.6
30	2008	5.8

图 12-18　1980—2008 年美国调查失业率

具体步骤如下：

（1）　选中"数据"选项卡，执行"分析"组内的"数据分析"命令，弹出如图 12-15

所示的"数据分析"对话框。选择"指数平滑"命令，单击"确定"按钮，弹出如图 12-19 所示的"指数平滑"对话框。

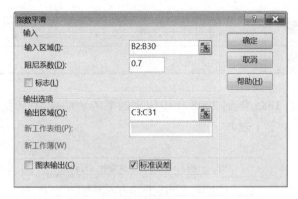

图 12-19　"指数平滑"对话框

（2）在"输入区域"的空格中填写"B2:B30"（或者直接选取），"阻尼系数"的空格中填写"0.7"，"输出区域"可以根据实际需要自由选择，我们不妨选择"C3:C31"，选择"标准误差"，得到预测结果。

（3）在第（2）步的基础上，重复操作一遍指数平滑法，只是将"输入区域"改为"C4:C31"，将"输出区域"设为"D4:D31"，得到如图 12-20 所示的预测结果。

	A	B	C	D	E
1		调查失业率（%）	一次预测值	二次预测值	
2	1980	7.1			
3	1981	7.6	#N/A		
4	1982	9.7	7.1	#N/A	
5	1983	9.6	7.25	7.1	
6	1984	7.5	7.985	7.145	
7	1985	7.2	8.4695	7.397	
8	1986	7	8.17865	7.71875	
9	1987	6.2	7.885055	7.85672	
10	1988	5.5	7.6195385	7.8652205	
11	1989	5.3	7.19367695	7.7915159	
12	1990	5.6	6.685573865	7.61216422	
13	1991	6.8	6.269901706	7.33418711	
14	1992	7.5	6.068931194	7.01490149	
15	1993	6.9	6.288251836	6.7311104	
16	1994	6.1	6.651776285	6.59825283	
17	1995	5.6	6.726243399	6.61430987	
18	1996	5.4	6.53837038	6.64788993	
19	1997	4.9	6.256859266	6.61503406	
20	1998	4.5	5.999801486	6.50758162	
21	1999	4.2	5.66986104	6.35524758	
22	2000	4	5.318902728	6.14963162	
23	2001	4.7	4.98323191	5.90041295	
24	2002	5.8	4.688262337	5.62525864	
25	2003	6	4.691783636	5.34415975	
26	2004	5.5	5.024248545	5.14844691	
27	2005	5.1	5.316973982	5.1111874	
28	2006	4.6	5.371881787	5.17292338	
29	2007	4.6	5.290317251	5.2326109	
30	2008	5.8	5.083222076	5.24992281	
31	2009		4.938255453	5.19991259	
32					

图 12-20　实验 12-4 的预测结果

在如图 12-20 所示的单元格 D31 中的数值 5.19991259 即为美国 2009 年调查失业率的预测值。

12.4 上机题

📹	光盘：\录像\第 12 章\上机题\……
💻	光盘：\上机题\第 12 章\习题\……

1. 数据表中给出了 1985 年到 2008 年中国离婚数的全部数据。（数据路径：光盘：\上机题\第 12 章\习题\第 12 章第 1 题）

年　　份	离婚数（万对）
1985	45.8
1986	50.5675
1987	58.1484
1988	65.8551
1989	75.3
1990	80
1991	83.1
1992	85
1993	91
1994	98.2
1995	105.6
1996	113.4
1997	119.9
1998	119.2
1999	120.2
2000	121.3
2001	125
2002	117.7
2003	133
2004	166.5
2005	178.5
2006	191.3
2007	209.8
2008	226.9

（1） 利用简单移动平均法预测 2009 年中国的离婚数，并确定误差，已知步长为 3。

（2） 利用趋势移动平均法预测 2009 年中国的离婚数，并确定误差。

2. 数据表中给出了 2008 年 1 月到 2009 年 12 月中国银行间同业拆借加权平均利率的全部数据。（数据路径：光盘：\上机题\第 12 章\习题\第 12 章第 2 题）

时　　间	银行间同业拆借加权平均利率（%）
2008-01	2.32
2008-02	2.65
2008-03	2.25
2008-04	2.59
2008-05	2.83
2008-06	3.07
2008-07	2.69
2008-08	2.81
2008-09	2.88
2008-10	2.7
2008-11	2.3
2008-12	1.24
2009-01	0.9
2009-02	0.87
2009-03	0.84
2009-04	0.86
2009-05	0.85
2009-06	0.91
2009-07	1.32
2009-08	1.21
2009-09	1.27
2009-10	1.3
2009-11	1.25
2009-12	1.25

（1）利用一次指数平滑法预测 2010 年 1 月的中国银行间同业拆借加权平均利率，并确定误差，阻尼系数为 0.3。

（2）利用二次指数平滑法预测 2010 年 1 月的中国银行间同业拆借加权平均利率，并确定误差，阻尼系数为 0.3。

第 13 章   解不确定值

在现实应用中，我们往往会希望知道在运算中当某一个或几个变量变动时，目标值会发生什么样的变动。对应于这一类问题，在 Excel 2013 数据分析工具中有模拟运算表、单变量求解、方案管理器和规划求解 4 个实用的变量求解与方案优选工具可以解决。其中，单变量求解针对只带有一个待确定变量的问题，而模拟运算表和方案求解可以针对两个或多个变量求解，此外还可以使用规划求解工具完成约束条件下求解目标函数的极值问题。

13.1   模拟运算表

模拟运算表是假设分析的方法之一，它可以显示公式中一个或两个参数变动对计算结果的影响，求得某一运算中可能发生的数值变化，并将这些变化列在一张表上以便于比较。根据观察的变量多少不同，模拟运算表可以分为单变量模拟运算表和双变量模拟运算表两种形式。

13.1.1   单变量模拟运算表

单变量模拟运算表可用于观察公式中单个变量变动对计算结果的影响。在单变量模拟运算表中，输入的数据值需被安排在同一行或同一列，并且单变量模拟运算表中使用的公式必须引用输入单元格。这里的输入单元格是指模拟运算表中其值不确定而要用输入行或输入列单元格中的值替换的单元格。

在 Excel 2013 中，用户可以执行"数据"选项卡中"数据工具"组内的"模拟分析"下的"模拟运算表"命令进行单变量模拟运算。以下的实验将涉及 PMT 函数的计算，这里先介绍这个函数。PMT 函数是按固定利率和等额分期付款方式计算投资或贷款煤气付款额的函数，其表达方式为

$$=PMT(rate,nper,pv,[fv],[type])$$

其中，rate 表示各期的利率；nper 表示总投资期或贷款期；pv 表示从该项投资开始时已经入账的款项或一系列未来付款当前值的累积和；fv 表示未来值，或最后一次付款后可以获得的现金余额；type 表示逻辑值 0 或 1，用以指定付款时间在期初还是期末，1 表示付款时间在期初，0 或忽略表示付款时间在期末。

下面我们通过实验 13-1 来介绍如何使用"模拟运算表"命令进行单变量模拟运算。

实验 13-1：某买房者买了一套全价 100 万的新房，该买房者能够支付首付 50 万，其余 50 万则通过银行贷款的形式，按月还款，20 年还清。其中，个人住房贷款有三类：第一类为银行商业贷款，贷款利率为 0.0612；第二类为住房公积金贷款，贷款利率为 0.045，第三类为组合贷款，贷款利率为 0.0594，计算 3 种不同贷款种类下的月还款额。

在 Excel 2013 中使用"模拟运算表"命令进行单变量模拟运算的步骤如下：

（1） 按照实验提供的数据信息制成数据计算表，输入给定的文字和数据，如图 13-1 所示。

（2） 单击 D2 单元格，在单元格中输入公式"=PMT(B3/12,B2*12,-B1)"，按 Enter 键确认，模拟运算表将以此作为模拟运算的样板。在输入的公式中，B3/12 表示将年利率转化为月利率，B2*12 表示将 20 年转换为 240 个月，-B1 中的负号是为了使求得的月付款额为正数。

（3） 用鼠标选定 C2:D4 单元格区域，然后执行"数据"选项卡中"数据工具"组内的"模拟分析"下的"模拟运算表"命令，弹出如图 13-2 所示的"模拟运算表"对话框。

	A	B	C	D
1	贷款金额	500000	年利率	月还款额
2	贷款年数	20	0.045	
3	年利率	0.045	0.0594	
4			0.0612	

图 13-1　数据计算表

图 13-2　"模拟运算表"对话框

（4） 由于计算表中的"年利率"排成一列，因此在"模拟运算表"对话框的"输入引用列的单元格"框中输入 B3，按 Enter 键即可得到如图 13-3 所示的结果，计算结果将自动填入 D3、D4 单元格。

	A	B	C	D	E
1	贷款金额	500000	年利率	月还款额	
2	贷款年数	20	0.045	¥3,163.25	
3	年利率	0.045	0.0594	¥3,564.87	
4			0.0612	¥3,616.86	
5					

图 13-3　实验 13-1 计算结果

13.1.2 双变量模拟运算表

双变量模拟运算表可用于观察公式中两个变量变动对计算结果的影响。单变量模拟运算表只能解决一个输入变量对一个或多个公式计算结果的影响。如果需要查看两个变量对输入结果的影响可使用双变量模拟运算表。

实验 13-1 中在固定的贷款期限下有不同的利率，可以用单变量模拟运算表一次求出不同的月还款额。然而，如果不同的还款期限有不同的利率，就必须用公式和 PMT 函数一一进行计算。在这种情况下，实际上与实验 13-1 相比，多了一个还款期限的变量，利率和还款期限同时对月还款额产生影响，这时使用双变量模拟运算表可以直接计算出不同还款期限和不同利率下的月还款额。

在 Excel 2013 中，仍然使用"模拟运算表"进行双变量模拟运算。下面我们通过实验 13-2 来介绍如何使用"模拟运算表"进行双变量模拟运算。

实验 13-2： 某买房者买了一套全价 100 万的新房，该买房者能够支付首付 50 万，其余 50 万则通过银行贷款的形式，按月还款。其中，个人住房贷款有三类：第一类为银行商业贷款，贷款利率为 0.0612；第二类为住房公积金贷款，贷款利率为 0.045，第三类为组合贷款，贷款利率为 0.0594，计算三种不同贷款种类下 5 年、10 年、15 年、20 年 4 个不同贷款期限的月还款额。

在 Excel 2013 中使用"模拟运算表"命令进行双变量模拟运算的步骤如下：

（1） 按照实验提供的数据信息制成数据计算表，输入给定的文字和数据，如图 13-4 所示。

	A	B	C	D	E	F	G
1	贷款金额	500000	年利率		贷款期限		
2	贷款年数	20		5	10	15	20
3	年利率	0.045	0.045				
4			0.0594				
5			0.0612				

图 13-4　数据计算表

（2） 单击 C2 单元格，在单元格中输入公式"=PMT(B3/12,B2*12,-B1)"，按 Enter 键确认，模拟运算表将以此作为模拟运算的样板。

（3） 用鼠标选定 C3:G5 单元格区域，然后执行"数据"选项卡中"数据工具"组内的"模拟分析"下的"模拟运算表"命令，弹出如图 13-2 所示的"模拟运算表"对话框。

（4） 由于计算表中的"年利率"排成一列，因此在"模拟运算表"对话框的"输入引用列的单元格"框中输入 B3；由于"贷款期限"排成一行，因此在"输入引用行的单元格"框中输入 B2，按 Enter 键即可得到如图 13-5 所示的计算结果，计算结果将自动填入 D3:G5 单元格。

	A	B	C	D	E	F	G
1	贷款金额	500000	年利率		贷款期限		
2	贷款年数	20	¥3,163.25	5	10	15	20
3	年利率	0.045	0.045	¥9,321.51	¥5,181.92	¥3,824.97	¥3,163.25
4			0.0594	¥9,652.46	¥5,535.97	¥4,203.09	¥3,564.87
5			0.0612	¥9,694.32	¥5,581.20	¥4,251.77	¥3,616.86

图 13-5　实验 13-2 计算结果

13.2　单变量求解

单变量求解是对某一问题按公式计算所得的结果做出假设，推测公式中形成结果的一系列变量可能发生的变化。单变量求解相当于数学上的求解反函数，即对于 $y=f(x)$，给定 y 值，反过来求解 x。一般情况下可按 y 与 x 的依赖关系构造一个反函数 $x=\varphi(y)$，但当变量之间的依赖关系比较复杂时，构造反函数的工作往往相当困难。而利用"数据"选项卡"数据工具"组内的"模拟分析"下的"单变量求解"命令，可利用 $y=f(x)$ 函数形式方便地完成反函数的计算。

13.2.1　目标搜索

Excel 2013 的单变量求解是一种目标搜索技术。如果将某变量存放在"可变单元格"，含有该变量的公式存放在"目标单元格"，Excel 2013 不断改变指定"目标单元格"中的数值，使该公式得出给定的目标值，从而求解出该变量值。

在 Excel 2013 中，可以使用"数据"选项卡中"数据工具"组中的"模拟分析"按钮▓下拉菜单中的"单变量求解"命令进行单变量求解。下面我们通过实验 13-2 来介绍如何使用"单变量求解"命令进行单变量求解。

实验 13-3： 某商场今年的销售收入为 2657 万元，销售费用占销售收入的 8%，商品成本占销售收入的 70%，根据公式：

$$利润=销售收入-销售费用-商品成本=销售收入*（1-8\%-70\%）$$

求得利润为 584.54 万元。若明年该商场的利润目标为 1000 万元，则该商场需要达到多少销售收入？

在 Excel 2013 中，使用"单变量求解"命令进行单变量求解的步骤如下：

（1）建立单变量求解工作表，按图 13-6 在工作表中输入文字、数据和公式，其中的公式由实验给出的已知条件确定，输入结果如图 13-7 所示。

	A	B	C
1	销售收入	2657	
2	销售费用	=B1*8%	
3	商品成本	=B1*70%	
4	利润	=B1-B2-B3	

图 13-6　输入文字、数据和公式

	A	B	C	D
1	销售收入	2657		
2	销售费用	212.56		
3	商品成本	1859.9		
4	利润	584.54		

图 13-7　实验 13-3 数据、公式输入结果

（2）单击"数据"选项卡，执行"数据工具"组中的"模拟分析"下的"单变量求解"命令，弹出如图 13-8 所示的"单变量求解"对话框。

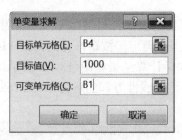

图 13-8　"单变量求解"对话框

（3）在"目标单元格"编辑框内选取单元格 B4，在"目标值"中输入需要达到的目标利润 1000，在"可变单元格"中选取单元格 B1，单击"确定"按钮，弹出如图 13-9 所示的"单变量求解状态"对话框，且当前解与目标值相同，计算结果如图 13-10 所示，继续单击"确定"按钮即得到求解结果。由 B2 单元格可见该商场要使利润达到 1000 万元，需要达到 4545.455 万元的销售收入。

图 13-9　"单变量求解状态"对话框

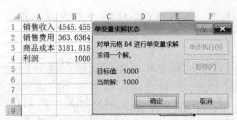

图 13-10　实验 13-3 计算结果

13.2.2　求解非线性方程

数学上解非线性方程时通常手工计算相当困难，而利用 Excel 2013 的单变量求解命令解方程则相当方便。在 Excel 2013 中，仍然使用"单变量求解"命令求解非线性方程。下面我们通过实验 13-4 来介绍如何使用"单变量求解"命令求解非线性方程。

实验 13-4：求解非线性方程：$7x^3+3x^2+2x+1=63$。

使用单变量求解非线性方程的操作如下：

（1）选择 B1 单元格，在单元格中输入公式"=7*A1^3+3*A1^2+2*A1+1"，并让单元格 A1 存放 x 的解。

（2）单击"数据"选项卡，执行"数据工具"组中的"模拟分析"下的"单变量求解"命令，弹出如图 13-11 所示的"单变量求解状态"对话框。

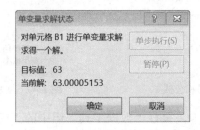

图 13-11　"单变量求解状态"对话框

（3）在目标单元格编辑框内选取单元格 B1，在目标值中输入需要达到的目标 63，在可变单元格中选取单元格 A1，单击"确定"按钮，弹出如图 13-11 所示的"单变量求解状态"对话框，且当前解与目标值相同，计算结果如图 13-12 所示。继续单击"确定"按钮即可得到求解结果，从 A1 单元格可知该非线性方程的解为 1.892 768。

图 13-12　实验 13-4 计算结果

13.3　方案管理器

模拟运算表和单变量求解只能分析公式中一个或两个参数变动对计算结果的影响，然而实际生活中往往会出现多个变动因素的情况，这时就需要使用 Excel 2013 的方案管理器来解决。Excel 2013 方案管理器的每一个方案在变量与公式计算定义的基础上，能够通过定义一系列可变单元格和对应各变量的取值构成一个方案。

在方案管理器中可以同时管理多个方案，从而达到对于多方案的计算和管理。利用方案管理器，用户可以根据工作需要，在方案间快速切换浏览；在创建或收集到所需的全部方案后，还可以创建综合性的方案摘要报告。

在 Excel 2013 中，可以使用"数据"选项卡中"数据工具"组中的"模拟分析"下的"方案管理器"命令进行方案管理。下面我们通过实验 13-5 来说明如何使用方案管理器来解决实际问题。

实验 13-5：对于实验 13-3 的数据，要使利润达到 700 万元，设定两种不同的方案。一种为增加销售收入至 3181.818 万元，另一种为在销售收入和商品成本不变的条件下，降低销售费用至 100 万元，比较两种方案的可行性，实验原始数据如图 13-6 所示。

使用方案管理器来解决实际问题的具体操作如下：

（1）单元格命名。

创建方案是方案分析的关键，应该根据实际问题的需要和可行性创建一组方案。在创建方案之前，为了使创建的方案能够明确地显示有关变量以及为了将来进行方案总结时便于阅读，需要先给有关变量所在的单元格命名。

单元格命名的具体步骤为：在存放变量数据的左侧单元格中输入对应名称，选取需要命名的有关单元格区域，单击"公式"选项卡中"定义和名称"组中的"根据所选内容创建"按钮，弹出如图 13-13 所示的"以选定区域创建名称"对话框，在该对话框中选择"最左列"，单击"确定"按钮即可完成对单元格的命名。

图 13-13　"以选定区域创建名称"对话框

实验中我们需要对图 13-6 所示的数据区域 B1:B4 进行单元格命名，具体步骤为：选中单元格区域 B1:B4，单击"公式"选项卡，执行"定义和名称"组中的"根据所选内容创建"命令，弹出如图 13-13 所示的"以选定区域创建名称"对话框，在该对话框中选择"最左列"，单击"确定"按钮即可完成对 B1:B4 单元格的命名。

（2）创建方案。

完成单元格命名后，便可逐个创建所需方案，创建方案的具体步骤为：单击"数据"选项卡，执行"数据工具"组中的"模拟分析"下的"方案管理器"命令，弹出如图 13-14 所示的"方案管理器"对话框；单击"添加"按钮，弹出如图 13-15 所示的"编辑方案"对话框，在"方案名"文本框中输入方案的名称"增加销售收入"，在"可变单元格"中输入单元格"B1"，单击"确定"按钮；然后在如图 13-16 所示的"方案变量值"对话框中输入需要达到的销售收入 3181.818，单击"确定"按钮即可完成"增加销售收入"方案的创建。

图 13-14 "方案管理器"对话框

图 13-15 "编辑方案"对话框

接着再按照上述步骤建立"降低销售费用"方案，"可变单元格"为 B2，且假定这个单元格没有公式只有数值且数值为 100，这时的"方案管理器"对话框如图 13-17 所示。

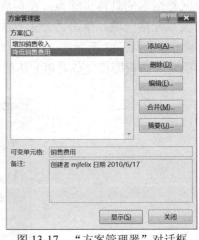

图 13-17 "方案管理器"对话框

图 13-16 "方案变量值"对话框

（3）创建方案摘要。

在创建完方案后，我们需要通过方案摘要报告来对方案进行直观的表示与分析。创建方案摘要的具体步骤为：在如图 13-17 所示的"方案管理器"对话框中单击"摘要"按钮，弹出如图 13-18 所示的"方案摘要"对话框；然后在"报表类型"中选择"方案摘要"，单击"确定"按钮即可获得如图 13-19 所示的方案摘要结果。

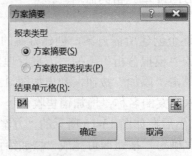

图 13-18 "方案摘要"对话框

在如图 13-19 所示的"方案摘要"中，"当前值"列显示的是，在建立方案汇总时，可变单元格原来的数值。每组方案的可变单元格均以灰色底纹突出显示。根据各个方案模拟数据计算出的目标值也同时显示在总结中。比较两个方案的结果单元格"利润"值可知，"增加销售收入"方案将获利约 700 万元，而"降低销售费用"方案获利 697.1 万元。因此，"增加销售收入"方案对目标值的影响相对较大，说明"增加销售收入"方案可行性更好。

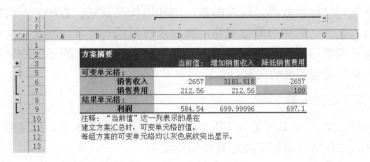

图 13-19　方案摘要结果

除此之外，用户还可以直接在数据表中显示方案。进入方案管理器，如果数据表已经存在设置好的方案，就可以在方案管理器中看到已经存在的所有方案。选中方案中的某个方案名称，单击窗口底部的"显示"按钮，就可以直接在数据表中看到该方案的计算结果。

13.4　规划求解

规划求解是在一定的限制条件下，利用数学方法进行运算，使对前景的规划达到最优的方法。它是现代管理科学的一个重要手段，是运筹学的一个分支。线性求解的应用范围非常广泛，工农业生产、交通运输、财贸金融，以及决策分析等均可使用。

13.4.1　规划求解简介及其安装

在 Excel 2013 中，有专门用于处理规划求解问题的规划求解工具。本节首先讲述规划求解的简介以及 Excel 2013 中"规划求解"工具的安装。

1．规划求解简介

规划求解的运算方法很多，如：图解法、表上作业法、图上作业法、匈牙利法和单纯形法等，其中最常用的是单纯形法。Excel 2013 中的"规划求解"工具就是按照单纯形法的原理设计的。单纯形法是应用数学迭代法的原理求解线性规划的一种基本方法。它先根据约束条件求出一个最初的基本可行解，然后在此基础上进行修改，得出一个达到目标函数较好的新的可行解，再继续进行修改，直到找到更优的可行解为止。这种方法就叫做迭代法，而每次迭代都会向最优解迈进一步。单纯形法的优点是能处理所有变量的线性规划问题，不像其他方法要受两个或三个变量的限制。

虽然规划问题种类繁多，但是其所要解决的问题可以分成两类：一类是确定了某个任务，研究如何使用最少的人力、物力和财力去完成它；另一类是已经有了一定数量的人力、物力和财力，研究如何使它们获得最大的收益。规划问题都有下述共同特征：

决策变量：每个规划问题都有一组需要求解的未知数（$x_1, x_2 \cdots, x_n$），称做决策变量。这组决策变量的一组确定值就代表一个具体的规划方案。

约束条件：对于规划问题的决策变量通常都有一定的限制条件，称做约束条件。约束条件可以用与决策变量有关的不等式或等式来表示。

目标函数：每个问题都有一个明确的目标，如利润最大或成本最小。目标通常可用与决策变量有关的函数表示。

如果约束条件和目标函数都是线性函数，则称做线性规划；否则为非线性规划。如果要求决策变量的值为整数，则称为整数规划。规划求解问题的首要问题是将实际问题数学化、模型化。即将实际问题通过一组决策变量、一组用不等式或等式表示的约束条件以及目标函数来表示。这是求解规划问题的关键。

2. 规划求解工具的安装

在 Excel 2013 中，规划求解工具并不作为命令显示在选项卡中，如果要使用规划求解工具必须另行加载。加载规划求解工具的具体操作如下：

（1）单击"文件"按钮，再单击"选项"按钮，弹出如图 13-20 所示的"Excel 选项"对话框。

（2）在弹出的"Excel 选项"对话框中左侧选择"加载项"，在右侧单击"转到"按钮。

（3）在弹出的如图 13-21 所示的"加载宏"对话框中勾选"规划求解加载项"复选框，然后单击"确定"按钮进行加载。

图 13-20　"Excel 选项"对话框

图 13-21　"加载宏"对话框

（4）若用户是第一次使用此功能，系统会弹出"提示"对话框提示用户此功能需要安装，单击"是"按钮即可。

（5）安装完毕后重启计算机，转到"数据"选项卡，在"数据"选项卡的"分析"组内已含有"规划求解"项，说明"规划求解"工具已加载成功。

13.4.2　规划求解一般流程中的参数设置

安装完"规划求解"工具后，我们来介绍一下"规划求解"工具中的参数设置。

单击"数据"选项卡，执行"分析"组中的"规划求解"命令，将会弹出如图 13-22 所示的"规划求解参数"对话框。"规划求解参数"对话框是用来描述 Excel 的优化问题的。

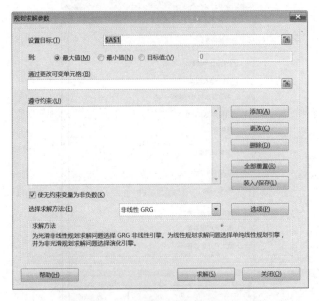

图 13-22 "规划求解参数"对话框

下面我们来介绍"规划求解参数"对话框中各参数的设置。

（1）"设置目标"：在此输入目标函数的单元格引用或名称，其中，目标单元格中必须包含公式。

（2）"最大值"、"最小值"和"目标值"选项：在此确定希望目标函数是最大、最小还是某一特定的值。若选择"目标值"，则可在右侧的文本框中输入该数值，规划求解将使得目标函数等于该数值。

（3）"通过更改可变单元格"：在此确定决策变量的单元格的名称或引用，用逗号分隔不相邻的引用。可变单元格必须直接或间接与目标单元格相关。

（4）"遵守约束"：在此输入"规划求解"的所有约束条件。其中，单击"添加"按钮可进入如图 13-23 所示的"添加约束"对话框，在此可添加约束条件；选中已有的约束条件后，单击"更改"按钮，可进入如图 13-24 所示的"添加约束"对话框，在此可更改约束条件；选中已有的约束条件后，单击"删除"按钮可删除选定的约束条件。

图 13-23 "添加约束"对话框

图 13-24 "添加约束"对话框

（5）"求解"：单击"求解"按钮可对描述的问题进行求解。

（6）"关闭"：单击"关闭"按钮即可关闭对话框，但保留通过"选项"、"添加"、"更改"、"删除"所做的设置。

（7）"选项"：单击"选项"按钮，即可弹出如图 13-25 所示的"选项"对话框，在此对话框中可对求解过程的高级属性进行控制。

图13-25　"选项"对话框

13.4.3　规划求解中的其他设置

在上述规划求解的一般流程中，各项操作都是按默认设置运行的，默认设置能够应用于一般小型规划求解问题。若遇到比较复杂的规划求解问题，就需要重新设置各项要求。单击"规划求解参数"对话框右侧的"选项"按钮，即可弹出如图13-25所示的"选项"对话框，用户可根据需要选择不同的设置。

"选项"对话框中各主要参数设置的功能如下。

（1）"约束精确度"：此选项的默认值为0.000001，若要达到更高的求解精度，可在此框中输入要求的数值，使约束条件的数值能够满足目标值或其上、下限。其中，精度必须以小数表示，小数位数越多，达到的精度越高，但求解的时间越长。

（2）"使用自动缩放"：当输入和输出的数值相差很大时，例如，求投资百万美元的盈利百分数，可选择此复选框，以放大求解结果。

（3）"整数最优性"：此选项只适用于有整数约束条件的整数规划，指满足整数约束条件的目标单元格求解结果与最佳结果之间可以允许的偏差，若要改变默认值，可根据需要输入适当的百分数。允许误差越大，求解过程也会越快。

（4）"最大时间"：设置的是求解过程的时间。可以根据实际问题的复杂程度、可变单元格、约束条件的多少，以及所选其他选项的数目输入适当的运算时间。

（5）"迭代次数"：设置的是求解过程中迭代变量的次数。设置"最大时间"和"迭代次数"完毕后，若运算过程中尚未找到计算结果就已达到设定的运算时间和迭代次数，用户可以选择"继续"运行，通过更改运算时间和迭代次数，继续求解；也可选择"停止"，在未完成求解过程的情况下显示规划求解结果。

13.4.4 规划求解操作

一般而言，使用 Excel 2013 中的"规划求解"分析工具求解规划问题可以分为以下 5 个步骤，具体操作如下：

(1) 建立问题的数学模型。

(2) 在 Excel 2013 中建立工作表规划模型。

(3) 对"规划求解参数"对话框中的各参数进行设置。

(4) 进行规划求解。可以求得决策变量值和目标函数的最优解。

(5) 建立规划求解报告。

下面我们将通过实验 13-6 来介绍在 Excel 2013 中，如何使用"规划求解"分析工具求解规划问题。

实验 13-6：某厂生产 A、B、C 三种产品，每一种产品都需要经历一、二、三共三道工序方可完成。其中，A 产品的生产在第一道工序需要 4 个单位的劳动力，在第二道工序需要 3 个单位的劳动力，在第三道工序需要 1 个单位的劳动力；B 产品的生产在第一道工序需要 3 个单位的劳动力，在第二道工序需要 2 个单位的劳动力，在第三道工序需要 2 个单位的劳动力；C 产品的生产在第一道工序需要 5 个单位的劳动力，在第二道工序需要 2 个单位的劳动力，在第三道工序需要 2 个单位的劳动力。该厂负责第一道工序的劳动力共有 40 000 个，负责第二道工序的劳动力共有 30 000 个，负责第三道工序的劳动力共有 25 000 个。另外，A、B、C 三种产品的单件利润分别为 2 万元、2.8 万元、4 万元，实验原始数据如图 13-26 所示。分析该厂如何组织生产才能使利润达到最大。

	A	B	C	D	E
1		产品A	产品B	产品C	劳动力总数
2	工序1	4	3	5	40000
3	工序2	3	2	2	30000
4	工序3	1	2	2	20000
5	单件利润	2	2.8	4	
6					
7	目标函数				
8	最优数量				
9	约束条件				
10					
11					
12					

图 13-26 实验 13-6 原始数据

Excel 2013 中使用"规划求解"分析工具求解规划问题的步骤如下：

(1) 建立问题的数学模型。设该厂计划生产 A、B、C 三种产品的数量分别为 x_1、x_2、x_3，则该规划求解问题为：

在满足

$$\begin{cases} 4x_1 + 3x_2 + 5x_3 \leqslant 40000 \\ 3x_1 + 2x_2 + 2x_3 \leqslant 30000 \\ x_1 + 2x_2 + 2x_3 \leqslant 20000 \\ x_1, x_2, x_3 \geqslant 0 \end{cases}$$

的条件下，使得目标函数 $R = 2x_1 + 2.8x_2 + 4x_3$ 达到最大。

（2） 在 Excel 2013 中建立工作表规划模型。在工作表中的相关单元格中输入公式：

单击 B7 单元格，输入目标函数公式 "=B5*B8+C5*C8+D5*D8"。

在 B10:D12 单元格中输入约束条件。

单击 B10 单元格，输入公式 "=SUM(B2*B8,C2*C8,D2*D8)"。

单击 B11 单元格，输入公式 "=SUM(B3*B8,C3*C8,D3*D8)"。

单击 B12 单元格，输入公式 "=SUM(B4*B8,C4*C8,D4*D8)"。

$$B10，B11，B12 \geqslant 0$$

（3） 对"规划求解参数"对话框中的各参数进行设置。

单击"数据"选项卡，执行"分析"组中的"规划求解"按钮，弹出"规划求解参数"对话框，如图 13-27 所示。在"设置目标"框中输入目标函数所在单元格 B7，并选择"最大值"；在"通过更改可变单元格"框中选择区域 B8:D8。

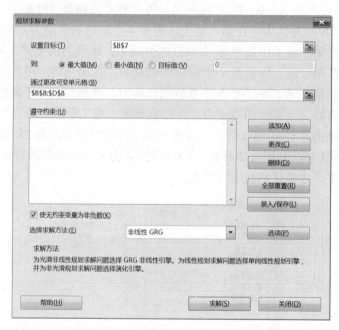

图 13-27 "规划求解参数"对话框

设置约束条件：单击"添加"按钮可进入"添加约束"对话框，在单元格引用位置引用 B10，选择<=符号，在约束值中引用 D10，单击"确定"按钮即可完成一个约束条件的添加，并以此为例添加所有的约束条件，添加过程分别如图 13-28、图 13-29、图 13-30 和图 13-31 所示，参数设置的结果如图 13-32 所示。

图 13-28 添加第 1 个约束条件

图 13-29 添加第 2 个约束条件

图 13-30 添加第 3 个约束条件

图 13-31 添加第 4 个约束条件

（4） 进行规划求解。可以求得决策变量值和目标函数的最优解。

添加完约束条件后，单击"求解"按钮即可得到该模型的计算结果，计算结果如图 13-33 所示，考虑到产品生产数量取整数，说明最优情况为不生产 A 产品，B 产品和 C 产品各生产 5000 件，该厂的利润可达到最大值 34 000 万元。

图 13-32 参数设置的结果

	A	B	C	D	E
1		产品A	产品B	产品C	劳动力总数
2	工序1	4	3	5	40000
3	工序2	3	2	2	30000
4	工序3	1	2	2	20000
5	单件利润	2	2.8	4	
6					
7	目标函数	34000			
8	最优数量	7.35E-14	5000	5000	
9	约束条件				
10		40000			
11		20000			
12		20000			

图 13-33 实验 13-6 计算结果

（5） 建立规划求解报告。

"规划求解"工具产生了三份报告，分别为：运算结果报告、敏感性报告和极限值报告，如图 13-34 所示。若需要运算结果报告，则从"报告"栏中选择"运算结果报告"，单击"确定"按钮即可得到如图 13-35 所示的运算结果报告。用同样的方法就能得到其他两份报告，敏感性报告如图 13-36 所示，极限值报告如图 13-37 所示。

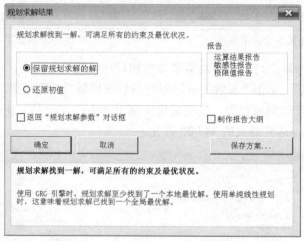

图 13-34　"规划求解结果"对话框

目标单元格（最大值）

单元格	名字	初值	终值
$B$7	目标函数 产品A	34000	34000

可变单元格

单元格	名字	初值	终值
$B$8	最优数量 产品A	1.29452E-13	1.29452E-13
$C$8	最优数量 产品B	5000	5000
$D$8	最优数量 产品C	5000	5000

约束

单元格	名字	单元格值	公式	状态	型数值
$B$10	产品A	40000	$B$10<=$D$10	到达限制值	0
$B$11	产品A	20000	$B$11<=$D$11	未到限制值	10000
$B$12	产品A	20000	$B$12<=$D$12	到达限制值	0
$B$8	最优数量 产品A	1.29452E-13	$B$8>=0	到达限制值	0
$C$8	最优数量 产品B	5000	$C$8>=0	未到限制值	5000
$D$8	最优数量 产品C	5000	$D$8>=0	未到限制值	5000

图 13-35　运算结果报告

可变单元格

单元格	名字	终值	递减梯度
$B$8	最优数量 产品A	1.29452E-13	-0.900006902
$C$8	最优数量 产品B	5000	0
$D$8	最优数量 产品C	5000	0

约束

单元格	名字	终值	拉格朗日乘数
$B$10	产品A	40000	0.600000024
$B$11	产品A	20000	0
$B$12	产品A	20000	0.49999994

图 13-36　敏感性报告

单元格	目标式名字	值					
$B$7	目标函数 产品A	34000					

单元格	变量名字	值	下限极限	目标式结果	上限极限	目标式结果
$B$8	最优数量 产品A	1.29452E-13	1.29452E-13	34000	1.29452E-13	34000
$C$8	最优数量 产品B	5000	0	20000	5000	34000
$D$8	最优数量 产品C	5000	0	14000	5000	34000

图 13-37　极限值报告

其中，图 13-35 所示的运算结果报告中给出了目标单元格和所有可变单元格的初始值和最终值，以及约束条件和约束状态的信息。图 13-36 所示的敏感性报告给出了每个可变单元格的最优值、检验数、目标函数系数以及当前最优解不变时目标函数系数的增减量。由图可知，产品 A 的终值为 40 000，拉格朗日乘数约为 0.6；产品 B 的终值为 20 000，拉格朗日乘数为 0；产品 C 的终值为 20 000，拉格朗日乘数约为 0.5。图 13-37 所示的极限值报告给出了当其他可变单元格保持当前值时，每个可变单元格满足约束的最低和最大变动限度。由图可知，产品 A、B、C 的下限极值分别为：1.29452E-13，0，0；而产品 A、B、C 的上限极值分别为：1.29452E-13，5000，5000。

13.5　上机题

	光盘：\录像\第 13 章\上机题\……
	光盘：\上机题\第 13 章\习题\……

1. 某储蓄客户到银行存款 20 万元，存期一年，银行有活期存款、定期存款和定活两便存款三种存款方式，其中活期存款的利率为 0.72%，定期存款的利率为 1.8%，定活两便存款的利率为 1.44%，数据如下所示，利用单变量模拟运算表计算该客户选择三种存款一年后各能获得本利和多少？该客户选择哪种存款方式最佳？（数据路径：光盘：\上机题\第 13 章\习题\第 13 章第 1 题）

存款金额	200000		年 利 率	本利和
存款期限	1	活期	0.0072	
年 利 率	0.0072	定期	0.018	
		定活两便	0.0144	

2. 某储蓄客户到银行存款 20 万元，存期可选择的有 1 年、3 年、5 年和 10 年，银行有活期存款、定期存款和定活两便存款三种存款方式，其中活期存款的利率为 0.72%，定期存款的利率为 1.8%，定活两便存款的利率为 1.44%，数据如下所示，利用双变量模拟运算表计算该客户选择不同期限和不同存款类型到期后各能获得本利和多少？（数据路径：光盘：\上机题\第 13 章\习题\第 13 章第 2 题）

存款金额	200000		年 利 率	存款期限			
存款期限	1			1	3	5	10
年 利 率	0.0072	活期	0.0072				
		定期	0.018				
		定活两便	0.0144				

3. 求解非线性方程：$5x^4+4x^3+x+1=81$。

4. 某厂生产 A、B、C、D 四种产品，每一种产品都需要经历一、二、三共三道工序方可完成。其中，A 产品的生产在第一道工序需要 3 个单位原料。在第二道工序需要 2 个单位原料，在第三道工序需要 1 个单位原料；B 产品的生产在第一道工序需要 3 个单位原料，在第二道工序需要 2 个单位原料，在第三道工序需要 2 个单位原料；C 产品的生产在第一道工序需要 5 个单位原料，在第二道工序需要 2 个单位原料，在第三道工序需要 2 个单位原料；D 产品的生产在第一道工序需要 4 个单位原料，在第二道工序需要 3 个单位原料，在第三道工序需要 2 个单位原料。该厂第一道工序的原料共有 50 000 个，第二道工序的原料共有 35 000 个，第三道工序的原料有 30 000 个。另外，A、B、C、D 四种产品的单件利润分别为 3 万元、2.5 万元、3.5 万元和 4 万元，数据如下所示。分析该厂如何组织生产才能使利润达到最大。（数据路径：光盘：\上机题\第 13 章\习题\第 13 章第 4 题）

	产品 A	产品 B	产品 C	产品 D	原料总数
工序 1	3	3	5	4	50 000
工序 2	2	2	2	3	35 000
工序 3	1	2	2	2	30 000
单件利润	3	2.5	3.5	4	

第 14 章　数据透视表和数据透视图

数据透视表是管理数据的一种方法，它将排序、筛选和分类汇总三项功能结合起来，对数据清单或外来数据重新组织和计算，并以多种不同形式显示出来。数据透视图其实是数据透视表和图表的结合，数据透视图以图表的形式表现出数据透视表中的数据。

14.1　数据透视表

数据透视表用于对多种来源的数据进行汇总和分析，因而可以快速合并和比较大量数据。数据透视表可以动态地改变它们的版面布置，以便按照不同方式分析数据，也可以重新安排行号、列标和页字段。每一次改变版面布置时，数据透视表会马上按照新的布置重新计算数据。

14.1.1　数据透视表的创建与清除

数据透视表的创建与清除是应用数据透视表对数据进行分析的第一步，用户在分析比较复杂的数据时，可以考虑创建数据透视表来对数据进行分析。

1. 数据透视表的创建

在 Excel 2013 中，数据透视表的创建步骤基本上可以分为三个部分，一是选择数据来源，二是选择数据透视表放置位置，三是设计数据透视表的布局。在 Excel 2013 中创建数据透视表的具体步骤如下：

（1）单击"插入"选项卡，执行"表格"组中的"数据透视表"下的"数据透视表"命令，如图 14-1 所示，弹出如图 14-2 所示的"创建数据透视表"对话框。

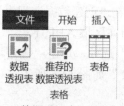

图 14-1　"数据透视表"按钮下拉菜单

图 14-2　"创建数据透视表"对话框

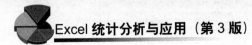

（2） 选择数据。若采用 Excel 工作表中的数据，则可在"创建数据透视表"对话框中选择"选择一个表或区域"选项，并在右侧的框中输入数据所在区域即可。

若用户在创建数据透视表的过程中，需要引用外部数据源，则可在这一步中选择"使用外部数据源"选项，并单击"选择连接"按钮，弹出如图 14-3 所示的"现有连接"对话框，用户可在这个对话框中直接选择想要的数据源，然后单击右下角的"打开"按钮；若该对话框中没有用户想要的数据源，则可单击左下角的"浏览更多"按钮，打开如图 14-4 所示的"选取数据源"对话框，在该对话框中选择想要的数据源即可。

图 14-3 "现有连接"对话框

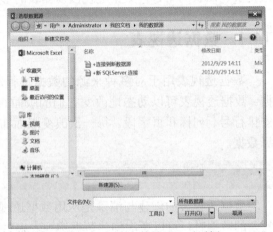

图 14-4 "选取数据源"对话框

（3） 选择数据透视表位置。在"选择放置数据透视表的位置"选项中按照用户的需要选择"新工作表"或"现有工作表"中的某一位置。若选择"新工作表"，则 Excel 将自动插入一个新的工作表，创建的数据透视表将显示在新工作表中；若选择"现有工作表"，数据透视表将显示在现有工作表中用户输入的指定区域。

（4） 设计数据透视表的布局。插入数据透视表后，在屏幕右侧的"数据透视表字段列表"任务窗口中，将列表中的字段按照用户的需要分别拖至所需的区域，从而完成数据透视表的布局设计。

例如，若要以如图 14-5 所示的湖北、湖南、吉林等 10 个省份 2001 至 2003 的国民生产总值、固定资产投资、国民生产总值指数和人均 GDP 的统计数据创建数据透视表，则对应步骤如下。

（1） 单击"插入"选项卡，执行"表格"组中的"数据透视表"下的"数据透视表"命令，弹出"创建数据透视表"对话框。

（2） 选择数据。由于采用 Excel 工作表中的数据，因此在"创建数据透视表"对话框中选择"选择一个表或区域"选项，并在右侧的框中输入数据所在区域 A1:F31。

（3） 选择数据透视表位置。这里我们选择"新工作表"选项，单击"确定"按钮即可在新工作表中插入数据透视表，打开的"数据透视表字段列表"如图 14-6 所示。

年代	省份	固定资产投资	国民生产总值	国民生产总值指数	人均GDP
2001	湖北	2.74	3880.53	108.86	7813.07
2002	湖北	7.64	4212.82	109.22	7437.00
2003	湖北	8.23	4757.45	109.71	9010.70
2001	湖南	0.50	3831.90	109.03	6054.00
2002	湖南	0.29	4151.54	108.99	6734.00
2003	湖南	1.28	4659.99	109.60	7554.00
2001	吉林	23.83	2120.35	109.30	7640.01
2002	吉林	19.67	2348.54	109.50	8714.00
2003	吉林	24.13	2662.08	110.20	9338.00
2001	江苏	3.47	9456.84	110.15	12922.00
2002	江苏	4.41	10606.85	111.66	14396.00
2003	江苏	6.38	12442.87	113.62	16809.00
2001	江西	0.13	2175.68	108.78	5221.00
2002	江西	3.08	2450.48	110.54	5829.00
2003	江西	2.65	2807.41	112.96	6678.00
2001	辽宁	29.88	5033.08	108.98	12040.86
2002	辽宁	35.77	5458.22	110.25	13000.00
2003	辽宁	37.92	6002.54	111.50	14257.81
2001	内蒙古	3.40	1713.81	110.60	6462.52
2002	内蒙古	6.71	1940.94	113.18	8162.00
2003	内蒙古	23.20	2388.38	117.60	8974.65
2001	宁夏		337.44	110.09	5340.00
2002	宁夏	0.18	377.16	110.21	6647.00
2003	宁夏	1.08	445.36	112.70	6691.00
2001	青海	8.72	300.13	111.71	5734.57
2002	青海	12.96	340.65	112.08	6478.00
2003	青海	11.10	390.20	111.86	7277.00
2001	山东	58.30	9195.04	110.04	10465.00
2002	山东	78.00	10275.50	111.73	11340.00
2003	山东	131.21	12078.15	113.41	13661.00

图 14-5　部分省份统计数据

图 14-6　在新工作表中插入数据透视表

（4）设计数据透视表的布局。我们将"年代"变量拖至"报表筛选"区域，将"省份"变量拖至"行标签"区域，将"固定资产投资"、"国民生产总值"、"国民生产总值指数"以及"人均 GDP"四个变量拖至"Σ数值"区域，即完成了数据透视表的创建，得到如图 14-7 所示的数据透视表，其中，各变量下的数值表示所选年份各个省份该变量的值之和。例如，"求和项：人均 GDP"这一变量下的数值表示所在省份各年人均 GDP 之和；"求和项：固定资产投资"这一变量下的数值表示所在省份各年固定资产投资之和。

年代	(全部) ▼			
行标签 ▼	求和项:人均GDP	求和项:国民生产总值指数	求和项:固定资产投资	求和项:国民生产总值
湖北	24260.77	327.7947315	18.6113	12850.8
湖南	20342	327.6178529	2.0645	12643.43
吉林	25692.01188	329.0002396	67.6261	7130.97
江苏	44127	335.4386222	14.2619	32506.56
江西	17728	332.2798207	5.8621	7433.57
辽宁	39298.67597	330.7324346	103.5765	16493.84
内蒙古	23599.16777	341.3752631	33.3066	6043.13
宁夏	18678	332.9952763	1.2554	1159.959885
青海	19489.56555	335.6526659	32.7729	1030.98
山东	35466	335.183456	267.5052	31548.67978
总计	268681.1912	3328.070363	546.8425	128841.9197

图 14-7　数据透视表

2. 数据透视表的清除

若要从数据透视表中删除所有报表筛选、标签、值和格式等，然后重新开始设计布局，则可以执行"数据透视表工具"下的"选项"选项卡中"操作"组中的"清除"命令来完成，具体操作如下：

单击数据透视表，单击"选项"选项卡，执行"操作"组中的"清除"下的"全部清除"命令，如图 14-8 所示。该命令可有效地重新设置数据透视表，清除的仅仅是数据透视表中的数据，但不会将整个数据透视表删除，数据透视表的数据连接、位置和缓存仍保持不变。

14.1.2　数据透视表的编辑

用户在创建数据透视表后，可以使用 Excel 操作界面右侧的如图 14-9 所示的"数据透视表字段列表"窗口来添加、删除和重新排列字段。

图 14-8　"清除"按钮下拉菜单　　　　　图 14-9　"数据透视表字段列表"窗口

1.　字段设置

若用户需要设置数据透视表中各字段的格式、显示方式、汇总方式等内容，可通过执行"数据透视表工具"的"选项"选项卡中"活动字段"组中的"字段设置"命令来实现，具体操作如下：

单击"选项"选项卡，执行"活动字段"组中的"字段设置"命令，打开如图 14-10 所示的"值字段设置"对话框，在"自定义名称"文本框中输入用户需要的名称，单击"值汇总方式"标签，在下面的"计算类型"中选择用户需要的计算类型，可供选择的计算类型有求和、计数、平均值、最大值、最小值、乘积等；然后单击"值显示方式"标签，转到"值显示方式"选项卡，选择用户需要的显示方式即可。

2.　添加字段

有时用户需要向现有的数据透视表中添加字段来完善现有的数据透视表，此时，用户只需在"数据透视表字段列表"窗口中右键单击想要添加的字段名称，在弹出的如图 14-11 所示的菜单中，在"添加到报表筛选"、"添加到行标签"、"添加到列标签"、"添加到值"4 个命令之间进行选择即可完成该字段的添加。

若在"报表筛选"部分添加字段，则该字段项将会显示在一个下拉菜单中，用户可根据一项或多项来筛选需要显示的数据。例如，如图 14-7 所示的数据透视表，就是将"年代"字段添加到了"报表筛选"区域，因此用户可以根据需要选择显示所有的数据还是 2001—2003 任意一年的数据。若要显示 2002 年的数据，用户通过"（全部）"的下拉按钮来选择需要显示的年代为"2002"即可。以此类推，用户也可以通过"行标签"的下拉按钮来选择需要显示的省份。

图 14-10　"值字段设置"对话框

图 14-11　添加字段命令菜单

3.　删除字段

若要从数据透视表中删除一个字段，可以在"数据透视表字段列表"窗口的底部选择它，并把它拖离该区域即可。

若要临时地从数据透视表中删除一个字段，则可以在"数据透视表字段列表"顶部的字段名称中去除其复选标记；若要复原该字段列表，只需在"数据透视表字段列表"顶部的字段名称中再次勾选该自选名称即可。

4.　重新排列字段

用户有时可能需要对现有的数据透视表中的字段顺序进行调整，此时，用户可以利用"报表筛选"、"列标签"、"行标签"、"数值"四个区域进行字段的重新排列，具体操作为：单击并按住需要排列顺序的字段名称，在"报表筛选"、"列标签"、"行标签"、"数值"四个区域中拖动该字段，直至达到用户需要的排列顺序即可。

例如，若要改变如图 14-9 所示的数据透视表字段列表"数值"区域中的顺序，把"国民生产总值"字段放在第一位，则可在该区域中单击并按住"国民生产总值"字段然后将其移到最顶层即可。

14.1.3　数据显示格式的设置

在 Excel 2013 中，用户可以通过筛选和排序两种方法对数据透视表的数据显示进行设置。

1.　数据筛选

在 Excel 2013 中，用户可以通过筛选数据筛选出符合指定条件的数据，同时通过数据筛选也能够轻松地在数据透视表中完成数据查找。Excel 2013 中的数据筛选可分为标签筛选和值筛选两类。

（1）　标签筛选。

在数据透视表中，单击"行标签"或"列标签"的下拉箭头，在打开的下拉命令列表中，选择"标签筛选"命令，将打开如图 14-12 所示的命令菜单。如果用户只需进行简单的标签筛选，则只需在左侧的已有的标签复选框中勾选需要显示的标签名称后单击"确定"按钮即可。

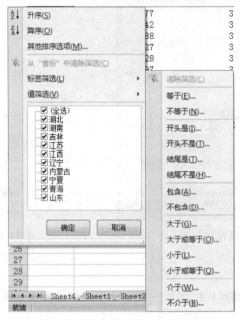

图 14-12　"标签筛选"命令菜单

例如，在此例中若用户只关注江苏省的数据，则可在图 14-12 左侧的复选框中单击"全选"将其他省份的勾选去除后，再单独勾选"江苏"复选框后，单击"确定"按钮即可。

用户若要完成比较复杂的标签筛选，则需要借助图 14-12 右侧的"标签筛选"菜单选择筛选的对应方式，并在弹出的窗口中输入相应的筛选标准，单击"确定"按钮即可。

例如，在上例中用户需要筛选出行标签中包含"江"字的省份，则可在图 14-12 右侧的命令中选择"包含"命令，弹出如图 14-13 所示的"标签筛选"对话框，在文本框中输入文字"江"后，单击"确定"按钮即可。

图 14-13　"标签筛选"对话框

（2）　值筛选。

有时，在数据透视表中，用户可能需要根据字段标签下的数值来进行一定的筛选，此时，可以单击"行标签"或"列标签"的下拉箭头，在打开的下拉命令列表中，单击"值筛选"命令，将打开如图 14-14 所示的命令菜单。用户若要完成比较复杂的值筛选，可以利用图 14-14 右侧的"值筛选"菜单选择筛选的对应方式，并在弹出的窗口中输入相应的筛选标准，单击

"确定"按钮即可。

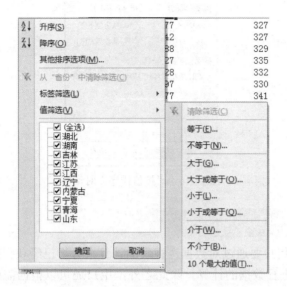

图 14-14 "值筛选"命令菜单

例如，在上例中用户需要筛选出 2001—2003 年三年人均 GDP 之和大于 30 000 万元的省份，则可在图 14-14 右侧的命令中选择"大于"命令，弹出如图 14-15 所示的"值筛选"对话框，在左侧文本框中选择"求和项：人均 GDP"，在右侧文本框中输入"30 000"后，单击"确定"按钮即可。

图 14-15 "值筛选"对话框

2. 数据排序

在 Excel 2013 中通过数据的排序可以非常直观地显示数据、有效地组织数据。一般而言，可以通过执行"数据透视表工具"的"选项"选项卡中"排序和筛选"组中的"排序"命令对数据进行排序。

对数据透视表中的数据进行排序的具体步骤如下：

在数据透视表中单击需要排序的字段标签，右键"排序|其他排序选项"命令，打开如图 14-16 所示的"按值排序"对话框，在该对话框中选择需要的排序方式后，单击"确定"按钮即可。

例如，若要将人均 GDP 按降序排列，则可选择"求和项：人均 GDP"字段标签，在"数据透视表工具"的"选项"选项卡中，执行"排序和筛选"组中的"排序"命令，并在如图 14-16 所示的"按值排序"对话框中的排序选项选择"降序"、排序方向选择"从上到下"，单击"确定"按钮即可。

图 14-16 "按值排序"对话框

14.1.4 通过数据透视表分析数据

在 Excel 2013 中用户要通过对数据透视表的计算来分析已经获得的数据。数据透视表提供了多种汇总函数来进行数据的计算。除此之外，用户还可以根据需要在计算字段和计算项中创建公式。

1. 添加计算字段

用户可以通过添加计算字段来使用自己创建的公式，并且可以使用数据透视表中其他字段数据来进行计算。

添加计算字段的步骤如下：

（1） 选中数据透视表，在工具栏中单击"计算（ ）"选项卡，执行"计算"组下的"字段、项目和集"中的"计算字段"命令，弹出如图 14-17 所示的"插入计算字段"对话框。

图 14-17 "插入计算字段"对话框

（2） 在如图 14-17 所示的"插入计算字段"对话框中的"名称"栏中输入字段名称，在"公式"栏中输入字段的公式，然后单击"确定"按钮，即可完成计算字段的添加。

例如，要在图 14-7 所示的数据透视表中添加计算字段"固定资产投资占 GDP 百分比"，则可在"插入计算字段"对话框中的"名称"栏中输入字段名称"固定资产投资占 GDP 百分比",在"公式"栏中输入字段的公式"=固定资产投资/国民生产总值" 然后单击"确定"按钮,即可完成计算字段"固定资产投资占 GDP 百分比"的添加,添加结果如图 14-18 所示。

年代	(全部)					
		值				
行标签	求和项:人均GDP	求和项:国民生产总值指数	求和项:固定资产投资	求和项:国民生产总值	求和项:固定资产投资占GDP百分比	
湖北	24260.77	327.7947315	18.6113	12850.8	0.14%	
湖南	20342	327.6178529	2.0645	12643.43	0.02%	
吉林	25692.01188	329.0002396	67.6261	7130.97	0.95%	
江苏	44127	335.4386222	14.2619	32506.56	0.04%	
江西	17728	332.2798207	5.8621	7433.57	0.08%	
辽宁	39298.67597	330.7324346	103.5765	16493.84	0.63%	
内蒙古	23599.16777	341.3752631	33.3066	6043.13	0.55%	
宁夏	18678	332.9952763	1.2554	1159.959885	0.11%	
青海	19489.56655	335.6526659	32.7729	1030.98	3.18%	
山东	35466	335.183456	267.5052	31548.67978	0.85%	
总计	268681.1912	3328.070363	546.8425	128841.9197	0.42%	

图 14-18 "固定资产投资占 GDP 百分比"计算字段添加结果

2. 显示公式列表

在添加完计算字段后,有时用户需显示在当前数据透视表中使用的公式列表,此项操作的具体步骤如下:

选中数据透视表,单击"数据透视表工具"的"选项"选项卡,执行"计算"组下的"域、项目和集"中的"列出公式"命令。例如,在上例中按照上述操作显示公式列表的结果如图14-19 所示。

3. 编辑公式

用户在完成显示公式列表的操作后,若要对现有公式进行修改可编辑计算字段公式,具体操作如下:

选中数据透视表,单击"数据透视表工具"的"选项"选项卡,执行"计算"组下的"域、项目和集"中的"计算字段"命令;在弹出的"插入计算字段"对话框中选择要更改的公式字段,在"公式"框中编辑公式后,单击"修改"按钮即可。

	A	B	C	D
1	计算字段			
2	求解次序	字段	公式	
3		1 固定资产投资占GDP百分比	=固定资产投资/国民生产总值	
4				
5	计算数据项			
6	求解次序	数据项	公式	
7				
8				
9	注释:	当有多个公式可以导致单元格被更新时,		
10		单元格数值取决于最终的求解次序。		
11				
12		若要更改多个计算项或字段的求解次序,		
13		请在"选项"选项卡上的"工具"组中单击"公式",然后单击"求解次序"。		

图 14-19 显示公式列表

4. 删除公式

若用户发现某一公式在分析中已经多余,则可以选择删除该公式。删除公式的具体操作步骤如下:

选中数据透视表,单击"数据透视表工具"的"选项"选项卡,执行"计算"组下的"域、项目和集"中的"计算字段"命令；在弹出的"插入计算字段"对话框中选择要删除的公式字段，单击"删除"按钮即可。

14.2 数据透视图

数据透视图其实是数据透视表和图表的结合，数据透视图以图表的形式表现出数据透视表中的数据。

14.2.1 数据透视图的创建与清除

在 Excel 2013 中，数据透视图的创建和清除的步骤与数据透视表的创建与清除的步骤十分相似，数据透视图与数据透视表只是通过不同的形式将数据表现出来。

1. 数据透视图的创建

在 Excel 2013 中，数据透视图的创建也可以分为选择数据来源、选择数据透视表放置位置、设计数据透视表的布局三个步骤。在 Excel 2013 中创建数据透视图的具体步骤如下：

（1）选择需要创建数据透视图的数据区域中的一个单元格，单击"插入"选项卡，执行"图表"组中的"数据透视图"中的"数据透视图"命令，弹出如图 14-20 所示的"创建数据透视图"对话框。

（2）与创建数据透视表的方法相似，在"创建数据透视图"对话框中选择要分析的数据所在区域，并选择放置数据透视表的位置，单击"确定"按钮即可完成数据透视图的创建。

图 14-20　"数据透视图"对话框

若采用 Excel 工作表中的数据，则可在"创建数据透视图"对话框中选择"选择一个表或区域"选项，并在右侧的框中输入数据所在区域即可。若用户在创建数据透视表的过程中，需要引用外部数据源，则可在这一步中选择"使用外部数据源"选项，并单击"选择连接"按钮，弹出"现有连接"对话框，用户可在这个对话框中直接选择想要的数据源，然后单击右下角的"打开"按钮；若该对话框中没有用户想要的数据源，则可单击左下角的"浏览更多"按钮，打开"选取数据源"对话框，并在该对话框中选择想要的数据源即可。

（3）选择数据透视图的位置。在"选择放置数据透视图的位置"选项中按照用户的需要选择"新工作表"或"现有工作表"中的某一位置。若选择"新工作表"，则 Excel 将自动插入一个新的工作表，创建的数据透视表将显示在新工作表中；若选择"现有工作表"，数据透视表将显示在现有工作表中用户输入的指定区域。

（4）设计数据透视图的布局。插入数据透视图后，在屏幕右侧的"数据透视表字段列表"窗口中，将列表中的字段按照用户的需要分别拖至所需的区域，从而完成数据透视图的布局设计。

例如，若要以如图 14-5 所示的湖北、湖南、吉林等 10 个省份 2001 至 2003 的国民生产总值、固定资产投资、国民生产总值指数和人均 GDP 的统计数据创建数据透视图，则对应步骤为：

（1）单击"插入"选项卡，执行"图表"组中的"数据透视图"中的"数据透视图"命令，弹出如图 14-20 所示的"创建数据透视图"对话框。

（2）选择数据。由于采用 Excel 工作表中的数据，因此在"创建数据透视图"对话框中选择"选择一个表或区域"选项，并在右侧的框中输入数据所在区域 A1:F31。

（3）选择数据透视图位置。这里我们选择"新工作表"选项，单击"确定"按钮即可在新工作表中插入数据透视表，插入结果如图 14-21 所示。

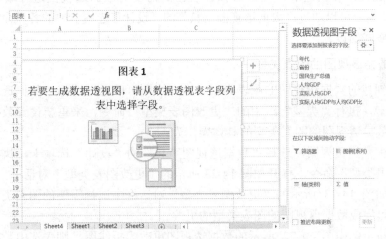

图 14-21　在新工作表中插入数据透视图

（4）设计数据透视表的布局。我们将"年代"变量拖至"报表筛选"区域，将"省份"变量拖至"行标签"区域，将"人均 GDP"、"国民生产总值"两个变量拖至"Σ 数值"区域，即完成了数据透视图的创建，得到如图 14-22 所示的数据透视图。

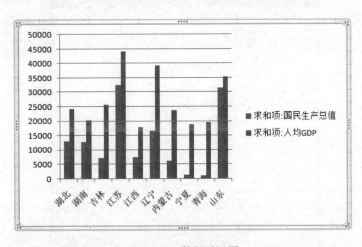

图 14-22　数据透视图

2. 数据透视图的清除

与数据透视表的清除相似，若要从数据透视图中删除所有报表筛选、标签、值和格式等，然后重新开始设计布局，则可以通过执行"数据透视表工具"下"选项"选项卡"操作"组中的"清除"按钮来完成，具体操作为：

选中数据透视图，单击"选项"选项卡"操作"组中的"清除"按钮，在下拉菜单中选择"全部清除"命令即可。该命令可有效地重新设置数据透视图，但不会将其删除，数据透视图的数据连接、位置和缓存仍保持不变。

14.2.2 数据透视图的编辑

完成数据透视图的创建后，用户会按照自己的需要对数据透视图进行编辑与设置。在 Excel 2013 中，用户可以通过"数据透视图工具"的"设计"选项卡中的各项命令对数据透视图进行编辑和格式的设置。

1. 更改数据透视图的图表类型

若用户对创建的数据透视图的图表类型不满意，则可以通过选择"数据透视图工具"的"设计"选项卡，执行"类型"组中的"更改图表类型"命令，来重新设置数据透视图的图表类型。更改数据透视图的图表类型的具体操作为：

（1）选中数据透视图，选择"数据透视图工具"的"设计"选项卡，执行"类型"组中的"更改图表类型"命令，打开如图 14-23 所示的"更改图表类型"对话框。

（2）在如图 14-23 所示的"更改图表类型"对话框中选择需要的图表类型后单击"确定"按钮，即可完成数据透视图的图表类型的更改。

例如，要将上例中图 14-22 所示的数据透视图更改为折线图，则先选中数据透视图，然后选择"数据透视图工具"中的"设计"选项卡，执行"类型"组中的"更改图表类型"命令，打开如图 14-23 所示的"更改图表类型"对话框；在该对话框中选择折线图后单击"确定"按钮，即可完成数据透视图的图表类型的更改，更改后的结果如图 14-24 所示。

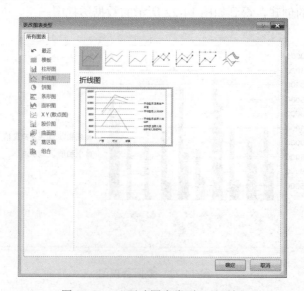

图 14-23　"更改图表类型"对话框

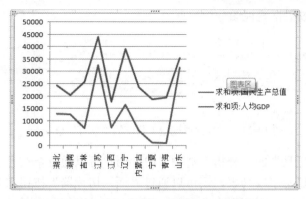

图 14-24　更改数据透视图图表类型结果

2. 设置数据透视图的布局与格式

在 Excel 2013 中，用户可根据自己的需要来设置数据透视图的布局与格式。具体操作时，有应用图表布局模板与使用"布局"选项卡两种方法可以完成数据透视图的布局与格式的设置。

（1）应用图表布局模板。

在 Excel 2013 中，用户可以通过应用图表布局模板来简便、快速地优化图表布局，美化图表的显示效果，应用图表布局模板的具体操作如下：

选中图表显示图表工具，在"设计"选项卡中单击"图表布局"组下拉菜单，看到的模板如图 14-25 所示，选择相应的图表布局方案即可。

（2）使用"布局"选项卡。

若上述应用图表布局模板的方法不能满足用户的需要，用户还可以通过使用"添加图表元素"命令来优化图表的布局。在该选项卡中可以完成设置图表的标签、坐标轴、背景、图表名称等操作，还可以为图表添加趋势线。

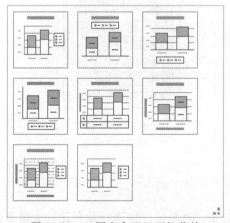

图 14-25　"图表布局"下拉菜单

图 14-26　"添加图表元素"命令下拉框

14.2.3　通过数据透视图分析数据

在 Excel 2013 中，用户可以通过如图 14-27 所示的"数据透视图工具"的"分析"选项卡中的相关命令来通过数据透视图分析数据。

图 14-27　"数据透视图工具"的"分析"选项卡

在"数据透视图工具"的"分析"选项卡中，用户可以通过单击"字段列表"按钮来决定是否要在屏幕右侧显示字段列表，还可以通过"插入切片器"按钮来对数据透视图进行分析。例如，图 14-22 所示的数据透视图显示的是 2001—2003 年各省的国民生产总值和人均 GDP加总数据。若要单独分析 2002 年各省国民生产总值和人均 GDP 的数据图，则可进行以下操作：

（1）　选中数据透视图，单击"数据透视图工具"的"分析"选项卡，执行"筛选"组内的"插入切片器"命令，弹出如图 14-28 所示的"插入切片器"对话框。

（2）　单击"插入切片器"对话框中的"省份"选项，单击"确定"按钮即可打开如图14-29 所示的插片器。

图 14-28　"插入切片器"对话框

图 14-29　"插片器"内容

14.3　数据透视表统计应用

数据透视表用于对多种来源的数据进行汇总和分析，因而可以快速合并和比较大量数据。在现实生活中，数据透视表对各类数据的汇总进行分析显得尤为方便。下面我们通过实例来为用户介绍如何应用数据透视表进行统计分析。

本实例将利用数据透视表计算某高校四个直辖市三个年级的英语四六级考试平均分数，图 14-30 所示的原始数据为某高校四个直辖市 1～3 年级的硕士四六级英语成绩汇总表格。

编号	英语四级	英语六级	籍贯	年级
1	505	513	北京	1
2	484	595	上海	2
3	541	439	天津	1
4	438	524	重庆	3
5	657	545	北京	2
6	513	624	上海	2
7	653	513	天津	2
8	442	471	北京	3
9	552	575	天津	3
10	519	590	重庆	3
11	479	444	北京	1
12	454	673	上海	3
13	494	554	重庆	3
14	567	537	天津	3
15	458	516	北京	1
16	566	556	重庆	1
17	620	584	北京	1
18	555	673	上海	2
19	498	547	重庆	1
20	530	459	上海	1
21	602	577	重庆	1
22	477	573	天津	2
23	460	451	北京	1
24	609	606	重庆	1
25	493	448	上海	1
26	597	655	重庆	2
27	453	563	北京	2
28	573	600	重庆	2

图 14-30　原始数据

（1）　单击"插入"选项卡，执行"表格"组中的"数据透视表"命令，弹出"创建数据透视表"对话框。

（2）　在"选择一个表或区域"文本框中输入数据存在的区域"A1:E101"；在"选择放置数据透视表的位置"选项中选择"新建工作表"选项，单击"确定"按钮得到如图 14-31 所示的表格。

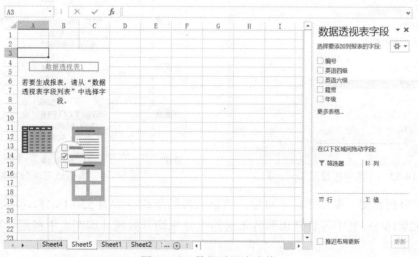

图 14-31　数据透视表表格

（3）　在右侧"选择要添加到报表的字段"框中选择"籍贯"，在"选项"菜单中选择"字段设置"，弹出如图 14-32 所示的"字段设置"对话框。字段设置有两个选项卡，在"分类汇总和筛选"选项卡中选择"无"单选按钮，在"布局和打印"选项卡中选择"以表格形式显示项目标签"单选按钮，然后单击"确定"按钮。

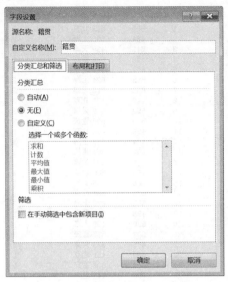

图 14-32　"字段设置"对话框

（4）　在右侧"选择要添加到报表的字段"中选择"籍贯"和"年级"，并将"英语六级"和"英语四级"添加到"数值"区域，左键单击"英语六级"和"英语四级"标签，在弹出的菜单中选择"值字段设置"命令，弹出如图 14-33 所示的对话框，并在该对话框中将"计算类型"改为"平均值"，单击"确定"按钮即可，得到的结果如图 14-34 所示。

图 14-33　"值字段设置"对话框

行标签 ▼	值 平均值项:英语六级	平均值项:英语四级
⊟北京	510.875	509.25
1	501.6	504.4
2	554	555
3	471	442
⊟上海	578.6666667	504.8333333
1	453.5	511.5
2	630.6666667	517.3333333
3	673	454
⊟天津	527.4	558
1	439	541
2	541	565.6666667
3	575	552
⊟重庆	578.7777778	544
1	569.6666667	557.6666667
2	627.5	585
3	561.25	513.25
总计	550.18	528.18

图 14-34　数据透视表分析结果

（5）　分析结果。从图 14-34 可知，英语六级的平均分数为 550.18 分，而英语四级的平均分数为 528.18 分。其中各直辖市和各年级的细分平均分数统计均在表中得到了直接的反映。

14.4　上机题

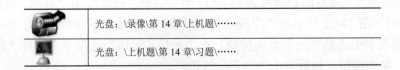

	光盘：\录像\第 14 章\上机题\……
	光盘：\上机题\第 14 章\习题\……

1. 我国广西、河北、新疆三省 1995—2005 年的国民生产总值、人均 GDP、实际人均 GDP 数据如下。（数据路径：光盘：\上机题\第 14 章\习题\第 14 章第 1 题）

年　　代	省　　份	国民生产总值	人均 GDP	实际人均 GDP
1995	广西	1497.56	3304.00	3011.85
1996	广西	1697.90	3706.00	3403.12
1997	广西	1817.25	4081.00	3771.72
1998	广西	1903.04	4356.00	4078.65
1999	广西	1953.27	4147.95	3887.49
2000	广西	2050.14	4318.81	4013.77
2001	广西	2279.34	4668.00	4342.33
2002	广西	2523.73	5558.00	5127.31
2003	广西	2821.11	5969.00	5461.12
2004	广西	3433.50	7196.00	6577.70
2005	广西	4075.75	8787.73	8003.40
1995	河北	2849.52	4444.00	4051.05
1996	河北	3452.97	5345.00	4908.17
1997	河北	3953.78	5345.00	4939.93
1998	河北	4256.01	6079.00	5691.95
1999	河北	4569.19	6931.96	6496.69
2000	河北	5088.96	7662.76	7121.52
2001	河北	5516.76	8362.00	7778.60
2002	河北	6018.28	8960.00	8265.68
2003	河北	6921.29	10513.24	9618.70
2004	河北	8477.63	12918.00	11808.04
2005	河北	10096.11	14782.26	13462.90
1995	新疆	825.11	4701.00	4285.32
1996	新疆	912.15	5102.00	4685.03
1997	新疆	1050.14	5167.00	4775.42
1998	新疆	1116.67	5904.00	5528.09
1999	新疆	1168.55	6469.73	6063.48
2000	新疆	1364.36	7469.81	6942.20
2001	新疆	1491.60	7913.00	7360.93
2002	新疆	1612.65	8457.00	7801.66
2003	新疆	1886.35	9700.00	8874.66
2004	新疆	2209.09	11199.00	10236.75
2005	新疆	2604.19	13108.00	11938.07

用数据透视表完成以下分析：

（1） 计算每个省份的 1995—2005 年的年平均国民生产总值、平均人均 GDP、平均实际人均 GDP。

（2） 筛选出 2005 年每个省份的数据。

（3） 对筛选出的数据按照国民生产总值大小进行排序。

（4） 计算每年每个省份实际人均 GDP 与人均 GDP 的比重。

（5） 用现有数据画出 2005 年每个省份实际人均 GDP 与人均 GDP 的数据透视图。

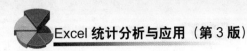

2. 我国广西、贵州、云南三省1970—2003年的进口额、出口额和进出口总额的数据如下。（数据路径：光盘：\上机题\第14章\习题\第14章第2题）

年　份	广　西			贵　州			云　南		
	进出口总额	出　口　额	进　口　额	进出口总额	出　口　额	进　口　额	进出口总额	出　口　额	进　口　额
1970	5203	4853	350	230	6	224	940	181	759
1971	7233	6653	580	360	77	283	1667	347	1320
1972	9020	8370	650	420	130	290	3670	2740	930
1973	15846	14981	865	364	50	314	4228	3323	905
1974	23526	21994	1532	750	72	678	6938	5705	1233
1975	22053	20053	2000	801	36	765	6351	5011	1340
1976	18507	17507	1000	756	22	734	6880	5429	1451
1977	22560	20554	2006	1071	18	1053	7267	5617	1650
1978	26931	24885	2046	1645	285	1360	10420	6948	3472
1979	30799	28662	2137	2111	703	1408	11557	8891	2666
1980	37823	36579	1244	2797	1641	1156	11037	9601	1436
1981	39849	36620	3229	4782	3617	1165	13474	10331	3143
1982	37611	34259	3352	5455	4522	933	13614	10927	2687
1983	40048	34269	5779	5238	4186	1052	14724	11852	2872
1984	41387	32216	9171	6997	4548	2449	15076	11138	3938
1985	52310	37205	15105	8720	4010	4710	25413	15032	10381
1986	54528	43036	11492	8605	6361	2244	32472	19682	12790
1987	79151	54331	24820	12488	9296	3192	46642	32301	14341
1988	80807	54427	26380	15527	11586	3941	67571	47258	20313
1989	75435	58430	17005	18681	13322	5359	80210	53863	26347
1990	89797	72944	16853	21802	15358	6444	75114	56241	18873
1991	102351	83248	19103	24614	18958	5656	75682	52468	23214
1992	163850	110831	53019	33907	22424	11483	96546	64869	31677
1993	207760	132491	75269	36470	24491	11979	121304	77379	43925
1994	245983	160222	85761	53595	37346	16249	160363	105334	55029
1995	321111	224585	96526	68144	43023	25121	212102	133097	79005
1996	283132	191620	91512	64240	43554	20686	205865	114168	91697
1997	306821	238266	68555	67660	48239	19421	201111	121425	79686
1998	298377	241816	56561	70926	44303	26623	203498	126299	77199
1999	175340	124721	50619	54758	35775	18983	166011	103455	62556
2000	203379	148891	54488	65998	42056	23942	181276	117509	63767
2001	179699	123536	56163	64645	42177	22468	198878	124406	74472
2002	243049	150746	92303	69147	44183	24964	222676	142971	79705
2003	318675	196992	121683	98433	58798	39635	266913	167659	99254

用数据透视表完成以下分析：

（1）　计算每个省份的1970—2003年的年平均进口额、出口额、进出口总额。

（2）　筛选出2003年每个省份的数据。

（3）　对筛选出的数据按照进出口总额大小进行排序。

（4）　计算每年每个省份进口额占进出口总额的比重。

（5）　用现有数据画出2003年三个省份进口额、出口额、进出口总额的数据透视图。

第 15 章　利用 Excel 2013 实现专业统计分析

人们认识事物时往往先把被认识的对象进行分类，以便寻找其中相同与不相同的特征，因而分类学是人们认识世界的基础科学。在医学实践中也经常需要做分类的工作，如根据病人的一系列症状、体征和生化检查的结果，判断病人所患疾病的类型；或对一系列检查方法及其结果，将之划分成某几种方法适合用于甲类病的检查，另几种方法适合用于乙类病的检查等。统计学中常用的分类统计方法主要是聚类分析与判别分析。

Excel 2013 不仅可以实现普通数据统计分析的功能，而且可以帮助我们进行专业的统计分析，最典型的就是聚类分析和判别分析。本章将详细介绍聚类分析和判别分析在 Excel 2013 中的实现过程，这也是之前统计分析知识的补充和拓展，同时引领读者探索更多求解问题的方法，以提高其实用性。

15.1　聚类分析

在实际应用的各个领域中存在着大量分类问题，因此聚类分析这个有用的数学工具越来越受到人们的重视，它在许多领域中得到广泛的应用。

15.1.1　聚类分析的依据

聚类分析又称类分析，它是研究样品或指标分类问题的一种多元统计方法。所谓类，就是指相似元素的集合。

聚类分析起源于分类学，在考古的分类学中，人们主要依靠经验和专业知识来实现分类。随着生产技术和科学的发展，人类的认识不断加深，分类越来越细，要求也越来越高，有时光凭经验和专业知识是不能进行确切分类的，往往需要定性和定量分析结合起来去分类，于是数学工具逐渐被引进分类学中，形成了数值分类学。后来随着多元分析的引进，聚类分析又逐渐从数值分类学中分离出来而形成一个相对独立的分支。

在社会经济领域中存在着大量分类问题，比如对我国 30 个省市自治区独立核算工业企业经济效益进行分析，一般不是逐个省市自治区去分析，而较好的做法是选取能反映企业经济效益的代表性指标，如百元固定资产实现利税、资金利税率、产值利税率、百元销售收入实现利润、全员劳动生产率等，根据这些指标对 30 个省市自治区进行分类，然后根据分类结果对企业经济效益进行综合评价，就易于得出科学的分析。又比如若对某些大城市的物价指数进行考察，而物价指数很多，有农用生产价格指数、服务项目价格数、食品消费价格指数、建材零售价格指数等。由于要考察的物价指数很多，通常先对这些物价指数进行分类。总之，需要分类的问题很多，因此聚类分析这个工具越来越受到人们的重视，它在许多领域中都得到了广泛的应用。

聚类分析的种类和方法很多，根据不同的原理，可以分为系统聚类法、有序样品聚类法、动态聚类法、模糊聚类法、图论聚类法、聚类预报法等。本节主要介绍常用的并且能够在 Excel 2013 中实现的系统聚类法。

系统聚类法的核心是距离分类法。将一个样品看作 P 维空间的一个点，并在空间定义距离，距离较近的点归为一类，距离较远的点归为不同的类。但距离有各种各样的定义，而这些定义与变量的类型关系极大，因此先介绍变量的类型。

由于实际问题中，遇到的指标有的是定量的，如长度、重量等，有的是定性的，如性别、职业等，因此将变量的类型按以下三种尺度划分：① 间隔尺度：变量是用连续的量来表示的，如长度、重量、压力、速度等；② 有序尺度：变量度量时没有明确的数量表示，而是划分一些等级，等级之间有次序关系，如某产品分上、中、下三等，此三等有次序关系，但没有数量表示；③ 名义尺度：变量度量时既没有数量表示，也没有次序关系，如某物体有红、黄、白三种颜色，又如医学化验中的阴性与阳性，市场供求中的"产"和"销"。不同类型的变量，在定义距离时，其方法有很大差异，使用时必须注意。研究比较多的是间隔尺度，因此本章主要给出间隔尺度的距离定义。

设有 n 个样品，每个样品测得 p 项指标，原始资料阵为

$$X = \begin{array}{c} X_1 \\ X_2 \\ \vdots \\ X_n \end{array} \begin{bmatrix} x_{11} & x_{12} & \cdots & x_{1p} \\ x_{21} & x_{22} & \cdots & x_{2p} \\ \vdots & \vdots & & \vdots \\ x_{n1} & x_{n2} & \cdots & x_{np} \end{bmatrix}$$

其中 $x_{ij}(i=1,\cdots,n; j=1,\cdots,p)$ 为第样品 i 的指标 j 的观测数据。对于样品 i，X_i 为矩阵 X 的第 i 行所描述，所以任何两个样品 X_K 与 X_L 之间的相似性，可以通过矩阵 X 中的第 K 行与第 L 行的相似程度来刻画；任何两个变量 x_K 与 x_L 之间的相似性，可以通过第 K 列与第 L 列的相似程度来刻画。

（1） 对样品分类（Q-型聚类分析）常用的距离定义。

如果把 n 个样品（X 中的 n 行）看成 p 维空间中 n 个点，则两个样品间相似程度可用 p 维空间中两点的距离来度量。令 d_{ij} 表示样品 X_i 与 X_j 的距离。常用的距离有：

i）明氏（Minkowski）距离。

$$d_{ij}(q) = \left(\sum_{a=1}^{p} \left| x_{ia} - x_{ja} \right|^q \right)^{1/q}$$

当 $q=1$ 时

$$d_{ij}(1) = \sum_{a=1}^{p} \left| x_{ia} - x_{ja} \right|, \quad \text{即绝对距离}$$

当 $q=2$ 时

$$d_{ij}(2) = \left(\sum_{a=1}^{p} (x_{ia} - x_{ja})^2 \right)^{1/2}, \quad \text{即欧氏距离}$$

当 $q = \infty$ 时

$$d_{ij}(\infty) = \max_{1 \leqslant a \leqslant p} \left| x_{ia} - x_{ja} \right|，即切比雪夫距离$$

明氏距离特别是其中的欧氏距离是人们较为熟悉的也是使用最多的距离。

ii）马氏（Mahalanobis）距离。

设 Σ 表示指标的协差阵，即

$$\Sigma = (\sigma_{ij})_{p \times p}$$

其中 $\sigma_{ij} = \dfrac{1}{n-1} \sum_{a=1}^{n} (x_{ai} - \bar{x}_i)(x_{aj} - \bar{x}_j)$，$i, j = 1, \cdots, p$

$$\bar{x}_i = \frac{1}{n} \sum_{a=1}^{n} x_{ai}$$

$$\bar{x}_j = \frac{1}{n} \sum_{a=1}^{n} x_{aj}$$

如果 Σ^{-1} 存在，则两个样品之间的马氏距离为

$$d_{ij}^2(M) = (X_i - X_j)' \Sigma^{-1} (X_i - X_j)$$

这里 X_i 为样品 X_i 的 p 个指标组成的向量，即原始资料阵的第 i 行向量。样品 X_j 类似。

顺便给出样品 X 到总体 G 的马氏距离定义为

$$d^2(X, G) = (X - \mu)' \Sigma^{-1} (X - \mu)$$

其中 μ 为总体的均值向量，Σ 为协方差阵。

马氏距离是由印度统计学家马哈拉诺比斯于 1936 年引入的，故称为马氏距离。这一距离在多元统计分析中起着十分重要的作用。

iii）兰氏（Canberra）距离。

它是由 Lance 和 Williams 最早提出的，故称兰氏距离。

$$d_{ij}(L) = \frac{1}{p} \sum_{a=1}^{p} \frac{\left| x_{ia} - x_{ja} \right|}{x_{ia} + x_{ja}}，i, j = 1, \cdots, n$$

此距离仅适用于一切 $x_{ij} > 0$ 的情况，这个距离有助于克服各指标之间量纲的影响，但没有考虑指标之间的相关性。

计算任何两个样品 X_i 与 X_j 之间的距离 d_{ij}，其值越小表示两个样品接近程度越大，d_{ij} 值越大表示两个样品接近程度越小。如果把任何两个样品的距离都算出来，则可排成距离阵 D：

$$D = \begin{bmatrix} d_{11} & d_{12} & \cdots & d_{1n} \\ d_{21} & d_{22} & \cdots & d_{2n} \\ \vdots & & & \\ d_{n1} & d_{n2} & \cdots & d_{nn} \end{bmatrix}$$

其中，$d_{11} = d_{22} = \cdots = d_{nn} = 0$。$D$ 是一个实对称阵，所以只须计算上三角形部分或下三角形部分即可。根据 D 可对 n 个点进行分类，距离近的点归为一类，距离远的点归为不同的类。

（2） 对指标分类（R-型聚类分析）常用的距离定义。

p 个指标之间相似性的定义与样品相似性定义类似，但此时是在 n 维空间中来研究的，变量之间的相似性是通过原始资料矩阵 X 中 p 列间相似关系来研究的。

令 d_{ij} 表示变量 $X_i = (x_{1i}, \cdots, x_{ni})'$ 与变量 $X_j = (x_{1j}, \cdots, x_{nj})'$ 的距离。

i）明氏距离：

$$d_{ij}(q) = \left(\sum_{a=1}^{n} \left| x_{ai} - x_{aj} \right|^q \right)^{1/q}$$

ii）马氏距离：

设 Σ 表示样品的协差阵，即

$$\Sigma = (\sigma_{ij})_{n \times n}$$

其中 $\sigma_{ij} = \dfrac{1}{p-1} \sum_{a=1}^{p} (x_{ia} - \bar{x}_i)(x_{ja} - \bar{x}_j)$，$i, j = 1, \cdots, n$

$$\bar{x}_i = \frac{1}{p} \sum_{a=1}^{p} x_{ia}$$

$$\bar{\mathbf{x}}_j = \frac{1}{p} \sum_{a=1}^{p} x_{ja}$$

如果 Σ^{-1} 存在，则马氏距离为

$$d_{ij}^2(M) = (x_i - x_j)' \Sigma^{-1} (x_i - x_j)$$

iii）兰氏距离：

$$d_{ij}(L) = \sum_{a=1}^{n} \frac{\left| x_{ai} - x_{aj} \right|}{x_{ai} + x_{aj}}$$

此处仅适用于一切 $x_{ij} \geq 0$ 的情况。

15.1.2　聚类分析的方法

正如样品之间的距离可以有不同的定义方法一样，类与类之间的距离也有各种定义。例如可以定义类与类之间的距离为两类之间最近样品的距离，或者定义为两类之间最远样品的距离，也可以定义为两类重心之间的距离等。类与类之间用不同的方法定义距离，就产生了不同的系统聚类方法。本节介绍常用的两种系统聚类方法，即最短距离法和最长距离法。系统聚类分析尽管方法很多，但归类的步骤基本上是一样的，所不同的仅是类与类之间的距离有不同的定义方法，从而得到不同的计算距离的公式。

以下用 d_{ij} 表示样品 X_i 与 X_j 之间距离，用 D_{ij} 表示类 G_i 与 G_j 之间的距离。

1.　最短距离法

定义类 G_i 与 G_j 之间的距离为两类最近样品的距离，即

$$D_{ij} = \min_{G_i \in G_i, G_j \in G_j} d_{ij}$$

设类 G_p 与 G_q 合并成一个新类记为 G_r，则任一类 G_k 与 G_r 的距离是：

$$D_{kr} = \min_{X_i \in G_i, X_j \in G_j} d_{ij}$$

$$= \min \left\{ \min_{X_i \in G_k, X_j \in G_p} d_{ij}, \min_{X_i \in G_k, X_j \in G_q} d_{ij} \right\}$$

$$= \min \left\{ D_{kp}, D_{kq} \right\}$$

最短距离法聚类的步骤如下。

（1）定义样品之间距离，计算样品两两距离，得一距离阵记为 $D_{(0)}$，开始每个样品自成一类，显然这时 $D_{ij}=d_{ij}$。

（2）找出 $D_{(0)}$ 的非对角线最小元素，设为 D_{pq}，则将 G_p 和 G_q 合并成一个新类，记为 G_r，即 $G_r = \left\{ G_p, G_q \right\}$。

（3）给出计算新类与其他类的距离公式：

$$D_{kr} = \min \left\{ D_{kp}, D_{kq} \right\}$$

将 $D_{(0)}$ 中第 p、q 行及 p、q 列用上面公式并成一个新行新列，新行新列对应 G_r，所得到的矩阵记为 $D_{(1)}$。

（4）对 $D_{(1)}$ 重复上述对 $D_{(0)}$ 的（2）、（3）两步得 $D_{(2)}$；如此下去，直到所有的元素并成一类为止。

如果某一步 $D_{(k)}$ 中非对角线最小的元素不止一个，则对应这些最小元素的类可以同时合并。

为了便于理解最短距离法的计算步骤，现在举一个最简单的数字例子。

设抽取 5 个样品，每个样品只测一个指标，它们是 1，2，3.5，7，9，试用最短距离法将这 5 个样品分为两类。

具体步骤如下：

（1） 定义样品间距离采用绝对距离，计算样品两两距离，得距离阵 $D_{(0)}$，如下表。

	$G_1=\{X_1\}$	$G_2=\{X_2\}$	$G_3=\{X_3\}$	$G_4=\{X_4\}$	$G_5=\{X_5\}$
$G_1=\{X_1\}$	0				
$G_2=\{X_2\}$	1	0			
$G_3=\{X_3\}$	2.5	1.5	0		
$G_4=\{X_4\}$	6	5	3.5	0	
$G_5=\{X_5\}$	8	7	5.5	2	0

（2） 找出 $D_{(0)}$ 中非对角线最小元素是 1，即 $D_{12}=d_{12}=1$，则将 G_1 与 G_2 并成一个新类，记为 $G_6=\{X_1,X_2\}$。

（3） 计算新类 G_6 与其他类的距离，按公式：

$$G_{i6}=\min(D_{i1},D_{i2}) \qquad i=3,4,5$$

即将表 $D_{(0)}$ 的前两例取较小的一列得表 $D_{(1)}$ 如下：

	G_6	G_3	G_4	G_5
$G_6=\{X_1,X_2\}$	0			
$G_3=\{X_3\}$	1.5	0		
$G_4=\{X_4\}$	5	3.5	0	
$G_5=\{X_5\}$	7	5.5	2	0

（4） 找出 $D_{(1)}$ 中非对角线最小元素是 1.5，则将相应的两类 G_3 和 G_6 合并为 $G_7=\{X_1,X_2,X_3\}$，然后再按公式计算各类与 G_7 的距离，即将 G_3，G_6 相应的两行两列归并成一行一列，新的行列由原来的两行（列）中较小的一个组成，计算结果得表 $D_{(2)}$ 如下：

	G_7	G_4	G_5
$G_7=\{X_1,X_2,X_3\}$	0		
$G_4=\{X_4\}$	3.5	0	
$G_5=\{X_5\}$	5.5	2	0

（5） 找出 $D_{(2)}$ 中非对角线最小元素是 2，则将 G4 与 G5 合并成 $G_8=\{X_4,X_5\}$，最后再按公式计算 G7 与 G8 的距离，即将 G4，G5 相应的两行两列归并成一行一列，新的行列由原

来的两行（列）中较小的一个组成，得表 $D_{(3)}$ 如下：

	G_7	G_8
$G_7 = \{X_1, X_2, X_3\}$	0	
$G_8 = \{X_4, X_5\}$	3.5	0

至此，已将 5 个样本成功分为两类 $\{X_1, X_2, X_3\}$ 与 $\{X_4, X_5\}$，即用最短距离法得出 X_1, X_2, X_3 性质更加相近，X_4, X_5 性质更加相近。

2. 最长距离法

定义类 G_i 与类 G_j 之间距离为两类最远样品的距离，即

$$D_{pq} = \max_{X_i \in G_p, X_j \in G_q} d_{ij}$$

最长距离法与最短距离法的并类步骤完全一样，也是将各样品先自成一类，然后将非对角线上最小元素对应的两类合并。设某一步将类 G_p 与 G_q 合并为 G_r，则任一类 G_k 与 G_r 的距离用最长距离公式为

$$D_{kr} = \max_{X_i \in G_k, X_j \in G_r} d_{ij}$$
$$= \max \left\{ \max_{X_i \in G_k, X_j \in G_p} d_{ij}, \max_{X_i \in G_k, X_j \in G_q} d_{ij} \right\}$$
$$= \max \left\{ D_{kp}, D_{kq} \right\}$$

再找非对角线最小元素的两类并类，直至所有的样品全归为一类为止。

可见最长距离法与最短距离法只有两点不同：一是类与类之间的距离定义不同；二是计算新类与其他类的距离所用的公式不同。

在前面的例子中，如果应用最长距离法按聚类步骤（1）～（3）可得下表。

$D_{(0)}$ 为

	G_1	G_2	G_3	G_4	G_5
$G_1 = \{X_1\}$	0				
$G_2 = \{X_2\}$	1	0			
$G_3 = \{X_3\}$	2.5	1.5	0		
$G_4 = \{X_4\}$	6	5	3.5	0	
$G_5 = \{X_5\}$	8	7	5.5	2	0

$D_{(1)}$ 为

	G_6	G_3	G_4	G_5
$G_6 = \{X_1, X_2\}$	0			
$G_3 = \{X_3\}$	2.5	0		
$G_4 = \{X_4\}$	6	3.5	0	
$G_5 = \{X_5\}$	8	5.5	2	0

$D_{(2)}$ 为

	G_6	G_7	G_5
$G_6 = \{X_1, X_2\}$	0		
$G_7 = \{X_4, X_5\}$	8	0	
$G_3 = \{X_3\}$	2.5	5.5	0

$D_{(3)}$ 为

	G_7	G_8
$G_7 = \{X_4, X_5\}$	0	
$G_8 = \{X_1, X_2, X_3\}$	8	0

至此，已将 5 个样本成功分为两类 $\{X_1, X_2, X_3\}$ 与 $\{X_4, X_5\}$，即用最短距离法得出 X_1, X_2, X_3 性质更加相近，X_4, X_5 性质更加相近。

15.1.3 聚类分析的应用

首先，聚类分析的基本思想是以统计量为划分类型的依据，把一些相似程度较大的样本聚为一类，把另外一些彼此之间相似程度较大的样本又聚为另一类，关系密切的聚合到一个小的分类单位，关系疏远的聚合到一个大的分类单位，直到把所有样本都聚合完毕，形成一个由小到大的分类系统。例如，根据中国 31 个省的人均收入数据，可以将 31 个省进行聚类分析，即将人均收入相近的省份分为同一个类，而将收入差异较大的省份分为不同的类。这样，同一类的省份人均收入是相近的，不同类的省份人均收入是相差明显的，为进一步研究不同人均收入的分布特点打下基础。

其次，判断省份之间人均收入是否相近的指标便是"距离"——人均收入差距。换言之，根据人均收入对 31 个省进行聚类分析就是根据人均收入差距的大小，将不同省份分到不同的类别当中去。这种"距离"的应用在生活中的应用是非常普遍的。

再次，类别的数目则视具体情况而定。如果要求分成人均收入高、中、低三档，那么就需要分为三类，如果要求分类非常精确，方便其他研究，那么可能就需要分为五类，甚至更多。当然，分类数目也要考虑最终的分类效果，如果分成两个类别，一类中只有少数省份，如 4 个或 5 个，而另一类中却有很多省份，如 27 个或 26 个，那么我们会认为分成两类是不合理的，因此还需要进一步聚类，直至几个类别的样本数量相当。当然，如果没有具体要求，应当将可能的所有分类都列举出来。

总而言之，聚类分析过程中，核心是定义和计算"距离"，然后根据具体要求确定类别数目。下面通过实验来介绍在 Excel 2013 中运用最短距离法和最长距离法进行聚类分析的操作过程。

1. 最短距离法的应用

实验 15-1： 图 15-1 是 2008 年长江三角洲 16 市的人均绿地面积数据，单位是平方米/人，要求使用最短距离法对样本进行聚类分析，要求分为人均绿地面积很高、较高、中等、较低、很低 5 个类别。

为了消除量纲影响，先将数据标准化。首先，计算该系列数据的标准差，在单元格 D2

中输入公式“=STDEV(B2:B17)”，其中函数“STDEV”是用来计算一个数列标准差的，括号中输入的是这个序列的位置，按下 Enter 键，得到该数列的标准差；然后用各市的人均绿地面积值除以计算所得的标准差，得到各市的标准化人均绿地面积。以上海市的标准化人均绿地面积为例，在单元格 C2 中输入“=B2/D$2”，按下 Enter 键，得到上海市的标准化人均绿地面积，选中单元格 C2，使用自动填充功能，向下拖动至单元格 C17，可以得到各市的标准化人均绿地面积，结果如图 15-2 所示。

	人均绿地面积
上海市	25.92
南京市	141
无锡市	66.33
常州市	28.64
苏州市	52.37
南通市	35.99
扬州市	25.09
镇江市	59.3
泰州市	26.3
杭州市	30.57
宁波市	37.34
嘉兴市	44.36
湖州市	27.57
绍兴市	52.85
舟山市	25.51
台州市	32.81

图 15-1　实验 15-1 的原始数据图

	人均绿地面积	标准化人均绿地面积	标准差
上海市	25.92	0.89625136	28.92046
南京市	141	4.875441426	
无锡市	66.33	2.293532126	
常州市	28.64	0.990302429	
苏州市	52.37	1.810828847	
南通市	35.99	1.24444778	
扬州市	25.09	0.867551953	
镇江市	59.3	2.050451607	
泰州市	26.3	0.909390848	
杭州市	30.57	1.057037194	
宁波市	37.34	1.291127538	
嘉兴市	44.36	1.533862281	
湖州市	27.57	0.953304398	
绍兴市	52.85	1.827426095	
舟山市	25.51	0.882074545	
台州市	32.81	1.134491015	

图 15-2　实验 15-1 的标准化数据图

聚类分析具体步骤如下：

（1）计算各个样本之间的距离，此处采用欧式距离，此例中“距离”的含义为城市间人均绿地面积的差额。以上海市与南京市距离的计算过程为例，建立新工作表，并在单元格 C3 中输入公式“=ABS($B3-C$2)”，按下 Enter 键，可以得到上海市与南京市的距离，其中，“ABS”命令表示绝对值的意思。选中单元格 C3，使用自动填充功能，拖动至单元格 R3，然后选中区域 C3:R3，向下拖动至 C18:R18，得到任何两市之间的距离。最终，得到 $D_{(0)}$ 表，如图 15-3 所示。

		上海市	南京市	无锡市	常州市	苏州市	南通市	扬州市	镇江市	泰州市	杭州市	宁波市	嘉兴市	湖州市	绍兴市	舟山市	台州市
		0.8962514	4.8754414	2.2935321	0.9903024	1.8108288	1.2444478	0.867552	2.0504516	0.9093908	1.0570372	1.2911275	1.5338623	0.9533044	1.8274261	0.8820745	1.134491
上海市	0.8962514	0	4.8754414	2.5819093	1.5916069	0.219222	1.0252258	0.1576739	1.8927778	0.9833869	0.0736503	1.2174773	0.316385	0.6369194	1.1905067	0.3084322	0.8260588
南京市	4.8754414	4.8754414	0	2.5819093	0.9903024	0.7710805	0.2541454	0.0964715	1.7963063	0.8129193	0.7392691	0.4782082	0.1618232	0.4750962	0.7154105	0.4069783	0.4190805
无锡市	2.2935321	2.5819093	2.5819093	0	0.9903024	0.219222	0.0349234	0.0615481	1.7347581	0.9218388	0.1825697	0.2956385	0.1338153	0.3412809	0.3741296	0.0328487	0.3862318
常州市	0.9903024	1.5916069	0.9903024	0.9903024	0	0.219222	0.1842986	0.1227505	1.6120077	0.6901689	0.5075991	0.2119607	0.0781454	0.2631355	0.1109941	0.0781454	0.3080864
苏州市	1.8108288	0.219222	0.7710805	0.219222	0.219222	0	0.1842986	0.0615481	1.5504595	0.8602907	0.3526915	0.1407308	0.0625855	0.2005501	0.089556	0.0114106	0.2966758
南通市	1.2444478	1.0252258	0.2541454	0.0349234	0.1842986	0.1842986	0	0.0615481	1.4889114	0.6286207	0.2759292	0.1351984	0.072613	0.1279371	0.0383811	0.0269705	0.2697053
扬州市	0.867552	0.1576739	0.0964715	0.0615481	0.1227505	0.0615481	0.0615481	0	1.4889114	0.8602907	0.5843614	0.449163	0.3765501	0.2486129	0.2102318	0.1832613	0.086444
镇江市	2.0504516	1.8927778	1.7963063	1.7347581	1.6120077	1.5504595	1.4889114	1.4889114	0	0.8602907	0.2759292	0.1732338	0.2033163	0.0452967	0.1649351	0.0183261	0.0681179
泰州市	0.9093908	0.9833869	0.8129193	0.9218388	0.6901689	0.8602907	0.6286207	0.8602907	0.8602907	0	0.2759292	0.1026955	0.1006208	0.0553242	0.109611	0.0912849	0.023167
杭州市	1.0570372	0.0736503	0.7392691	0.1825697	0.5075991	0.3526915	0.2759292	0.5843614	0.2759292	0.2759292	0	0.1026955	0.0020747	0.0532495	0.0563615	0.0349234	0.0117564
宁波市	1.2911275	1.2174773	0.4782082	0.2956385	0.2119607	0.1407308	0.1351984	0.449163	0.1732338	0.1026955	0.1026955	0	0.0020747	0.0511748	0.0051866	0.0297367	0.0179804
嘉兴市	1.5338623	0.316385	0.1618232	0.1338153	0.0781454	0.0625855	0.072613	0.3765501	0.2033163	0.1006208	0.0020747	0.0020747	0	0.0511748	0.0459882	0.0162515	0.0017289
湖州市	0.9533044	0.6369194	0.4750962	0.3412809	0.2631355	0.2005501	0.1279371	0.2486129	0.0452967	0.0553242	0.0532495	0.0511748	0.0511748	0	0.0459882	0.0297367	0.0280079
绍兴市	1.8274261	1.1905067	0.7154105	0.3741296	0.1109941	0.089556	0.0383811	0.2102318	0.1649351	0.109611	0.0563615	0.0051866	0.0459882	0.0459882	0	0.0297367	0.0017289
舟山市	0.8820745	0.3084322	0.4069783	0.0328487	0.0781454	0.0114106	0.0269705	0.1832613	0.0183261	0.0912849	0.0349234	0.0297367	0.0162515	0.0297367	0.0297367	0	0.0017289
台州市	1.134491	0.8260588	0.4190805	0.3862318	0.3080864	0.2966758	0.2697053	0.086444	0.0681179	0.023167	0.0117564	0.0179804	0.0017289	0.0280079	0.0017289	0.0017289	0

图 15-3　$D_{(0)}$ 表

（2）将 16 个城市分别命名类别 G1，G2，…，G16。寻找距离矩阵中非对角线外最小的距离，我们使用条件格式来寻找这一最小距离的位置。选中区域 C3:R17，选择“开始”选项卡，在“样式”组内执行“条件格式”下的“新建规则”命令，弹出“新建格式规则”对话框，如图 15-4 所示。在“编辑规则说明”区域，第一个下拉菜单中选择“后”，紧随其后的空格填写“17”，这是指突出显示所选区域最小的 17 个数（由于有 16 个 0 值，我们需要的是最小的非 0 值，即第 17 小的值），单击“格式”按钮，设定显示格式，不妨选择一种填充颜色，单击“确定”按钮，如图 15-5 所示。

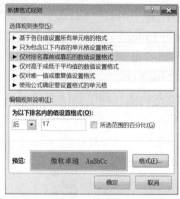

图 15-4 “新建格式规则”对话框

			G1 上海市	G2 南京市	G3 无锡市	G4 常州市	G5 苏州市	G6 南通市	G7 扬州市	G8 镇江市	G9 泰州市	G10 杭州市	G11 宁波市	G12 嘉兴市	G13 湖州市	G14 绍兴市	G15 舟山市	G16 台州市
			0.89625136	4.8754414	2.2935321	0.9903024	1.8108268	1.2444478	0.867552	2.050451607	0.9093908	1.0570372	1.2911275	1.5339	0.9533044	1.827426095	0.8820745	1.134491
G1	上海市	0.8962514	0	3.9791901	1.3972808	0.0940511	0.9145775	0.3481964	0.0286994	1.154200247	0.0131395	0.1607858	0.3948762	0.6376	0.057053	0.931174735	0.0141768	0.2382397
G2	南京市	4.8754414	3.979190066	0	2.5819095	3.885139	3.0646126	3.6309936	4.0078895	2.824989819	3.9660506	3.8184042	3.5843139	3.3416	3.922137	3.048015331	3.9933669	3.7409504
G3	无锡市	2.2935321	1.397280766	2.5819093	0	1.3032297	0.4827033	1.0490843	1.4259802	0.243080519	1.3841413	1.2364949	1.0024046	0.7597	1.3402277	0.486106031	1.4114576	1.1590411
G4	常州市	0.9903024	0.094051069	3.885139	1.3032297	0	0.8205264	0.2541454	0.1227505	1.060149178	0.0809116	0.0667348	0.3008251	0.5436	0.036998	0.837123666	0.1082279	0.1441886
G5	苏州市	1.8108268	0.914577487	3.0646126	0.4827033	0.8205264	0	0.5663811	0.9432769	0.239622759	0.901438	0.7537917	0.5197013	0.277	0.8575244	0.016597247	0.9287543	0.6763378
G6	南通市	1.2444478	0.34819642	3.6309936	1.0490843	0.2541454	0.5663811	0	0.3768958	0.806003827	0.3350569	0.1874106	0.0466798	0.2894	0.2911434	0.582978315	0.3623732	0.1099568
G7	扬州市	0.867552	0.028699407	4.0078895	1.4259802	0.1227505	0.9432769	0.3768958	0	1.182899654	0.0418389	0.1894852	0.4235756	0.6663	0.0857524	0.959874142	0.0145226	0.2669391
G8	镇江市	2.0504516	1.154200247	2.8249898	0.2430805	1.0601492	0.2396228	0.8060038	1.1828997	0	1.1410608	0.9934144	0.7593241	0.5166	1.0971472	0.223025512	1.1683771	0.9159606
G9	泰州市	0.9093908	0.013139488	3.9660506	1.3841413	0.0809116	0.901438	0.3350569	0.0418389	1.141060759	0	0.1476463	0.3817367	0.6245	0.0439136	0.918035247	0.0273163	0.2251002
G10	杭州市	1.0570372	0.160785834	3.8184042	1.2364949	0.0667348	0.7537917	0.1874106	0.1094852	0.993414413	0.1476463	0	0.2340903	0.4768	0.1037328	0.7703889	0.1749626	0.0774538
G11	宁波市	1.2911275	0.394876178	3.5843139	1.0024046	0.3008251	0.5197013	0.0466798	0.4235756	0.759324069	0.3817367	0.2340903	0	0.2427	0.3378231	0.536298557	0.409053	0.1566365
G12	嘉兴市	1.5338623	0.637610921	3.3415791	0.7596698	0.5435599	0.2769666	0.2894145	0.6663103	0.516589326	0.6244714	0.4768251	0.2427347	0	0.5805579	0.293563814	0.6517877	0.3993713
G13	湖州市	0.9533044	0.057053038	3.922137	1.3402277	0.036998	0.8575244	0.2911434	0.0857524	1.097147209	0.0439136	0.1037328	0.3378231	0.5806	0	0.874121697	0.0712299	0.1811866
G14	绍兴市	1.8274261	0.931174735	3.0480153	0.466106	0.8371237	0.0165972	0.5829783	0.9598741	0.223025512	0.9180352	0.7703889	0.3362986	0.2936	0.8741217	0	0.9453516	0.6929351
G15	舟山市	0.8820745	0.014176815	3.9933669	1.4114576	0.1082279	0.9287543	0.3623732	0.0145226	1.168377062	0.0273163	0.1749626	0.409053	0.6518	0.0712299	0.94535155	0	0.2524165
G16	台州市	1.134491	0.238239635	3.7409504	1.1590411	0.1441886	0.6763378	0.1099568	0.2669391	0.915960591	0.2251002	0.0774538	0.1566365	0.3994	0.1811866	0.692935079	0.2524165	0

图 15-5 寻找非零最小距离

从图 15-5 中可以看出，最小非零距离是 0.013 139 488，上海市与泰州市的距离。根据聚类的规则，应将上海市与泰州市合并为一类，命名为 G17，另外一个最小值是对称的，所以不用考虑。

重新计算类别之间的距离。不涉及上海市和泰州市的距离值保持不变，可以直接复制原值；新类与其他类之间的距离重新计算，以新类 G17（上海市和泰州市）与 G2（南京市）的距离为例，在单元格 D38 中输入“=min(E4，412)”，按 Enter 键，得到 G17 与 G2 的距离，同理可以得到 G17 和其他类的距离。最终得到 $D_{(1)}$ 表，如图 15-6 所示。

			G1 南京市	G2 无锡市	G3 常州市	G4 苏州市	G5 南通市	G6 扬州市	G7 镇江市	G8 杭州市	G9 宁波市	G10 嘉兴市	G11 湖州市	G12 绍兴市	G13 舟山市	G14 台州市	G17 上海市 泰州市
			4.875441426	2.2935321	0.9903024	1.8108288	1.2444478	0.867552	2.0504516	1.057037194	1.2911275	1.5338623	0.9533044	1.8274	0.8820745	1.134491015	
G1	南京市	4.8754414	0	2.5819093	3.885139	3.0646126	3.6309936	4.0078895	2.8249898	3.818404232	3.5843139	3.3415791	3.922137	3.048	3.9933669	3.74095041	3.96605
G2	无锡市	2.2935321	2.5819093	0	1.3032297	0.4827033	1.0490843	1.4259802	0.2430805	1.236494932	1.0024046	0.7596698	1.3402277	0.4661	1.4114576	1.159041111	1.38414
G3	常州市	0.9903024	3.885138997	1.3032297	0	0.8205264	0.2541454	0.1227505	1.0601492	0.066734766	0.3008251	0.5435599	0.036998	0.8371	0.1082279	0.144188587	0.08091
G4	苏州市	1.8108288	3.064612579	0.4827033	0.8205264	0	0.5663811	0.9432769	0.2396228	0.753791653	0.5197013	0.2769666	0.8575244	0.0166	0.9287543	0.676337832	0.90144
G5	南通市	1.2444478	3.630993646	1.0490843	0.2541454	0.5663811	0	0.3768958	0.8060038	0.187410585	0.0466798	0.2894145	0.2911434	0.583	0.3623732	0.109956764	0.33506
G6	扬州市	0.867552	4.007889473	1.4259802	0.1227505	0.9432769	0.3768958	0	1.1828997	0.189485241	0.4235756	0.6663103	0.0857524	0.9599	0.0145226	0.266939062	0.0287
G7	镇江市	2.0504516	2.824989819	0.2430805	1.0601492	0.2396228	0.8060038	1.1828997	0	0.993414413	0.7593241	0.5165893	1.0971472	0.223	1.1683771	0.915960591	1.14106
G8	杭州市	1.0570372	3.818404232	1.2364949	0.0667348	0.7537917	0.1874106	0.1894852	0.9934144	0	0.2340903	0.4768251	0.1037328	0.7704	0.1749626	0.077453821	0.14765
G9	宁波市	1.2911275	3.584313888	1.0024046	0.3008251	0.5197013	0.0466798	0.4235756	0.7593241	0.234090344	0	0.2427347	0.3378231	0.5363	0.409053	0.156636322	0.38174
G10	嘉兴市	1.5338623	3.341579145	0.7596698	0.5435599	0.2769666	0.2894145	0.6663103	0.5165893	0.476825087	0.2427347	0	0.5805579	0.2936	0.6517877	0.399371266	0.62447
G11	湖州市	0.9533044	3.922137028	1.3402277	0.036998	0.8575244	0.2911434	0.0857524	1.0971472	0.103732796	0.3378231	0.5805579	0	0.8741	0.0712299	0.181186618	0.04391
G12	绍兴市	1.8274261	3.048015331	0.466106	0.8371237	0.0165972	0.5829783	0.9598741	0.2230255	0.7703889	0.5362986	0.2935638	0.8741217	0	0.9453516	0.692935079	0.91804
G13	舟山市	0.8820745	3.993366881	1.4114576	0.1082279	0.9287543	0.3623732	0.0145226	1.1683771	0.17496265	0.409053	0.6517877	0.0712299	0.9454	0	0.252416471	0.01418
G14	台州市	1.134491	3.74095041	1.1590411	0.1441886	0.6763378	0.1099568	0.2669391	0.9159606	0.077453821	0.1566365	0.3993713	0.1811866	0.6929	0.2524165	0	0.2251
G17	上海市 泰州市		3.966050578	1.3841413	0.0809116	0.901438	0.3350569	0.0286994	1.1410608	0.147646347	0.3817367	0.6244714	0.0439136	0.918	0.0141768	0.225100168	0

图 15-6 $D_{(1)}$ 表

（3） 重复步骤（2），寻找距离矩阵中非对角线外最小的距离，可以将 G13 和 G17 合并为一类，命名为 G18，再计算新的距离矩阵，得到 $D_{(2)}$ 表，如图 15-7 所示；再次重复步骤（2），可将 G6 和 G18 合并为一类，命名为 G19，并计算新的距离矩阵，得到 $D_{(3)}$ 表，如图 15-8 所示；再次重复步骤（2），可将 G4 和 G12 合并为一类，命名为 G20，并计算新的距离矩阵，得到 $D_{(4)}$ 表，如图 15-9 所示；再次重复步骤（2），可以将 G3 和 G11 合并为一类，命名为 G21，再计算新的距离矩阵，得到 $D_{(5)}$ 表，如图 15-10 所示；再次重复步骤（2），可以将 G19 和 G21 合并为一类，命名为 G22， 再计算新的距离矩阵，得到 $D_{(6)}$ 表，如图 15-11 所示；再次重复步骤（2），可以将 G5 和 G9 合并为一类，命名为 G23，再计算新的距离矩阵，得到 $D_{(7)}$ 表，如图 15-12 所示；再次重复步骤（2），可以将 G8 和 G22 合并为一类，命名为 G24，再计算新的距离矩阵，得到 $D_{(8)}$ 表，如图 15-13 所示；再次重复步骤（2），可以将 G14 和 G24 合并为一类，命名为 G25，再计算新的距离矩阵，得到 $D_{(9)}$ 表，如图 15-14 所示；再次重复步骤（2），可以将 G23 和 G25 合并为一类，命名为 G26，再计算新的距离矩阵，得到 $D_{(10)}$ 表，如图 15-15 所示；再次重复步骤（2），可以将 G7 和 G20 合并为一类，命名为 G27，此时聚类数量为 5，过程结束。

			G1	G2	G3	G4	G5	G6	G7	G8	G9	G10	G11	G12	G14	G18
			南京市	无锡市	常州市	苏州市	南通市	扬州市	镇江市	杭州市	宁波市	嘉兴市	湖州市	绍兴市	台州市	上海市 泰州市 舟山市
			4.875441	2.2935321	0.9903024	1.8108288	1.2444478	0.867552	2.0504516	1.0570372	1.2911275	1.5338623	0.9533044	1.82743	1.13449	
G1	南京市	4.8754414	0	2.5819093	3.885139	3.0646126	3.6309936	4.0078895	2.8249898	3.8184042	3.5843139	3.3415791	3.922137	3.04802	3.74095	3.96605
G2	无锡市	2.2935321	2.581909	0	1.3032297	0.4827033	1.0490843	1.4259802	0.2430805	1.2364949	1.0024046	0.7596698	1.3402277	0.46611	1.15904	1.38414
G3	常州市	0.9903024	3.885139	1.3032297	0	0.8205264	0.2541454	0.1227505	1.0601492	0.0667348	0.3008251	0.5435599	0.036998	0.83712	0.14419	0.08091
G4	苏州市	1.8108288	3.064613	0.4827033	0.8205264	0	0.5663811	0.9432769	0.2396228	0.7537917	0.5197013	0.2769666	0.8575244	0.0166	0.67634	0.90144
G5	南通市	1.2444478	3.630994	1.0490843	0.2541454	0.5663811	0	0.3768958	0.8060038	0.1874106	0.0466798	0.2894145	0.2911434	0.58298	0.10996	0.33506
G6	扬州市	0.867552	4.007889	1.4259802	0.1227505	0.9432769	0.3768958	0	1.1828997	0.1894852	0.4235756	0.6663103	0.0857524	0.95987	0.26694	0.01452
G7	镇江市	2.0504516	2.82499	0.2430805	1.0601492	0.2396228	0.8060038	1.1828997	0	0.9934144	0.7593241	0.5165893	1.0971472	0.22303	0.91596	1.14106
G8	杭州市	1.0570372	3.818404	1.2364949	0.0667348	0.7537917	0.1874106	0.1894852	0.9934144	0	0.2340903	0.4768251	0.1037328	0.77039	0.07745	0.14765
G9	宁波市	1.2911275	3.584314	1.0024046	0.3008251	0.5197013	0.0466798	0.4235756	0.7593241	0.2340903	0	0.2427347	0.3378231	0.5363	0.15664	0.38174
G10	嘉兴市	1.5338623	3.341579	0.7596698	0.5435599	0.2769666	0.2894145	0.6663103	0.5165893	0.4768251	0.2427347	0	0.5805579	0.29356	0.39937	0.62447
G11	湖州市	0.9533044	3.922137	1.3402277	0.036998	0.8575244	0.2911434	0.0857524	1.0971472	0.1037328	0.3378231	0.5805579	0	0.87412	0.18119	0.04391
G12	绍兴市	1.8274261	3.048015	0.466106	0.8371237	0.0165972	0.5829783	0.9598741	0.2230255	0.7703889	0.5362986	0.2935638	0.8741217	0	0.69294	0.91804
G14	台州市	1.134491	3.74095	1.1590411	0.1441886	0.6763378	0.1099568	0.2669391	0.9159606	0.0774538	0.1566365	0.3993713	0.1811866	0.69294	0	0.2251
G18	上海市 泰州市 舟山市		3.966051	1.3841413	0.0809116	0.901438	0.3350569	0.0145226	1.1410608	0.1476463	0.3817367	0.6244714	0.0439136	0.91804	0.2251	0

图 15-7 $D_{(2)}$ 表

			G1	G2	G3	G4	G5	G7	G8	G9	G10	G11	G12	G14	G19
			南京市	无锡市	常州市	苏州市	南通市	镇江市	杭州市	宁波市	嘉兴市	湖州市	绍兴市	台州市	上海市 泰州市 舟山市 扬州市
			4.875441	2.2935321	0.9903024	1.8108288	1.2444478	2.0504516	1.0570372	1.2911275	1.5338623	0.9533044	1.8274261	1.13449	
G1	南京市	4.8754414	0	2.5819093	3.885139	3.0646126	3.6309936	2.8249898	3.8184042	3.5843139	3.3415791	3.922137	3.0480153	3.74095	3.96605
G2	无锡市	2.2935321	2.581909	0	1.3032297	0.4827033	1.0490843	0.2430805	1.2364949	1.0024046	0.7596698	1.3402277	0.466106	1.15904	1.38414
G3	常州市	0.9903024	3.885139	1.3032297	0	0.8205264	0.2541454	1.0601492	0.0667348	0.3008251	0.5435599	0.036998	0.8371237	0.14419	0.08091
G4	苏州市	1.8108288	3.064613	0.4827033	0.8205264	0	0.5663811	0.2396228	0.7537917	0.5197013	0.2769666	0.8575244	0.0165972	0.67634	0.90144
G5	南通市	1.2444478	3.630994	1.0490843	0.2541454	0.5663811	0	0.8060038	0.1874106	0.0466798	0.2894145	0.2911434	0.5829783	0.10996	0.33506
G7	镇江市	2.0504516	2.82499	0.2430805	1.0601492	0.2396228	0.8060038	0	0.9934144	0.7593241	0.5165893	1.0971472	0.2230255	0.91596	1.14106
G8	杭州市	1.0570372	3.818404	1.2364949	0.0667348	0.7537917	0.1874106	0.9934144	0	0.2340903	0.4768251	0.1037328	0.7703889	0.07745	0.14765
G9	宁波市	1.2911275	3.584314	1.0024046	0.3008251	0.5197013	0.0466798	0.7593241	0.2340903	0	0.2427347	0.3378231	0.5362986	0.15664	0.38174
G10	嘉兴市	1.5338623	3.341579	0.7596698	0.5435599	0.2769666	0.2894145	0.5165893	0.4768251	0.2427347	0	0.5805579	0.2935638	0.39937	0.62447
G11	湖州市	0.9533044	3.922137	1.3402277	0.036998	0.8575244	0.2911434	1.0971472	0.1037328	0.3378231	0.5805579	0	0.8741217	0.18119	0.04391
G12	绍兴市	1.8274261	3.048015	0.466106	0.8371237	0.0165972	0.5829783	0.2230255	0.7703889	0.5362986	0.2935638	0.8741217	0	0.69294	0.91804
G14	台州市	1.134491	3.74095	1.1590411	0.1441886	0.6763378	0.1099568	0.9159606	0.0774538	0.1566365	0.3993713	0.1811866	0.6929351	0	0.2251
G19	上海市 泰州市 舟山市 扬州市		3.966051	1.3841413	0.0809116	0.901438	0.3350569	1.1410608	0.1476463	0.3817367	0.6244714	0.0439136	0.9180352	0.2251	0

图 15-8 $D_{(3)}$ 表

			G1	G2	G3	G5	G7	G8	G9	G10	G11	G14	G19	G20
			南京市	无锡市	常州市	南通市	镇江市	杭州市	宁波市	嘉兴市	湖州市	台州市	上海市 泰州市 舟山市	苏州市 绍兴市
			4.875441	2.2935321	0.9903024	1.24444778	2.0504516	1.0570372	1.2911275	1.5338623	0.9533044	1.134491015		
G1	南京市	4.8754414	0	2.5819093	3.885139	3.630993646	2.8249898	3.8184042	3.5843139	3.3415791	3.922137	3.74095041	3.9661	3.04802
G2	无锡市	2.2935321	2.581909	0	1.3032297	1.049084347	0.2430805	1.2364949	1.0024046	0.7596698	1.3402277	1.159041111	1.3841	0.46611
G3	常州市	0.9903024	3.885139	1.3032297	0	0.254145351	1.0601492	0.0667348	0.3008251	0.5435599	0.036998	0.144188587	0.0809	0.82053
G5	南通市	1.2444478	3.630994	1.0490843	0.2541454	0	0.8060038	0.1874106	0.0466798	0.2894145	0.2911434	0.109956764	0.3351	0.56638
G7	镇江市	2.0504516	2.82499	0.2430805	1.0601492	0.806003827	0	0.9934144	0.7593241	0.5165893	1.0971472	0.915960591	1.1411	0.22303
G8	杭州市	1.0570372	3.818404	1.2364949	0.0667348	0.187410585	0.9934144	0	0.2340903	0.4768251	0.1037328	0.077453821	0.1476	0.75379
G9	宁波市	1.2911275	3.584314	1.0024046	0.3008251	0.046679758	0.7593241	0.2340903	0	0.2427347	0.3378231	0.156636522	0.3817	0.5197
G10	嘉兴市	1.5338623	3.341579	0.7596698	0.5435599	0.289414502	0.5165893	0.4768251	0.2427347	0	0.5805579	0.399371266	0.6245	0.27697
G11	湖州市	0.9533044	3.922137	1.3402277	0.036998	0.291143382	1.0971472	0.1037328	0.3378231	0.5805579	0	0.181186618	0.0439	0.85752
G14	台州市	1.134491	3.74095	1.1590411	0.1441886	0.109956764	0.9159606	0.0774538	0.1566365	0.3993713	0.1811866	0	0.2251	0.67634
G19	上海市 泰州市 舟山市 扬州市		3.966051	1.3841413	0.0809116	0.335056932	1.1410608	0.1476463	0.3817367	0.6244714	0.0439136	0.225100168	0	0.90144
G20	苏州市 绍兴市		3.048015	0.466106	0.8205264	0.566381068	0.2230255	0.7537917	0.5197013	0.2769666	0.8575244	0.676337832	0.9014	0

图 15-9 $D_{(4)}$ 表

			G1 南京市	G2 无锡市	G5 南通市	G7 镇江市	G8 杭州市	G9 宁波市	G10 嘉兴市	G14 台州市	G19 上海市 泰州市 舟山市	G20 苏州市 绍兴市	G21 常州市 湖州市
			4.87544	2.2935	1.2444	2.05045		1.057	1.29113	1.534	1.134		
G1	南京市	4.875441	0	2.5819	3.631	2.82499	3.8184	3.58431	3.342	3.741	3.9661	3.048	3.885
G2	无锡市	2.293532	2.58191	0	1.0491	0.24308	1.2365	1.0024	0.76	1.159	1.3841	0.4661	1.303
G5	南通市	1.244448	3.63099	1.0491	0	0.806	0.1874	0.04668	0.289	0.11	0.3351	0.5664	0.254
G7	镇江市	2.050452	2.82499	0.2431	0.806	0	0.9934	0.75932	0.517	0.916	1.1411	0.223	1.06
G8	杭州市	1.057037	3.8184	1.2365	0.1874	0.99341	0	0.23409	0.477	0.077	0.1476	0.7538	0.067
G9	宁波市	1.291128	3.58431	1.0024	0.0467	0.75932	0.2341	0	0.243	0.157	0.3817	0.5197	0.301
G10	嘉兴市	1.533862	3.34158	0.7597	0.2894	0.51659	0.4768	0.24273	0	0.399	0.6245	0.277	0.544
G14	台州市	1.134491	3.74095	1.159	0.11	0.91596	0.0775	0.15664	0.399	0	0.2251	0.6763	0.144
G19	上海市 泰州市 舟山市 扬州市		3.96605	1.3841	0.3351	1.14106	0.1476	0.38174	0.624	0.225	0	0.9014	0.044
G20	苏州市 绍兴市		3.04802	0.4661	0.5664	0.22303	0.7538	0.5197	0.277	0.676	0.9014	0	0.821
G21	常州市 湖州市		3.88514	1.3032	0.2541	1.06015	0.0667	0.30083	0.544	0.144	0.0439	0.8205	0

图 15-10　$D_{(5)}$ 表

			G1 南京市	G2 无锡市	G5 南通市	G7 镇江市	G8 杭州市	G9 宁波市	G10 嘉兴市	G14 台州市	G20 苏州市 绍兴市	G22 上海市 泰州市 舟山市 扬州市 常州市 湖州市
			4.87544	2.2935	1.2444	2.05045		1.057	1.29113	1.534	1.134	
G1	南京市	4.875441	0	2.5819	3.631	2.82499	3.8184	3.58431	3.342	3.741	3.048	3.8851
G2	无锡市	2.293532	2.58191	0	1.0491	0.24308	1.2365	1.0024	0.76	1.159	0.4661	1.3032
G5	南通市	1.244448	3.63099	1.0491	0	0.806	0.1874	0.04668	0.289	0.11	0.5664	0.2541
G7	镇江市	2.050452	2.82499	0.2431	0.806	0	0.9934	0.75932	0.517	0.916	0.223	1.0601
G8	杭州市	1.057037	3.8184	1.2365	0.1874	0.99341	0	0.23409	0.477	0.077	0.7538	0.0667
G9	宁波市	1.291128	3.58431	1.0024	0.0467	0.75932	0.2341	0	0.243	0.157	0.5197	0.3008
G10	嘉兴市	1.533862	3.34158	0.7597	0.2894	0.51659	0.4768	0.24273	0	0.399	0.277	0.5436
G14	台州市	1.134491	3.74095	1.159	0.11	0.91596	0.0775	0.15664	0.399	0	0.6763	0.1442
G20	苏州市 绍兴市		3.04802	0.4661	0.5664	0.22303	0.7538	0.5197	0.277	0.676	0	0.8205
G22	上海市 泰州市 舟山市 扬州市 常州市 湖州市		3.88514	1.3032	0.2541	1.06015	0.0667	0.30083	0.544	0.144	0.8205	0

图 15-11　$D_{(6)}$ 表

			G1 南京市	G2 无锡市	G7 镇江市	G8 杭州市	G10 嘉兴市	G14 台州市	G20 苏州市 绍兴市	G22 上海市 泰州市 舟山市 扬州市 常州市 湖州市	G23 南通市 宁波市
			4.87544	2.2935	2.0505	1.05704	1.5339	1.13449			
G1	南京市	4.875441	0	2.5819	2.825	3.8184	3.3416	3.74095	3.048	3.885	3.5843
G2	无锡市	2.293532	2.58191	0	0.2431	1.23649	0.7597	1.15904	0.466	1.303	1.0024
G7	镇江市	2.050452	2.82499	0.2431	0	0.99341	0.5166	0.91596	0.223	1.06	0.7593
G8	杭州市	1.057037	3.8184	1.2365	0.9934	0	0.4768	0.07745	0.754	0.067	0.1874
G10	嘉兴市	1.533862	3.34158	0.7597	0.5166	0.47683	0	0.39937	0.277	0.544	0.2427
G14	台州市	1.134491	3.74095	1.159	0.916	0.07745	0.3994	0	0.676	0.144	0.11
G20	苏州市 绍兴市		3.04802	0.4661	0.223	0.75379	0.277	0.67634	0	0.821	0.5197
G22	上海市 泰州市 舟山市 扬州市 常州市 湖州市		3.88514	1.3032	1.0601	0.06673	0.5436	0.14419	0.821	0	0.2541
G23	南通市 宁波市		3.58431	1.0024	0.7593	0.18741	0.2427	0.10996	0.52	0.254	0

图 15-12　$D_{(7)}$ 表

			G1	G2	G7	G10	G14	G20	G23	G24
			南京市	无锡市	镇江市	嘉兴市	台州市	苏州市绍兴市	南通市宁波市	上海市泰州市舟山市扬州市常州市湖州市杭州市
			4.87544	2.2935	2.0505	1.53386	1.1345			
G1	南京市	4.875441	0	2.5819	2.825	3.34158	3.741	3.04802	3.584	3.818
G2	无锡市	2.293532	2.58191	0	0.2431	0.75967	1.159	0.46611	1.002	1.236
G7	镇江市	2.050452	2.82499	0.2431	0	0.51659	0.916	0.22303	0.759	0.993
G10	嘉兴市	1.533862	3.34158	0.7597	0.5166	0	0.3994	0.27697	0.243	0.477
G14	台州市	1.134491	3.74095	1.159	0.916	0.39937	0	0.67634	0.11	0.077
G20	苏州市绍兴市		3.04802	0.4661	0.223	0.27697	0.6763		0.52	0.754
G23	南通市宁波市		3.58431	1.0024	0.7593	0.24273	0.11	0.5197	0	0.187
G24	上海市泰州市舟山市扬州市常州市湖州市杭州市		3.8184	1.2365	0.9934	0.47683	0.0775	0.75379	0.187	0

图 15-13　$D_{(8)}$ 表

			G1	G2	G7	G10	G20	G23	G25
			南京市	无锡市	镇江市	嘉兴市	苏州市绍兴市	南通市宁波市	上海市泰州市舟山市扬州市常州市湖州市杭州市台州市
			4.87544	2.2935	2.0505	1.53386			
G1	南京市	4.875441	0	2.5819	2.825	3.34158	3.048	3.58431	3.741
G2	无锡市	2.293532	2.58191	0	0.2431	0.75967	0.4661	1.0024	1.159
G7	镇江市	2.050452	2.82499	0.2431	0	0.51659	0.223	0.75932	0.916
G10	嘉兴市	1.533862	3.34158	0.7597	0.5166	0	0.277	0.24273	0.399
G20	苏州市绍兴市		3.04802	0.4661	0.223	0.27697		0.5197	0.676
G23	南通市宁波市		3.58431	1.0024	0.7593	0.24273	0.5197	0	0.11
G25	上海市泰州市舟山市扬州市常州市湖州市杭州市台州市		3.74095	1.159	0.916	0.39937	0.6763	0.10996	0

图 15-14　$D_{(9)}$ 表

			G1	G2	G7	G10	G20	G26
			南京市	无锡市	镇江市	嘉兴市	苏州市绍兴市	南通市宁波市上海市泰州市舟山市扬州市常州市湖州市杭州市台州市
			4.87544	2.2935	2.0505	1.53386		
G1	南京市	4.875441	0	2.5819	2.825	3.34158	3.048	3.58431
G2	无锡市	2.293532	2.58191	0	0.2431	0.75967	0.4661	1.0024
G7	镇江市	2.050452	2.82499	0.2431	0	0.51659	0.223	0.75932
G10	嘉兴市	1.533862	3.34158	0.7597	0.5166	0	0.277	0.24273
G20	苏州市绍兴市		3.04802	0.4661	0.223	0.27697	0	0.5197
G26	南通市宁波市上海市泰州市舟山市扬州市常州市湖州市杭州市台州市		3.58431	1.0024	0.7593	0.24273	0.5197	0

图 15-15　$D_{(10)}$ 表

综上所述，按照人均绿地面积指标，结合原始数据，运用最短距离法对长江三角洲 16 市的聚类分析的最后结果如下：

很高：G1，即南京市。

较高：G2，即无锡市。

中等：G7，即嘉兴市。

较低：G27，即镇江市、苏州市、绍兴市。

很低：G26，即南通市、宁波市、上海市、泰州市、舟山市、扬州市、常州市、湖州市、杭州市、台州市。

2. 最长距离法的应用

实验 15-2：要求使用最长距离法对实验 15-1 的数据进行聚类，同样分为很高、较高、中等、较低和很低五类。

同样，为了消除量纲影响，先将数据标准化，步骤同上例，结果如图 15-2 所示。

聚类分析具体步骤如下：

（1）与实验 15-1 类似，将 16 个城市分别命名类别 F1，F2，…，F16。计算各个样本之间的距离，此处采用欧式距离，此例中"距离"的含义仍为城市间人均绿地面积的差额。以上海市与南京市距离的计算过程为例，建立新工作表，并在单元格 C3 中输入公式"=ABS($B3−C$2)"，按下 Enter 键，可以得到上海市与南京市的距离，其中，"ABS"命令表示绝对值的意思。选中单元格 C3，使用自动填充功能，拖动至单元格 R3，然后选中区域 C3:R3，向下拖动至 C18:R18，得到任何两市之间的距离。同实验 15-1 类似，寻找距离矩阵中非对角线外最小的距离，我们使用条件格式来标记这一最小距离的位置，最终得到 $D_{(0)}$ 表。

（2）与实验 15-1 类似，寻找距离矩阵中非对角线外最小的距离，我们会发现 F1 与 F9 之间的距离最小，为 0.013139，所以要将 F1 与 F9 合并为一类，称为 F17。

同实验 15-1 类似，重新计算类别之间的距离。不涉及上海市和泰州市的距离值保持不变，可以直接复制原值；新类与其他类之间的距离重新计算，以新类 G17（上海市和泰州市）与 G2（南京市）的距离为例，在单元格 D38 中输入"=max(E4，412)"，此处同最短距离法不同，按 Enter 键，得到 G17 与 G2 的距离，同理可以得到 G17 和其他类的距离，最终得到 $D_{(1)}$ 表，如图 15-16 所示。

		F1 南京市	F2 无锡市	F3 常州市	F4 苏州市	F5 南通市	F6 扬州市	F7 镇江市	F8 杭州市	F9 宁波市	F10 嘉兴市	F11 湖州市	F12 绍兴市	F13 舟山市	F14 台州市	F17 上海市泰州市
		4.875441	2.29353	0.9903	1.810829	1.24445	0.86755	2.0505	1.057	1.29113	1.53386	0.9533	1.82743	0.88207	1.13449	
F1	南京市	4.8754414	0	2.58191	3.88514	3.064613	3.63099	4.00789	2.825	3.8184	3.58431	3.34158	3.9221	3.04802	3.99337	3.74095	3.97919
F2	无锡市	2.2935321	2.581909	0	1.30323	0.482703	1.04908	1.42598	0.2431	1.2365	1.0024	0.75967	1.3402	0.46611	1.41146	1.15904	1.39728
F3	常州市	0.9903024	3.885139	1.30323	0	0.820526	0.25415	0.12275	1.0601	0.0667	0.30083	0.54356	0.037	0.83712	0.10823	0.14419	1.39728
F4	苏州市	1.8108288	3.064613	0.4827	0.82053	0	0.56638	0.94328	0.2396	0.7538	0.5197	0.27697	0.8575	0.0166	0.92875	0.67634	0.91458
F5	南通市	1.2444478	3.630994	1.04908	0.25415	0.566381	0	0.3769	0.806	0.1874	0.04668	0.28941	0.2911	0.58298	0.36237	0.10996	0.3482
F6	扬州市	0.867552	4.007889	1.42598	0.12275	0.943277	0.3769	0	1.1829	0.1895	0.42358	0.66631	0.0858	0.95987	0.01452	0.26694	0.04184
F7	镇江市	2.0504516	2.82499	0.24308	1.06015	0.239623	0.806	1.1829	0	0.9934	0.75932	0.51659	1.0971	0.22303	1.16838	0.91596	1.1542
F8	杭州市	1.0570372	3.818404	1.2369	0.06673	0.753792	0.18741	0.18949	0.9934	0	0.23409	0.47683	0.1037	0.77039	0.17496	0.07745	0.16079
F9	宁波市	1.2911275	3.584314	1.0024	0.30083	0.519701	0.04668	0.42358	0.7593	0.2341	0	0.24273	0.3378	0.5363	0.40905	0.15664	0.39488
F10	嘉兴市	1.5338623	3.341579	0.75967	0.54356	0.276967	0.28941	0.66631	0.5166	0.4768	0.24273	0	0.5806	0.29356	0.65179	0.39937	0.63761
F11	湖州市	0.9533044	3.922137	1.34023	0.037	0.857524	0.29114	0.08575	1.0971	0.1037	0.33782	0.58056	0	0.87412	0.07123	0.18119	0.05705
F12	绍兴市	1.8274261	3.048015	0.46611	0.83712	0.016597	0.58298	0.95987	0.223	0.7704	0.5363	0.29356	0.8741	0	0.94535	0.69294	0.93117
F13	舟山市	0.8820745	3.993367	1.41146	0.10823	0.928754	0.36237	0.01452	1.1684	0.175	0.40905	0.65179	0.0712	0.94535	0	0.25242	0.02732
F14	台州市	1.134491	3.74095	1.15904	0.14419	0.676338	0.10996	0.26694	0.916	0.0775	0.15664	0.39937	0.1812	0.69294	0.25242	0	0.23824
F17	上海市泰州市		3.97919	1.39728	1.39728	0.914577	0.3482	0.04184	1.1542	0.1608	0.39488	0.63761	0.0571	0.93117	0.02732	0.23824	0

图 15-16　$D_{(1)}$ 表

（3）重复步骤（2），寻找距离矩阵中非对角线外最小的距离，可以将 F6 和 F13 合并为一类，命名为 F18，再计算新的距离矩阵，得到 $D_{(2)}$ 表，如图 15-17 所示；再次重复步骤（2），可将 F4 和 F12 合并为一类，命名为 F19，并计算新的距离矩阵，得到 $D_{(3)}$ 表，如图 15-18 所示；再次重复步骤（2），可将 F17 和 F18 合并为一类，命名为 F20，并计算新的距离矩阵，得到 $D_{(4)}$ 表，如图 15-19 所示；再次重复步骤（2），可以将 F3 和 F11 合并为一类，命名为 F21，再计算新的距离矩阵，得到 $D_{(5)}$ 表，如图 15-20 所示；再次重复步骤（2），可以将 F9 和 F5 合并为一类，命名为 F22，再计算新的距离矩阵，得到 $D_{(6)}$ 表，如图 15-21 所示；再次重复步骤（2），可以将 F8 和 F14 合并为一类，命名为 F23，再计算新的距离矩阵，得到 $D_{(7)}$ 表，如图 15-22 所示；再次重复步骤（2），可以将 F21 和 F23 合并为一类，命名为 F24，再计算新的距离矩阵，得到 $D_{(8)}$ 表，如图 15-23 所示；再次重复步骤（2），可以将 F7 和 F19 合并为一类，命名为 F25，再计算新的距离矩阵，得到 $D_{(9)}$ 表，如图 15-24 所示；再次重复步骤（2），可以将 F10 和 F22 合并为一类，命名为 F26，再计算新的距离矩阵，得到 $D_{(10)}$ 表，如图 15-25 所示；再次重复步骤（2），可以将 F2 和 F25 合并为一类，命名为 F27，此时聚类数量为 5，过程结束。

			F1	F2	F3	F4	F5	F7	F8	F9	F10	F11	F12	F14	F17	F18
			南京市	无锡市	常州市	苏州市	南通市	镇江市	杭州市	宁波市	嘉兴市	湖州市	绍兴市	台州市	上海市泰州市	舟山市扬州市
			4.875441	2.29353	0.9903	1.810829	1.24445	2.05045	1.057	1.2911	1.53386	0.9533	1.8274	1.13449		
F1	南京市	4.8754414	0	2.58191	3.88514	3.064613	3.63099	2.82499	3.8184	3.5843	3.34158	3.92214	3.048	3.74095	3.97919	3.99337
F2	无锡市	2.2935321	2.581909	0	1.30323	0.482703	1.04908	0.24308	1.2365	1.0024	0.75967	1.34023	0.4661	1.15904	1.39728	1.41146
F3	常州市	0.9903024	3.885139	1.30323	0	0.820526	0.25415	1.06015	0.0667	0.3008	0.54356	0.037	0.8371	0.14419	1.39728	0.10823
F4	苏州市	1.8108288	3.064613	0.4827	0.82053	0	0.56638	0.23962	0.7538	0.5197	0.27697	0.85752	0.0166	0.67634	0.91458	0.92875
F5	南通市	1.2444478	3.630994	1.04908	0.25415	0.566381	0	0.806	0.1874	0.0467	0.28941	0.29114	0.583	0.10996	0.3482	0.36237
F7	镇江市	2.0504516	2.82499	0.24308	1.06015	0.239623	0.806	0	0.9934	0.7593	0.51659	1.09715	0.223	0.91596	1.1542	1.16838
F8	杭州市	1.0570372	3.818404	1.2365	0.06673	0.753792	0.18741	0.99341	0	0.2341	0.47683	0.10373	0.7704	0.07745	0.16079	0.17496
F9	宁波市	1.2911275	3.584314	1.0024	0.3008	0.519701	0.04668	0.75932	0.2341	0	0.24273	0.3378	0.5363	0.1566	0.3949	0.40905
F10	嘉兴市	1.5338623	3.341579	0.75967	0.54356	0.276967	0.28941	0.51659	0.4768	0.2427	0	0.58056	0.2936	0.39937	0.63761	0.65179
F11	湖州市	0.9533044	3.922137	1.34023	0.037	0.857524	0.29114	1.09715	0.1037	0.3378	0.58056	0	0.8741	0.18119	0.05705	0.07123
F12	绍兴市	1.8274261	3.048015	0.46611	0.8371	0.018597	0.58298	0.22303	0.7704	0.5363	0.2936	0.8741	0	0.69294	0.93117	0.94535
F14	台州市	1.134491	3.74095	1.15904	0.14419	0.676338	0.10996	0.91596	0.0775	0.1566	0.39937	0.18119	0.6929	0	0.23824	0.25242
F17	上海市泰州市		3.97919	1.39728	1.39728	0.914577	0.3482	1.1542	0.1608	0.3949	0.63761	0.05705	0.9312	0.23824	0	0.02732
F18	舟山市扬州市		3.993367	1.41146	0.10823	0.928754	0.36237	1.16838	0.175	0.4091	0.65179	0.07123	0.9454	0.25242	0.02732	0

图 15-17　$D_{(2)}$ 表

			F1	F2	F3	F5	F7	F8	F9	F10	F11	F14	F17	F18	F19
			南京市	无锡市	常州市	南通市	镇江市	杭州市	宁波市	嘉兴市	湖州市	台州市	上海市泰州市	舟山市扬州市	苏州市绍兴市
			4.87544	2.2935	0.9903	1.2444	2.0505	1.05704	1.291	1.534	0.9533	1.1345			
F1	南京市	4.875441	0	2.5819	3.8851	3.631	2.825	3.8184	3.584	3.342	3.9221	3.741	3.979	3.9934	3.06461
F2	无锡市	2.293532	2.58191	0	1.3032	1.0491	0.2431	1.23649	1.002	0.76	1.3402	1.159	1.397	1.4115	0.4827
F3	常州市	0.990302	3.88514	1.3032	0	0.2541	1.0601	0.06673	0.301	0.544	0.037	0.1442	1.397	0.1082	0.83712
F5	南通市	1.244448	3.63099	1.0491	0.2541	0	0.806	0.18741	0.047	0.289	0.2911	0.11	0.348	0.3624	0.58298
F7	镇江市	2.050452	2.82499	0.2431	1.0601	0.806	0	0.99341	0.759	0.517	1.0971	0.916	1.154	1.1684	0.2396
F8	杭州市	1.057037	3.8184	1.2365	0.0667	0.1874	0.9934	0	0.234	0.477	0.1037	0.0775	0.161	0.175	0.77039
F9	宁波市	1.291128	3.58431	1.0024	0.3008	0.0467	0.7593	0.23409	0	0.243	0.3378	0.1566	0.395	0.4091	0.5363
F10	嘉兴市	1.533862	3.34158	0.7597	0.5436	0.2894	0.5166	0.47683	0.243	0	0.5806	0.3994	0.638	0.652	0.294
F11	湖州市	0.953304	3.92214	1.3402	0.037	0.2911	1.0971	0.10373	0.338	0.581	0	0.1812	0.057	0.0712	0.87412
F14	台州市	1.134491	3.74095	1.159	0.1442	0.11	0.916	0.07745	0.157	0.399	0.1812	0	0.238	0.2524	0.69294
F17	上海市泰州市		3.97919	1.3973	1.3973	0.3482	1.1542	0.16079	0.395	0.638	0.0571	0.2382	0	0.0273	0.93117
F18	舟山市扬州市		3.99337	1.4115	0.1082	0.3624	1.1684	0.17496	0.409	0.652	0.0712	0.2524	0.027	0	0.95987
F19	苏州市绍兴市		3.06461	0.4827	0.8371	0.583	0.2396	0.77039	0.536	0.294	0.8741	0.6929	0.931	0.9599	0

图 15-18　$D_{(3)}$ 表

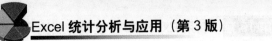

			F1	F2	F3	F5	F7	F8	F9	F10	F11	F14	F19	F20
			南京市	无锡市	常州市	南通市	镇江市	杭州市	宁波市	嘉兴市	湖州市	台州市	苏州市绍兴市	上海市泰州市舟山市扬州市
			4.87544	2.2935	0.9903	1.2444	2.0505	1.05704	1.291	1.534	0.9533	1.1345		
F1	南京市	4.875441	0	2.5819	3.8851	3.631	2.825	3.8184	3.584	3.342	3.9221	3.741	3.065	3.9934
F2	无锡市	2.293532	2.58191	0	1.3032	1.0491	0.2431	1.23649	1.002	0.76	1.3402	1.159	0.483	1.4115
F3	常州市	0.990302	3.88514	1.3032	0	0.2541	1.0601	0.06673	0.301	0.544	0.037	0.1442	0.837	1.3973
F5	南通市	1.244448	3.63099	1.0491	0.2541	0	0.806	0.18741	0.047	0.289	0.2911	0.11	0.583	0.3624
F7	镇江市	2.050452	2.82499	0.2431	1.0601	0.806	0	0.99341	0.759	0.517	1.0971	0.916	0.24	1.1684
F8	杭州市	1.057037	3.8184	1.2365	0.0667	0.1874	0.9934	0	0.234	0.477	0.1037	0.0775	0.77	0.175
F9	宁波市	1.291128	3.58431	1.0024	0.3008	0.0467	0.7593	0.23409	0	0.243	0.3378	0.1566	0.536	0.4091
F10	嘉兴市	1.533862	3.34158	0.7597	0.5436	0.2894	0.5166	0.47683	0.243	0	0.5806	0.3994	0.294	0.6518
F11	湖州市	0.953304	3.92214	1.3402	0.037	0.2911	1.0971	0.10373	0.338	0.581	0	0.1812	0.874	0.0712
F14	台州市	1.134491	3.74095	1.159	0.1442	0.11	0.916	0.07745	0.157	0.399	0.1812	0	0.693	0.2524
F19	苏州市绍兴市		3.06461	0.4827	0.8371	0.583	0.2396	0.77039	0.536	0.294	0.8741	0.6929	0	0.9599
F20	上海市泰州市舟山市扬州市		3.99337	1.4115	1.3973	0.3624	1.1684	0.17496	0.409	0.652	0.0712	0.2524	0.96	0

图 15-19　$D_{(4)}$ 表

			F1	F2	F5	F7	F8	F9	F10	F14	F19	F20	F21
			南京市	无锡市	南通市	镇江市	杭州市	宁波市	嘉兴市	台州市	苏州市绍兴市	上海市泰州市舟山市扬州市	湖州市常州市
			4.87544	2.2935	1.2444	2.0505	1.057	1.29113	1.534	1.134			
F1	南京市	4.875441	0	2.5819	3.631	2.825	3.8184	3.584	3.342	3.741	3.0646	3.9934	3.922
F2	无锡市	2.293532	2.58191	0	1.0491	0.2431	1.2365	1.0024	0.76	1.159	0.4827	1.4115	1.34
F5	南通市	1.244448	3.63099	1.0491	0	0.806	0.1874	0.04668	0.289	0.11	0.583	0.3624	0.291
F7	镇江市	2.050452	2.82499	0.2431	0.806	0	0.9934	0.75932	0.517	0.916	0.2396	1.1684	1.097
F8	杭州市	1.057037	3.8184	1.2365	0.1874	0.9934	0	0.23409	0.477	0.077	0.7704	0.175	0.104
F9	宁波市	1.291128	3.58431	1.0024	0.0467	0.7593	0.2341	0	0.243	0.157	0.5363	0.4091	0.338
F10	嘉兴市	1.533862	3.34158	0.7597	0.2894	0.5166	0.4768	0.24273	0	0.399	0.2936	0.6518	0.581
F14	台州市	1.134491	3.74095	1.159	0.11	0.916	0.0775	0.15664	0.399	0	0.6929	0.2524	0.181
F19	苏州市绍兴市		3.06461	0.4827	0.583	0.2396	0.7704	0.5363	0.294	0.693	0	0.9599	0.874
F20	上海市泰州市舟山市扬州市		3.99337	1.4115	0.3624	1.1684	0.175	0.40905	0.652	0.252	0.9599	0	1.397
F21	湖州市常州市		3.92214	1.3402	0.2911	1.0971	0.1037	0.33782	0.581	0.181	0.8741	1.3973	0

图 15-20　$D_{(5)}$ 表

			F1	F2	F7	F8	F10	F14	F19	F20	F21	F22
			南京市	无锡市	镇江市	杭州市	嘉兴市	台州市	苏州市绍兴市	上海市泰州市舟山市扬州市	湖州市常州市	宁波市南通市
			4.87544	2.2935	2.0505	1.057	1.5339	1.13449				
F1	南京市	4.875441	0	2.5819	2.825	3.8184	3.3416	3.74095	3.065	3.993	3.9221	3.631
F2	无锡市	2.293532	2.58191	0	0.2431	1.2365	0.7597	1.15904	0.483	1.411	1.3402	1.0491
F7	镇江市	2.050452	2.82499	0.2431	0	0.9934	0.5166	0.91596	0.24	1.168	1.0971	0.806
F8	杭州市	1.057037	3.8184	1.2365	0.9934	0	0.4768	0.07745	0.77	0.175	0.1037	0.2341
F10	嘉兴市	1.533862	3.34158	0.7597	0.5166	0.4768	0	0.39937	0.294	0.652	0.5806	0.2894
F14	台州市	1.134491	3.74095	1.159	0.916	0.0775	0.3994	0	0.693	0.252	0.1812	0.1566
F19	苏州市绍兴市		3.06461	0.4827	0.2396	0.7704	0.2936	0.69294		0.96	0.8741	0.583
F20	上海市泰州市舟山市扬州市		3.99337	1.4115	1.1684	0.175	0.6518	0.25242	0.96		1.3973	0.4091
F21	湖州市常州市		3.92214	1.3402	1.0971	0.1037	0.5806	0.18119	0.874	1.397		0.3378
F22	宁波市南通市		3.63099	1.0491	0.806	0.2341	0.2894	0.15664	0.583	0.409	0.3378	0

图 15-21　$D_{(6)}$ 表

		F1 南京市	F2 无锡市	F7 镇江市	F10 嘉兴市	F19 苏州市绍兴市	F20 上海市泰州市舟山市扬州市	F21 湖州市常州市	F22 宁波市南通市	F23 台州市杭州市
		4.87544	2.2935	2.0505	1.5339					
F1 南京市	4.875441	0	2.5819	2.825	3.3416	3.0646	3.99337	3.922	3.631	3.8184
F2 无锡市	2.293532	2.58191	0	0.2431	0.7597	0.4827	1.41146	1.34	1.049	1.2365
F7 镇江市	2.050452	2.82499	0.2431	0	0.5166	0.2396	1.16838	1.097	0.806	0.9934
F10 嘉兴市	1.533862	3.34158	0.7597	0.5166	0	0.2936	0.65179	0.581	0.289	0.4768
F19 苏州市绍兴市		3.06461	0.4827	0.2396	0.2936	0	0.95987	0.874	0.583	0.7704
F20 上海市泰州市舟山市扬州市		3.99337	1.4115	1.1684	0.6518	0.9599	0	1.397	0.409	0.2524
F21 湖州市常州市		3.92214	1.3402	1.0971	0.5806	0.8741	1.39728	0	0.338	0.1812
F22 宁波市南通市		3.63099	1.0491	0.806	0.2894	0.583	0.40905	0.338	0	0.2341
F23 台州市杭州市		3.8184	1.2365	0.9934	0.4768	0.7704	0.25242	0.181	0.234	0

图 15-22　$D_{(7)}$ 表

		F1 南京市	F2 无锡市	F7 镇江市	F10 嘉兴市	F19 苏州市绍兴市	F20 上海市泰州市舟山市扬州市	F22 宁波市南通市	F24 台州市杭州市湖州市常州市
		4.87544	2.2935	2.0505	1.5339				
F1 南京市	4.875441	0	2.5819	2.825	3.3416	3.0646	3.99337	3.631	3.922
F2 无锡市	2.293532	2.58191	0	0.2431	0.7597	0.4827	1.41146	1.049	1.34
F7 镇江市	2.050452	2.82499	0.2431	0	0.5166	0.2396	1.16838	0.806	1.097
F10 嘉兴市	1.533862	3.34158	0.7597	0.5166	0	0.2936	0.65179	0.289	0.581
F19 苏州市绍兴市		3.06461	0.4827	0.2396	0.2936	0	0.95987	0.583	0.874
F20 上海市泰州市舟山市扬州市		3.99337	1.4115	1.1684	0.6518	0.9599	0	0.409	1.397
F22 宁波市南通市		3.63099	1.0491	0.806	0.2894	0.583	0.40905	0	0.338
F24 台州市杭州市湖州市常州市		3.92214	1.3402	1.0971	0.5806	0.8741	1.39728	0.338	0

图 15-23　$D_{(8)}$ 表

		F1 南京市	F2 无锡市	F10 嘉兴市	F20 上海市泰州市舟山市扬州市	F22 宁波市南通市	F24 台州市杭州市湖州市常州市	F25 苏州市绍兴市镇江市
		4.87544	2.2935	1.5339				
F1 南京市	4.875441	0	2.5819	3.3416	3.9934	3.631	3.92214	3.065
F2 无锡市	2.293532	2.58191	0	0.7597	1.4115	1.0491	1.34023	0.483
F10 嘉兴市	1.533862	3.34158	0.7597	0	0.6518	0.2894	0.58056	0.517
F20 上海市泰州市舟山市扬州市		3.99337	1.4115	0.6518	0	0.4091	1.39728	1.168
F22 宁波市南通市		3.63099	1.0491	0.2894	0.4091	0	0.33782	0.806
F24 台州市杭州市湖州市常州市		3.92214	1.3402	0.5806	1.3973	0.3378	0	1.097
F25 苏州市绍兴市镇江市		3.06461	0.4827	0.5166	1.1684	0.806	1.09715	0

图 15-24　$D_{(9)}$ 表

		F1 南京市	F2 无锡市	F20 上海市 泰州市 舟山市 扬州市	F24 台州市 杭州市 湖州市 常州市	F25 苏州市 绍兴市 镇江市	F26 宁波市 南通市 嘉兴市
		4.87544	2.2935				
F1	南京市	4.875441	0	2.5819	3.9934	3.9221	3.0646	3.63099
F2	无锡市	2.293532	2.58191	0	1.4115	1.3402	0.4827	1.04908
F20	上海市 泰州市 舟山市 扬州市	3.99337	1.4115	0	1.3973	1.1684	0.65179
F24	台州市 杭州市 湖州市 常州市	3.92214	1.3402	1.3973	0	1.0971	0.58056
F25	苏州市 绍兴市 镇江市	3.06461	0.4827	1.1684	1.0971	0	0.806
F26	宁波市 南通市 嘉兴市	3.63099	1.0491	0.6518	0.5806	0.806	0

图 15-25　$D_{(10)}$ 表

综上所述，按照人均绿地面积指标，结合原始数据，运用最长距离法对长江三角洲 16 市的聚类分析的最后结果如下。

很高：F1，即南京市。

较高：F2，即无锡市、苏州市、绍兴市、镇江市。

中等：F7，即宁波市、南通市、嘉兴市。

较低：F27，即台州市、杭州市、湖州市、常州市。

很低：F26，即上海市、泰州市、舟山市、扬州市。

15.2　判别分析

判别分析是判别样品所属类型的一种统计方法，其应用之广可与回归分析媲美。

判别分析是指在已知研究对象分成若干类型（或组别）并已取得各种类型的一批已知样品的观测数据，在此基础上根据某些准则建立判别式，然后对未知类型的样品进行判别分类。聚类分析与判别分析有很大的不同，聚类分析事先并不知道对象类别的面貌，甚至总共有几个类别也不确定；判别分析事先已知对象的类别和类别数，它正是从这样的情形下总结出分类方法，用于对新对象的分类。

15.2.1　判别分析的距离判别法

判别分析内容很丰富，方法很多。判别分析按判别的组数来区分，有两组判别分析和多组判别分析；按区分不同总体所用的数学模型来分，有线性判别和非线性判别；按判别时所处理的变量方法不同，有逐步判别和序贯判别等。判别分析可以从不同角度提出问题，因此有不同的判别准则，如马氏距离最小准则、Fisher 准则、平均损失最小准则、最小平方准则、最大似然准则、最大概率准则等，按判别准则的不同又提出多种判别方法。下面仅介绍一种常用的判别方法，即距离判别法。

距离判别法的基本思想是：首先根据已知分类的数据，分别计算各类的重心即分类的均值，判别准则是对任给的一次观测，若它与第 i 类的重心距离最近，就认为它来自第 i 类。

设有两个总体（或称两类）G_1、G_2，从第一个总体中抽取 n_1 个样品，从第二个总体中抽取 n_2 个样品，每个样品测量 p 个指标如下表。

	G₁ 总体					G₂ 总体			
变量 \ 样品	x_1	x_2	$\cdots$	x_p	变量 \ 样品	x_1	x_2	$\cdots$	x_p
$x_1^{(1)}$	$x_{11}^{(2)}$	$x_{12}^{(2)}$	$\cdots$	$x_{1p}^{(2)}$	$x_1^{(2)}$	$x_{11}^{(2)}$	$x_{12}^{(2)}$	$\cdots$	$x_{1p}^{(2)}$
$x_2^{(2)}$	$x_{21}^{(2)}$	$x_{22}^{(2)}$		$x_{2p}^{(2)}$	$x_2^{(2)}$	$x_{21}^{(2)}$	$x_{22}^{(2)}$		$x_{2p}^{(2)}$
$\vdots$	$\vdots$	$\vdots$		$\vdots$	$\vdots$	$\vdots$	$\vdots$		$\vdots$
$x_{n_1}^{(2)}$	$x_{n_1^2}^{(2)}$	$x_{n_1^2}^{(2)}$	$\cdots$	$x_{n_1^p}^{(2)}$	$x_{n_2}^{(2)}$	$x_{n_2^2}^{(2)}$	$x_{n_2^2}^{(2)}$	$\cdots$	$x_{n_2^p}^{(2)}$
均值	$\overline{x_1^{(1)}}$	$\overline{x_2^{(1)}}$	$\cdots$	$\overline{x_p^{(1)}}$	均值	$\overline{x_1^{(2)}}$	$\overline{x_2^{(2)}}$	$\cdots$	$\overline{x_p^{(2)}}$

今任取一个样品，实测指标值为 $X = (x_1, \cdots, x_p)'$，问 X 应判归为哪一类？

记 $\overline{X}^{(i)} = (\overline{x_1}^{(i)}, \cdots, \overline{x_p}^{(i)})', i = 1, 2$

如果距离定义采用欧氏距离，则可计算出

$$D(X, G_1) = \sqrt{(X - \overline{X}^{(1)})'(X - \overline{X}^{(1)})} = \sqrt{\sum_{a=1}^{p} \left(x_a - \overline{x_a^{(1)}} \right)^2}$$

$$D(X, G_2) = \sqrt{(X - \overline{X}^{(2)})'(X - \overline{X}^{(2)})} = \sqrt{\sum_{a=1}^{p} \left(x_a - \overline{x_a^{(2)}} \right)^2}$$

然后比较 $D(X, G_1)$ 和 $D(X, G_2)$ 大小，按距离最近准则判别归类。

由于马氏距离在多元统计分析中经常用到，这里针对马氏距离对上述准则做较详细的讨论。

设 $\mu^{(1)}$、$\mu^{(2)}$，$\Sigma^{(1)}$、$\Sigma^{(2)}$ 分别为 G_1、G_2 的均值向量和协方差矩阵。如果距离定义采用马氏距离，即

$$D^2(X, G_i) = (X - \mu^{(i)})'(\Sigma^{(i)})^{-1}(X - \mu^{(i)}), \quad i = 1, 2$$

考察 $D^2(X, G_2)$ 及 $D^2(X, G_1)$ 的差，就有：

$$
\begin{aligned}
D^2(X, G_2) - D^2(X, G_1) &= X'\Sigma^{-1}X - 2X'\Sigma^{-1}X\mu^{(2)} + \mu^{(2)'}\Sigma^{-1}\mu^{(2)} \\
&\quad - [X'\Sigma^{-1}X - 2X'\Sigma^{-1}\mu^{(1)} + \mu^{(1)'}\Sigma^{-1}\mu^{(1)}] \\
&= 2X'\Sigma^{-1}(\mu^{(1)} - \mu^{(2)}) - (\mu^{(1)} + \mu^{(2)})'\Sigma^{-1}(\mu^{(1)} - \mu^{(2)}) \\
&= 2\left[X - \frac{1}{2}(\mu^{(1)} + \mu^{(2)}) \right]' \Sigma^{-1}(\mu^{(1)} - \mu^{(2)})
\end{aligned}
$$

令 $\overline{\mu} = \dfrac{1}{2}(\mu^{(1)} + \mu^{(2)})$，则

$$W(X) = (X - \overline{\mu})'\Sigma^{-1}(\mu^{(1)} - \mu^{(2)})$$

则判别准则可写成：

$$\begin{cases} X \in G_1, & \text{当 } W(X) > 0 \quad \text{即 } D^2(X, G_2) > D^2(X, G_1) \\ X \in G_2, & \text{当 } W(X) < 0 \quad \text{即 } D^2(X, G_2) < D^2(X, G_1) \\ \text{待判,} & \text{当 } W(X) = 0 \quad \text{即 } D^2(X, G_2) = D^2(X, G_1) \end{cases}$$

当 Σ，$\mu^{(1)}$，$\mu^{(2)}$ 已知时，令 $a = \Sigma^{-1}(\mu^{(1)} - \mu^{(2)}) \underline{\Delta}(a_1, \cdots, a_p)'$，则

$$W(X) = (X - \overline{\mu})'a = a'(X - \overline{\mu}) = (a_1, \cdots, a_p)\begin{bmatrix} x_1 - \overline{\mu}_1 \\ \vdots \\ x_p - \overline{\mu}_p \end{bmatrix}$$

$$= a_1(x_1 - \overline{\mu}_1) + \cdots + a_p(x_p - \overline{\mu}_p)$$

显然，$W(X)$ 是 $x_1, \cdots, x_p$ 的线性函数，称 $W(X)$ 为线性判别函数，a 为判别系数。

15.2.2 判别分析的应用

本节主要介绍距离判别法在 Excel 2013 中的应用，以期与前面的聚类分析相互呼应。下面仅通过实验来介绍 Excel 2013 运用距离判别法进行判别分析的具体操作过程。

实验 15-3：如图 15-26 所示，已知某种植物有喜阴和喜阳两类，先有这种植物的 10 个样本体内两种物质含量的指标数据，以及它们所属的类别，要求根据两种物质的含量将 Q1、Q2、Q3 三个未知样本进行类别分析。

样本类型	样本名称	物质1	物质2
喜阴	M1	66	1023
	M2	79	4783
	M3	83	3882
	M4	77	3991
	M5	75	2020
喜阳	M6	63	3730
	M7	73	2390
	M8	69	1583
	M9	84	1990
	M10	71	4010
待判样本	Q1	69	1800
	Q2	71	2452
	Q3	75	3320

图 15-26 实验 15-3 的原始数据图

具体步骤如下：

（1）利用公式求解每个总体每个指标的平均值矩阵。在单元格 G3 中输入 "=AVERAGE (C2:C6)"，按下 Enter 键，得到喜阴的物质 1 含量的平均值，在单元格 H3 中输入 "=AVERAGE (D2:D6)"，按下 Enter 键，得到喜阴的物质 2 含量的平均值。同理在单元格 G4 和 H4 中可以得到喜阳的物质 1 含量、物质 2 含量的平均值，结果如图 15-27 所示。

指标平均值矩阵		
	物质1	物质2
喜阴	76	3139.8
喜阳	72	2740.6

图 15-27　各类型各指标的平均值矩阵图

（2）计算样本协方差矩阵。在单元格 G8 中输入"=COVAR(C2:C6，C2:C6)"，按下 Enter 键，得到喜阴物质 1 含量的标准差，同理在单元格 H4 中可以得到喜阴物质 2 含量的标准差，在单元格 G9 中输入"=COVAR(C2:C6，D2:D6)"，按下 Enter 键，得到喜阴物质 1 含量与物质 2 含量的协方差，同理在单元格 H8 中输入"=COVAR(D2:D6，C2:C6)"，按下 Enter 键，得到喜阴物质 2 含量与物质 1 含量的协方差，至此，得到喜阴的协方差矩阵。同理还可以算出喜阳的协方差矩阵，结果如图 15-28 所示。

喜阴的协方差矩阵		
	物质1	物质2
物质1	32	6652.8
物质2	6652.8	1942060.6

喜阳的协方差矩阵		
	物质1	物质2
物质1	47.2	-3211.8
物质2	-3211.8	923329.44

图 15-28　样本协方差矩阵图

（3）估计总体协方差矩阵。在单元格 G18 中输入"=(G8+G13)/(5+5-2)"，按下 Enter 键，得到物质 1 含量的总体方差，同理在单元格 H19 中可以得到物质 2 含量的总体方差。在单元格 G19 中输入"=(G9+G14)/(5+5-2)"，按下 Enter 键，得到物质 1 含量和物质 2 含量的总体协方差，同理在单元格 H18 中可以得到物质 2 含量与物质 1 含量的总体协方差。至此，我们得到了总体协方差矩阵，结果如图 15-29 所示。

总体协方差矩阵		
	物质1	物质2
物质1	9.9	430.125
物质2	430.125	358173.75

图 15-29　总体协方差矩阵图

（4）求解总体协方差矩阵的逆矩阵。关于求解逆矩阵，Excel 2013 提供了一个函数命令"MINVERSE"，具体的函数形式是：

$$MINVERSE(array)$$

其中，"MINVERSE"函数用来计算某矩阵的逆矩阵；"array"指一个行数等于列数的矩阵区域。

因此，在单元格 G23 中输入"=MINVERSE(G18:H19)"，按下 Enter 键，可以得到总体协方差矩阵的逆矩阵，如图 15-30 所示。

总体协方差矩阵的逆矩阵		
	物质1	物质2
物质1	0.1065704	-347.7094
物质2	-347.7094	160187.9

图 15-30　总体协方差矩阵的逆矩阵图

（5）　计算 a。根据 15.2.1 节中距离判别法的内容，我们知道，$\alpha=$ 总体协方差矩阵的逆矩阵*（喜阴的平均值矩阵-喜阳的平均值矩阵），所以我们将用到 Excel 2013 中矩阵相乘的函数"MMULT"，其具体形式是：

$$MMULT(array1，array2)$$

其中，"MMULT"函数用来计算两个矩阵的乘积；"array1，array2"分别指纳入乘法运算中的两个矩阵，第一个矩阵的列数必须等于第二个矩阵的行数，结果矩阵的行数与第一个矩阵相同，列数与第二个矩阵相同。由于是矩阵运算，所以最后均以 Ctrl+Shift+Enter 组合键结束。

因此，在单元格 G27 中输入"=MMULT(G23:H24，F27:F28)"，同时按下 Ctrl+Shift+Enter 组合键，得到 α 的计算结果，如图 15-31 所示。

指标平均类型之差	a
4	-138805.2
399.2	63945618

图 15-31　指标平均类型之差及 α 图

（6）　计算判别函数。根据 15.2.1 节中距离判别法的内容，我们知道，判别函数 W=α 的转置*（待判样本矩阵-样本平均值矩阵），所以我们可以直接计算判别函数。首先计算"待判样本矩阵-样本平均值矩阵"，以样本 Q1 为例，在单元格 B18 中输入"=C12-0.5*(G3+G4)"，按下 Enter 键，并在单元格 B19 中输入"=D12-0.5*(H3+H4)"，得到样本 Q1 的"待判样本矩阵-样本平均值矩阵"。类似地，可以计算 Q2 和 Q3 的"待判样本矩阵-样本平均值矩阵"。然后，我们计算各待判样本的判别函数 W。在单元格 B22 中输入"=G27*B18+G28*B19"，按下 Enter 键，得到待判样本 Q1 的判别函数。类似地，可以计算 Q2 和 Q3 的判别函数，结果如图 15-32 所示。

待判样本矩阵-样本均值矩阵	Q1	Q2	Q3
	-5	-3	1
	-1140.2	-488.2	379.8
W	Q1	Q2	Q3
	-7.291E+10	-3.1E+10	2.43E+10

图 15-32　判别函数图

根据图 15-32 中的结果，Q1 的判别函数值为-7.291E+10，Q2 的判别函数值为-3.1E+10，均为负数，所以均属于喜阳类别，Q3 的判别函数值为 2.43E+10，为正数，所以属于喜阴类别。

15.3　上机题

光盘：\录像\第 15 章\上机题\……
光盘：\上机题\第 15 章\习题\……

1. 下表是 31 个省 2008 年的人口自然增长率，要求分别运用最短距离法和最长距离法对样本进行聚类分析，要求分成人口增长较快、适中、较慢三类。（数据路径：光盘：\上机题\第 15 章\习题\第 15 章第 1 题）

省　　份	人口自然增长率（‰）
北京市	3.42
天津市	2.19
河北省	6.55
山西省	5.31
内蒙古自治区	4.27
辽宁省	1.1
吉林省	1.61
黑龙江省	2.23
上海市	2.72
江苏省	2.3
浙江省	4.58
安徽省	6.45
福建省	6.3
江西省	7.91
山东省	5.09
河南省	4.97
湖北省	2.71
湖南省	5.4
广东省	7.25
广西壮族自治区	8.7
海南省	8.99
重庆市	3.8
四川省	2.39
贵州省	6.72
云南省	6.32
西藏自治区	10.3
陕西省	4.08
甘肃省	6.54
青海省	8.35
宁夏回族自治区	9.69
新疆维吾尔自治区	11.17

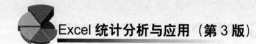

2. 下表是 12 种债权的"收益指数"和"风险等级"数据，"收益指数"的范围是 0～100，"风险等级"的范围是 0～10。其中前 8 种债权所属类型已知，要求将后 4 种待判债权进行判别分析。（数据路径：光盘：\上机题\第 15 章\习题\第 15 章第 2 题）

	债权名称	收益指数	风险等级
保留类型	A1	47	2
	A2	39	3
	A3	68	5
	A4	29	1
推荐类型	B1	48	5
	B2	57	3
	B3	83	7
	B4	67	6
待判样本	C1	33	4
	C2	57	2
	C3	26	9
	C4	36	8

第16章　Excel 中的宏和 VBA

宏是指一系列 Excel 2013 能够执行的 VBA 语句。Excel 2013 自动集成了 VBA 高级程序语言，用此语言编制出的程序就叫宏。VBA 是 Visual Basic For Application 的缩写，它是微软公司开发出来在其桌面应用程序中执行通用的自动化任务的编程语言。本章我们将介绍 Excel 中的宏和 VBA 的相关内容。

16.1　Excel 中的宏

Excel 2013 中的宏是 VBA 应用的基础，本节我们主要介绍在 Excel 2013 中宏的录制、运行和编辑。

16.1.1　Excel 宏简介

在 Excel 中，宏是指一系列 Excel 2013 能够执行的 VBA 语句。Excel 2013 自动集成了 VBA 高级程序语言，用此语言编制出的程序就叫"宏"。使用 VBA 需要有一定的编程基础和耗费大量的时间，因此，绝大多数的使用者仅使用了 Excel 的一般制表功能，很少使用到 VBA。

用 VBA 语言编制程序，并集成到 Excel 中，可以定制特定的、功能强大的 Excel 软件。但是，有极少数的人可能会利用 VBA 语言编制专门破坏计算机系统的病毒程序，并集成到 Excel 中，给计算机使用者带来损失。为了防止这种情况的发生，Excel 自带了宏检测功能。当发现正在打开的 Excel 文件带有宏时，会提示用户注意，并让用户自行选择是否启用宏。是否启用"宏"，取决于软件的来源。如果不知道软件的来源，则不要启用；如果知道其来源，则应当启用，否则将无法使用软件中设定的功能。

在 Excel 2013 中，与宏和 VBA 相关的一系列操作均在如图 16-1 所示的"开发工具"选项卡下的命令中完成。

图 16-1　"开发工具"选项卡

一般而言，Excel 2013 默认的选项卡中，"开发工具"选项卡不可用，若要显示"开发工具"选项卡，需要执行下列操作以显示此选项卡。

单击"文件"按钮，单击"选项"按钮，弹出如图 16-2 所示的"Excel 选项"对话框。在左侧单击"自定义功能区"，在右侧"自定义功能区"下的"主选项卡"下选择"开发工具"项，然后单击"确定"按钮即可。

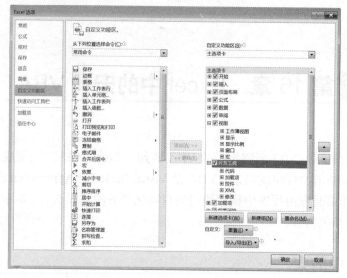

图 16-2 "Excel 选项"对话框

16.1.2 宏的录制

在录制宏时用户不需要编写代码，Excel 2013 将会自动产生与操作对应的代码，并且用户可以对录制完成的宏及时调用，因此，录制宏是快速学习 VBA 的重要途径。

一般而言，录制宏的基本步骤如下。

（1）打开新的工作簿，确认所有其他工作簿已经关闭，以便能够很容易地对录制的宏进行定位和处理。若不关闭其他工作簿，如果它们包含宏或者其他 VBA 代码，将不利于本工作簿宏或 VBA 代码的操作。

（2）选中单元格，单击"开发工具"选项卡，执行"代码"组内的"录制宏"命令，弹出如图 16-3 所示的"录制宏"对话框。

图 16-3 "录制宏"对话框

（3）在"宏名"文本框中输入需要的宏名，按 Enter 键开始录制宏。需要注意的是，此时 Excel 应用程序窗口的状态栏中显示"录制"，特别是"停止录制"工具栏也显示出来。

（4）用户按照需要进行想要录制的操作，完成操作后，单击"停止录制"工具栏按钮，结束宏录制过程。

例如，在应用 Excel 2013 进行数据分析时，经常要使用单元格格式的设置，用户可以录制一个宏，设置单元格格式为粗体，12 号字，颜色为蓝色，保留两位小数，录制该宏的具体操作如下：

（1）　打开新的工作簿，确认所有其他工作簿已经关闭，以便能够很容易地对录制的宏进行定位和处理。若不关闭其他工作簿，如果它们包含宏或者其他 VBA 代码，将不利于本工作簿宏或 VBA 代码的操作。

（2）　选中单元格 A1，单击"开发工具"选项卡中的"录制宏"按钮，弹出"录制新宏"对话框。

（3）　在"宏名"文本框中输入"设置单元格格式"，按 Enter 键开始录制宏。

（4）　转到"开始"选项卡，在"字体"组中设置单元格格式为粗体，12 号字，颜色为蓝色，并设置单元格数字格式保留两位小数。完成操作后，单击"停止录制"工具栏按钮，即可完成"设置单元格格式"宏的录制。

16.1.3　宏的运行

当运行一个宏时，它按照录制宏时相同的步骤进行操作。要运行一个宏，可按照如下步骤进行。

（1）　选择需要执行宏的单元格。

（2）　单击"开发工具"选项卡，执行"代码"组中的"宏"命令，弹出如图 16-4 所示的"宏"对话框。

图 16-4　"宏"对话框

（3）　在"宏名"列表框中选择需要运行的宏，单击"执行"按钮即可。

例如，在上例中需要在单元格 B1 运行录制的宏，其具体操作如下：

（1）　选择单元格 B1。

（2）　单击"开发工具"选项卡，执行"代码"组中的"宏"命令，弹出"宏"对话框。

（3）　在"宏名"列表框中选择"设置单元格格式"宏，单击"执行"按钮即可完成在单元格 B1 运行录制的宏。此时，单元格 B1 中的单元格格式为粗体，12 号字，颜色为蓝色，保留两位小数。

16.1.4　编辑宏

用户若想对已经录制的宏进行查看或编辑，则可进行以下操作：

（1）单击"开发工具"选项卡，执行"代码"组中的"宏"命令，弹出"宏"对话框。

（2）在"宏名"列表框中选择需要查看或编辑的宏，单击"编辑"按钮，弹出如图16-5所示的代码编辑窗口，用户可在该窗口中查看并编辑该宏的代码。

图 16-5　代码编辑窗口

例如，通过上述操作便可查看在上例中执行的"设置单元格格式"宏，若要对该宏的代码进行编辑可在"Microsoft Visual Basic"编辑窗口中进行，该宏的代码如下：

```
Sub 设置单元格格式()
'
' 设置单元格格式 Macro
'

'
    Selection.Font.Bold = True
    With Selection.Font
        .Color = -10477568
        .TintAndShade = 0
    End With
    With Selection.Font
        .Name = "宋体"
        .Size = 12
        .Strikethrough = False
        .Superscript = False
        .Subscript = False
        .OutlineFont = False
        .Shadow = False
        .Underline = xlUnderlineStyleNone
        .Color = -10477568
        .TintAndShade = 0
```

```
        .ThemeFont = xlThemeFontMinor
    End With
    Selection.NumberFormatLocal = "0.00_ "
End Sub
```

16.2　Excel 中的 VBA

VBA 是 Visual Basic For Application 的缩写。VBA 的编辑工作都是在 Visual Basic 编辑器中完成的，Visual Basic 编辑器也被称为 VBA 的集成开发环境。我们将介绍 VBA 的操作界面及其语法。

16.2.1　VBA 简介

VBA 是微软开发出来在其桌面应用程序中执行通用的自动化任务的编程语言。VBA 要求有一个宿主应用程序才能运行，而且不能用于创建独立应用程序。VBA 可使常用的过程或者进程自动化，可以创建自定义的解决方案，最适用于定制已有的桌面应用程序。

使用 VBA 可以实现的功能很多，主要包括：使重复性的任务自动化，自定义 Excel 中工具栏、菜单和窗体的界面，简化模板的使用，为 Excel 环境添加额外的功能，创建报表，对数据执行复杂的操作和分析等功能。

16.2.2　VBA 的操作界面

VBA 的操作界面是一个能够编写、修改、调试和运行 VBA 程序的操作界面，在"开发工具"选项卡中单击"Visual Basic"按钮，弹出如图 16-5 所示的 VBA 编辑器操作界面。VBA 编辑器操作界面可以分为 VBA 工具栏、工程资源管理器窗口、属性窗口，以及代码窗口四个部分。

（1）VBA 工具栏。

在如图 16-6 所示的 VBA 编辑器工具栏上包括最常用的执行命令的按钮。

图 16-6　VBA 编辑器工具栏

按钮的第一部分 是和工作簿有关的，使用它们可以返回 Excel，可以向当前工程中添加项目，可以保存用户的工作。 分别为"视图 Microsoft Excel"、"插入"、"保存"按钮。

第二部分按钮 和编辑功能有关。使用这些按钮可以剪切、复制和粘贴文本。在本部分中还包括一个查找文本的按钮。 分别为"剪切"、"复制"、"粘贴"和"查找"按钮。

工具栏的第三部分 包括"撤销删除"和"重复删除"两个按钮。

工具栏的第四部分称为测试和设计按钮的部分， 这部分的前三个按钮允许运行、暂停和终止过程的执行，最后一个按钮将用户窗体转到设计模式。 分别为"运行"、"暂停"、"终止"和"设计"按钮。

工具栏上的最后一部分按钮 用于查看 Visual Basic 编辑器的不同部分。通过这些按钮可以显示"工程资源管理器"、"属性"窗口、"对象浏览器"和工具栏。

（2） 工程资源管理器窗口。

工程资源管理器窗口如图16-7所示，其显示打开的工作簿的树形图，在Excel 2013中，每个工作簿、窗体和加载程序都成为工程的一部分，这些对象都排列在此窗口中。

（3） 属性窗口。

在VBA中，如图16-8所示的属性窗口主要用来设置和查看各种对象的属性。选中对象后，可在该属性窗口中看到该对象的属性，同时，用户可以通过该窗口对对象的属性进行设置。

图16-7　工程资源管理器窗口

图16-8　属性窗口

（4） 代码窗口。

如图16-9所示的代码窗口是用户使用最多的窗口，在代码窗口中，用户可以查看和编辑所有的代码。

图16-9　代码窗口

16.2.3 VBA 语法简介

VBA 的语法基础是进行 VBA 深入学习的基础和关键，本节将简要介绍 VBA 应用过程中的简单语法。

1. 标识符

标识符是一种标识变量、常量、过程、函数、类等语言构成单位的符号，利用它可以完成对变量、常量、过程、函数、类等的引用。VBA 的标识符是由英文字母、阿拉伯数字及一些可见字符组成的。程序中的保留字、常量、变量、对象等的名称都成为标识符。

标识符的命名规则为：

（1）标识符由字母、数字和下画线组成，如 A9b_c B。

（2）标识符必须以字母开头，例如，7Ac_d 不是合法的标识符。

（3）标识符不能与 VB 保留字重名，如 public，private，dim，goto，next，with，integer，single 等。

2. 运算符

运算符是代表 VB 某种运算功能的符号，主要有赋值运算符、数学运算符、逻辑运算符、关系运算符和位运算符等。

（1）赋值运算符 =。

（2）数学运算符 &、+（字符连接符）、+（加）、−（减）、Mod（取余）、\（整除）、*（乘）、/（除）、−（负号）、^（指数）。

（3）逻辑运算符 Not（非）、And（与）、Or（或）、Xor（异或）、Eqv（相等）、Imp（隐含）。

（4）关系运算符=（相同）、<>（不等）、>（大于）、<（小于）、>=（不小于）、<=（不大于）、Like、Is。

（5）位运算符 Not（逻辑非）、And（逻辑与）、Or（逻辑或）、Xor（逻辑异或）、Eqv（逻辑等）、Imp（隐含）。

3. 数据类型

VBA 中共有 12 种数据类型，常见的数据类型如表 16-1 所示，此外用户还可以根据以下类型用 Type 自定义数据类型。

表 16-1 VBA 数据类型

数据类型	存储空间（字节）	取值范围
字符串型 String	可变	0～63 KB 的固定长度的字符串或 0～2 MB 的动态字符
字节型 Byte	1	0～255 间的正整数
布尔型 Boolean	2	Ture 或 False
整数型 Integer	2	−32768～32767 间的整数
长整数型 Long	4	−2147483648～2147483647 间整数
单精度型 Single	4	负数为−3.402829E308～−1.401298E−45；正数取其绝对值
双精度型 Double	8	负数为−1.79769313486232E308～−4.94065645841247E−324；正数取其绝对值
日期型 Date	8	公元 100/1/1～9999/12/31
变体型 Variant	可变	以上任意类型，可变

4. 变量与常量

变量是程序中数据的临时存放场所，是在程序的运行过程中随时可以发生变化的量。变量名的命名规则与标识符相同。

定义变量时的语法规则为：Dim<变量名称>As<数据类型>

例如，我们可以通过 Dim Age As Integer 代码来完成 Age 变量的定义，其变量类型为整数型。

一般变量作用域的原则是，哪部分定义就在哪部分起作用，模块中定义则在该模块起作用。

常量是一种不可变的数值或数据项，是可以不随时间变化的某些量或信息，也可以表示某一数值的字符或字符串。常量为变量的一种特例，用 Const 定义，且定义时赋值，程序中不能改变值，作用域也如同变量作用域。

如下定义：Const Pi=3.1415926 as single

表示我们已经定义了 Pi 为常量，值为 3.1415926。

5. 数组

数组是包含相同数据类型的一组变量的集合，对数组中的单个变量引用通过数组索引下标进行。在内存中表现为一个连续的内存块，必须用 Global 或 Dim 语句来定义。

其定义规则如下：Dim 数组名([lower to]upper [， [lower to]upper， ….]) as type

其中，lower 默认值为 0。二维数组是按行列排列，如 XYZ(行，列)。

除了以上固定数组外，VBA 还有一种功能强大的动态数组，定义时无大小维数声明；在程序中再利用 Redim 语句来重新改变数组大小，原来数组内容可以通过加 preserve 关键字来保留。

6. 书写规范

在 VBA 中作为常识的书写规范有以下 4 条。

（1） VBA 不区分标识符的字母大小写，一律认为是小写字母。

（2） 一行可以书写多条语句，各语句之间以冒号 : 分开。

（3） 一条语句可以多行书写，以空格加下画线 _ 来标识下行为续行。

（4） 标识符最好能简洁明了，不造成歧义。

7. 判断语句

在 VBA 中，判断语句主要用于先做判断再选择的问题。判断语句的执行是依据一定的条件来选择执行路径的，而不是严格按照语句出现的物理顺序。判断语句主要有以下几种形式。

（1） If…Then…Else 语句。

语法规则为：If condition Then [statements][Else elsestatements]

例如：If A>B And C<D Then A=B+C Else A=C+3

表示当 A>B 且 C<D 时，A=B+C，否则 A=C+3。

或者，可以使用块形式的语法，语法规则为：

```
If condition Then
[statements]
[ElseIf condition-n Then
```

```
[elseifstatements] ...
Else
[elsestatements]]
End If
```

其中，statements 表示条件表达式，是由变量、常量、运算关系符、逻辑运算符等构成的式子，运算结果为 Ture 或 False。结果为 True 时，执行 Then 后面的语句；否则跳出该 If 语句。

例如：

```
If Number < 50 Then
Digits = 1
ElseIf Number < 100 Then
Digits = 2
Else
Digits = 3
End If
```

表示数值小于 50 时，Digits = 1；数值大于等于 50 小于 100 时，Digits =2；其他条件下，Digits = 3。

（2）Select Case…Case…End Case 语句。

在程序中如果条件选择的分支太多，会使代码看起来比较繁琐，可读性也降低，此时便适合采用 Select Case…Case…End Case 语句，其语法规则为：

```
Select Case [condition]
Case [condition1]
[statements1]
Case [condition2]
[statements 2]
......
Case Else
[statements n]
End Case
```

程序根据表达式的结果在多个条件值中找到与之对应的一个，并执行其后面的语句。若表达式的值符合 condition1，则执行 statements1；否则，依次判断 condition2、condition3，…，若都不符合，则执行 statements n。

例如：

```
Select Case Pid
Case Num>10000
Price=200
Case Num>1000
Price=300
......
Case Else
Price=900
End Case
```

该语句表示，当数量大于 10 000 时，价格为 200；数量大于 1000 时，价格为 300；……；其余数量的价格为 900。

（3）Choose 函数。

语法规则为：choose(index，choice-1，choice-2，…，choice-n)

Choose 函数可以用来选择自变量串列中的一个值，并将其返回，index 是必要参数，数值表达式或字段，它的运算结果是一个数值，且介于 1 和可选择的项目数之间。Choice 是必要参数，Variant 表达式，包含可选择项目的其中之一。

（4）Switch 函数。

语法规则为：Switch(expr-1，value-1[，expr-2，value-2 _ [，expr-n，value-n]])

Switch 函数和 Choose 函数类似，但它以两个一组的方式返回所要的值，在串列中，最先为 TRUE 的值会被返回。expr 是必要参数，要加以计算的 Variant 表达式。value 是必要参数。如果相关的表达式为 True，则返回此部分的数值或表达式，若没有一个表达式为 True，则 Switch 会返回一个 Null 值。

8. 循环语句

在 VBA 中，循环语句用来描述重复执行某段算法的问题。它可以减少源程序重复书写的工作量。循环语句也可以看做是一个条件判断语句和一个转向语句的组合，它主要有以下几种形式。

（1）For Next 语句。

For Next 语句一般用来指定次数来重复执行一组语句，其语法规则为：

```
For counter = start To end [Step step]
[statements]
[Exit For]
[statements]
Next [counter]
```

其中，step 默认值为 1。For Next 语句中循环的次数由循环控制变量决定。程序运行初始时将初值赋给循环控制变量，然后判断该值是否超出终值，若没有超出，则执行后面的语句序列，执行完毕后根据步长值将循环控制变量进行增加或减少，并在此与终值进行比较，决定是否继续执行语句序列，如此循环；若循环控制变量的值超出了终值的范围，则终止循环，执行 Next 后面的语句。

例如：

```
Dim i As Integer
Dim total As Integer
Total=0
For i=1 To 100
    Total=total+i
Next i
```

该语句表示，计算 1 至 100 个数的累加和。程序运行时，For 语句开始执行累加计算，一直从 1 开始累加至 100 为止。

（2）Do…loop 语句。

Do…loop 语句表示在条件为 true 时，重复执行区块命令，其语法规则为：

```
Do {while |until} condition
Statements
```

```
Exit do
Statements
Loop
```

或者使用下面语法：

```
Do
Statements
Exit do
Statements
Loop {while |until} condition
```

其中，while 为当型循环，until 为直到型循环。

Do 语句首先判断条件表达式的真假。若为 True，则执行语句序列，执行完毕后继续判断条件表达式的真假并决定是否执行语句序列；若为 False，则跳出循环结构。

16.2.4　VBA 应用实例

Excel 中的 VBA 在统计中的应用实用性强且应用比较广泛的便是问卷调查系统的设计。本节我们将为读者介绍如何应用 VBA 进行问卷调查系统的设计与应用。

实验 16-1：为下列"每月手机话费调查问卷"设计一个问卷调查系统。

每月移动手机话费调查问卷

亲爱的朋友：

您好！为了了解广大移动使用者对移动服务的消费需求，特做此调查，以便我们提高服务品质，为您提供更满意的服务。在此耽误您一点宝贵的时间，了解一下您对手机话费的一点看法，谢谢您的支持！

您的资料：

1. 性别：男，女；

2. 年龄：15 岁以下，16～25 岁，26～35 岁，36～45 岁，46～60 岁，60 岁以上；

3. 学历：初中，高中，大学，硕士，硕士以上；

4. 月收入：1000 元以下，1000～3000 元，3000～5000 元，5000 元以上；

5. 职业：公务员，教师，学生，专业技术人员，IT，记者，管理人员，职员，医生，个体户，其他；

6. 您的移动手机套餐：神州行，全球通，动感地带；

7. 您每月一共花费多少话费：50 元以下，50～100 元，100～200 元，200 元以上；

8. 您每月的短信费为：50 元以下，50～100 元，100～200 元，200 元以上；

9. 您认为目前每月的话费：贵，一般，便宜；

10. 您更关注套餐中的哪类费用：短信费，通话费，GPRS 流量费，其他。

为以上问卷设计问卷调查系统的具体步骤如下。

1. 编辑说明文字

（1）单击"插入"选项卡"文本"组中的"文本框"按钮，在下拉菜单中选择"横排文本框"命令，在 Excel 工作表中选择合适的位置创建文本框，在文本框中输入说明文字。

（2）　按照需要调整输入文字的格式，在文本框的边框上单击鼠标右键，在弹出的快捷菜单中选择"设置形状格式"命令，弹出如图 16-10 所示的"设置形状格式"对话框。在该对话框中的"填充"选项卡中选择"渐变填充"，在"预设颜色"中选择"宝石蓝"颜色，其他参数按照默认设置即可。得到的填充效果如图 16-11 所示。

图 16-10　"设置形状格式"对话框

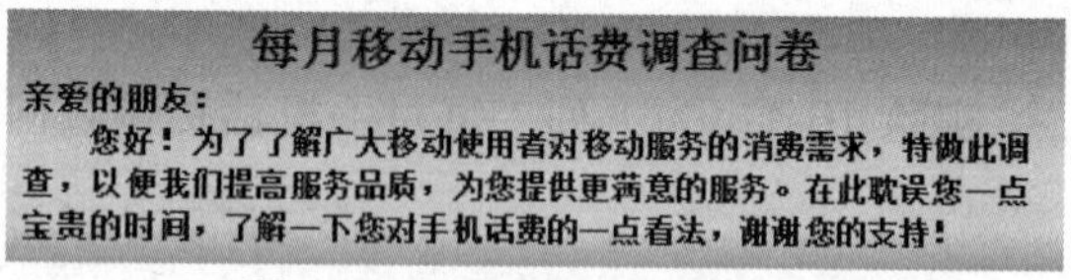

图 16-11　说明文字处理效果

2.　编辑单选调查内容

（1）　单击"开发工具"选项卡"控件"组中的"插入"按钮，弹出如图 16-12 所示的下拉菜单，在该下拉菜单中单击"表单控件"中的"分组框"按钮，在 Excel 工作表中添加分组框，并将新添加的分组框标题改为"性别"。

（2）　单击"表单控件"中的"选项"按钮，然后在分组框内拖动至合适的大小后释放鼠标；右键单击选项按钮，选择"选项按钮对象"，并选择"编辑"命令，在按钮右侧的文本框中输入选项所代表的文字"男"，并用同样的方法添加一个选项按钮，选项文字输入为"女"，如图 16-13 所示。

图 16-12　"插入"下拉菜单

图 16-13　"性别"选项设计结果

（3）　按照"性别"分组框的设计方法，分别添加"您的移动手机套餐"，"您每月一共花费多少话费"，"您每月的短信费为"，"您认为目前每月的话费"，"您更关注套餐中的哪类费用"等调查问题的选项内容，所得到的结果如图 16-14 所示。

图 16-14　其他选项设计结果

3. 编辑下拉选项调查内容

（1）在设计下拉列表形式的调查内容前，先将这些内容输入到工作簿中。新建一个工作表，将下拉列表内容输入其中，输入结果如图 16-15 所示。

年龄	学历	月收入	职业
15岁以下	初中	1000元以下	公务员
16-25岁	高中	1000-3000元	教师
26-35岁	大学	3000-5000元	学生
36-45岁	硕士	5000元以上	专业技术人员
46-60岁	硕士以上		IT
60岁以上			记者
			管理人员
			职员
			医生
			个体户
			其他

图 16-15　下拉选项内容输入结果

（2）单击"开发工具"选项卡"控件"组中的"插入"按钮，弹出如图 16-12 所示的下拉菜单，在该下拉菜单中单击"表单控件"中的"组合框"按钮，在 Excel 工作表中添加组合框。

（3）单击"表单控件"中的"标签"按钮，在 Excel 工作表中添加标签，并输入文字"年龄"。

（4）为组合框添加数据域。在组合框上单击右键选择"设置对象格式"命令，弹出如图 16-16 所示的"设置控件格式"对话框，转到"控制"选项卡，在"数据源区域"中选择引用的数据区域即可完成下拉选项按钮的制作，结果如图 16-17 所示。

图 16-16　"设置控件格式"对话框

图 16-17　下拉选项制作结果

（5） 按照"年龄"的下拉按钮制作方法，继续添加"学历"、"月收入"、"职业"的下拉按钮。至此，问卷部分已设计完毕，总体制作结果如图 16-18 所示。

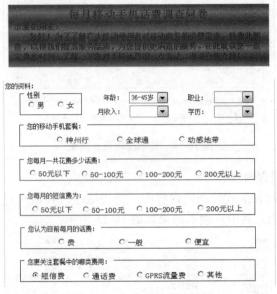

图 16-18　问卷总体制作结果

4.　为控件创建单元格链接

（1） 新建工作表"记录"，将各个选项的数据信息添加到"记录"工作表中，添加结果如图 16-19 所示。

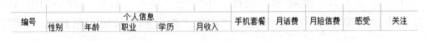

编号	个人信息					手机套餐	月话费	月短信费	感受	关注
	性别	年龄	职业	学历	月收入					

图 16-19　数据信息添加结果

（2） 在"问卷"工作表中的"男"单选按钮上右击鼠标，在弹出的快捷菜单中选择"设置控件格式"命令，打开如图 16-20 所示的"设置控件格式"对话框。

图 16-20　"设置控件格式"对话框

（3） 在"设置控件格式"对话框的"控制"选项卡中单击"单元格链接"右侧的折叠按钮，然后在"记录"工作表中选择用于存放"性别"数据的单元格"'记录 '!$B$1"。

（4） 单击展开折叠按钮，回到"设置控件格式"对话框，然后单击"确定"按钮即可实现单元格链接。此时用户如果单击性别分组框中的"男"或"女"，那么在"记录"工作表中的 B1 单元格内将会显示数值"1"或"2"来表示用户的性别。按照同样的方法可为控件添加"单元格链接"。

5. 自动记录调查结果

将调查问卷的数据自动记录在"记录"工作表中，需要编写具有自动记录功能的 VBA 代码才能实现。具体步骤如下。

（1） 打开 VBA 窗口界面，然后在菜单栏上依次单击"开发工具"选项卡"插入"组中的"模块"命令，接着单击"开发工具"选项卡"插入"组中"过程"命令，打开如图 16-21 所示的"添加过程"对话框，在"名称"文本框中输入"savedata"，在"类型"组合框中选择"子程序"单选按钮，在"范围"组合框中选择"公共的"单选按钮。

（2） 单击"确定"按钮，系统将自动添加一个"savedata"的子过程。然后在该子过程的代码框架下添加如下代码：

```
Public Sub savedata()
Dim i As Integer
Dim j As Integer
Sub savedata()
i = i + 1
For j = 2 To 11
Sheets("记录").Select
Cells(1, j).Select
Selection.Copy Destination:=Cells(i + 3, j)
Cells(1, j) = ""
Next j
Sheets("问卷").Select
End Sub
```

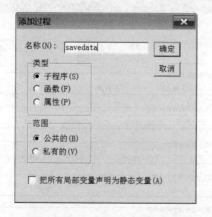

图 16-21 "添加过程"对话框

该代码首先定义了变量 i 和变量 j，然后设置了保存数据的区域为"记录"工作表中的第 2 列到第 11 列，每次记录之前自动加一行。保存过程为，将第 1 行第 j 列的数据复制到"记录"工作表中的第 i+3 行，第 j 列并保存。

（3）若在"问卷"工作表中将每项答案填好后，可以单击"运行子过程/用户窗体"按钮，运行该子过程。

6. 设置 VBA 程序运行按钮

（1）单击"开发工具"选项卡"控件"组中的"插入"按钮，在下拉菜单中选择"按钮"，在"问卷"工作表中的适当位置按下鼠标左键拖动至适当位置后放开鼠标，系统将自动弹出如图 16-22 所示的"指定宏"对话框。

图 16-22 "指定宏"对话框

（2）单击"确定"按钮后，返回到"问卷"工作表中，修改按钮文字为"提交"即可，效果如图 16-23 所示。

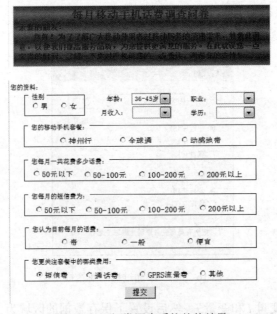

图 16-23 问卷调查系统整体效果

16.3　上机题

1. 录制一个新宏，生成一个等比数列，并在新工作表中运行该宏。

2. 编写一个人民币与美元汇率兑换的程序。公式为：6.824￥=1$，其中￥表示人民币，$表示美元。

3. 为下列"医保服务情况调查问卷"设计一个问卷调查系统。

医保服务情况调查问卷

亲爱的朋友：

您好！为了了解您所在区域的医保服务的具体情况，特做此调查，以便我们提高服务品质，为您提供更满意的服务。在此耽误您一点宝贵的时间，了解一下您对医保服务的一点看法，谢谢您的支持！

您的资料：

1. 性别：男，女；

2. 年龄：15 岁以下，16～25 岁，26～35 岁，36～45 岁，46～60 岁，60 岁以上；

3. 学历：初中，高中，大学，硕士，硕士以上；

4. 月收入：1000 元以下，1000～3000 元，3000～5000 元，5000 元以上；

5. 职业：公务员，教师，学生，专业技术人员，IT，记者，管理人员，职员，医生，个体户，其他；

6. 您的身体情况：好，较好，一般，差，很差；

7. 您认为医保缴费金额合适吗：合适，差不多，太贵了；

8. 您觉得这个医保现在实施的状况：好，较好，一般，差，很差；

9. 您对医保的最近政策：非常了解，一般，不了解。

第 17 章　Excel 综合案例操作

随着管理精确化的发展和统计分析方法的进步，定量分析在科学研究和实际的生产实践中得到了广泛的应用。计算机技术和统计软件在定量分析中扮演了重要的角色。由于 Excel 具有界面友好、操作简单、功能强大、其他软件交互性好和结果易于判读等优良特点，被广泛应用于经济管理、医疗卫生、自然科学等各个方面，其范围包含数据分析、数据预测、决策分析等几个方面。本章我们将通过经济管理科学、自然科学以及社会科学三个方面来为用户介绍 Excel 2013 在现实情况下的应用。

17.1　Excel 在经济管理科学中的应用

随着我国改革开放的实践和经济理论的发展，实证方法和数据分析成为经济研究中的重要方面。大量经验证据的分析和运用对于经济理论的发展与决策的支持都具有重要的意义。而经济实证研究离不开现代统计分析方法的运用，Excel 的统计分析过程为经济管理研究提供了有力的工具。回归分析、因子分析、聚类分析和时间序列分析等分析方法是经济管理研究中常用的分析方法。

一、问题描述与案例说明

交通运输业是国民经济的基础性和先导性产业，是国民经济的重要组成部分。在支撑国民经济发展的同时，其自身发展又受到国民经济的影响，两者互为因果，相互影响。总体上看，近 10 年来，我国交通运输发展取得了长足的进步，但依然存在总量供给不足，服务质量不高等问题，尚未形成与经济增长的良性互动关系。

二、分析目的、分析思路及数据选取

本案例的研究目的是对影响国民生产总值的不同运输因素进行分析，为基础建设和运输行业的发展战略提供科学的依据；同时对运输行业进行合理的分类，为国家产业政策的制定提供科学合理的依据。

本案例的分析思路如下：首先利用描述性统计分析的方法分析各类交通运输长度以及国民生产总值的基本特征，然后利用因子分析提取对国民生产总值影响较为明显的因素，分析它们对国民生产总值的影响，最后利用回归分析方法分析各类交通运输长度对国民生产总值的具体影响程度，为分行业产业政策的制定提供科学合理的依据。

本案例选取了我国 1981—2007 年每年 GDP、铁路长度、公路长度、内河长度、民航长度等变量，数据来源于《中国统计年鉴》和各行业的统计年鉴。本案例的原始数据如图 17-1 所示。

年份	GDP	铁路长度	公路长度	内河长度	民航长度
1981	4862	5.39	89.75	10.87	21.83
1982	5295	5.29	90.7	10.86	23.27
1983	5935	5.41	91.51	10.89	22.91
1984	7171	5.45	92.67	10.93	26.02
1985	8964	5.5	94.24	10.91	27.72
1986	10202	5.57	96.28	10.94	32.43
1987	11963	5.58	98.22	10.98	38.91
1988	14928	5.61	99.96	10.94	37.38
1989	16909	5.69	101.43	10.9	47.19
1990	18548	5.78	102.83	10.92	50.68
1991	21618	5.78	104.11	10.97	55.91
1992	26638	5.81	105.67	10.97	83.66
1993	34634	5.86	108.35	11.02	96.08
1994	46759	5.9	111.78	10.27	104.56
1995	58478	5.97	115.7	11.06	112.9
1996	67885	6.49	118.58	11.08	116.65
1997	74463	6.6	122.64	10.98	142.5
1998	78345	6.64	127.85	11.03	150.58
1999	82068	6.74	135.17	11.65	152.22
2000	89468	6.87	140.27	11.93	150.29
2001	97315	7.01	169.8	12.15	155.36
2002	1.00E+05	7.19	176.52	12.16	163.77

图 17-1 原始数据

三、案例中使用的 Excel 方法

（一）描述性分析

描述性分析是对数据进行基础性描述，主要用于描述变量的基本特征。Excel 中的描述性分析过程可以生成相关的描述性统计量，如：均值、方差、标准差、峰度和偏度等。通过这些描述性统计量，我们可以对变量变化的综合特征进行全面的了解。

（二）相关分析

相关分析是一种数据简化的技术。它通过研究众多变量之间的内部依赖关系，探求观测数据中的基本结构，并用少数几个独立的不可观测变量来表示其基本的数据结构。相关分析是研究现象之间是否存在某种依存关系，并探讨具有依存关系的现象之间的相关方向以及相关程度，进而研究随机变量之间的相关关系的一种统计方法。

（三）回归分析

回归分析是研究一个因变量与一个或多个自变量之间的线性或非线性关系的一种统计分析方法。回归分析是指通过规定因变量和自变量来确定变量之间的因果关系，建立回归模型，并根据实测数据来估计模型的各个参数，然后评价回归模型是否能够很好地拟合实测数据；并可以根据自变量做进一步预测。

四、Excel 操作步骤

（一）影响国民生产总值因素的描述性分析操作步骤

（1） 打开数据文件，单击"数据"选项卡，执行"分析"组中的"数据分析"命令，弹出如图 17-2 所示的"数据分析"对话框。

（2） 在"数据分析"对话框中选择"描述统计"选项，单击"确定"按钮，弹出如图 17-3 所示的"描述统计"对话框。

（3） 在"描述统计"对话框中，单击"输入区域"文本框，输入单元格区域 B1:F23，选中"标志位于第一行"复选框，选中"汇总统计"、"平均数置信度"、"第 K 大值"、"第 K

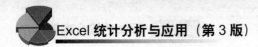
小值"复选框，并在"平均数置信度"右侧输入用户需要的置信度，在"第 K 大值"、"第 K 小值"右侧输入用户需要的 K 值。

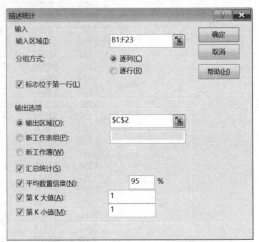

图 17-2　"数据分析"对话框　　　　　　　图 17-3　"描述统计"对话框

（4）　单击"确定"按钮，输出描述性统计分析结果。

（二）影响国民生产总值因素的相关分析操作步骤

（1）单击"数据"选项卡，执行"分析"组中的"数据分析"命令，弹出"数据分析"对话框，从"数据分析"对话框中选中"相关系数"，单击"确定"按钮，弹出如图 17-4 所示的"相关系数"对话框。

图 17-4　"相关系数"对话框

（2）　单击"输入区域"文本框，输入单元格区域 B1:F23，选中"标志位于第一行"复选框。

（3）　设置完成后，单击"确定"按钮，输出相关分析结果。

将得到如图 10-16 所示的多元相关系数矩阵，相关系数矩阵的下三角形区域给出了各变量两两之间的简单相关系数。

（三）影响国民生产总值因素的回归分析操作步骤

（1）　单击"数据"选项卡，执行"分析"组中的"数据分析"命令，在如图 17-2 所示的"数据分析"对话框中选择"回归"分析工具，单击"确定"按钮，弹出如图 17-5 所示的"回归"对话框。

图 17-5　"回归"对话框

（2）　在"回归"对话框中的"Y 值输入区域"中输入因变量 GDP 所在区域 B1:B23，在"X 值输入区域"中输入自变量购进价格和销售费用所在区域 C1:F23，单击"确定"按钮即可输出回归分析结果。

五、结果分析

（一）影响国民生产总值因素描述性统计结果

由图 17-6 可知，从 1981 到 2002 年，我国 GDP 的平均值为 40 111.27 万亿元，最大值与最小值之间的全距为 95138 万亿元，标准差为 34 090.92 万亿元，可见我国 GDP 在样本期间变化幅度较大。另外，样本期间，我国铁路长度、公路长度、内河长度和民航长度分别约为 6 万公里、113.36 万公里，11.1 万公里和 82.4 万公里，并且铁路与内河长度的标准差比较小，说明我国铁路和内河长度在样本期间的变化幅度较小，而公路长度和民航长度的变化幅度相对而言比较大。

GDP		铁路长度		公路长度		内河长度		民航长度	
平均	40111.27	平均	6.005909	平均	113.365	平均	11.10955	平均	82.40091
标准误差	7268.208	标准误差	0.125696	标准误差	5.132713	标准误差	0.096738	标准误差	11.27263
中位数	24128	中位数	5.795	中位数	104.89	中位数	10.97	中位数	69.785
众数	#N/A	众数	5.78	众数	5.78	众数	10.94	众数	#N/A
标准差	34090.92	标准差	0.589565	标准差	24.07456	标准差	0.453741	标准差	52.8733
方差	1.16E+09	方差	0.347587	方差	579.5844	方差	0.205881	方差	2795.586
峰度	-1.33014	峰度	-0.87012	峰度	1.839409	峰度	1.669232	峰度	-1.62713
偏度	0.571221	偏度	0.738534	偏度	1.49878	偏度	1.29716	偏度	0.291165
区域	95138	区域	1.9	区域	86.77	区域	1.89	区域	141.94
最小值	4862	最小值	5.29	最小值	89.75	最小值	10.27	最小值	21.83
最大值	100000	最大值	7.19	最大值	176.52	最大值	12.16	最大值	163.77
求和	882448	求和	132.13	求和	2494.03	求和	244.41	求和	1812.82
观测数	22	观测数	22	观测数	22	观测数	22	观测数	22
最大(1)	100000	最大(1)	7.19	最大(1)	176.52	最大(1)	12.16	最大(1)	163.77
最小(1)	4862	最小(1)	5.29	最小(1)	89.75	最小(1)	10.27	最小(1)	21.83
置信度(95	15115.07	置信度(95	0.261399	置信度(95	10.67406	置信度(95	0.201177	置信度(95	23.44271

图 17-6　描述性分析结果

（二）影响国民生产总值因素相关分析结果

由图 17-7 可知，从 1981 到 2002 年，我国 GDP 与铁路长度、公路长度、内河长度以及民航长度的相关系数分别约为 0.98、0.93、0.72、0.98，说明我国 GDP 在样本期内与铁路长度、公路长度以及民航长度具有较强的相关关系，而我国 GDP 与内河长度的相关关系相对而言比较弱。

	GDP	铁路长度	公路长度	内河长度	民航长度
GDP	1				
铁路长度	0.98186	1			
公路长度	0.930079	0.948339	1		
内河长度	0.721741	0.77935	0.853164	1	
民航长度	0.982647	0.956059	0.886072	0.637687	1

图 17-7　相关分析分析结果

（三）影响国民生产总值因素回归分析结果

图 17-8 中的"回归统计"输出结果给出了用铁路长度、公路长度、内河长度和民航长度来解释我国 GDP 的能力，具体给出了 R、$R2$、调整后 $R2$ 以及标准误差和观测值。如本实验中回归模型调整的 $R2$ 约为 0.9845，说明回归的拟合度非常高。

图 17-8 中的第二部分给出了方差分析的结果。由该图可以得到回归部分的 F 值为 335.22，相应的 P 值是 0.0002，小于显著水平为 0.05，因此可以判断由铁路长度、公路长度、内河长度和民航长度四个指标对我国 GDP 解释能力非常显著。

图 17-8 的第三部分给出了线性回归模型的回归系数及相应的一些统计量。从中可以得到线性回归模型中的铁路长度、公路长度、内河长度和民航长度的系数分别约为 21 001、120、1143 和 355，说明铁路长度每增加一万公里将极大提高我国的 GDP，而民航长度提高一万公里则只能略微提高我国的 GDP 水平。另外，线性回归模型中的铁路长度和民航长度两个指标的 T 值分别约为 2.42 和 4.75，相应的概率值约为 0.027 和 0.0002，说明系数非常显著，即我国 GDP 高度受铁路长度和民航长度两个指标的影响，而公路长度和内河长度的 T 值很小，对应 P 值均大于 0.1，说明系数不显著，即公路长度和内河长度两个指标在该回归模型中对 GDP 没有显著影响。

SUMMARY OUTPUT

回归统计	
Multiple	0.993721
R Square	0.98748
Adjusted	0.984535
标准误差	4239.529
观测值	22

方差分析

	df	SS	MS	F	gnificance F
回归分析	4	2.41E+10	6.03E+09	335.22	6.34E-16
残差	17	3.06E+08	17973609		
总计	21	2.44E+10			

	Coefficien	标准误差	t Stat	P-value	Lower 95%	Upper 95%	下限 95.0%	上限 95.0%
Intercept	-141600	44316.14	-3.19523	0.005302	-235099	-48101.2	-235099	-48101.2
铁路长度	21001.29	8676.501	2.42048	0.026984	2695.477	39307.11	2695.477	39307.11
公路长度	120.215	150.1331	0.800723	0.434341	-196.538	436.9681	-196.538	436.9681
内河长度	1143.572	4848.463	0.235863	0.816357	-9085.79	11372.94	-9085.79	11372.94
民航长度	354.9329	74.6817	4.752609	0.000184	197.3683	512.4975	197.3683	512.4975

图 17-8　回归分析结果

17.2　Excel 在自然科学中的应用

空气污染问题已经成为一个日益严重的科学和社会问题，空气污染对于人们的生产生活带来了诸多的问题。对空气污染的防治和监测成为了各主要城市的一项重要工作。Excel 的描述性统计、方差分析和时间序列分析等分析方法为空气污染的分析和监测研究提供了有效的工具。

一、问题描述与案例说明

随着经济的发展和社会的进步，环境污染问题越来越成为人们关心的问题。生态环境方面已经成为一个城市综合竞争力的重要组成部分。对城市污染问题的研究和判断对于工业布局、城市发展战略和产业政策的制定具有重要的指导意义。1997 年国务院决定对重点城市进行空气质量周报，空气质量周报包括对几种主要污染物的监测状况和结果，以空气污染指数的形式报告。空气污染指数反映了一个城市的污染情况和污染的变动规律，对环保工作的开展具有重要的指导意义。

二、分析目的、分析思路及数据选取

本案例的研究目的是描述我国当前空气污染的总体情况，为国家环境政策的制定提供科学合理的依据；同时，对各主要城市的空气污染状况进行横向比较，为环境政策的制定提供科学的依据；最后对代表性城市的空气污染状况进行分析和预测，全面把握空气污染状况的发展趋势。

本案例的分析思路如下：首先利用描述性统计分析的方法对各主要城市的空气质量进行整体分析，然后利用方差分析对各城市空气污染程度进行差异性检验，最后利用时间序列分析方法对代表性城市的空气污染状况进行分析和预测。

本案例选取了大同、兰州、苏州、西安等城市 2004 年 6 月 4 日至 2006 年 10 月 31 日的空气质量报告数据，记录了空气污染指数，所有数据均来源于环保部网站及各省市环保厅（局）的网站及相关报告。本案例的原始数据如图 17-9 所示。

日期	大同	兰州	苏州	西安
2004/6/4	112	76	54	109
2004/6/5	76	177	91	193
2004/6/6	74	107	79	157
2004/6/7	86	138	98	98
2004/6/8	91	169	116	91
2004/6/9	80	153	74	91
2004/6/10	110	141	71	73
2004/6/11	116	113	75	89
2004/6/12	99	121	79	97
2004/6/13	123	129	96	95
2004/6/14	112	194	88	79
2004/6/15	109	63	61	101
2004/6/16	80	111	62	96
2004/6/17	61	67	73	93
2004/6/18	82	197	86	102
2004/6/19	75	150	57	104
2004/6/20	108	248	82	107
2004/6/21	105	265	65	114
2004/6/22	69	288	58	93
2004/6/23	90	187	66	99
2004/6/24	64	318	99	85
2004/6/25	68	318	94	70
2004/6/26	100	93	70	64
2004/6/27	88	88	77	72
2004/6/28	99	172	98	60
2004/6/29	125	129	78	73

图 17-9　原始数据

三、案例中使用的 Excel 方法

（一）描述性分析

描述性分析是对数据进行基础性描述，主要用于描述变量的基本特征。Excel 中的描述性分析过程可以生成相关的描述性统计量，如：均值、方差、标准差、全距、峰度和偏度等，通过这些描述性统计量，我们可以对变量变化的综合特征进行全面的了解。

（二）方差分析

方差分析的目的是推断两组或多组资料的总体均数是否相同，检验两个或多个样本均数的差异是否有统计学意义。由于各种因素的影响，研究所得的数据呈现波动状。造成波动的原因可分成两类，一是不可控的随机因素，二是研究中施加的对结果形成影响的可控因素。一个复杂的事物，其中往往有许多因素互相制约又互相依存。方差分析的目的是通过数据分析找出对该事物有显著影响的因素，各因素之间的交互作用等。因此，有必要将方差分析从整体分析中独立出来，做进一步的检验。

（三）指数平滑分析

指数平滑模型是在移动平均模型基础上发展起来的一种时间序列分析预测法，其原理是任一期的指数平滑值都是本期实际观察值与前一期指数平滑值的加权平均。指数平滑模型的思想是对过去值和当前值进行加权平均，以及对当前的权数进行调整以期抵消统计数值的摇摆影响，得到平滑的时间序列。指数平滑法不舍弃过去的数据，但是对过去的数据给予逐渐减弱的影响程度（权重）。

四、Excel 操作步骤

（一）各主要城市空气污染指数的描述性分析操作步骤

（1）打开数据文件，单击"数据"选项卡，执行"分析"组中的"数据分析"命令，弹出如图 17-10 所示的"数据分析"对话框。

（2）在"数据分析"对话框中选择"描述统计"选项，单击"确定"按钮，弹出"描述统计"对话框。

（3）在"描述统计"对话框中的"输入区域"文本框中输入单元格区域 B1:E876，选中"标志位于第一行"复选框，选中"汇总统计"、"平均数置信度"、"第 K 大值"、"第 K 小值"复选框，并在"平均数置信度"右侧输入用户需要的置信度，在"第 K 大值"、"第 K 小值"右侧输入用户需要的 K 值。

（4）单击"确定"按钮，输出描述性统计分析结果。

（二）各主要城市空气污染指数方差分析操作步骤

（1）提出原假设：大同、兰州、苏州、西安四市的空气质量无显著差异。备择假设：大同、兰州、苏州、西安四市的空气质量有显著差异。

（2）在"数据"选项卡中单击"数据分析"按钮，在如图 17-10 所示的"数据分析"对话框中选择"方差分析：单因素方差分析"分析工具（此例中每个城市只有一个变量，因此选择"单因素"），单击"确定"按钮，弹出如图 17-11 所示的"方差分析：单因素方差分析"对话框。

（3）在"方差分析：单因素方差分析"对话框中的"输入区域"文本框中输入数据所在区域"B2:E876"；按照实验的数据结构在"分组方式"一栏中选择"列"；在"α"文本框中输入显著性水平 0.05；单击"确定"按钮即可完成，分析的结果将会生成在如图 17-15 所

示的新工作表中。

图 17-10　"数据分析"对话框

图 17-11　"方差分析：单因素方差分析"对话框

（三）各主要城市空气污染指数指数平滑分析操作步骤

以大同市的空气污染指数预测为例：

（1）　选择"数据"选项卡中的"数据分析"命令，弹出如图 17-12 所示的"数据分析"对话框，选择"指数平滑"，单击"确定"按钮，弹出如图 17-13 所示的"指数平滑"对话框。

（2）　如图 17-13 所示，"输入区域"的空格中填写已知时间序列数据的位置，我们输入"B2:B877"；"阻尼系数"的空格中填写指数平滑法中的阻尼系数 $1-\alpha$，一般输入 0.3；清除"标志"复选框；"输出区域"的空格中填写输出的区域位置，我们不妨输入"F2:F877"，单击"确定"按钮，得到兰州市空气污染指数的平滑预测结果。

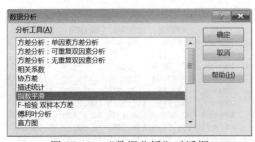

图 17-12　"数据分析"对话框

图 17-13　"指数平滑"对话框

（3）　同理，可以做出其他 3 个城市的空气污染指数平滑预测结果。

五、结果分析

（一）各主要城市空气污染指数的描述性横向比较操作步骤

图 17-14 给出了描述性分析的主要结果。从该图可以得到各个变量的个数、最大值、最小值等统计量。从描述性统计结果我们可以看出，兰州的空气污染情况最为严重，平均空气污染指数达到了约 159.4 的水平，苏州的空气质量最佳，平均空气污染指数约为 77.9，此外苏州与西安的标准误差较小，说明苏州与西安每天的空气污染状况较为稳定，而大同和兰州的标准误差较大，说明大同和兰州每天的空气污染状况变化较大。

大同		兰州		苏州		西安	
平均	107.0183	平均	159.3794	平均	77.88	平均	100.2777
标准误差	2.066283	标准误差	3.741085	标准误差	1.218443	标准误差	1.257236
中位数	92	中位数	124	中位数	71	中位数	95
众数	82	众数	500	众数	55	众数	76
标准差	61.12148	标准差	110.6628	标准差	36.04203	标准差	37.18953
方差	3735.835	方差	12246.25	方差	1299.028	方差	1383.061
峰度	18.55776	峰度	2.292916	峰度	16.86297	峰度	54.6326
偏度	3.715987	偏度	1.705496	偏度	2.758477	偏度	5.661098
区域	490	区域	483	区域	419	区域	453
最小值	10	最小值	17	最小值	13	最小值	47
最大值	500	最大值	500	最大值	432	最大值	500
求和	93641	求和	139457	求和	68145	求和	87743
观测数	875	观测数	875	观测数	875	观测数	875
最大(1)	500	最大(1)	500	最大(1)	432	最大(1)	500
最小(1)	10	最小(1)	17	最小(1)	13	最小(1)	47
置信度(95	4.055456	置信度(95	7.34256	置信度(95	2.391416	置信度(95	2.467554

图 17-14　描述性分析结果

（二）各主要城市空气污染指数方差分析结果

分析方差分析的结果。从图 17-15 所示的分析结果中可看出，四个城市空气污染指数的平均值有显著性差异，列 2（兰州）的空气污染指数最高，列 3（苏州）的空气污染指数最低。另外，计算的 F 值为 223.0452，远大于 F 临界值，同时 P 值为 2.1E-132，远小于显著性水平 0.05，说明应该拒绝原假设，可以得出结论：大同、兰州、苏州、西安四市的空气质量有显著差异。

（三）各主要城市空气污染指数指数平滑分析结果

如图 17-16 所示，根据指数平滑法得到 2006 年 11 月 1 日四个城市的空气污染指数预测结果，单元格 F877，G877，H877，I877 中的数据 96，124，97，107 分别为大同、兰州、苏州和西安 2006 年 11 月 1 日空气污染指数的预测约值，兰州的污染程度依然是最高的，大同的污染程度变成了最低的。

方差分析：单因素方差分析

SUMMARY

组	观测数	求和	平均	方差
列 1	875	93641	107.0183	3735.835
列 2	875	139457	159.3794	12246.25
列 3	875	68145	77.88	1299.028
列 4	875	87743	100.2777	1383.061

方差分析

差异源	SS	df	MS	F	P-value	F crit
组间	3122217	3	1040739	223.0452	2.1E-132	2.60745
组内	16312492	3496	4666.045			
总计	19434709	3499				

图 17-15　分析结果

日期	大同预测	兰州预测	苏州预测	西安预测
2004-6-4	#N/A	#N/A	#N/A	#N/A
2004-6-5	112	76	54	109
2004-6-6	86.8	146.7	79.9	167.8
2004-6-7	77.84	118.91	79.27	160.24
2004-6-8	83.552	132.273	92.381	116.672
2004-6-9	88.7656	157.9819	108.9143	98.7016
2004-6-10	82.62968	154.4946	84.47429	93.31048
2004-6-11	101.7889	145.0484	75.04229	79.09314
2004-6-12	111.7367	122.6145	75.01269	86.02794
2006-10-27	92.6771	114.9508	57.51011	80.21143
2006-10-28	126.5031	89.08524	56.45303	84.96343
2006-10-29	114.9509	86.92557	75.03591	91.28903
2006-10-30	101.6853	128.2777	110.0108	104.3867
2006-10-31	106.1056	128.7833	114.9032	92.21601
2006-11-1	95.53168	124.035	96.77097	107.4648

图 17-16　预测结果

17.3　Excel 在社会科学中的应用

随着管理精细化和分析技术的发展，社会科学中的定量研究越来越受到重视，定量分析的结果已成为决策的重要依据和参考。科学准确的分析结果离不开现代统计分析方法的运用，Excel 的统计分析过程为社会科学的定量研究提供了一种方便的实现方式。描述性统计分析、回归分析、因子分析和聚类分析等分析方法是经济管理研究中常用的分析方法。

一、问题描述与案例说明

自改革开放以来，特别是近年，我国农业及农村经济发生了巨大变化，农业生产进入了新的发展阶段，但也遇到一些新情况和新问题，农民收入增长缓慢是当前面临的一个主要问题，它直接关系到农村经济的发展和农村社会的稳定。农民增收问题是三农问题的一个重要方面，分析农民收入影响因素以找寻切实有效的农民增收途径十分必要。

二、分析目的、分析思路及数据选取

本案例的研究目的是对受调查农户的农业收入进行影响因素分析，分析我国当前影响农民收入的主要因素，为农业政策的制定提供科学的依据；同时，对影响我国农户收入水平的因素进行分类，全面把握影响农户收入水平的重要因素，为国家农业政策的制定提供科学合理的依据。

本案例的分析思路如下：首先利用描述性统计分析的方法对调查访问的各个变量进行整体性描述分析和比较，然后利用相关系数分析各个变量对农业收入的影响程度并进行分类，最后利用回归分析方法对影响农业收入的因素进行分析。

本案例选取了某农村农民收入调查数据，记录了 174 位受调查农户的农业收入、户主年龄、文化、家庭人口、机械化否、自己经营等变量。本案例的原始数据如图 17-17 所示。

表号	农业收入	户主年龄	文化1	家庭人口	机械化否	自己经营
8	24000	56	4	5	1	0
9	26000	50	4	5	1	1
10	15400	40	3	3	0	1
14	27000	64	4	5	1	1
15	9000	46	4	3	0	1
19	17000	43	2	2	0	1
20	8000	49	3	2	0	1
21	10000	51	4	4	0	0
22	15000	52	4	3	0	0
23	5200	39	3	3	0	1
25	10000	48	4	5	0	1
26	10000	52	4	4	0	1
27	10000	56	4	5	0	1
28	10000	53	4	4	0	1
29	2000	55	4	4	0	1
32	4000	55	1	5	0	0
33	15000	36	4	5	0	1
34	10000	44	3	3	0	1
38	20000	45	3	5	0	1
39	8000	75	4	4	0	1
40	4500	51	4	3	0	0
41	15000	40	3	4	0	1
45	23400	74	5	5	1	1
46	20000	35	3	4	1	1
47	10000	64	5	5	0	1
48	15000	53	3	5	0	1
51	20083	53	4	4	1	1

图 17-17　原始数据

三、案例中使用的 Excel 方法

（一）描述性分析

描述性分析是对数据进行基础性描述，主要用于描述变量的基本特征。Excel 中的描述性分析过程可以生成相关的描述性统计量，如：均值、方差、标准差、峰度和偏度等，通过这些描述性统计量，我们可以对变量变化的综合特征进行全面的了解。

（二）相关分析

相关分析是一种数据简化的技术。它通过研究众多变量之间的内部依赖关系，探求观测数据中的基本结构，并用少数几个独立的不可观测变量来表示其基本的数据结构。相关分析是研究现象之间是否存在某种依存关系，并探讨具有依存关系的现象之间的相关方向以及相关程度，进而研究随机变量之间的相关关系的一种统计方法。

（三）回归分析

回归分析是研究一个因变量与一个或多个自变量之间的线性或非线性关系的一种统计分析方法。回归分析是指通过规定因变量和自变量来确定变量之间的因果关系，建立回归模型，并根据实测数据来估计模型的各个参数，然后评价回归模型是否能够很好地拟合实测数据；并根据自变量做进一步预测。

四、Excel 操作步骤

（一）农户农业收入主要影响因素的描述性分析操作步骤

（1）打开数据文件，单击"数据"选项卡，执行"分析"组中的"数据分析"命令，弹出"数据分析"对话框。

（2）在"数据分析"对话框中选择"描述统计"选项，单击"确定"按钮，弹出"描述统计"对话框。

（3）在"描述统计"对话框中的"输入区域"文本框中输入单元格区域 B1:E876，选中"标志位于第一行"复选框，选中"汇总统计"、"平均数置信度"、"第 K 大值"、"第 K 小值"复选框，并在"平均数置信度"右侧输入用户需要的置信度，在"第 K 大值"、"第 K 小值"右侧输入用户需要的 K 值。

（4）单击"确定"按钮，输出描述性统计分析结果。

（二）农户农业收入主要影响因素的相关系数分析操作步骤

（1）单击"数据"选项卡，执行"分析"组中的"数据分析"命令，弹出"数据分析"对话框，在"数据分析"对话框中选中"相关系数"，单击"确定"按钮，弹出"相关系数"对话框。

（2）单击"输入区域"文本框，输入单元格区域 B1:F23，选中"标志位于第一行"复选框。

（3）设置完成后，单击"确定"按钮，输出相关分析结果。

（三）农户农业收入主要影响因素的回归分析操作步骤

（1）在"数据"选项卡中单击"数据分析"按钮，在"数据分析"对话框中选择"回归"分析工具，单击"确定"按钮，弹出"回归"对话框。

（2）在"回归"对话框中的"Y 值输入区域"中输入因变量 GDP 所在区域 B1:B23，在"X 值输入区域"中输入自变量购进价格和销售费用所在区域 C1:F23，单击"确定"按钮即可输出回归分析结果。

五、结果分析

（一）农户农业收入主要影响因素的描述性分析结果

图 17-18 给出了描述性分析的主要结果。从该图可以得到各个变量的个数、最大值、最小值等统计量。从描述性统计结果我们可以看出，受调查的样本中，户主的平均年龄为 51 岁左右，大致以中老年为主；而文化程度平均约为 3.59，说明农户的学历主要介于初、高中之

间；家庭人口平均为 4.35 个，说明农村人口主要以家族聚居为主，家庭人口数量多；农业收入平均约为 5703 元，标准误差约为 451.5 元，说明样本的农业收入较低，且变化范围广；从机械化和自营两个变量的平均值也可以看出，样本农户中机械化水平低，约为 23%，且多数为自营作业方式。

户主年龄		文化1		家庭人口		家总收入		农业收入		非农收入		机械化否		自己经营	
平均	51.29885	平均	3.591954	平均	4.350575	平均	23854.51	平均	5703.46	平均	16823.58	平均	0.229885	平均	0.816092
标准误差	0.836324	标准误差	0.059906	标准误差	0.075944	标准误差	1409.959	标准误差	451.514	标准误差	1013.511	标准误差	0.03199	标准误差	0.029454
中位数	51	中位数	4	中位数	4	中位数	21000	中位数	3250	中位数	14000	中位数	0	中位数	1
众数	48	众数	4	众数	5	众数	25000	众数	1000	众数	10000	众数	0	众数	1
标准差	11.03187	标准差	0.790217	标准差	1.001776	标准差	18598.64	标准差	5955.879	标准差	13369.13	标准差	0.421973	标准差	0.388527
方差	121.7021	方差	0.624444	方差	1.003555	方差	3.46E+08	方差	35472493	方差	1.79E+08	方差	0.178061	方差	0.150953
峰度	0.169506	峰度	0.229316	峰度	2.360609	峰度	37.1854	峰度	2.802191	峰度	15.4879	峰度	-0.32651	峰度	0.717593
偏度	0.386728	偏度	-0.62732	偏度	0.121611	偏度	4.972478	偏度	1.772296	偏度	3.252883	偏度	1.295134	偏度	-1.64605
区域	59	区域	4	区域	8	区域	185720	区域	26830	区域	100000	区域	1	区域	1
最小值	29	最小值	1	最小值	1	最小值	2280	最小值	170	最小值	0	最小值	0	最小值	0
最大值	88	最大值	5	最大值	9	最大值	188000	最大值	27000	最大值	100000	最大值	1	最大值	1
求和	8926	求和	625	求和	757	求和	4150685	求和	992402	求和	2927303	求和	40	求和	142
观测数	174	观测数	174	观测数	174	观测数	174	观测数	174	观测数	174	观测数	174	观测数	174

图 17-18　描述性分析结果

（二）农户农业收入主要影响因素的相关系数分析结果

由图 17-19 可知，受调查样本中，农业收入与户主年龄、文化程度、家庭人口、机械化程度，以及是否自营的相关系数分别约为-0.01、0.18、-0.04、0.73 和 0.12，说明样本中农户收入与机械化程度具有较强的相关关系，与其他因素的相关关系相对而言比较弱。

	农业收入	户主年龄	文化1	家庭人口	机械化否	自己经营
农业收入	1					
户主年龄	-0.00975	1				
文化1	0.177592	0.575025	1			
家庭人口	-0.04022	0.333579	0.232864	1		
机械化否	0.73864	0.018705	0.134529	0.027039	1	
自己经营	0.117856	0.045263	0.149536	-0.05616	0.001401	1

图 17-19　相关系数分析结果

（三）农户农业收入主要影响因素的回归分析结果

图 17-20 中的"回归统计"输出结果给出了用户主年龄、文化程度、家庭人口、机械化程度，以及是否自营来解释农户农业收入的能力，具体给出了 R、R_2、调整后 R_2，以及标准误差和观测值。如本实验中回归模型调整的 R_2 约为 0.56，说明回归的拟合度一般。

图 17-20 中的第二部分给出了方差分析的结果。由该图可以得到回归部分的 F 值为 45，相应的 P 值是 0.000，小于显著水平 0.05，因此可以判断由户主年龄、文化程度、家庭人口、机械化程度，以及是否自营五个指标对农户农业收入解释能力显著。

图 17-20 的第三部分给出了线性回归模型的回归系数及相应的一些统计量。从中可以得到线性回归模型中的户主年龄、文化程度、家庭人口、机械化程度，以及是否自营的系数。另外，线性回归模型中的文化程度、是否机械化和是否自营三个指标的 T 值分别约为 1.97、14.19 和 1.92，相应的概率值约为 0.05、0.000 和 0.06，说明系数非常显著，即样本农户的农业收入高度受文化程度、是否机械化和是否自营三个指标的影响，而户主年龄和家庭人口的 T 值很小，对应 P 值均大于 0.1，说明系数不显著，即户主年龄和家庭人口两个指标在该回归模型中对样本农户的农业收入没有显著影响。

SUMMARY OUTPUT

回归统计	
Multiple	0.75643
R Square	0.572186
Adjusted	0.559454
标准误差	3953.135
观测值	174

方差分析

	df	SS	MS	F	mificance F
回归分析	5	3.51E+09	7.02E+08	44.93884	2.75E-29
残差	168	2.63E+09	15627273		
总计	173	6.14E+09			

	Coefficien	标准误差	t Stat	P-value	Lower 95%	Upper 95%	下限 95.0%	上限 95.0%
Intercept	3665.799	1882.974	1.946813	0.053225	-51.5403	7383.138	-51.5403	7383.138
户主年龄	-43.6237	34.50909	-1.26412	0.207937	-111.751	24.50363	-111.751	24.50363
文化1	941.7103	476.8351	1.974918	0.049916	0.349615	1883.071	0.349615	1883.071
家庭人口	-335.41	319.8751	-1.04857	0.295884	-966.903	296.0828	-966.903	296.0828
机械化否	17685.99	1246.459	14.18899	1.52E-30	15225.25	20146.73	15225.25	20146.73
自己经营	1512.174	786.3728	1.922974	0.056175	-40.2714	3064.62	-40.2714	3064.62

图 17-20　回归分析结果

17.4　Excel 在医学中的应用

由于医学领域的特殊性，无论是新药的开发研制还是新的治疗方法的应用，都要经过长期的观测和反复的实验对比。Excel 的统计分析过程为医学领域观测和试验的结果分析与研究提供了有力的工具，在医疗、卫生统计和流行病学调查方面具有广泛的应用。Excel 常用于医学领域的统计分析过程，包括方差分析、判别分析和生存分析等。

一、问题描述与案例说明

在医疗领域中对于症状的发展的早期诊断一直是一项重要的任务，大量的临床案例的积累为早期诊断的研究提供了重要的基础依据。而 Excel 为分析研究这些基础性资料并得到相关的结论提供了有力的工具。

先天性巨结肠症由于其手术创伤大、输血量多和患者多为婴儿等特点，其术后感染成为了医学研究的重要领域。对术后感染情况的早期预测和诊断成为了降低手术死亡率和提高手术成功率的重要一环。本节以北京儿童医院李龙教授的"围手术期输血与先天性巨结肠症术后感染"研究为例，讲解 Excel 在医学中的应用。

二、分析目的、分析思路及数据选取

本案例的分析目的是希望得出先天性巨结肠手术后是否发生感染的相关影响因素，并建立术后感染与否的预测诊断函数，以便对手术后婴儿的感染发生情况进行早期诊断。此外我们还关心手术的持续时间对婴儿手术后是否发生感染的影响，以便设立科学合理的手术机制，减少感染的发生。

本案例的分析思路如下：首先利用方差分析方法分析不同手术持续时间的结果是否存在显著差异；然后利用回归分析方法建立回归函数，利用回归分析对影响术后感染的主要因素。

该研究观测了在北京儿童医院接受先天性巨结肠手术的 24 名儿童的性别、月龄、红细胞积压、手术持续时间（分钟）、手术失血量（毫升）、手术中输血次数、手术输血量（毫升每

公斤）和感染与否等信息，该案例的原始数据如图 17-21 所示。

编号	性别	月龄	红细胞积压	手术持续时间	手术失血量	手术中输血次数	手术输血量	感染与否
1	男	11	56.4	200	40	1	10	未感染
2	男	4	32.5	215	40	1	15.2	未感染
3	男	10	37.8	190	40	1	13.5	未感染
4	男	22	37.9	250	40	2	30	感染
5	女	7	47.80	145	40	1	16.7	感染
6	女	6	47.40	205	60	2	18.3	感染
7	男	45	54.70	210	40	3	21.4	未感染
8	男	1	98.30	270	20	3	30.3	感染
9	男	1	47.00	180	40	3	31.3	感染
10	男	4	31.6	180	40	1	20	未感染
11	男	15	49.7	190	40	1	10	未感染
12	男	5	31.8	170	40	1	25	未感染
13	男	1	52.3	135	40	4	35.7	未感染
14	男	9	46.6	245	40	1	12.5	感染
15	男	1	76.4	200	20	3	32.3	感染
16	男	144	48.1	325	40	1	7.4	感染
17	男	11	80.8	280	100	2	18.8	感染
18	男	2	56.1	225	20	2	22.7	未感染
19	男	17	41.2	225	40	1	16.7	感染
20	男	60	41.9	270	40	1	10.5	未感染
21	男	2	52.7	165	30	4	40.3	感染
22	男	78	53.7	275	40	2	10.5	未感染
23	男	5	33.8	140	40	1	16.7	未感染
24	男	4	58.7	110	40	4	58.3	感染

图 17-21 原始数据

三、案例中使用的 Excel 方法

（一）方差分析

方差分析是一种假设检验，它把观测总变异的平方和与自由度分解为对应不同变异来源的平方和和自由度，将某种控制性因素所导致的系统性误差和其他随机性误差进行对比，从而推断各组样本之间是否存在显著性差异以便分析该因素是否对总体存在显著性影响。

（二）回归分析

回归分析是研究一个因变量与一个或多个自变量之间的线性或非线性关系的一种统计分析方法。回归分析是指通过规定因变量和自变量来确定变量之间的因果关系，建立回归模型，并根据实测数据来估计模型的各个参数，然后评价回归模型是否能够很好地拟合实测数据；并根据自变量做进一步预测。

四、Excel 操作步骤

实验的具体操作步骤如下。

（一）手术持续时间对术后感染情况影响的方差分析

（1）提出原假设：手术持续时间对手术后感染无显著影响。备择假设：手术持续时间对手术后感染有显著影响。

（2）数据处理：Excel 中只能进行数据的计算与分析，因此需要将原始数据中的"性别"、"感染与否"等变量以 0 或 1 的形式进行数据处理。其中，在"性别"变量中，用 0 来替代女性，用 1 来替代男性；在"感染与否"变量中，用 0 来替代未感染，用 1 来替代感染，最终处理结果如图 17-22 所示。同时，为了便于进行方差分析，我们将"手术持续时间"和"感染与否"两个变量复制到如图 17-23 所示的新建的工作表中。

（3）单击"数据"选项卡，执行"分析"组中的"数据分析"命令，在"数据分析"对话框中选择"方差分析：单因素方差分析"分析工具（此例中每个城市只有一个变量，因此

选择"单因素"），单击"确定"按钮，弹出"方差分析：单因素方差分析"对话框。

编号	性别	月龄	红细胞积压	手术持续时间	手术失血量	手术中输血次数	手术输血量	感染与否
1	1	11	56.4	200	40	1	10	0
2	1	4	32.5	215	40	1	15.2	0
3	1	10	37.8	190	40	1	13.5	0
4	1	22	37.9	250	40	2	30	1
5	2	7	47.80	145	40	1	16.7	0
6	2	6	47.40	205	60	2	18.3	0
7	1	45	54.70	210	40	3	21.4	0
8	1	1	98.30	270	20	3	30.3	1
9	1	1	47.00	180	40	3	31.3	0
10	1	4	31.6	180	40	1	20	0
11	1	15	49.7	190	40	1	10	0
12	1	5	31.8	170	40	1	25	0
13	1	1	52.3	135	40	4	35.7	0
14	1	9	46.6	245	40	1	12.5	1
15	1	1	76.4	200	20	3	32.3	1
16	1	144	48.1	325	40	1	7.4	1
17	1	11	80.8	280	100	2	18.8	1
18	1	2	56.1	225	20	2	22.7	0
19	1	17	41.2	225	40	1	16.7	0
20	1	60	41.9	270	40	1	10.5	0
21	1	2	52.7	165	30	4	40.3	1
22	1	78	53.7	275	40	2	10.5	0
23	1	5	33.8	140	40	1	16.7	0
24	1	4	58.7	110	40	4	58.3	1

手术持续时间	感染与否
200	0
215	0
190	0
250	1
145	0
205	0
210	0
270	1
180	0
180	0
190	0
170	0
135	0
245	1
200	1
325	1
280	1
225	1
225	1
270	0
165	1
275	1
140	1
110	1

图 17-22　数据转换结果　　　　　　　　　　　图 17-23　方差分析数据

（4）在"方差分析：单因素方差分析"对话框中的"输入区域"文本框中输入数据所在区域"A1:B25"；按照实验的数据结构在"分组方式"一栏中选择"列"；在"α"文本框中输入显著性水平 0.05；单击"确定"按钮即可完成。

（二）术后感染情况影响因素分析的操作步骤

（1）利用如图 17-22 所示的数据，在"数据"选项卡中单击"数据分析"按钮，在"数据分析"对话框中选择"回归"分析工具，单击"确定"按钮，弹出"回归"对话框。

（2）在"回归"对话框中的"Y 值输入区域"中输入因变量感染与否所在区域 I1:I25，在"X 值输入区域"中输入自变量性别、月龄、红细胞积压、手术持续时间、手术失血量、手术中输血次数、手术输血量等变量所在区域 B1:H23，单击"确定"按钮即可输出回归分析结果。

五、结果分析

（一）手术持续时间对术后感染情况影响分析的结果分析

图 17-24 给出了方差分析的结果。从中可以得到原假设手术持续时间对手术后感染无显著影响检验的 P 值约为 0.000，小于显著水平 0.05，因此应该拒绝原假设，可以认为手术持续时间对手术后感染有显著影响。

方差分析：单因素方差分析					
SUMMARY					
组	观测数	求和	平均	方差	
手术持续时	24	5000	208.3333	2781.884	
感染与否	24	8	0.333333	0.231884	
方差分析					
差异源	SS	df	MS	F	P-value	F crit
组间	519168	1	519168	373.2181	1.05E-23	4.051749
组内	63988.67	46	1391.058			
总计	583156.7	47				

图 17-24　方差分析结果

（二）术后感染情况影响因素分析的结果分析

图 17-25 中的"回归统计"输出结果给出了用性别、月龄、红细胞积压、手术持续时间、手术失血量、手术中输血次数、手术输血量来解释术后感染与否的能力，具体给出了 R、R2、调整后 R2 以及标准误差和观测值。如本实验中回归模型调整的 R2 约为 0.67，说明回归的拟合度一般。

图 17-25 中的第二部分给出了方差分析的结果。由该图可以得到回归部分的 F 值约为 4.56，相应的 P 值约为 0.005，小于显著水平 0.05，因此可以判断由性别、月龄、红细胞积压、手术持续时间、手术失血量、手术中输血次数、手术输血量等指标对术后感染与否的解释能力比较显著。

图 17-25 的第三部分给出了线性回归模型的回归系数及相应的一些统计量。从中可以得到线性回归模型中的性别、月龄、红细胞积压、手术持续时间、手术失血量、手术中输血次数、手术输血量的系数。另外，线性回归模型中的红细胞积压、手术持续时间、手术中输血次数、手术输血量四个指标的 T 值分别约为 2.08、2.04、-3.03 和 4.02，相应的概率值约为 0.05、0.06、0.008 和 0.0009，说明系数非常显著，即样本术后感染与否高度受红细胞积压、手术持续时间、手术中输血次数、手术输血量这几个指标的影响，而性别和月龄的 T 值很小，对应 P 值均大于 0.1，说明系数不显著，即性别和月龄两个指标在该回归模型中对样本术后感染与否没有显著影响。

SUMMARY OUTPUT					
回归统计					
Multiple R	0.816138				
R Square	0.666081				
Adjusted R Squ	0.519991				
标准误差	0.333626				
观测值	24				
方差分析					
	df	SS	MS	F	mificance F
回归分析	7	3.55243	0.50749	4.559395	0.005716
残差	16	1.780903	0.111306		
总计	23	5.333333			

	Coefficien	标准误差	t Stat	P-value	Lower 95%	Upper 95%	下限 95.0%	上限 95.0%
Intercept	-1.99787	0.505141	-3.95506	0.001134	-3.06872	-0.92701	-3.06872	-0.92701
性别	0.080193	0.26952	0.297538	0.769884	-0.49116	0.65155	-0.49116	0.65155
月龄	0.002525	0.003159	0.799327	0.435807	-0.00417	0.009222	-0.00417	0.009222
红细胞积压	0.013798	0.006623	2.083266	0.053625	-0.00024	0.027838	-0.00024	0.027838
手术持续时间	0.004996	0.00245	2.039139	0.058309	-0.0002	0.010189	-0.0002	0.010189
手术失血量	0.003319	0.004841	0.685686	0.502726	-0.00694	0.013581	-0.00694	0.013581
手术中输血次数	-0.44025	0.145491	-3.02596	0.008032	-0.74868	-0.13182	-0.74868	-0.13182
手术输血量	0.05399	0.013406	4.027375	0.000974	0.025571	0.082409	0.025571	0.082409

图 17-25 方差分析结果

17.5 Excel 在调查分析中的应用

Excel 在调查分析中得到了广泛的应用。在实际应用中，往往需要对某一问卷设计一个问卷调查系统，并对问卷的调查结果进行统计分析，使用 Excel 能够方便快捷地达到问卷设计和统计分析的目的。

一、问题描述与案例说明

医疗保险制度的实施，可以有效地保障劳动者身体健康，提高劳动者素质，从而对于提高劳动生产率，促进生产的发展发挥着重要作用。劳动力是社会生产力中最活跃的因素，是首要的生产力。因此，疾病的医疗是劳动力再生产的必要条件，医疗费用是劳动力再生产的必要费用。医疗保险制度的实施，为劳动者减少疾病，生病得到及时治疗，恢复身体健康，并以健康的体魄投入生产劳动提供了重要保证。本节以"医保服务情况调查问卷"分析为例，介绍 Excel 在调查分析中的应用。

二、分析目的、分析思路及数据选取

本案例的分析目的是通过 Excel 软件中的 VBA 功能设计"医保服务情况调查问卷"问卷调查系统，便于方便快捷地进行调查问卷数据的记录和分析，简化问卷调查分析的步骤，同时对问卷调查获取的数据进行统计分析，分析影响人们对医保政策的关注程度的因素。

本案例的分析思路如下：首先利用 Excel 软件中的 VBA 功能对"医保服务情况调查问卷"设计记录系统；然后利用通过问卷调查系统自动记录的数据对医保服务情况进行分析；最后通过描述性统计和回归分析的方法分析影响人们对医保政策的关注程度的因素。

该案例的原始调研问卷如下所示。

医保服务情况调查问卷

亲爱的朋友：

您好！为了了解您所在区域的医保服务的具体情况，特做此调查，以便我们提高服务品质，为您提供更满意的服务。在此耽误您一点宝贵的时间，了解一下您对医保服务的一点看法，谢谢您的支持！

您的资料：

1. 性别：男，女；

2. 年龄：15 岁以下，16～25 岁，26～35 岁，36～45 岁，46～60 岁，60 岁以上；

3. 学历：初中，高中，大学，硕士，硕士以上；

4. 月收入：1000 元以下，1000～3000 元，3000～5000 元，5000 元以上；

5. 职业：公务员，教师，学生，专业技术人员，IT，记者，管理人员，职员，医生，个体户，其他；

6. 您的身体情况：好，一般，差；

7. 您认为医保缴费金额合适吗：合适，差不多，太贵了；

8. 您觉得医保现在实施的状况：好，较好，一般，差，很差；

9. 您对医保的最近政策：非常了解，一般，不了解。

三、案例中使用的 Excel 方法

（一）利用 VBA 设计问卷调查系统

VBA 是微软开发出来在其桌面应用程序中执行通用的自动化任务的编程语言。VBA 要求

有一个宿主应用程序才能运行，而且不能用于创建独立应用程序。VBA 可使常用的过程或者进程自动化，可以创建自定义的解决方案，最适用于定制已有的桌面应用程序。

（二）描述性分析

描述性分析是对数据进行基础性描述，主要用于描述变量的基本特征。SPSS 中的描述性分析过程可以生成相关的描述性统计量，如：均值、方差、标准差、峰度和偏度等，通过这些描述性统计量，我们可以对变量变化的综合特征进行全面的了解。

（三）相关分析

相关分析是一种数据简化的技术。它通过研究众多变量之间的内部依赖关系，探求观测数据中的基本结构，并用少数几个独立的不可观测变量来表示其基本的数据结构。相关分析是研究现象之间是否存在某种依存关系，并探讨具有依存关系的现象之间的相关方向以及相关程度，进而研究随机变量之间的相关关系的一种统计方法。

四、Excel 操作步骤

实验的具体操作步骤如下。

（一）设计问卷调查系统的具体步骤

1．编辑说明文字

（1）单击"插入"选项卡"文本"组中的"文本框"按钮，在下拉菜单中选择"横排文本框"命令，在 Excel 工作表中选择合适的位置创建文本框，在文本框中输入说明文字。

（2）按照需要调整输入文字的格式，在文本框的边框上单击鼠标右键，在弹出的快捷菜单中选择"设置形状格式"命令，弹出如图 17-26 所示的"设置形状格式"对话框。在该对话框中的"填充"选项卡中选择"渐变填充"单选按钮，在"预设颜色"中选择"宝石蓝"颜色，其他参数按照默认设置即可。得到的填充效果如图 17-27 所示。

图 17-26　"设置形状格式"对话框　　　　图 17-27　说明文字处理效果

2．编辑单选调查内容

（1）单击"开发工具"选项卡"控件"组中的"插入"按钮，弹出如图 17-28 所示的下拉菜单，在该下拉菜单中单击"表单控件"中的"分组框"按钮，在 Excel 工作表中添加分组框，并将新添加的分组框标题改为"性别"。

（2）单击"表单控件"中的"选项"按钮◉，然后在分组框内拖动至合适的大小后释放鼠标；右键单击选项按钮，选择"选项按钮对象"，并选择"编辑"命令，在按钮右侧的文本框中输入选项所代表的文字"男"，并用同样的方法添加一个选项按钮，选项文字输入为"女"，如图 17-29 所示。

图 17-28 "插入"下拉菜单

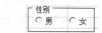

图 17-29 "性别"选项设计结果

（3）按照"性别"分组框的设计方法，分别添加"您的身体情况"，"您认为医保缴费金额合适吗"，"您觉得这个医保现在实施的状况"，"您对医保的最近政策"等调查问题的选项内容，所得到的结果如图 17-30 所示。

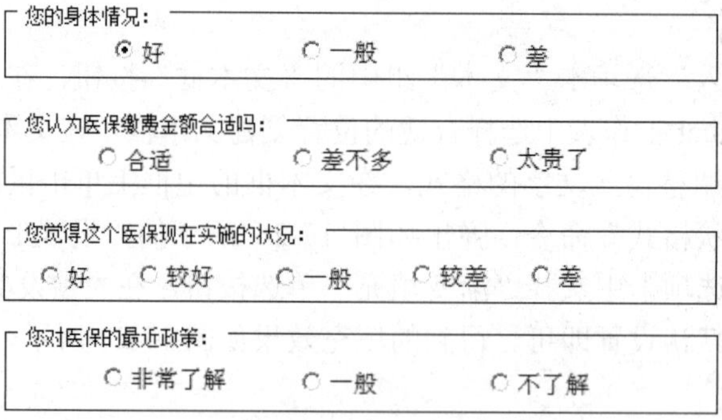

图 17-30 其他选项设计结果

3. 编辑下拉选项调查内容

（1）在设计下拉列表形式的调查内容前，先将这些内容输入到工作簿中。新建一个工作表，将下拉列表内容输入其中，输入结果如图 17-31 所示。

年龄	学历	月收入	职业
15岁以下	初中	1000元以下	公务员
16-25岁	高中	1000-3000元	教师
26-35岁	大学	3000-5000元	学生
36-45岁	硕士	5000元以上	专业技术人员
46-60岁	硕士以上		IT
60岁以上			记者
			管理人员
			职员
			医生
			个体户
			其他

图 17-31 下拉选项内容输入结果

（2）单击"开发工具"选项卡中"控件"组中的"插入"按钮，弹出如图 17-32 所示的下拉菜单，在该下拉菜单中单击"表单控件"中的"组合框"按钮，在 Excel 工作表中添加组合框。

图 17-32　"插入"下拉菜单

（3）　单击"表单控件"中的"标签"按钮 Aa，在 Excel 工作表中添加标签，并输入文字"年龄"。

（4）　为组合框添加数据域。在组合框上单击右键选择"设置对象格式"命令，弹出"设置控件格式"对话框，转到"控制"选项卡，在"数据源区域"中选择引用的数据区域后即可，下拉选项按钮制作结果如图 17-33 所示。

图 17-33　下拉选项制作结果

（5）　按照"年龄"的下拉按钮制作方法，继续添加"学历"、"月收入"、"职业"的下拉按钮。至此，问卷部分已设计完毕，总体制作结果如图 17-34 所示。

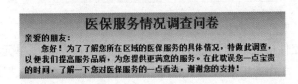

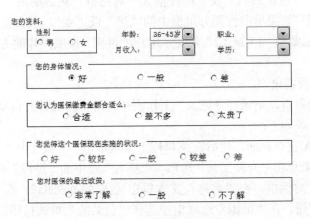

图 17-34　问卷总体制作结果

4．为控件创建单元格链接

（1）　新建工作表"记录"，将各个选项的数据信息添加到"记录"工作表中，添加结果如图 17-35 所示。

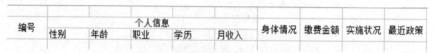

编号	个人信息					身体情况	缴费金额	实施状况	最近政策
	性别	年龄	职业	学历	月收入				

图 17-35　数据信息添加结果

（2）在"问卷"工作表中的"男"单选按钮上右击鼠标，在弹出的快捷菜单中选择"设置控件格式"命令，打开如图 17-36 所示的"设置控件格式"对话框。

图 17-36　"设置控件格式"对话框

（3）在"设置控件格式"对话框的"控制"选项卡中单击"单元格链接"右侧的折叠按钮，然后在"记录"工作表中选择用于存放"性别"数据的单元格"'记录 '!$B$1"。

（4）单击展开按钮，回到"设置控件格式"对话框，然后单击"确定"按钮即可实现单元格链接。此时用户如果单击性别分组框中的"男"或"女"，那么在"记录"工作表中的 B1 单元格内将会显示数值"1"或"2"来表示用户的性别。按照同样的方法可为控件添加"单元格链接"。

5.　自动记录调查结果

将调查问卷的数据自动记录在"记录"工作表中，需要编写具有自动记录功能的 VBA 代码才能实现。具体步骤如下：

（1）打开 VBA 窗口界面，然后在菜单栏上依次单击"开发工具"选项卡"插入"组中的"模块"命令，接着单击"开发工具"选项卡"插入"组中的"过程"命令，打开如图 17-37 所示的"添加过程"对话框，在"名称"文本框中输入"savedata"，在"类型"选项组中选择"子程序"单选按钮，在"范围"选项组中选择"公共的"单选按钮。

（2）单击"确定"按钮，系统将自动添加一个"savedata"的子过程。然后在该子过程的代码框架下添加如下代码：

```
Public Sub savedata()
Dim i As Integer
Dim j As Integer
```

```
Sub savedata()
i = i + 1
For j = 2 To 10
Sheets("记录").Select
Cells(1, j).Select
Selection.Copy Destination:=Cells(i + 3, j)
Cells(1, j) = ""
Next j
Sheets("问卷").Select
End Sub
```

图 17-37　"添加过程"对话框

该代码首先定义了变量 i 和变量 j，然后设置了保存数据的区域为"记录"工作表中的第 2 列到第 10 列，每次记录之前自动加一行。保存过程为，选择第 1 行第 j 列的数据复制到"记录"工作表中的第 $i+3$ 行，第 j 列并保存。

（3）　若在"问卷"工作表中将每项答案填好后，可以单击"运行子过程/用户窗体"按钮，运行该子过程。

6.　设置 VBA 程序运行按钮

（1）　单击"开发工具"选项卡"控件"组中的"插入"按钮，在下拉菜单中选择"按钮"，在"问卷"工作表中的适当位置按下鼠标左键拖动至适当位置后放开鼠标，系统将自动弹出如图 17-38 所示的"指定宏"对话框。

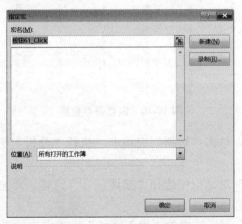

图 17-38　"指定宏"对话框

（2）单击"确定"按钮后，返回到"问卷"工作表中，修改按钮文字为"提交"即可，效果如图 17-39 所示。

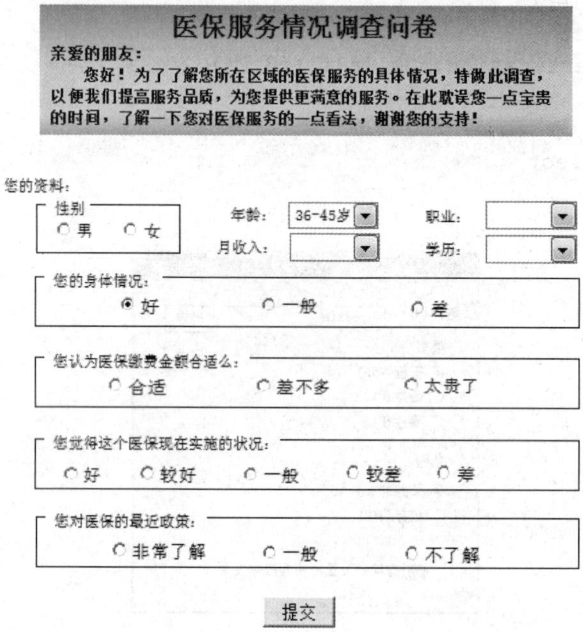

医保服务情况调查问卷

亲爱的朋友：
　　您好！为了了解您所在区域的医保服务的具体情况，特做此调查，以便我们提高服务品质，为您提供更满意的服务。在此耽误您一点宝贵的时间，了解一下您对医保服务的一点看法，谢谢您的支持！

您的资料：

性别　○ 男　○ 女　　　年龄：[36-45岁▼]　　职业：[　▼]
　　　　　　　　　　　月收入：[　▼]　　学历：[　▼]

您的身体情况：　　○ 好　　　○ 一般　　　○ 差

您认为医保缴费金额合适么：　○ 合适　　○ 差不多　　○ 太贵了

您觉得这个医保现在实施的状况：　○ 好　○ 较好　○ 一般　○ 较差　○ 差

您对医保的最近政策：　○ 非常了解　　○ 一般　　○ 不了解

[提交]

图 17-39　问卷调查系统整体效果

（二）描述性分析操作步骤

通过上述问卷调查系统获取的数据如图 17-40 所示，下面我们将对获取的数据进行描述性统计分析，具体步骤如下。

编号	性别	年龄	学历	月收入	身体情况	缴费金额	实施状况	最近政策
1	1	2	4	1	1	1	2	2
2	0	3	2	4	1	1	1	3
3	1	6	5	2	1	2	2	2
4	1	4	3	3	1	2	3	2
5	1	3	2	4	1	1	4	2
6	0	3	4	2	2	2	3	2
7	1	2	2	1	2	2	3	3
8	1	6	5	2	3	3	2	1
9	0	5	4	4	2	3	2	2
10	1	2	2	2	1	2	4	3
11	0	5	4	1	3	3	3	1
12	1	6	2	3	1	1	2	2
13	1	4	2	2	1	1	2	3
14	0	3	3	2	1	2	2	2
15	1	5	5	2	1	1	1	2
16	0	6	4	3	1	1	2	2
17	1	2	3	1	1	1	2	2

图 17-40　调查问卷数据

（1）打开数据文件，单击"数据"选项卡，执行"分析"组中的"数据分析"命令，弹出"数据分析"对话框。

（2）在"数据分析"对话框中选择"描述统计"选项，单击"确定"按钮，弹出"描述统计"对话框。

（3）在"描述统计"对话框中的"输入区域"文本框中输入单元格区域 B3:J20，选中

"标志位于第一行"复选框，选中"汇总统计"、"平均数置信度"、"第 K 大值"、"第 K 小值"复选框，并在"平均数置信度"右侧输入用户需要的置信度，在"第 K 大值"、"第 K 小值"右侧输入用户需要的 K 值。

（4）单击"确定"按钮，输出描述性统计分析结果。

（三）最近政策关注程度影响因素的相关系数分析操作步骤

（1）单击"数据"选项卡，执行"分析"组中的"数据分析"命令，弹出"数据分析"对话框，在"数据分析"对话框中选中"相关系数"，单击"确定"按钮，弹出"相关系数"对话框。

（2）单击"输入区域"文本框，输入单元格区域 B1:I19，选中"标志位于第一行"复选框。

（3）设置完成后，单击"确定"按钮，输出相关分析结果。

五、结果分析

（一）描述性分析结果

图 17-41 给出了描述性分析的主要结果。从该图可以得到各个变量的个数、最大值、最小值等统计量。从描述性统计结果我们可以看出，受调查的样本中，男性的比例基本上占到总调查人数的 64.7%；受调查人数平均年龄段为 36～45 岁；平均学历介于大学本科和硕士之间；其中，大多数受调查者的月收入主要集中于 1000～3000 元；受调查者身体情况基本良好；多数人认为医保的缴费金额比较合理；对于医保的实施情况多数受调查者反应一般；对最近的医保政策的了解程度，受调查者也是在一般性的水平上。

统计量	性别	年龄	学历	月收入	身体情况	缴费金额	实施状况	最近政策
平均	0.647059	3.941176	3.294118	2.176471	1.647059	1.588235	2.588235	2.176471
标准误差	0.119471	0.378373	0.28134	0.274335	0.19061	0.172755	0.227823	0.154237
中位数	1	4	3	2	2	1	3	2
众数	1	2	2	1	1	1	2	2
标准差	0.492592	1.560072	1.159995	1.131111	0.785905	0.712287	0.939336	0.635934
方差	0.242647	2.433824	1.345588	1.279412	0.617647	0.507353	0.882353	0.404412
峰度	-1.76623	-1.57275	-1.46928	-1.09502	-0.86239	-0.404	-0.67029	-0.23764
偏度	-0.67669	0.109608	0.162051	0.492853	0.760421	0.82608	-0.03194	-0.14295
区域	1	4	3	3	2	2	2	3
最小值	0	2	2	1	1	1	1	1
最大值	1	6	5	4	3	3	3	4
求和	11	67	56	37	28	27	44	37
观测数	17	17	17	17	17	17	17	17
最大(1)	1	6	5	4	3	3	3	3
最小(1)	0	2	2	1	1	1	1	1
置信度(95.0%)	0.253268	0.802115	0.596414	0.581564	0.404075	0.366224	0.482962	0.326967

图 17-41　描述性分析结果

（二）最近政策关注程度影响因素的相关系数分析结果

由图 17-42 可知，受调查样本中，对最近政策的了解程度与性别、年龄、学历、月收入、身体情况、缴费金额、医保实施状况的相关系数分别约为 0.21、-0.56、-0.75、0.39、-0.49、-0.51 和 0.23，说明样本中受调查者对最近政策的了解程度与年龄、学历、身体情况和缴费金额具有较强的相关关系，与其他因素的相关关系相对而言比较弱，其中，受调查者的年龄越大、学历越高、身体越差、缴费金额自我感觉越贵的对医保政策的关注程度越高；而受调查者的年龄越小、学历越低、身体越好、缴费金额自我感觉越便宜的，对医保政策的关注程度就越低。

	性别	年龄	学历	月收入	身体情况	缴费金额	实施状况	最近政策
性别	1							
年龄	-0.11003	1						
学历	-0.13512	0.528207	1					
月收入	-0.21775	0.218761	-0.2802	1				
身体情况	-0.50333	0.236888	0.258098	-0.41771	1			
缴费金额	-0.08383	0.145574	0.307022	-0.52477	0.617353	1		
实施状况	-0.06356	-0.35876	-0.39814	-0.04498	0.298807	0.291226	1	
最近政策	0.211254	-0.55586	-0.75256	0.388443	-0.49286	-0.51945	0.233874	1

图 17-42　相关系数分析结果

17.6　上机题

光盘：\录像\第 17 章\上机题\……

光盘：\上机题\第 17 章\习题\……

1. 本题目给出了 1996 年一季度到 2008 年二季度我国房地产价格指数的数据，其中以 1996 年一季度为基期，并设定为 100。试用时间序列等方法分析我国房地产价格的走势。部分数据如下表所示。

季　度	房地产价格指数
1996Q1	100
1996Q2	96.60489
1996Q3	87.77722
1996Q4	95.31348
1997Q1	122.3734
1997Q2	103.9335
1997Q3	119.8608
1997Q4	105.4707
1998Q1	115.6328
1998Q2	123.0282
1998Q3	110.156
1998Q4	106.1271
1999Q1	113.4815
1999Q2	121.8994
1999Q3	114.5574

（1）　采用指数平滑的方法分析拟合钢铁产量的稳定长期的走势。

（2）　绘制指数平滑模型的拟合图和观测值图表。

2. 某机构通过网络和上市公司数据库等途径搜集我国服装业上市公司的股票价格；为上市公司财务报表呈现财务信息与股票价格的关系，搜集上市公司的流动比率、净资产负债比率、资产固定资产比率、每股收益、净利润、增长率等财务指标。部分数据如下表所示。

股票编号	流动比率	负债比率	资产比例	每股收益
1	0.96065900	0.013284	93.588960	0.185000
2	0.92562475	0.011708	102.880600	0.236500
3	0.94239800	0.011860	103.239400	0.304000
4	0.91639725	0.011641	103.531700	0.091500
5	0.87541375	0.010129	112.474600	0.172000
6	0.90080725	0.009532	127.283900	0.260500
7	0.88136280	0.009450	133.404000	0.324000
8	0.89066780	0.008080	128.082900	0.111600
9	0.86292560	0.009338	236.141300	0.190180
10	0.86337380	0.009430	117.573100	0.284600
11	0.84941880	0.010992	107.082400	0.347020
12	0.86368900	0.010824	105.041700	0.111860
13	0.85767500	0.011688	110.306100	0.184860
14	0.87430380	0.009964	98.115880	0.306600
15	0.88475000	0.010763	116.043800	0.374360

（1）对"流动比率"、"净资产负债比率"、"资产固定资产比率"、"每股收益"、"净利润"、"增长率"等财务指标进行描述性分析。

（2）对"流动比率"、"净资产负债比率"、"资产固定资产比率"、"每股收益"、"净利润"、"增长率"等财务指标进行相关系数分析。

（3）对"流动比率"、"净资产负债比率"、"资产固定资产比率"、"每股收益"、"净利润"、"增长率"等财务指标进行回归分析，进一步发掘我国服装业股价与其主要财务指标的关系。

3. 为了对青少年的体质状况进行科学的监测和分析，研究者随机抽取了 485 名中小学生，观测了脉搏、身高、体重、坐高、胸围等身体指标和立定跳远、小球掷远、体前屈、10 米往返跑和双脚连续跳等体质指标，部分数据如下表所示。

脉搏	身高	体重	坐高	胸围	立定跳远	小球掷远	体前屈	10 米往返跑	双脚连续跳
100	106.1	16.3	59.8	50.5	141	14.2	10.7	6.2	4.7
88	109.8	15.4	62.1	54.0	121	9.5	7.6	6.5	4.8
82	118.0	19.9	66.5	50.5	111	16.5	13.6	5.9	5.2
88	115.0	23.1	63.5	58.0	130	15.0	6.5	6.2	5.6
96	115.4	18.8	63.8	54.0	110	14.0	5.0	6.7	5.8
96	116.8	21.0	64.7	52.5	90	7.0	8.8	6.6	5.9
99	103.6	17.2	58.0	53.0	75	4.0	10.0	7.3	6.1
100	109.5	17.3	62.5	52.0	108	7.0	15.0	6.5	7.1
92	111.0	18.9	61.2	56.0	71	4.5	4.5	8.4	8.1
86	120.5	21.0	60.5	55.0	115	9.3	8.9	6.2	8.8
94	107.2	17.4	60.2	56.0	90	17.0	4.2	6.5	9.7
78	104.2	14.0	58.9	50.5	89	6.0	13.4	7.5	6.1
104	99.0	15.6	57.0	54.5	88	11.0	12.1	7.2	11.4
88	115.0	21.4	64.0	55.0	58	6.0	4.0	6.5	4.6
102	100.5	15.2	58.7	49.0	80	10.0	1.7	6.9	7.7
92	113.7	18.7	65.2	51.5	92	5.5	12.6	7.8	11.1
112	107.4	16.7	60.3	52.5	84	8.0	7.0	7.0	4.1
104	113.1	19.0	63.2	55.0	80	5.0	5.0	7.5	5.0
110	112.2	18.6	64.4	56.0	108	5.0	15.6	5.9	5.1

（1）试分析代表性身体指标和体质指标的相关性。

（2）将学生分为四类，作为对学生体质观察的代表性样本。

4. 在现代经济周期理论中，固定资产投资周期是影响宏观经济周期波动的一个直接的、物质性的主导因素。本题目搜集了从 1978 年到 2007 年我国国民生产总值和固定资产投资总额的数据。部分数据如下表所示。

年　份	国民生产总值	固定资产投资总额
1978	225.45	41.87
1979	249.851	60.92354
1980	276.3765	66.19678
1981	322.0911	73.9777
1982	364.07	78.26888
1983	413.5162	86.7446
1984	515.1107	124.1364
1985	554.5721	158.3782
1986	578.8222	174.0094
1987	643.3237	214.6864
1988	678.6035	224.5416
1989	649.8945	153.4606
1990	756.7301	168.0821
1991	864.2196	209.9379
1992	981.9088	268.8869

（1）采用移动平均模型分析拟合我国固定资产投资的走势，并绘制移动平均模型的拟合图和观测值图表。

（2）对我国固定资产投资和国民生产总值进行回归分析，探讨两者之间的定量影响关系。

5. 为下列"大学生就业观调查问卷"设计一个问卷调查系统，应用 Excel 软件对调查数据进行分析并比较影响大学生就业观的主要因素及其具体影响。

大学生就业观调查问卷

1. 性别：男，女；

2. 年龄：15 岁以下，16～25 岁，26～35 岁，36～45 岁，46～60 岁，60 岁以上；

3. 学历：初中，高中，大学，硕士，硕士以上；

4. 您有自己的职业规划吗？有比较清晰的职业规划，想过、但不明确，没有，无所谓；

5. 您认为就业的主要意义是：换取劳动报酬，发挥个人能力，实现人生价值；

6. 您认为当前的就业环境：非常乐观，乐观，一般，严峻，非常严峻；

7. 针对当前的就业环境，您会：学习多种专业技能，加强专业素养，增加社会实践经验；

8. 您更喜欢哪种工作：充满挑战的，平淡安稳的，其他。